集人文社科之思　刊专业学术之声

集 刊 名：汉语语言学

主办单位：中山大学中国语言文学系

编辑部地址：广东省广州市海珠区新港西路 135 号中山大学中国语言文学系
邮编：510275
编辑部邮箱：clsysu@mail.sysu.edu.cn

汉语语言学（第六辑）

集刊序列号：PIJ-2019-404
中国集刊网：www.jikan.com.cn/ 汉语语言学
集刊投约稿平台：www.iedol.cn

漢语语言学

中山大学中国语言文学系《汉语语言学》编委会 编

第六辑

社会科学文献出版社
SOCIAL SCIENCES ACADEMIC PRESS (CHINA)

目　录

CONTENTS

秋风秋雨思庆株

邵敬敏

（暨南大学中文系）

国庆期间，我应学生之邀正在中山市的老街上追寻孙中山先生的足迹，突闻著名语言学家南开大学马庆株先生病故，享年八十一岁。蓦然间，周围灿烂的秋光似乎变得晃晃悠悠，喧闹的笑谈声好像离去，变得很远很轻。尽管早就得知马兄近两年身体欠佳，但还是期盼着他能早日康复，希望还能一起参会，促膝谈心，携手漫游。现在他竟然真的撒手离去，我真的不能相信，不愿相信!! 四十多年似泉水流淌的交情，在这一瞬间化作漫天的秋风秋雨！

1. "南邵北马"同追求

庆株长我两岁，故我必称他马兄或老马。我们不仅年龄相近，经历也相仿，有着类似的命运和坎坷：我俩都是60年代初的大学生，最重要的，还都是1978年恢复高考后的第一届研究生，而且还是同门师兄弟，是北京大学中文系的校友。我是1961年的本科生，受业于王力、朱德熙、陆俭明等先生，马兄则是朱德熙先生招收的硕士研究生开门弟子。我俩都专攻汉语语法研究，同时出道，一起成长，他任教于南开大学，我则进入华东师大，所以学界戏称"南邵北马"。风风雨雨四十年，我们一起见证了祖国浴火重生，也同是改革开放的获益者。正因为这样，我们特别珍惜彼此友情的真诚。

2. 相聚会议几十载

我与马兄初次相识应该是在 1986 年金秋的北京八大处，那是在语言研究所主办的"第四次现代汉语语法讨论会"上，我们俩一见如故，相见恨晚。我提交的论文是《形式与意义四论》，偏重于理论探讨；马兄的论文是《含程度补语的述补结构》，侧重于结构分析。我知道他是朱先生的首届研究生，一门相承，观念接近，因此好感油然而生。从那时起，每次比较重要的语言学会议，尤其是语法研讨会，我俩几乎都能够相聚，这些年来，记忆比较深刻的就有好多次。

1990 年 5 月华东师大举办"第二届现代汉语语法研讨会（青年）"，这是我第一次办会，群贤毕至，高朋满座，马兄当然是我们的贵宾之一。会后我们留下了宝贵的合影（还有史有为、戴昭铭两先生在座），并倾心交谈，交换意见，我对他的动词语义特征研究大加赞赏，后来还跟我的学生朱晓亚合写了书评《动词的多角度、多层次、多渠道研究——评〈汉语动词和动词性结构〉》（原载《中国语文》1994 年第 6 期），给出了高度评价。

1992 年 7 月我带领三个研究生（周有斌、朱晓亚、张桂宾）专程到南开大学参加"第七次现代汉语语法讨论会"，这次会议是由刘叔新和马庆株两位先生操办的。会前，老马就要求我给南开的学生做一次学术报告，我提供了几个选题请老马选择，结果他居然选中了两个（疑问句研究、歧义分析），我说只讲一个就好了，他却破天荒坚持要我讲两场。他的厚爱让我深为感动。知我者，马兄也。

2007 年 5 月我再次访问天津，参加天津师范大学主办的"继往开来的语言学发展之路"研讨会，会后有幸跟马先生在我下榻的"和平宾馆"畅谈，天南海北，推心置腹，畅所欲言，毫无保留。我们的志向比较接近，学术上的看法也大致一样，尤其欣赏以吕叔湘、朱德熙两位先生为代表的具有中国特色的语言学理论，马兄力推"语义功能语法"，我则主张"语义语法"，尽管侧重和具体的认识有点差异，但是在主张"语义和形式的互动关系"是语法研究的根本这一点上则是完全一致的。

不仅如此，其实我们俩还有其他不少相同之处，比如说，都追求"务实与理论相结合"，都比较注意培养我们的学术梯队，为语法界同行，特别是为青年学者提供机会。我这些年一直操办"现代汉语语法国际研讨会"（前身是"现代汉语语法研讨会（青年）"），这个会议从1986年以来已经在海内外举办了十八次。马先生也积极办会，名称叫"语义功能语法学术研讨会"，可能已经举办9次了，在学界也产生了很大影响。

可以这么说，我们举办全国性或国际性的语言学会议，多次盛情邀请马先生参加，他睿智的发言给会议增添光彩。特别是2002年，我刚刚调动到广州的暨南大学，和詹伯慧老先生发起举办了"语言学高峰论坛（第一届）"，请的都是我国语言学界顶尖学者，其中当然包括马先生。他们的出席，不仅是对我们暨南大学语言学科的支持，也是对我本人的厚爱。

2003年10月，我和马兄参加华中师范大学的"汉语被动表述问题国际学术研讨会"，会后，我俩，还有戴庆厦、张振兴等先生应邢福义主任的邀请，担任刚刚获批的教育部研究基地"华中师范大学语言与语言教育研究中心"的学术委员和兼职教授。

3. 最忆英伦十余天

跟马兄在一起时间最长也最值得回忆的，当数2001年9月了，居然长达十余天！并且是在海外！那次是英国汉语教师学会在牛津大学举办专题会议，由我的老朋友利兹大学的叶步青先生出面，邀请马庆株、萧国政和我三人为英国的汉语教师讲学，并且顺访诺丁汉大学和利兹大学。我们三人会集在上海的浦东国际机场，一起飞往遥远的伦敦！我们一起讲课，一起回答各种各样的问题，一起就海外的中文教学座谈，又一起参观莎士比亚故居，拜访罗宾汉的故乡，参观《呼啸山庄》电影的背景地；我们还一起漫步在伦敦的"牛津街"，在格林尼治天文台，双脚踩在东西半球的分界线。在我们到达利兹大学的那个晚上，正是发生"9·11恐怖袭击"那天！

我们共同第一时间见证了这历史时刻……这次出国进一步加深了我们三人的情谊，我们的友情在这里得到了升华。

4. "三驾马车" 心相惜

说到老马，不能不说到沈家煊先生。因为 2002 年安徽教育出版社筹划出版第二套《著名中年语言学家自选集》，全国遴选出十位中年语言学家。其中从事语法研究的，入选的是马庆株、沈家煊和我，俗称"三驾马车"。全国性的现代汉语语法专题会议，我记得我们三人同时出席的真的还不少。

第一次应该是 1994 年 10 月苏州举办的"第八次现代汉语语法讨论会"，我们三位都参加了。2003 年 9 月在鞍山千山举办的"第二届全国语义功能语法学术研讨会"，沈家煊先生和我也都应邀参加了，会议讨论不拘一格，给我留下了极为深刻的印象。2007 年 8 月我们三人再次相聚于青海西宁，一起参加"第四届现代汉语语法国际研讨会"，我们仨都是四十年代出生的，分别相差两岁：老马最大，老沈最年轻，本人居中。在会场上，在青海湖畔，在塔尔寺里，我们亲切交谈，交流看法，彼此惺惺相惜，相互支持，这一切似乎都还在眼前！2021 年夏天，我们的语法国际研讨会在哈尔滨举行，我特地邀请了马兄和沈兄作为特邀代表莅临指导，马兄尽管年事已高身体欠佳，却还是欣然应承出席。老沈也来了，我们三位留下好几张珍贵的合影。但是万万没想到，这次聚会竟然是我们见的最后一面！写到这里，不禁凄然泪下。

5. 鞠躬尽瘁成伟业

点点滴滴，思绪如潮。马兄就这么走了，思念之余，我想起了一句名言："人固有一死，或重于泰山，或轻于鸿毛。"一辈子，也就是大几十年的事儿，我们可能无法做到"重于泰山"，但是绝对不可"轻于鸿毛"。我们应该尽力而为，为我们的祖国，为我们的人民，为我们热爱的事业，做一些力所能及的好事、善事。马兄就是这样一位"鞠躬尽瘁"的优秀学者。

邵敬敏

2023 年 10 月 6 日暨南大学明湖苑

附图　马庆株先生

语义功能语法的历时演进与逻辑结构[*]

——深切缅怀马庆株先生

赵春利¹　李忠亮²

（1. 暨南大学中文系　2. 长江大学人文与新媒体学院）

提　要　本文试图在梳理马庆株先生语义功能语法理论建构历史的基础上，以认识论、本体论、目的论与方法论为逻辑支点，全面、深入、系统地解析这一基于汉语研究实践且具有中国特色的语义功能语法理论。第一，从认识论看，语义功能语法理论认为语法是含有不同语法意义的语法单位的聚合和组合。第二，从本体论看，语义功能语法是以语义为基础，以词和词组为基本单位，通过分布、变换等形式特征提取出制约语法单位聚合、组合及其表达功能的语义语法范畴的理论。第三，从目的论看，语义功能语法就是基于"语义层面的语义特征、结构层面的分布特征、表达层面的功能类型"建立的体现汉语特点的汉语语法理论。第四，从方法论看，语义功能语法综合运用形式与意义结合法、共时与历时结合法、共性与个性结合法、归纳与演绎结合法等两两结合的方法揭示出与语法范畴对应的语义范畴。

关键词　语义功能语法　语义语法范畴　语义特征

---

* 基金项目：2022 年度国家社会科学基金一般项目"现代汉语方式副词的句法语义与分类排序研究"（22BYY135）；中央高校基本科研业务费专项资金（暨南领航计划 19JNLH04）、广东省高等学校珠江学者岗位计划资助项目（2019）；国家社科基金重大项目"境外汉语语法学史及数据库建设"（16ZDA209）。

研究、吸收、继承与弘扬马庆株先生的语法思想并挖掘其理论精华，是从学术传承与发展角度缅怀、纪念马庆株先生的应有方式。本文试图一方面以马庆株先生提出的"符合汉语自身特点的中国特色语法研究理论"语义功能语法理论的核心概念为历时梳理线索（马庆株，2004：198），从历时角度解构语义功能语法理论的历时演进；一方面以认识论、本体论、目的论和方法论为逻辑支点，从共时角度解构语义功能语法理论的内在逻辑结构。

1. 语义功能语法的历时演进

马庆株先生提出的语义功能语法，既不是纯粹的概念建构，也并非一蹴而就，而是经历了一个从"语法实践"到"语法概念"，再回到"语法实践"而后到"语法理论"的多次往复、螺旋上升的理论体系化的历时演进过程。正如马先生所言，他（1998a：IV）谨遵恩师朱德熙先生的谆谆教诲，"要重视和关心理论，但不要马上搞理论，要在搞过一段时间的具体问题的研究之后再写理论文章，因为理论离不开研究的实践"，因此，他从动词、名词、数词、量词等语法研究实践入手，先实践后总结，再实践而后再系统化。

通过研读马先生的论著，他的语法理论形成过程逐渐清晰起来，主要经历了从"语义·语法范畴"到"语义学语法"再到"语义范畴语法"最后到"语义功能语法"四个逐渐系统化的历史发展阶段（见表1）。

表 1　语义功能语法发展的四个阶段

阶段	第一阶段	第二阶段	第三阶段	第四阶段
时间	1990 年	1995 年	1996 年	1998 年
名称	语义·语法范畴	语义学语法	语义范畴语法	语义功能语法

一是基于借鉴诠释语义·语法范畴。马庆株先生最早根据数词和量词的研究，并借鉴胡明扬（1992）提出的"语义语法范畴"，提出了其语法理

论的核心概念"语义·语法范畴"。马庆株（1990a：173）开始认为"汉语中词的语义范畴和语法范畴密切相关，词类包括大类和小类是语义·语法范畴"。后来在《汉语动词和动词性结构·自序》（1992a：11）中，他根据自主动词和非自主动词的研究成果，提到"自主非自主既是语义范畴，又是语法范畴，可以称为语义·语法范畴"。可见，马庆株不仅从语法研究实践上证实了"语义·语法范畴"，还从语法理论内涵上将其界定为具有层次性的基于语义的语法范畴，从而为其语义功能语法理论体系奠定了语义基石，也为其阐释语义对语法的制约性奠定了基础。

二是基于比较提出语义语法。马庆株（1995a：363-364）在研究多重定名结构中形容词的连用和分类时，结合徐通锵先生提出的"语义句法"以及汉语与印欧语有无形态的差异，提出了"语义语法"，即"我们主张语义学的语法（semantic grammar），简称语义语法。这是与印欧语的形态学语法（morphological grammar）相对而言的"。可以说，"语义语法"是马庆株首次从语义学角度命名"一种语法理论"，既包括"词和词组"基本单位，也包括"语义语法范畴"核心概念，还包括"语义、语用、语法"的内在关系。正如马庆株（1995a：363-364）所言："语义语法是以词和词组为基本单位的复本位语法。在这种语法体系中，语义语法范畴，即语义学语法的范畴的研究居于中心地位，联系语义和语用进行语法描写、分析和解释。"

三是基于分类建构语义范畴语法。马先生（马庆株，1998a：II）认为《汉语语义语法范畴问题》与《汉语动词和动词性结构》"都是语义范畴语法的研究"，而"语义范畴语法是以词和词组为基本单位的复本位语法，主要探讨语义语法范畴，特别着重给词划分小类，在此基础上使语法结构模型精密化"。可以看出，"语义范畴语法"本质上是把"语义·语法范畴"与"语义语法"结合起来，并围绕语义范畴的分类而建立起来的语法理论，因此，语义范畴语法应该解读为"语义范畴·语法"，即以对词和词组的语义范畴进行分类为基础的语法体系。马先生（1998a：II）认为"这种研究属于中国式的广义的功能语法研究，既重视形式，又重视语义和语用功能"，这一思想使得"语义功能语法"呼之欲出。

四是基于功能完善语义功能语法。马庆株（1998b：175）首次系统、完整地阐释语义功能语法的内涵，即"语义功能语法以语义为基础，以分布、变换等形式特征为标准，以语义语法范畴为中心，以词和词组为基本单位，以分类为重点，形式与意义相结合，共时与历时相联系，共性与个性并重，归纳与演绎并举，多角度、全方位地描写和解释语法聚合和语法组合"。要想全面掌握语义功能语法，就必须根据这一定义并结合其他相关语法理论和研究成果，以认识论、本体论、目的论、方法论为逻辑线索，从共时层面构建语义功能语法的内在逻辑体系。

2. 语义功能语法的语法认识论

语法认识论主要围绕"什么是语法"而关注如何认识并界定语法。马庆株先生对语法的认识和界定主要是基于汉语实际并根据汉语特点做出的。例如，马庆株（1991：138）认为"要明确被定义的是汉语的词类而不是其他语言的词类，这就得从汉语的实际出发。汉语的分析性或者说缺乏有普遍意义的形态变化这一特性要求汉语语法学者另辟蹊径"。那么，如何才能另辟蹊径呢？根据调查，马庆株先生不仅继承了传统语法以词类为语法基本单位并重视其意义的思想，而且秉承了结构主义语法以词组为语法基本单位并强调聚合与组合的思想。更为重要的是，他还创造性地根据外形内意结合原则、语义聚合成类原则、语义差别分类原则、语义制约组合原则，把语法定义为：语法是具有不同语法意义的语法单位的聚合和组合。

第一，外形内意结合原则。马庆株（1990b：40）从形式的分布特征与意义的语义特征相对应的角度，发现提出语法意义聚合而成的语义·语法范畴，即："把分布特征与语义特征结合起来研究，可以发现语义·语法范畴，这是在语法研究中把形式和意义结合起来的有效方法。形式与意义之间可以假定是有关系的，即便不是完全对应，至少是部分地对应的。随着研究的不断深入，可以发现越来越多的形式与意义相对应的现象。只有在这个假设的引导下才能自觉地注意和发现语法和语义对应关系。"后来，马庆株（1991：135）在界定词类时从"形式是手段而意义是本质"的角度进一步解析了"外在形式与内在意义的关系问题"，并提出："按鉴别格式来定义词类是形式和意义相结合的可行途径，因为鉴别格式既有语义基础，又能反映词的分布特征。用这种做法给词明确分类，表面上看是根据形式，实则也考虑了意义。"在形式与意义的结合中提出了"意义决定形式而形式显示意义"的内在形意辩证原则。

第二，语义聚合成类原则。既然意义决定形式，语义决定分布，那么，哪些意义是具有语法性质的意义呢？马庆株认为，决定词的语法功能（类对类的搭配关系）的义素是聚合形成语法范畴语义成分的范畴义素，它既是词性的意义根据，也是词类分类的依据，更是决定形式或分布的语法意义。例如，马庆株（1991：134）认为："词义是若干义素的集合。义素是可以分类的，有些义素经常决定该词与其他词语的搭配关系，有的义素则不决定该词的搭配关系，或者只是偶尔对搭配起制约作用。这里所谓搭配关系是指类与类的搭配。词汇意义中包含着语法意义，就实词来说，形成语法范畴的语义成分称作范畴义素，范畴义素是词的语法功能的意义上的根据，它决定词的搭配关系，决定词性。范畴意义是语法意义。"因此，范畴义素本质上是语义聚合成类，因为"这些义素影响到汉语的词的语法功能，形成了语法聚类。……词汇语义中的范畴义素是影响词类划分的重要因素，是划分词类的向导，而词类则是范畴义素在形式上的反映，换句话说，范畴义素反映到语法上就会形成词类和词的次类"（马庆株，1991：135）。其实，马先生先后曾用"语义特征"来指称影响类的搭配关系的"范畴义素"和"语法意义"，他（1988b：118）早期在研究含程度补语的述补结构时指出："述语语义特征不同，决定其后能出现哪一种或哪几种程度补语。"后来，他在《汉语动词和动词性结构》中详细地阐述了（1992a：154）这一思想："动词形容词的语义特征不同，往往决定其后能出现哪一种或哪几种程度补语，不能出现哪一种或哪几种程度补语。这种从类上看能够影响词的搭配关系的语义特征，是词汇意义的组成部分，也应该看作语法意义。"

第三，语义差别分类原则。范畴义素或语义特征决定词的语法功能（分布、组合、搭配等），那么，属于同一词类的词语，根据其是否具有某个范畴义素或语义特征所决定的语法功能，可被再次分类，"汉语动词由语义上自主与非自主的对立形成了一对语法范畴。自主动词和非自主动词对语法结构有重大的影响，是汉语动词里的基本类别"（马庆株，1988a：157）。因为"汉语的自主动词和非自主动词的语法差异现象是成系列的，既有词法表现，又有句法表现，语义的差别影响了词与词之间的搭配关系，影响了句型"（马庆株，1988a：179），所以，尽管语义差别决定了语法分类，但判断标准却是由语义差别所决定的语法特征，"如果语义差别形成了语法范畴、语法类，那么要确立语法类，就应该找出可以把两类区别开来的语法特征，而不宜采用意义标准"（马庆株，1988a：158）。此外，决定词的搭配关系的范畴义素（语义特征）存在作用范围大小不同的问题，即马庆株（1991：134）所言："范畴义素的作用范围有大小之分，作用范围大的是大范畴义素，作用范围小的是小范畴义素。大范畴义素决定词的大类，小范畴义素决定词的小类。范畴义素的层级形成词类的层级系统。"如下图所示：

可以说，同类词语在语义上的不同范畴义素或语义特征决定了其不同范围的语法功能，并形成不同的语法小类。

第四，语义制约组合原则。从本质上说，语义聚合成类，而类类组合成序。一方面，语义聚合决定语义组合，是解释语义组合的依据，正如马庆株（1991：140）所言："词类和语义有密切的关系。两类词能搭配，就是组合键起作用的结果。组合键的语义基础是语义特征。"另一方面，语义组合反映语义聚合，是判定语义能否聚合的标准。语义聚合是否成类的判定标准则是能否得到语义类别的组合规律、搭配规律，也就是分布特征的验证。因为"汉语动词缺乏严格意义的形态变化，不能简单地根据动词本身的形态变化来分类，而只能根据功能和分布特征"（马庆株，1988a：160），"从意义入手总是落脚于组合关系。组合关系特点是词类得以成立的最为强有力的证据"（马庆株，1991：140）。"汉语词类是通过组合关系表现出来的类，某类词的范围要通过考察与别类词的关系来确定"（马庆株，1991：138-139）。正如马庆株（1991：140）所言："语法研究中按组合关系确定聚合类。"而"通过分布特征的考察得到的聚合类。聚合类对于说明句段组合关系是极为重要的。……分布特征相同的词在语义上有共同点，因而分布特征是语义、语法范畴研究的重要方面"（马庆株，1992b：143）。

通过以上四个原则，可以看出，马庆株先生对语法性质的认识不仅包含了语义的聚合性，即"含有不同语法意义的语法单位的类聚，是语法类"（马庆株，1995a：363-364），而且包含了语义的组合性，即"语义是形成语法聚合的基础，语义成类地制约词语和词语之间的搭配，制约语法单位的组合行为和表达功能"（马庆株，1998b：175）。可以说，"语义功能语法以语义为基础，……以语义语法范畴为中心，以词和词组为基本单位，……多角度、全方位地描写和解释语法聚合和语法组合"（马庆株，1998b：175）。由此，我们可以从认识论角度提取出语义功能语法理论的"语法"定义：语法是具有不同语法意义的语法单位的聚合和组合。

3. 语义功能语法的语法本体论

语法本体论主要关注语法的根本性质问题。根据马庆株先生（1998b：175）的观点："语义功能语法以语义为基础，以分布、变换等形式特征为标准，以语义语法范畴为中心，以词和词组为基本单位，以分类为重点，形式与意义相结合，共时与历时相联系，共性与个性并重，归纳与演绎并举，多角度、全方位地描写和解释语法聚合和语法组合。"也就是说，从本体论看，语义功能语法是以语义为基础，以词和词组为基本单位，通过分布、变换等形式特征提取出制约语法单位聚合、组合及其表达功能的语义语法范畴的理论。因此，语义功能语法的本体论主要由四个部分组成：语义特征的基础性、分布特征的标准性、语法范畴的核心性、语法单位的基本性。

第一，语义特征的基础性。

正如马庆株（1998b：175-176）所言："在对意义的态度上语义功能语法与结构主义者是很不一样的。结构主义者回避意义，我们则喜欢谈意义，在结构主义的基础上，强调语义的制约作用，把意义作为语法分析的向导。"可以说，"汉语语法与语义密切相关，语义的类别有时就是语法意义的类别"（马庆株，1995a：363-364），因此，"语义功能语法以语义为基础，……语义是形成语法聚合的基础"（马庆株，1998b：175）。其实，早在1981年，马庆株（1981：86）就提出："时量宾语的所指不同，是由动词类的不同决定的。……揭示各类动词的一些区别性语义特征，说明动词的类对时量宾语所指的影响。"不同动词之间的区别性语义特征决定并解释不同时量宾语的所指。一方面，从词语分类看，"任何一个词都有一束语义特征，由于范畴性的语义成分的不同形成不同的小类"（马庆株，1992b：143）。另一方面，从词语组合看，"词类和语义有密切的关系。两类词能搭配，就是组合键起作用的结果。组合键的语义基础是语义特征"（马庆株，1991：140）。

为什么语义是语法研究的基础呢？因为"词的某些范畴性语义成分规定了词的语法功能和语用功能"（马庆株，1995b：139），"语义是形成语法聚合的基础，语义成类地制约词语和词语之间的搭配，制约语法单位的组合行为和表达功能"（马庆株，1998b：175），而语法单位的组合、搭配、变换等受制于语义的分布特征，则反过来成为语义聚合成类的判定标准。

第二，分布特征的标准性。

值得注意的是，尽管语义是语法聚合成类的基础，但它却不是词语分类的标准。马庆株（1991：137）认为，"我们承认范畴义素对划类的影响，是因为词类和语义确有关系，绝不是说主张用意义来下定义，因为从意义出发容易见仁见智。另外，意义很复杂，往往列举不尽，使下定义概念的外延过窄"，那么，如何给词类划类呢？就必须根据由词语语义所决定的词语组合、搭配等分布特征来划分，"语法研究中按组合关系确定聚合类"（马庆株，1991：140），"因为可以从形式上找到分布特征方面的证明"（马庆株，1995a：363-364），而"从意义入手总是落脚于组合关系。组合关系特点是词类得以成立的最为强有力的证据"（马庆株，1991：140），"汉语词类是通过组合关系表现出来的类，某类词的范围要通过考察与别类词的关系来确定"（马庆株，1991：138-139），因此可以说"以分布、变换等形式特征为标准"（马庆株，1998b：175）。

第三，语法范畴的核心性。

马庆株（1991：140）认为："从语法上找到了与语义特征相联系的成系列的对立现象，就找到了语法范畴"，因为"这种范畴既有共同的语义成分，又有共同的语法特征。汉语语义范畴（语义特征）和语法范畴（分布特征）有对应性。……既是语义范畴，又是语法范畴，可以称作语义·语法范畴"（马庆株，1992a：11），"汉语中词的语义范畴和语法范畴密切相关，词类包括大类和小类是语义·语法范畴"（马庆株，1990a：173），可以说，把语义特征与分布特征结合起来而形成的语义·语法范畴是语义功能语法的核心，其"不仅反映出语法特征，而且反映出语用特征和范畴性语义特征"（马庆株，1991：143），其中，"形成语法范畴的语义成分称作范畴义素"（马庆株，1991：134），而"范畴性语义成分规定了词的语法功能和语用功能"（马庆株，1995b：139）。因为，如何提取决定分布特征的语义特征（范畴性语义成分、范畴义素）并与显示语义特征的分布特征（组合、搭配、变换等）结合起来形成语义·语法范畴，成为汉语语法研究的核心内容，即"语义语法范畴，即语义学语法的范畴的研究居于中心地位，联系语义和语用进行语法描写、分析和解释"（马庆株，1995a：364），"语义语法范畴是语义功能语法研究的基础和核心"（马庆株，1998b：177）。

第四，语法单位的基本性。

马庆株（1995a：364）认为："目前关于汉语语法的基本单位是什么有极大的分歧，各级语法单位都有人认为是基本单位。因此我们认为有必要开展关于汉语语法基本单位是什么的讨论。弄清这个问题，有利于正确评价汉语语法学已经取得的成果，有利于汉语语法学的理论建设和学科发展。"语义功能语法提出的基本语法单位是词和词组，即"以词和词组为基本单位的复本位语法"（马庆株，1995a：364），这是为什么呢？一是从聚合来看，词类是提取语义特征的最小语法单位，"因为汉语词类是与语用范畴、语义范畴有密切关系的语法范畴"（马庆株，1991：141），"词类和语义有密切的关系。两类词能搭配，就是组合键起作用的结果。组合键的语义基础是语义特征"（马庆株，1991：140），"汉语词的语义范畴和语法范畴密切相关，词类包括大类和小类是语义·语法范畴"（马庆株，1990a：173），可以说，每一个语义·语法范畴提取都源于词类，"词是可以用来构成句法单位的语法单位，在词这一级语法单位中可以以意义为基础分出功能小类来"（马庆株，1998b：176）。二是从组合来看，词组不仅是体现词类分布特征的最小语法单位，因为词类的"分布特征其实就是用法，就是某一类成分可以和什么成分组合，不能跟什么成分组合"（马庆株，1990b：40），而且是词语聚合分类的鉴定手段，因为词语的"小类都是通过分布特征的考察得到的聚合类"（马庆株，1992b：143），同时词组的"内部构造和外部功能都与词有所不同，同时与句子很难划开，……小句和词组至少大部分是重合的，句子、小句和词组之间的界限不好划，因此与其以句子或小句为基本单位，不如干脆以词组为基本单位，不应以句子这种结构最松散的组合单位作为汉语语法的基本单位"（马庆株，1998b：176）。

语义功能语法本体论四个部分的组成关系论述如下。语法单位分成两部分：一是聚合而成的词类及其语义特征；二是组合而成的词组及其分布特征，语义特征与分布特征形成具有对应性的语义·语法范畴。

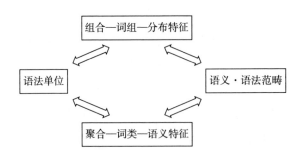

4. 语义功能语法的语法目的论

语法目的论关注的问题是：为什么研究语法？马庆株先生提出了一个宏观理论目标"汉语语法理论"，这一理论由"语义层面语义特征、结构层面分布特征、表达层面功能类型"三个微观具体目的组成，如下图所示：

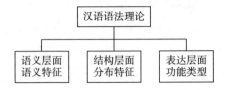

首先，看理论目标。

马庆株曾在 1992 年出版的《汉语动词和动词性结构》自序（1992a：11-12）中提出了理论目标："我们研究的目的是发现现代汉语语法的特点和各种语言的共性。……发现汉语语法与其他语言的共同点和不同点。这样不仅可以建立起汉语语法理论，并且使它日臻完善，从而有助于开创汉语语法研究的新局面，还一定能大大丰富和发展一般语法学的理论。"因此，马先生根据汉语语法的特点而建立了由"语义、结构、表达"三个层面构成的语义功能语法理论。

其次，看三个层面的具体目的。

（1）语义层面提取决定两类词能否搭配的词类语义特征。马庆株（1991：140）："词类和语义有密切的关系。两类词能搭配，就是组合键起作用的结果。组合键的语义基础是语义特征。提取决定两类词能互相搭配的语义特征是语法学工作者的重要任务。"有时，词类语义特征也被称为范畴义素，即"范畴义素是客观存在的，我们的工作是找到它们，从形式方面证明它们的存在"（马庆株，1991：135），根据语义特征或范畴义素可以对词类进行再分类，"不断地说明词的次范畴，不断地得到词的小类，经过十几年，汉语语法描写将会比现在精密得多"（马庆株，1992b：143）。

（2）结构层面通过分布特征证明词类的语义特征。马庆株、王红旗（2004：44）认为："语法研究的目的是要概括出各种语音语义结合体之间的组合规律，即小的语音语义结合体如何构成大的语音语义结合体，或大的语音语义结合体如何由小的语音语义结合体构成的。"词语在结构上的组合规律也是在语法形式上的分布特征，因此，"如果从语法上找到了与语义特征相联系的成系列的对立现象，就找到了语法范畴。从意义入手总要落脚于组合关系。组合关系特点是词类得以成立的最为强有力的证据"。其实，给词类分类就是"为了说明词的用法即分布特征或曰语法功能"（马庆株，1991：130）。

（3）表达层面揭示语义、结构和功能之间的关系。语义功能语法认为"结构、语义和表达三个平面既有区别，又有联系。充分考虑它们之间的联系和区别"（马庆株，1998b：175），而从目的论看，马庆株（2004：198）提出："语法研究目的是弄清结构、语义、表达三者之间的关系，特别是语义与结构、语义与表达的关系。抓住这种关系我们就能够搞好汉语语法研究，能够对搞好对外汉语教学、搞好计算机自然语言理解和处理做出贡献。"因此，"应该有计划地开展面向结构、语义、表达的现代汉语语法研究"（马庆株，1998b：179）。

那么，语义功能语法是如何根据语法认识论、本体论达到语法目的论的呢？

5. 语义功能语法的语法方法论

马庆株先生不仅醉心于研究语法，还善于从理论上进行总结和反思，语法方法论就是他对自己的研究实践从方法角度进行归纳、提升、总结，并理论化为语义功能语法理论的重要内容。马庆株（1998b：175）提出："语义功能语法以语义为基础，以分布、变换等形式特征为标准，以语义语法范畴为中心，以词和词组为基本单位，以分类为重点，形式与意义相结合，共时与历时相联系，共性与个性并重，归纳与演绎并举，多角度、全方位地描写和解释语法聚合和语法组合。"这段话包含着明确的语法研究方法：形式与意义结合法、共时与历时结合法、共性与个性结合法、归纳与演绎结合法等。

第一，形式与意义结合法。

把形式和意义结合起来也就是把分布特征与语义特征结合起来，这是马庆株先生发现语义·语法范畴的有效方法，正如马庆株（1990b：40）所言："在研究实践中我深深体会到以层次和分布特征分析为基础的描写方法是很有用的。分布特征其实就是用法，就是某一类成分可以和什么成分组合，不能跟什么成分组合。……把分布特征与语义特征结合起来研究，可以发现语义·语法范畴，这是在语法研究中把形式和意义结合起来的有效方法。形式与意义之间可以假定是有关系的，即便不是完全对应，至少是部分地对应的。随着研究的不断深入，可以发现越来越多的形式与意义相对应的现象。只有在这个假设的引导下才能自觉地注意和发现语法和语义对应关系。……语法研究大有可为，不仅因为可以使用各种方法来研究，而且因为可以从不同的方面着手，既可以从形式到意义，也可以从意义到形式。"

马庆株（1992a：11）进一步提出："探讨语义·语法范畴，是在语法研究中将形式和意义结合起来的有效方法。语义特征和分布特征二者的研究，应该而且可以结合起来。这使得语法具有解释力，解释力来自二者的相应关系。这种相应关系可以说明汉语特点。"

可以说，马庆株先生在运用形式与意义结合的方法时还使用了"删除、移位、替换、变换、层次分析"等大量结构主义方法来测试形式与意义的对应性，如"为了分化歧义格式，我们常常用移位和增减或替换成分的办法列出变换矩阵，常常分析语义特征和语义指向"（马庆株，1990b：40），而"从表义功能的对立中我们根据变换确立了述语动词和宾语关系的小类。除了删除、移位、替换，还用了语义解释的方法。语义解释也可以作为一种变换方法"（马庆株，1985：101），再如："在语法分析中，层次分析的步骤是不可缺少的，层次划分的不同影响到语法单位的确定，也影响到对于语法成分性质的判定"（马庆株，1989：8），通过这些方法，马先生发现了自主动词、非自主动词、持续性动词、非持续性动词、顺序义体词等诸多语义·语法范畴。

第二，共时与历时结合法。

马庆株（1991：133）在研究词类划分和定义时专门提到了历时与共时结合的方法，即："在作共时描写时要考虑历时描写的需要，考虑汉语历史语法学、汉语方言比较语法学和汉藏语系比较语法学的需要。……共时描写往往有多种处理办法可供选择。现代汉语（包括方言）和古代、近代汉语、同系语言采用同一套词类术语，便于比较，便于说明汉语词法的历史发展，因此尽管平面描写可以不管历史，但在共时描写中设立词类时还是应该从诸多可供选择的办法中优先选择采用有利于历时描写和横向比较的办法。"

第三，共性与个性结合法。

共性与个性结合法主要是从不同语言的对比中发现共性和差异，马庆株（1991：131）认为："汉语语法学是现代语言科学的一个分支学科，科学没有国界，很多国家的学者都在研究汉语语法，采用由西方引进的一套与印欧语语法大致相同的术语有利于国际学术交流，便于与欧美主要语言（英语、德语、俄语、法语、西班牙语、葡萄牙语等）语法特别是词法的对比研究，也有利于同其他语言的对比研究。事实上不同语言的语法也会有若干共同的东西，所采用的术语也就应该相应地有同有异，求同存异，这样有利于探索世界语言的共性和汉语语法的特性，从而有利于普通语法学和汉语语法学的发展。从实用角度来看，这样还便于说汉语的人学习印欧语和其他语言，便于外国人学汉语。这正如研究语音学，虽然各语言的语音系统有自己的特点，但是采用最初根据欧洲语言设计的后来又不断加以补充的国际音标是方便的，另搞一套就太费事了，不仅没有必要，而且不便于国际交流。"但是，还要注意实事求是地看到个性特点，"为了发现特点，我们的手脚就不能被印欧语语法书中的条条束缚住。汉藏语的比较，使我们发现了汉语中有而印欧语语法书中没有讲过的自主范畴。这种范畴既有共同的语义成分，又有共同的语法特征"（马庆株，1992a：11）。共性与个性如同一般与个别，具有对立统一关系，正如马庆株（1991：141）所言："首先根据一定量的事实做出概括，这是由个别到一般的认识过程，然后再拿这种认识来分析未曾分析过的词，这又是从一般到个别。这里体现了一般与个别的对立统一。"

第四，归纳与演绎结合法。

归纳和演绎是逻辑思维的典型形式，可以结合起来用于语法研究。马庆株先生（1990b：40-41）非常系统地完整论述了演绎与归纳的辩证关系："既可以以演绎为主，也可以以归纳为主，演绎的开始阶段总是要根据个人的语言经验和语言调查得到的个别材料，提出一种假说或猜想，即脑子里忽然冒出来的解释某类词或句法结构的新想法。这新想法的产生引起情绪的激动和兴奋，这大概就是灵感吧。接着就要验证这新想法是否可以成立，即是否符合实际。因为语法有概括性，就要找来大量同类事实，看能否用这新想法来解释。既重视支持这种想法的材料，又尤其重视反例，重视不利于这种设想的材料，不怕否定最初的想法，该否掉的想法一定放弃同时又不轻易放弃一种闪光的见解，只要找出条件，例外的存在并不妨碍基本规律的成立。事实往往不单纯，如果既有共性，又有可以用来相互区别的个性，那么就可以考虑是一类下面的两小类。在分析材料时，除了演绎，也用到了归纳。如果注意到语法的系统性，归纳时就可以提出一系列新概念。例如分析顺序义对体词语功能的影响时，发现在顺序性体词中，名词、时间词、处所词都有相对的和绝对的两类。这是归纳中的演绎。以演绎为主的文章，写作时灵感起了关键的作用，因而可以叫作灵感型的文章。……归纳时尽量选择新的观察角度，作详细的描写、全面的研究，尽量避免单纯地罗列材料，尽量从弄清的事实中找出现象后面的规则，生发出有理论意义的结论。归纳中有演绎，演绎可以作为对归纳的检验。以归纳为主的文章，材料是最重要的，因而可以叫作材料型的文章。无论是材料型文章，还是灵感型文章，都是既务实，又务虚的，虚实结合、归纳与演绎结合、微观与宏观结合的文章。在微观与宏观二者中有必要格外强调微观方面。露珠里可以映出整个天空，微观的研究可以得出有宏观意义的结论。"

正如尹世超（1995：36）所言："马庆株取得一系列突破性成果的一个很重要的原因，是他采用了科学有效的研究方法。"

6. 结语

从历时角度来看，马庆株先生提出的语义功能语法的演变经历了从"语义·语法范畴"到"语义学语法"再到"语义范畴语法"最后到"语义功能语法"四个逐渐系统化的发展阶段。

从共时角度来看，语义功能语法理论的认识论根据外形内意结合、语义聚合成类、语义差别分类、语义制约组合四个原则把语法界定为：语法是具有不同语法意义的语法单位的聚合和组合。本体论则围绕语义特征的基础性、分布特征的标准性、语法范畴的核心性、语法单位的基本性而提出——语义功能语法理论以语义为基础，以词和词组为基本单位，通过分布特征提取出制约语法单位聚合、组合及其表达功能的语义语法范畴的理论。目的论是基于"语义层面的语义特征、结构层面的分布特征、表达层面的功能类型"而建立一个体现汉语特点的具有中国特色的"汉语语法理论"——语义功能语法。方法论则主要体现为四种两两结合的研究方法：形式与意义结合法、共时与历时结合法、共性与个性结合法、归纳与演绎结合法。

可以说，20世纪80年代以来，中国学者先后提出了三个平面理论［文炼（张斌）、胡附（胡裕树），1984；胡裕树、范晓，1985；文炼（张斌），1991］、小句中枢说（邢福义，1995）、意合语法（张黎，1997）、语义功能语法（马庆株，1998b）、语义语法理论（邵敬敏，2004；赵春利，2014）、大语法理论（沈家煊，2020）等体现汉语特点并独具中国特色的语法理论，是汉语语法研究实践的理论结晶，对在语言学领域中构建中国特色哲学社会科学的学科体系、学术体系、话语体系具有里程碑的意义。

参考文献

胡明扬：《语义语法范畴》，《汉语学习》1994 年第 1 期。

胡明扬：《再论语法形式和语法意义》，《中国语文》1992 年第 5 期。

胡裕树、范晓：《试论语法研究的三个平面》，《新疆师范大学学报》1985 年第 2 期。

马庆株、王红旗：《关于若干语法理论问题的思考》，《南开语言学刊》2004 年第 1 期。

马庆株：《多重定名结构中形容词的类别和次序》，《中国语文》1995a 年第 5 期。

马庆株：《含程度补语的述补结构》，载中国语文杂志社编《语法研究和探索》（四），北京大学出版社，1988b。

马庆株：《汉语动词和动词性结构》，北京语言学院出版社，1992a。

马庆株：《汉语语言学走向世界的途径——兼再谈语义功能语法》，《南开语言学刊》2004 年第 2 期。

马庆株：《汉语语义语法范畴问题》，北京语言文化大学出版社，1998a。

马庆株：《结构、语义、表达研究琐议——从相对义、绝对义谈起》，《中国语文》1998b 年第 3 期。

马庆株：《能愿动词的意义与能愿结构的性质》，《语言学通讯》1989 年第 3-4 期。

马庆株：《时量宾语和动词的类》，《中国语文》1981 年第 2 期。

马庆株：《述宾结构歧义初探》，《语言研究》1985 年第 1 期。

马庆株：《数词、量词的语义成分和数量结构的语法功能》，《中国语文》1990a 年第 3 期。

马庆株：《影响词类划分的因素和汉语词类定义的原则》，载中国语文杂志社编《语法研究和探索》（五），语文出版社，1991。

马庆株：《与"（一）点儿"、"差（一）点儿"相关的句法语义问题》，载中国语文杂志社编《语法研究和探索》（六），语文出版社，1992b。

马庆株：《语法研究大有可为》，《汉语学习》1990b 年第 5 期。

马庆株：《指称义动词和陈述义名词》，载中国语文杂志社编《语法研究和探索》（七），商务印书馆，1995b。

马庆株:《自主动词和非自主动词》,《中国语言学报》1988a 年第 3 期。

邵敬敏:《"语义语法"说略》,《暨南学报》(人文科学与社会科学版) 2004 年第 1 期。

沈家煊:《汉语大语法五论》,学林出版社,2020。

文炼(张斌)、胡附(胡裕树):《汉语语序研究中的几个问题》,《中国语文》1984 年第 3 期。

文炼(张斌):《与语言符号有关的问题——兼论语法分析中的三个平面》,《中国语文》1991 年第 2 期。

邢福义:《小句中枢说》,《中国语文》1995 年第 6 期。

尹世超:《读马庆株〈汉语动词和动词性结构〉》,《语文研究》1995 年第 1 期。

张黎:《什么是意合语法?——关于意合语法的讨论之一》,《汉语学习》1997 年第 1 期。

赵春利:《关于语义语法的逻辑界定》,《外国语》2014 年第 2 期。

The Historical Evolution and Logical Structure of Semantic Functional Grammar
——Deeply Remembering Mr. Ma Qingzhu

ZHAO Chunli   LI Zhongliang

Abstract: On the basis of reviewing the formation history of Mr. Ma Qingzhu's semantic functional grammar theory, this article attempts to comprehensively, deeply, and systematically analyze this semantic functional grammar theory based on Chinese research practice and with Chinese characteristics, using epistemology, ontology, teleology, and methodology as logical framework. Firstly, from an epistemological perspective, the semantic functional grammar theory holds that grammar is the aggregation and combination of grammatical units with different grammatical meanings. Secondly, from an ontological perspective, semantic functional grammar is a theory based on semantics, using words and phrases as basic units, and extracting semantic grammar categories that constrain the aggregation, combination, and expression functions of grammatical units through formal features such as distribution and transformation. Thirdly, from the perspective of teleology, semantic functional grammar is a Chinese grammar theory that reflects the characteristics of Chinese language based on "semantic features at the semantic level, distribution features at the structural level, and functional types at the expression level". Fourthly, from a methodological perspective, semantic functional grammar utilizes a combination of forms and meanings, synchronic and diachronic methods, commonality and individuality methods, and induction and deduction methods to reveal the semantic categories corresponding to grammatical categories.

Keywords: semantic functional grammar; semantic and grammatical categories; semantic features

语义功能语法理论在国际中文教学
理论建设中的价值*

李广瑜

（天津师范大学国际教育交流学院）

提　要　语义功能语法理论是以语义功能为基础进行语法研究的语法理论体系。语义功能语法理论的提出不仅充实了现代语言学理论，而且可以为国际中文教学中的语法教学研究提供直接的认识论和方法论支持，还可以为国际中文教学中的语言文化教学研究提供有益的参考。

关键词　语义功能语法理论　国际中文教学　理论建设

1. 引言

国际中文教学是国际中文教育的重要组成部分，也是国际中文教育的主要依托。随着越来越多的国家将中文纳入国民教育体系（马箭飞，2024），加强国际中文教学研究，改革国际中文教学实践，提升国际中文教学质量，成为推进国际中文教育高质量发展中最为重要的一环。加强国际中文教学研究，既包括加强国际中文教学的理论研究，也包括加强国际中文教学的实践研究。笔者认为，加强国际中文教学的理论研究就包括要汲

---

*　基金项目：系教育部中外语言合作交流中心国际中文教育研究课题项目（22YH15B）；天津市普通高等学校本科教学改革与质量建设研究计划项目（B231006513）。

取汉语学界本体研究的理论成果，使其在国际中文教学中发挥基础性奠基作用和实践指导作用，从而为国际中文教学的理论建设提供有益借鉴。

语义功能语法理论是由我国著名语言学家马庆株先生在 20 世纪末提出的语法理论（马庆株，1998）。语义功能语法理论的提出，不仅对普通语言学的理论建设作出了重要贡献（马庆株，2004），而且为国际中文教学的理论建设提供了重要参考和支撑。下面在简要介绍语义功能语法理论基本思想的基础上，重点探讨语义功能语法理论对于"三一语法"教学理论和"表达驱动"教学理论等国际中文教育领域有代表性的教学理论的重要参考价值。

2. 语义功能语法理论的基本思想

马庆株（1998）提出了语义功能语法理论，该理论强调以语义为基础，以分布、变换等形式特征为标准，以语义语法范畴为中心，以词和词组为基本单位，以分类为重点，形式与意义相结合，共时与历时相联系，共性与个性并重，归纳与演绎并举，多角度、全方位地描写和解释语法聚合和语法组合。

语义功能语法理论是以语义功能为基础进行语法研究的语法理论体系，其对于"语义"和"功能"有明确的界定。简言之，语义功能语法理论秉持广义的语义观和广义的功能观。

语义功能语法理论广义的语义观包括：语义是形成语法聚合的基础，语义成类地制约词语和词语之间的搭配，制约语法单位的组合格局和表达功能；实际上各类词都有其语法意义，实词的语法意义是从它的词汇意义当中抽象出来的意义成分，词汇意义中决定词的用法的范畴性的意义是语法意义；语法意义还包括形态和形态性成分表示的意义、虚词的意义和语法关系意义，以及和语法聚合相联系的语用意义。

语义功能语法理论广义的功能观包括结构功能和表达功能。结构功能一方面是分布，包括静态的分布和动态的分布（变换），还包括词和词组在不同句类以及语体中的分布；另一方面是语篇功能，即在形成连贯语篇的过程中语法单位所起的作用。表达功能包括逻辑功能和人际功能，前者包括概念、判断、推理和证明等功能，后者包括敬谦、祈使、提问等功能。

在方法论上，语义功能语法理论注意采取分布特征和语义特征相结合的研究方法、变换分析和比较分析相结合的研究方法、统计分析和数学推导相结合的研究方法（王振来，2006）。具体来说，语义功能语法理论秉持广义的分布观、广义的变换观和广义的语义特征观。

语义功能语法理论广义的分布观包括如下内容。分布指的是语言成分或语言单位出现的环境，不仅包括语法单位在组合（即在更大的语法单位）中所处的位置，而且涉及不相邻的成分（即共现成分），还包括语义角色成分的分布特征及语用成分、逻辑成分在语句中的分布特征和语法单位在不同表达中出现的情形（即在不同句类中的分布情况和在不同语体中的分布情况）。

语义功能语法理论广义的变换观包括如下内容。变换的基本要求是前后相应各项之间的语义关系保持基本不变，狭义变换严格遵守平行性原则，包含换位、替换、添加、删略等类型。广义变换的类型包括：紧缩，即分别选取直接成分的核心，然后把它们组合起来；扩展，即增添语义单纯的实词；语义解释型变换，即通过在变换式中加入语义单纯的实词来概括语法单位的语法意义。

语义功能语法理论广义的语义特征观包括如下内容。语义特征是范畴性语义成分，是概括性的意义，语义特征决定聚合从而间接决定组合的语法性质；属于某一词类的语义特征还有层级之分，有较高层级的语义特征和较低层级的语义特征，上位语义特征和它的下位语义特征形成一个系统；不仅实词有语义特征，而且主要表示语法意义的虚词也有语义特征，句法结构（词组和句子）也都有语义特征。

综合以上各方面，不难体会到：确立广义的语义观，有利于更好地理解形式和意义的关系；确立广义的功能观，有利于实现结构、语义、表达各层面描写、分析的协调和统一，而对分布分析、变换分析、语义特征分析等的积极充实、完善，为在广义语义观、广义功能观的基础上构建语义功能语法理论体系提供了操作层面的、方法论层面的有力保证（陈一，2005）。

语义功能语法理论是建立在我国语法研究的土壤之上的。从《马氏文通》到《中国文法要略》，从《现代汉语语法讲话》到《语法讲义》，我国的语法研究始终秉持结合语义、表达进行研究的优良传统。朱德熙（1985）明确提出"进行语法分析，一定要分清结构、语义和表达三个不同的平面"。语义功能语法理论的提出，正是为了使结构、语义和表达相结合的研究思路更加系统化、理论化和具体化，从而促进汉语语法学的发展（马庆株，2000）。

语义功能语法理论的提出充实了现代语言学理论，有助于创新语法研究方法，增强语法学的解释力。语义功能语法理论最大限度地吸收了传统语法、描写语法、认知语法和功能语法的合理成分，根据汉语的特点和客观规律，逐渐形成以语义为基础的语法理论，因此它既不同于传统的结构主义语言学理论，也有别于当今的功能主义和形式主义语言学理论，是建立在中国语言土壤基础之上的兼收并蓄的新型语法理论（王振来，2006）。

3. 语义功能语法理论对于"三一语法"教学理论建设的价值

冯胜利、施春宏（2011）从汉语教学的实际出发，提出并阐释了一种新型的二语教学语法理论——"三一语法"，该理论认为语法教学的基本框架包括句子的形式结构、结构的功能作用、功能的典型语境三个维度，这三个维度彼此独立而又相互联系，构成一个有机整体。这种三维一体的语法教学理论，体现了"场景驱动，潜藏范畴，实现法则"这一教学法上的科学性，既有实践价值，又有理论意义。

比较语义功能语法理论与"三一语法"教学理论可以发现，二者着眼点不同，但在一些重要理念上相互契合。语义功能语法理论着眼于语法研究理论体系的构建，目的是服务于语法规律的挖掘；"三一语法"教学理论着眼于语法知识的教学，目的是建立行之有效的语法教学理论体系。虽然前者侧重于语言本体研究，后者侧重于语言教学研究，但二者都重视语言的形式结构、功能作用、表达语境。从这个角度看，语义功能语法理论的研究可以为"三一语法"教学理论的建设提供重要的参考价值。

首先，"三一语法"教学理论中的"句子的形式结构"指的是语言中的常用格式，该教学理论认为句子和短语是依照实词和虚词在句中的语义特征和语法作用组织安排的，而常用格式便来源于对句子和短语中常用的格局样式的归纳，常用格式的描写一般采取"符号格式+标记词"的策略（冯胜利、施春宏，2015）。从方法论上看，语义功能语法理论为"三一语法"教学理论中"句子的形式结构"的描写提供了重要的方法支持。马庆株、李广瑜（2011）指出，语义功能语法理论注意采取分布特征和语义特征相结合、变换分析和比较分析相结合、统计分析和数学推导相结合的研究方法。其中，统计分析和数学推导相结合有助于"三一语法"教学理论中的"句子的形式结构"的确定，分布特征和语义特征相结合有助于"三一语法"教学理论中的"句子的形式结构"的描写，变换分析和比较分析相结合有助于"三一语法"教学理论中的"句子的形式结构"的解释。

其次，"三一语法"教学理论中的"结构的功能作用"指的是句子的形式结构的实际用途，"结构的功能作用"要解决的是相关常用格式在交际中"是干什么用的"的问题。语义功能语法理论所讨论的功能既包括语言的结构功能，也包括语言的人际功能、逻辑功能和语篇功能。其中，人际功能指人们利用语言来交流信息、表达思想、沟通情感、建立关系，利用语言来影响他人的思想或行为。从这个角度来看，语义功能语法理论关于语言的人际功能的分析为"三一语法"教学理论中句子的形式结构的实际用途分析提供了可以参考的框架，即相关常用格式在交际中的实际用途包括：传递了什么样的信息、表达了什么样的思想、沟通了什么样的情感、建立了什么样的关系等。每一种句子格式及其传递的信息都是有其自身句法语义特点的，其所表达的思想往往体现了言者的认识，其所展现的情感往往体现了言者的立场，其所建立的人际关系则彰显了言者对于说听双方关系的关注。

再次，"三一语法"教学理论中的"功能的典型语境"指的是体现句子形式结构的实际用途出现频率最高的场景。从语法教学的可操作角度来看，描述"典型语境"场景的词语需为语言习得者已学，所描述的场景与语言习得者的生活有关，同时该场景适于课堂教学。可见，"三一语法"教学理论中的"功能的典型语境"是基于学习者的认知经验和习得阶段而确定的、与特定语法项目的结构形式和功能作用相匹配的、最典型或最具代表性特征的教学语境，语境知识既是语法知识形成的依据，也是语法知识的具体化表现（施春宏等，2021）。语义功能语法理论认为，在语法研究中，实现语义、表达与语法结构三者结合是完全可能的，而且句法结构也有口语和书面语之间的差别，说话人的指称表达、陈述表达均与其态度有关，如表示尊敬的时候改变一般语序为尊称的特别组合形式，不宜表示尊敬的时候（如自称时）则必须选用非尊称形式，再如汉语有对上动词和对下动词，这不仅在口语中有所表现，书面语中表示敬谦的词语尤其多（马庆株，2000）。语义功能语法理论关于语言表达的语体区分和言者态度的区分，对于分析相关常用格式"功能的典型语境"具有积极的启发意义。

最后，需要特别指出的是，语义功能语法理论强调以语义作为语法分析的向导和基础，重视对语义的分析，重视历时考察的作用，重视结构、语义、表达相结合的研究，重视建立科学的语义语法范畴，有强烈的类型意识。这些都对于"三一语法"教学理论的完善具有启发意义。"三一语法"教学理论重视句子的形式结构、结构的功能作用、功能的典型语境这三个教学维度，都离不开相关常用格式的语义分析。句子形式结构分析并非仅仅是描写形式类的组配格局，而是同时涉及形式类组合的语法意义分析；结构功能作用的分析旨在揭示形式结构的实际用途，其同样需要以结构语义分析为基础；功能典型语境的分析旨在呈现出与特定形式结构及其功能作用相匹配的最具代表性的教学语境，相关格式在具体语境中必然表现出具体的语境意义，这种语境意义可以帮助学习者更好地把握相关常用格式的使用场景。可见，语义功能语法理论的研究不仅可以为"三一语法"教学理论的建设提供重要的参考，还可以为"三一语法"教学理论的完善提供一定的启发。

4. 语义功能语法理论对于"表达驱动"教学理论建设的价值

"表达驱动"教学理念由世界汉语教学学会会长、天津师范大学钟英华教授于 2022 年"中美高校教师汉语文化研究与教学论坛"上首次提出，是针对解决国际中文教育现实问题而提出的创新性教学理念（李东伟等，2023）。此后，钟英华等（2022）、杨薇等（2022）深入探讨了"表达驱动"教学理念在国际中文教学资源建设、戏剧形式国际中文教学实践中的积极作用。钟英华等（2023）进一步明确提出"表达驱动"教学理论。

"表达驱动"教学理论对国际中文教学的基本原则做出如下概括：①以话语表达和文字表达为牵引来驱动教学的整体设计；②尊重言语技能系统的自有规律性属性；③强调语言习得的直接性原则；④强调"从言语到语言再到言语"的获得。国际中文教育"表达驱动"教学理论的核心在于满足学习者的表达意愿和需求，提升学习者的话语表达和文字表达能力，促进语言教学、文化教学的深入融合，学习者不仅是"接受者"，在表达中实践语言文化，还是"传播者"，在运用语言表达的过程中传播文化（钟英华等，2023）。

比较语义功能语法理论与"表达驱动"教学理论可以发现，二者着眼点同样不同。语义功能语法理论着眼于语法研究理论体系的构建，目的是服务于语法规律的挖掘；"表达驱动"教学理论着眼于语言文化的教学，目的是建立新型的语言文化教学理论体系，为语言文化教学提质增效。语义功能语法理论侧重于语言本体研究，其对语言表达的关注目的是归纳语法规律；"表达驱动"教学理论侧重于语言文化教学研究，其对语言表达的关注目的是通过语言表达牵引国际中文教学的设计。从这个角度看，语义功能语法理论的研究在一定程度上也可以为"表达驱动"教学理论的建设提供重要的参考价值。

首先，以话语表达和文字表达为牵引来驱动教学的整体设计这一原则表明，"表达驱动"教学理论聚焦于提高学生的实际表达能力，以学习者的表达需求为目标，全程驱动和激发学习者的自主表达意愿。语义功能语法理论强调，语言的表达功能包括逻辑功能和人际功能，逻辑功能包括概念功能、判断功能、推理功能和证明功能，人际功能包括敬谦功能、祈使功能、提问功能等，只有充分注意表达功能才有可能使表达接近于得体的要求。语义功能语法理论对于表达功能的细分有助于"表达驱动"教学理论的细化，即国际中文教育者在教学设计中，可以考虑以学习者不同类型的细分表达需求为目标，在教学过程中的不同阶段有侧重、有针对性地驱动和激发学习者不同类型的自主表达意愿。

其次，尊重言语技能系统的自有规律性这一原则表明，"表达驱动"教学理论尊重并承认"听说"和"读写"这两种系统绝对不均衡性的存在，但强化"听"和"说"、"读"和"写"的对应性和显著相关性，由"说"和"写"的表达要求去反溯"听"和"读"的输入，突出输入的针对性，使设计教学的总体思路体系化，达成由有选择、可理解的输入，到有目的性有效输出的语言习得，再到输出驱动和对应性输入相关联、相匹配衔接，实现言语产出的直接性、输入输出的次序性和输入对应输出的针对性。语义功能语法理论强调语言表达往往是有序的，这种有序性使语言具有条理性，语言表达的有序性使受话人在听到说话人所说的前面的词语之后就很自然地根据已经习得的语言结构模式而产生一种预期，预期实现会使语言接受者强化对语言结构模式的掌握。语义功能语法理论关于语言表达有序性的论述，为深入分析输出驱动和对应性输入之间的关联机制提供了一个可资借鉴的视角。

再次，强调语言习得的直接性原则表明，"表达驱动"教学理论突出真言真语在语言教学中的特殊价值，突出学习者在学习实践中的真实角色，沉浸在真实表达意图下的言语实况，形式上的语言服务于真实言语，运用于真实表达中，在真实交际场景中完成有内容、有目的、有对象、有互动的表达，从表达中实践如何表达得更得体、更准确。语义功能语法理论强调语法研究的客观性，即语法研究要尊重语言事实；语言是人们最重要的交际工具，是由使用该语言的社会全体成员约定俗成的，包括语言学家在内的个人是无权改变语言面貌的；语言学家所能做的就是，仔细观察语言事实，使自己的描写最大程度地符合语言事实。从这个角度来看，语义功能语法理论与"表达驱动"教学理论都强调尊重语言事实、重视真言真语。

最后，强调"从言语到语言再到言语"的获得表明，"表达驱动"教学理论认为语言知识和交际技能要通过言语实践实现语言运用，从而强化语言形式与语言内容、语言内容与语言使用场景、语言使用场景与语言形式之间的多角度记忆关联。语义功能语法理论强调语法研究的普遍联系性、解释性。所谓普遍联系性是指，语义功能语法理论强调汉语语法研究要普遍联系，强调结构、语义、表达等不同的平面相互联系，强调多语种参照进行语言研究。所谓解释性是指，语义功能语法理论强调语法研究不仅要描写语言事实，而且要解释语言事实，解释语言的组织规律。"表达驱动"教学理论的多角度记忆关联与语义功能语法理论的普遍联系密切呼应，结构与表达的关联恰恰映射出语言和言语的关联。解释语言事实，解释语言的组织规律，同样服务于"从言语到语言再到言语"的语言习得过程。

5. 结语

长期以来，我国的语法研究既深受西方语言学的影响，又不断尝试在汉语自身的土壤上开花结果。19 世纪末问世的《马氏文通》就是参照拉丁语语法著作创作的。20 世纪 20 年代问世的《新著国语文法》则是模仿英语语法著作写成的。20 世纪 40 年代问世的《中国文法要略》《中国现代语法》开启了依托汉语口语材料研究汉语语法规律的道路。而后，20 世纪 50年代至 80 年代，《语法修辞讲话》《现代汉语语法讲话》《汉语语法分析问题》《语法讲义》《语法答问》等经典语法研究著作相继问世，在汉语语法知识的普及和汉语语法体系的构建方面作出了巨大的贡献。正是由于这些优秀语法研究著作的奠基和引领，至 20 世纪末，语义功能语法理论才能参鉴中外优秀语法研究成果应运而生。

　　作为一种深植汉语土壤又积极吸收国内外有益研究成果的语法理论，语义功能语法理论展现出了充分的包容性和解释力。通过探究语义功能语法理论与"三一语法"教学理论乃至"表达驱动"教学理论的内在理论关联可知，语义功能语法理论的研究成果不仅可以为国际中文教学中的语法教学提供直接的认识论和方法论支持，还可以为国际中文教学中的语言文化教学提供有益的参考、启示。相信在未来国际中文教育事业的稳步发展过程中，语义功能语法理论可以在国际中文教学理论建设中继续发挥重要的作用！

参考文献

　　陈一：《语义功能语法——理论与方法探索》，《哈尔滨工业大学学报》（社会科学版）2005 年第 1 期。

　　冯胜利、施春宏：《论汉语教学中的"三一语法"》，《语言科学》2011 年第 5 期。

　　冯胜利、施春宏：《三一语法：结构·功能·语境——初中级汉语语法点教学指南》，北京大学出版社，2015。

　　李东伟、刘修缘、钟英华：《表达驱动教学理念　提升外国留学生中文水平路径研究》，《天津师范大学学报》（社会科学版）2023 年第 6 期。

　　马箭飞：《奋力开拓国际中文教育高质量发展新局面》，《神州学人》2024 年第 1 期。

　　马庆株：《汉语语言学走向世界的途径——兼再谈语义功能语法》，《南开语言学刊》2004 年第 2 期。

　　马庆株：《结构、语义、表达研究琐议——从相对义、绝对义谈起》，《中国语文》1998 年第 3 期。

　　马庆株：《结合语义表达的语法研究》，《汉语学习》2000 年第 2 期。

　　马庆株、李广瑜：《语义功能语法答问》，《渤海大学学报》（哲学社会科学版）2011 年第 4 期。

　　施春宏、陈振艳、刘科拉：《二语教学语法的语境观及相关教学策略——基于三一语法的思考》，《语言教学与研究》2021 年第 5 期。

王振来：《浅谈语义功能语法的理论价值》，《渤海大学学报》（哲学社会科学版）2006 年第 1 期。

杨薇、石高峰、钟英华：《"表达驱动"教学理念与戏剧形式国际中文教学实践》，《汉语学习》2022 年第 3 期。

钟英华、励智、丁兰舒：《"表达驱动"教学理念与国际中文教学资源建设》，《天津师范大学学报》（社会科学版）2022 年第 6 期。

钟英华、于泓珊、杨薇：《国际中文教育"表达驱动"教学理论与实践》，《世界汉语教学》2023 年第 3 期。

朱德熙：《语法答问》，商务印书馆，1985。

The Value of Semantic Functional Grammar Theory in the Construction of International Chinese Teaching Theory

LI Guangyu

Abstract: The semantic functional grammar theory is a grammar theory system based on semantic function for grammar research. The proposal of the semantic functional grammar theory not only enriches modern linguistic theory, but also provides direct epistemological and methodological support for grammar teaching research in international Chinese teaching. It can also provide useful reference for language and cultural teaching research in international Chinese teaching.

Keywords: semantic functional grammar theory; international Chinese language teaching; theoretical construction

马庆株先生的语文现代化思想*

关亦淳¹　关彦庆²

（1. 东北师范大学文学院　2. 长春理工大学文学院）

提　要　马庆株是著名语言学家，在语法学研究领域有很高的成就，在语文现代化研究领域也有重要贡献。研究其语文现代化思想有重要的学术意义和实践意义。研究发现，马庆株语文现代化思想的核心是打开拼音世界，服务国家发展。它可以分为四个方面：语文现代化是语文观念现代化；语文现代化是国家现代化的一部分；语文现代化是与时俱进的；汉语拼音能帮助汉语汉字走向世界。

关键词　马庆株　语文现代化　语言学

马庆株先生是著名语言学家，在语法学研究领域，尤其在语义功能语法研究方面有很高的成就，影响巨大。他在语文现代化①研究领域也有重要贡献，发表语言规划学术论文 50 多篇，为语言规划类著作撰写序跋和书评 10 多篇②，构建了非常重要的语言规划思想。马庆株先生的语文现代化思想可以概括为：打开拼音世界，服务国家发展。其具体分为四个方面。

---

* 基金项目：国家社会科学基金项目"新中国语言政策与国家语言能力发展关系研究"（19BYY068）；国家社会科学基金重大项目"数字智能时代国家语言治理的前沿问题研究"（24&ZD170）。

① 学界共识，语文现代化也叫语言规划、语言政策。

② 见"语义功能语法"微信号：gh_3bb128efcf5d 推送的《马庆株先生生平及著作目录》，郭昭军整理，王红旗修订，史金生审定，发布时间 2023 年 10 月 20 日。

1. 语文现代化是语文观念现代化

"语文观念现代化"是马庆株先生语文现代化最为根本的思想，这个思想是基于对语文现代化发展史的反思，更是基于他对语文现代化理论与实践研究的总结。他是语文现代化的学习者、追随者、研究者、宣传者，认为"语文现代化"很重要，倡导认真学习前辈的语文现代化理念，主张加强对语文现代化的理论探讨，对语文现代化的性质有独到的认识。其代表作主要有《纪念汉语拼音方案（草案）发表 40 周年》（1995）、《完善汉语文字的体系》（1997）、《拼写工具和注音工具》（2002）、《整合创新，促进中国语文现代化——汉语拼写方案的必要性、科学性和可行性》（2014b）。他的语文观念现代化思想表现为以下几个层面。

1.1 接受引入拼音降低汉字学习难度的思想

汉字是记录汉语的书写符号，是典型的表意文字，是世界上寿命最长、使用人数最多的文字，是中国传统文化的基本要素之一，有着崇高的地位。它的书体虽然几度变化，但从文字学角度看，仍属同一个体系，其特点是难学难用。1892 年卢戆章①出版《一目了然初阶（中国切音新字厦腔）》，其中有第一个由中国人自己创制的字母式汉语拼音文字方案（费锦昌，1997：1），目的是通过拼音解决识字难题。卢戆章引入拼音方案降低识字难度的思想，是文字观的进步，对中国语文生活产生了深远的影响，是中国语文生活中的一件大事，因此，被学界认为是语文现代化运动的开端。马庆株先生接受了这个思想，当然也是文字观的进步。这个进步的可贵之处在于突破了汉字文化的束缚，具有了世界文字的眼光，建立了普通文字学的观念。

---

① 卢戆章（1854~1928），福建同安古庄乡人，1892 年自费出版《一目了然初阶（中国切音新字厦腔）》，是我国第一个创制拼音方案的人。

1.2　从文字体系出发，证明汉字需要拼音帮助记录汉语

　　语文现代化运动在过去 100 多年取得的成就是有目共睹的，它是对文字体系或制度的变革。为什么要对汉字进行改革？因为汉字难学，应用不便。怎样对汉字进行改革？就是对方块汉字进行"修理""补充"，使汉字学习起来相对容易、应用起来相对方便。所谓"修理"就是简化汉字，所谓"补充"就是制定一套汉语拼音字母，提高汉字的学习和应用效率，使文字工作走向现代化（周有光，1964）。马庆株（1997）从文字性质的角度对汉字进行分析，回答了为什么要"补充"和怎样"补充"的问题。第一，目前汉语文字体系不完善表现在以下方面：汉字的性质不明确，多数情况下记录语素；汉字的字位与字形之间存在多种矛盾；汉字不按词书写造成理解困难，甚至造成歧义；译音不准确；目前的汉语文字体系是不完整的，汉语中有些成分无法用汉字记录；目前的汉字不利于汉语的国际化。第二，论证了完善汉语文字体系的途径：汉字表示固有语素，汉字中夹用少量拼音辅助文字；音译外来词改用拼音辅助文字；利用汉字谐声偏旁分化同音词。

1.3　支持给予汉语拼音文字地位，探索"一语双文"实施方案

　　"一语双文"最早提出者不详，我们能看到的关于"一语双文"明确定义的文献是刘涌泉（1992）发表的《一语双文　势在必行》，认为"一语双文"就是一种语言（这里说的是汉语）、两种文字（这里说的是汉字和汉语拼音）。关于"一语双文"概念的提出，有赞成者，也有反对者，马庆株先生支持"一语双文"主张。

　　马庆株先生在多篇文章中从理论上讨论了"一语双文"的必要性。他认为，两种文字比一种文字好，明确拼音字是辅助性的，有利于克服阻力，有利于掌握汉字，有利于推动汉语走向世界（马庆株，1997）。汉语拼音方案能科学地、准确地记录普通话，充分发挥汉语拼音的作用，使它与汉字相辅相成（马庆株，1998）。汉字和汉语拼写标准可以有所分工，拼写标准

应该有一定的地位，让它在中文信息处理中、在信息高速公路上发挥作用（马庆株，2000）。汉字拼音化不是代替汉字，而只是在汉字不能使用和不便使用的领域记录汉语（马庆株，2005a）。科学地认识汉字的优缺点，与时俱进地从世界看中国，扩大汉语拼音的使用范围，联系汉字声旁区分同音词素，把拼音发展完善为拼写，学了拼写有助于学汉字，实现汉字为主的一语双文，语言成为强势语言，是国家成为强大国家的推动力和标志（马庆株，2014a）。这些关于汉语、汉字与拼音字关系的经典论断，成为马庆株先生持之以恒研制"一语双文"方案的思想动力。

研制"一语双文"的可行性方案，光有主张，只有理论意义，没有实际价值。马庆株先生是坚定的实践主义者，1997年他就开始发表制定汉语拼写方案的研究成果，践行"一语双文"的学术理想。《完善汉语文字的体系》（1997）从对比视角说明汉语文字体系的完善路径；《抓住机遇，扎实推进语文改革——规范汉字及其拼写工具的完善》（2003b）重点谈了如何完善拼写工具问题；《汉语拼写同音词定型方案征求意见稿》（2005b）系统地讨论了声调表示法与同音词分化相结合问题；《高举语文现代化旗帜，促进汉语拼音科学发展》（2009）重点从"拼音—汉字"双向转换视角，根据信息化的需要，区分同音词问题；《整合创新，促进中国语文现代化——汉语拼写方案的必要性、科学性和可行性》（2014b）系统地讨论了研制汉语拼写方案的原则和主张，这是马庆株先生区分同音词、落实"一语双文"思想的代表成果；《踏上新时代汉语拼音新征程——再论汉语拼写方案》（2018）主要讨论了利用古音区分同音词问题；《突破瓶颈，加速汉语国际传播——国家通用语言汉语普通话拼写史研究》（2019c）主要讨论了产生现代汉语同音词的原因。20多年"一语双文"的艰苦实践探索，生动地诠释了一名语言学家的拳拳爱国心。

1.4 自觉探讨语文观念现代化问题

马庆株先生的语文观念现代化主要源于他对语言文字的科学研究，建立于他对语言文字核心概念的深刻分析，形成于他对语文现代化意义和作用的认识。

首先，解读什么是现代化。现代化就是高效率，高效率就是高速度和高精密度。拼音可以实现高效率，区分同音词可以实现高精密度（马庆株，2014b）。"语言是信息传递的载体，文字又是记录语言的工具。语文观念现代化就是工具应该好用、易学、高效，标准化，容易上机，容易在信息高速路上飞驰。"（马庆株，2008a）

其次，厘清核心概念的内涵。汉语拼音方案是国家通用语言文字的拼写和注音工具，马庆株先生专门撰文《拼写工具和注音工具》，阐述拼写工具与注音工具的不同，"注音"是用符号表明文字的读音，"拼写"是用拼音字母按照拼写规则书写。应该发展汉语拼音的拼写功能，由只给音节注音扩大到拼写汉语，由只能拼写口语发展到能全面拼写口语和书面语，由只记音区分音位发展到适当区分同音词素，记录汉语有足够的区别度。由拼音到拼写意义重大，汉语拼音在应用过程中提出了完善成拼写方案的要求（马庆株，2008b）。注音和表明读音的对象是文字，拼写和书写的对象是语言。从表明语言单位来看，拼写不仅表明语音单位，还要表明词汇单位和语法单位；注音则表明语音单位，这语音单位可以是音素，也可以是音素组合，还可以是音节。注音工具可以是任何符号：国际音标、注音符号、汉语拼音字母，可以是汉字，也可以是外文（马庆株，2004a）。

再次，深刻理解语文现代化的意义和作用。国家通用语言文字法肯定了半个世纪以来我国语言文字工作取得的巨大成就，面向未来，必须坚持语文现代化方向，开拓创新，与时俱进，放眼世界，实现语言文字观念的现代化（马庆株，2019a）。语文现代化可以提高语言文字的学习、使用、推广的效率，增强汉语的活力和国际竞争力，大大提升汉语的地位，促进国家通用语言文字的国际传播，使汉语传播、推广达到新的广度，使汉语真正成为世界主要国际语言之一（马庆株，2014b）。语文现代化能提高汉语文的信息处理水平，扩大汉语文在虚拟空间的话语权，提高汉语文的境外生存能力，加速汉语文的国际推广，切实提升汉语文的国际地位（马庆株，2019a）。

马庆株先生用实践生动地证明了理解语文现代化必须打开视野，解放思想，才能实现语文观念现代化。

2. 语文现代化是国家现代化的一部分

"语文现代化是国家现代化的一部分"（马庆株，2014b）是马庆株先生语文现代化的系统观。他的代表作主要是《试谈语文规划》（2003）、《"英汉双语教学"跟"国家语言战略"矛盾——语言学家、南开大学博士生导师马庆株教授访谈录》（见彭泽润，2005）、《中国语文多元一体格局》（2019b）。本部分思想主要体现语文现代化的政治属性，可以从国内视角的内向型观察和国际视角的外向型观察两个角度分析。

2.1 国内视角的内向型观察：语文现代化是整个现代化事业的一部分

这是从国家管理视角观察语文现代化的性质，是关于语文现代化事业的定位性认识，其哲学基础是全局和局部相统一的辩证法思想。语文现代化要服从中央的集体目标，要符合法律法规，要符合国家利益，要保证大多数人的利益，这既是现实社会的需要，也是历史发展的必然。只有明确语文现代化在国家经济社会发展过程中的定位属性，才能正确认识、妥善处理语言文字工作和其他领域工作的关系，才能看清楚语文现代化创造的巨大奇迹，把巨大的人口压力（文盲）变成巨大的人口动力，语言文字工作是助推国家经济社会发展的重要力量。

语文现代化是为适应现代化的需要而从事的语言文字建设工作。它是系统科学、系统工程，是国家规划、国家行为，包括中国语文现代化战略理论、语言文字治理体系与治理能力现代化，需要协同创新，因而是我国现代化事业的组成部分（马庆株，2019a）。它的特点是在学术研究基础上的政府行为，要保证语文规划的科学性，就必须做好论证。语文规划研究工作者提出意见和建议，政府集中专家的正确意见做出决策（马庆株，2004b）。因此要搞好语言规划，首先要搞好语言地位规划，确定各种语言文字在中国的地位。要突出国家通用语言文字，确保其主体地位，学习外国语不能妨害汉语地位（马庆株，2019b）。应该重读周恩来《当前文字改革的任务》，消除对语文现代化的误解。希望我国的语文现代化事业能适应整个现代化事业的需要，像其他事业一样蒸蒸日上，从而促进汉语更快地走向世界，更好地为中国人民和世界人民服务（马庆株，2000）。

2.2 国际视角的外向型观察：语言地位必须与国家地位一致

语言地位必须与国家地位一致，语言是国家综合国力的要素。这是全新的语言观，是马庆株先生非常重要的语言主权就是国家主权思想的体现，是中国走向世界舞台的学术判断。他认为，我们国家现在的语言地位与国家在世界上的地位不一致。语言规划的实践必须维护国家主权和民族尊严。汉语的使用目前主要在国内，国际会议上很少有人使用汉语。随着国家的强大，汉语将走向世界，成为彰显中国综合国力的重要因素。要求我们有世界眼光和包容一切的胸襟，解放思想，实事求是，更新观念。把推行方案同现代化事业联系起来，大大增强我们的责任感和使命感（马庆株，1998）。

语言主权是国家主权思想能抓住问题的本质。马庆株先生主张区分两种"双语教学"，进入21世纪有两种"双语教学"，一种是指一个国家为了使外来移民和少数民族能够使用主体民族语言，在教学中采用他们的民族语言和主体民族语言进行教学最终过渡到能够接受主体民族语言的单语教学；另一种是指主张在中国高等教育甚至在中国基础教育中普遍采用汉语和英语进行"双语教学"（彭泽润，2005）。马庆株先生旗帜鲜明地反对英语和汉语的"双语教学"，认为这种"双语教学"不符合"双语教学"本来意义，它损害国家主权、危害国家安全。"双语教学"实施的前提是不能伤害"母语教育"，不能以牺牲"母语教育"为代价。要提高汉语的国际地位，我们首先得重视汉语。

梳理语文现代化百年发展史，马庆株（2019a）指出：中国语文现代化发展必须具备两个条件。一个是需要相关党政部门顶层的正确设计与引领。

这属于国家层面的国家行为与国家规划，既要有振兴中华民族的明确目标，也要有以人民为宗旨的情怀。另一个条件是需要业务工作者与广大群众的广泛参与和践行。二者相辅相成，缺一不可。这是马庆株先生对中国语文现代化是中国现代化事业组成部分的深刻总结。

3. 语文现代化是与时俱进的

语文现代化是与时俱进的是马庆株先生语文现代化发展观。他的代表作主要是《理解、拥护和参与文改，大力推进中国语文现代化事业》（2000）、《关于对外汉语教学的若干建议》（2003a）、《中国的语文现代化事业》（2008a）、《坚持中国语文现代化的方向》（2011）、《牢固树立语文现代化理念，为实现中国语言文字梦而不懈奋斗》（2019a）。这个观念的形成是对语文现代化百年发展历史深刻反思所获得的学术判断，主要体现在以下三个方面。

3.1　树立正确的语文现代化历史观

文字改革非常复杂，正确认识语文现代化历史，不仅需要理论上认识文字的性质和功能，实践上总结文字改革的经验和教训，还需要领悟文字改革的设计和引领。研读马庆株先生的学术论文，中国文字改革的历史可以概括为三个阶段。第一，文字改革的社会要求阶段。文字改革的要求随着资本主义萌芽而产生，代表人物是明朝末年的方以智（1611-1671），他主张"因事乃合音，因音而成字"，这是我国拼音文字理论的滥觞（戚雨村、董达武、许以理、陈光磊，1993：81）。马庆株（2011）对他的评价是"从明朝末年的方以智可以看到汉语文的文化自觉、对汉语文的自知之明、对汉语文发展历程和未来的充分认识"。第二，文字改革的科学探索阶段。这一阶段的标志是 1892 年卢戆章出版《一目了然初阶（中国切音新字厦腔）》，该书的切音字已经实行"词素连写、词间分开"，虽然没有明文规定写法规则，但已产生了一套初阶形式的写法体系。这在当时是一种极新的语文现象（费锦昌，1997：2）。后来主要探索内容是创制拼音字母，提倡国语、白话文、简体字，目标是振兴中华、普及教育，语文现代化是许多大学者的理想和追求。第三，文字改革的国家实践阶段。中华人民共和国成立以来，党和政府高度重视语文现代化工作，经过 70 多年的发展，中国的语文生活进入了一个全新的时代。马庆株（2011）认为，经过 100 多年的实践，我国文教界爱国志士开创了语文现代化事业，说明语文方面开始自我觉醒、自我反省、自我创建。我们今天应该正确评价百年语文运动各阶段的成绩、问题、经验和教训，感谢、纪念和缅怀为此作出突出贡献的事业领导者和学者。坚持正确的语文观，推动语文现代化事业向前发展。

3.2 以世界眼光思考中国语文现代化问题

进入 21 世纪，马庆株多次撰文指出，要以世界眼光思考语文问题，建立汉语文自信，坚持语文现代化方向，促进语言文字科学发展。汉语汉字不会随着中国经济的发展自然而然地走向世界，马庆株（2019a）主张贯彻《中华人民共和国国家通用语言文字法》，建构和谐的语言生活，正确理解语言竞争，发挥拼写工具的文字功能，区分同音词，推动汉语汉字走向世界。从语文现代化战略视角出发，语文现代化的研究范围应该包括：坚持语文改革成果，构建实施国家语文发展战略的基础；明确语文发展的方向，做好汉语文的自身建设；妥善处理语文发展中的矛盾，构建和谐的语言生活；提高汉语文的信息处理水平，扩大汉语文在虚拟空间的话语权；探讨汉语文的国际传播战略，加速汉语文的国际推广。

3.3 注重专业人才培养

这是马庆株先生的语文教育规划观。他非常重视汉语文的教育问题，认为：对语文教育重要性的认识要提高到努力增强综合国力的高度，对汉语文教育的重视程度无论如何不能低于对外国语教育的重视程度（马庆株，2002）。语言学与许多学科交叉、融合，形成了许多新兴边缘学科；汉语言文字学研究取得了令人瞩目的成果；中国语言学家的理论贡献赢得了海外学者的赞誉；汉语、汉语语言学、文字学越来越受到重视；学习汉语的外国人越来越多（马庆株，2004b），语文现代化事业的发展要求汉语言文字学人才有合理的知识结构，才能适应学科发展。他给对外汉语教学的建议是：外国学生学习汉语应遵循听说领先原则，充分发挥汉语理据性强、词素变体少的优势，进行对外汉语教学（马庆株，2003a），这就是利用汉语拼音与国际接轨的思想。年轻人是语文现代化事业的新生力量，他建议在调整研究生的学科专业目录时，要考虑三个问题：一是考虑怎样有利于学科发展，有利于语言学和汉语言文字的教学、研究和人才培养；二是要继承我国语文研究优良传统；三是要与国际学术界接轨（马庆株，2004b）。他自己更是积极实践，2003 年，在南开大学语言学及应用语言学专业博士点首建语言规划方向，导师为马庆株先生、李宇明先生。

3.4 科学阐释语文现代化内涵

语文现代化作为一个学术概念的提出有明确的历史背景。1978 年，党的十一届三中全会决定把全党的工作重点转移到社会主义现代化建设上来，中国进入改革开放的新时期，顺应历史发展潮流，语文界用"语文现代化"替代了"文字改革"。语文现代化作为学术概念被定义始于《语文现代化》丛刊创刊（1980），《发刊词》说：文字改革就是语文现代化（倪海曙，1980：5）。这是我们能见到的关于"语文现代化"最早、最明确的定义。

语文现代化内涵的拓展始于 1986 年召开的第二次全国语言文字工作会议。党中央国务院发布了新时期语言文字工作的方针和任务。认同、支持语文现代化的学者关于语文现代化内涵的认识具有行业、专业特点，非常精彩，概述如下：科技工作者都应该学习语文，因为科技工作离不开语文。要把语文工作现代化，要在语文工作中利用科学技术，语文工作本身也应该科学化（马希文，1986）。语文现代化要适应工业化和信息化的时代要求，中国的语文现代化包括：语言共同化、文体口语化、表音字母化、文字简便化（周有光，1993）。语文现代化不仅是一项实际工作，而且是一门科学（许长安，1997）。语文现代化的内容不仅包括语文生活的现代化和语文本体的现代化，还包括语文研究的现代化（冯志伟，2000）。语文现代化就是伴随着社会现代化进程而进行的语文改革（苏培成，2001）。狭义的语文现代化是指利用计算机进行语言文字信息处理（李宇明，2002）。中国语文现代化的宗旨应该是研究在信息技术的支持下如何使我们的语言学研究更具活力，研究如何使我们的语言教学跟上时代步伐（陈群秀，2003）。中国是正在走向世界的大国，其语言也必然要走向世界，并将逐步成为具有较大影响力的国际性语言。这样，我们就应该以全球化的理念来审察中国的语文问题，加紧推动中国语文现代化的进程（陈光磊，2006）。以上关于语文现代化内涵的认识体现为专业需要和社会演进特征，语文现代化的内涵是不断丰富的。

语文现代化讨论也有不同的声音，例如郎铸（1995）《"中国语文现代化"献疑》最具有代表性，认为工业、农业、国防、科技现代化的提法可以接受，"语言共同化""文体口语化""表音字母化""文字简便化"不是现代化，"语文现代化"的提法不科学，也无法付诸实施。马庆株先生认为这些观点是有害的，撰写《理解、拥护和参与文改，大力推进中国语文现代化事业》等学术论文，深刻地阐述了科学的文字观，与文字改革的模糊认识作斗争。

科学阐释关于语文现代化内涵的独到认识，马庆株认为"语文现代化应该是语言共同化和语言多样化的和谐统一，是拼写工具与汉字的和谐共存，是汉语言文字与国际接轨，是《国家通用语言文字法》的彻底落实"[1]。从这个定义能够看到前辈学者的影子，体现语文现代化学术思想的传承性，我们更能看到这个定义的新意所在。语文现代化是语言文字观的变革，它具有连续性、过程性、延展性、社会性，它始终与百姓生活、民族发展、国家兴衰联系在一起。马庆株先生进一步剖析了对语文现代化不理解、不支持的现象，指出其认知瓶颈在于观念，要正确理解语文现代化，"语文观

---

[1] 2006 年 10 月 28-29 日，在天津南开大学举行的中国语文现代化学会第七次学术会议暨换届大会上，马庆株先生当选为中国语文现代化学会新一届会长，在开幕词中，他阐述了对"语文现代化"内涵的认识。

念现代化是关键"（马庆株，2014b）。这句经典的判断揭示了问题的本质。

4. 汉语拼音能帮助汉语汉字走向世界

"汉语拼音能帮助汉语汉字走向世界"是马庆株先生的文字观。其代表作是《汉语拼音：和汉字一起走向新世纪》（1998）、《汉语拼音方案和正词法基本规则及其应用》（2005）、《〈汉语拼音方案〉的来源和进一步完善》（2008b）、《文字和字母的跨文化观察》（2017）等。

他是辩证唯物主义认识论思想的实践者，坚信理论对实践的指导作用。他深耕拼音研究与应用60多年[1]，坚信人类文字有共同的发展规律，认为拼音字母和汉字是好朋友，主张建立正确的国际概念和科学的文字观。世界是拼音的世界，国际是拼音的国际。《汉语拼音方案》是国际标准，这是很重要的权利，要让罗马字母为我们服务[2]。他主张加强汉语拼音的科学研究和应用研究，发挥汉语拼音的作用，促进汉语规范化、信息化、国际化，增强汉语的生存能力、活力和国际竞争力，提升汉语的国际地位，使汉语真正成为主要国际语言之一。

为什么汉语拼音能帮助汉语汉字走向世界？马庆株（2017）认为语言和文字没有必然联系。汉字是跨文化文字，拉丁字母和斯拉夫字母是跨文化、跨语系字母。字母可以增强语言文字的生命力，甚至可以让一种语言文字"死而复生"。跨文化字母有助于语言国际传播。汉字要走向世界就要抓住机遇，插上跨文化字母的翅膀，完善汉语拼音，实施"一语双文"，助推汉语文国际传播（马庆株，2017）。

汉语拼音怎样才能帮助汉语汉字走向世界？要充分发挥汉语拼音的作用，研制辅助文字，设计出汉字与辅助文字互译的计算机软件，可实现只会汉字的人和只会辅助文字的人之间的交际（马庆株，1998）。每一位真正

---

[1]　1956年作为中学生的马庆株提出了汉语拼音 zh、ch、sh 简写法的修改意见，2018年在《语言规划学研究》第1期发表《踏上新时代汉语拼音新征程——再论汉语拼写方案》。

[2]　见关彦庆在南开大学"语言规划学理论"听课笔记，第7页。

的爱国者都应当关心汉语汉字的命运，要对汉字有信心，汉字是我们的宝贵遗产，不能放弃，但是不放弃不等于不改革，拼音工具具有文字的性质，不是正式的，是辅助的。汉字拼音化不是用拼音替代汉字，而只是在汉字不能使用和不便使用的领域记录汉语。语文观念现代化，就是充分利用《汉语拼音方案》，实现汉语、汉字与世界接轨。为汉语做三件衣服（古文字唐装、简化字中山装、拼写方案西装）成为他毕生的学术理想。

5. 研究马庆株先生语文现代化思想的意义

马庆株是国内关注语文现代化理论与实践研究最重要的学者之一，给我们留下了非常珍贵的学术遗产。他关于语文现代化研究的观点和看法，"见证了国家语言能力不是抽象的概念，不是空洞的口号，而是实实在在的学术创新"（关彦庆、李开拓，2021b）。马庆株语文现代化思想研究具有一定的理论意义和实践意义。

5.1　理论意义

中国百年语文现代化实践，改变了中国语文落后的应用面貌，尤其是新中国语文现代化实践，使全社会的语文水平不断提升，语言生活向着多元、和谐、健康的方向发展（郭熙，2019）。语言文字的应用只有符合现代化需求，才能助力国家的现代化。李宇明（2021）认为当前，我国语言文字事业到了"语言生活治理"阶段，铸牢中华民族共同体意识、构建人类命运共同体、发展信息空间成为时代使命，语言学界要提升"语言觉悟"，理性认识语言学的学术责任和社会责任（关彦庆、李开拓，2021a）。马庆株先生的"打开拼音世界、服务国家发展"的语文现代化思想有非常重要的理论意义。

5.2　实践意义

新时代语言文字事业的发展，助力中国走向世界，要求中文不仅服务中国，也服务世界。这是国家经济社会发展大势对语文现代化的要求，语文现代化国际化成为语言文字事业高质量发展的研究命题，语言学家的语言学思想是影响语文现代化国际化判断的因素。马庆株先生的语文现代化国家价值观特别可贵，国家语言主权的意识需要建立，国家语言主权的概念需要阐释，国家语言主权的思想更需要落地生根。马庆株先生总结中国百年语文现代化事业实践，拓展语文现代化认知边界，提出新思想，研制新方案，成为语文现代化事业的守护者和学术引领者。

梳理马庆株先生的语文现代化学术之路，能捕捉到让人耳目一新的观点，能体会到他一针见血的洞察力和周密严谨的逻辑能力。马庆株先生晚年的语文现代化思想实践，形单影只却一往无前，这是学术浪漫，是中国语言学家的精神。他始终坚信中国语文现代化方向，成为中国语文现代化事业中仰望星空的人。

参考文献

陈光磊：《全球化背景下的中国语文建设》，载苏培成主编《语文现代化论丛（第 6 辑）》，语文出版社，2006。

陈群秀：《网络、网络语言与中国语文现代化》，载苏培成主编《语文现代化论丛（第 5 辑）》，语文出版社，2003。

费锦昌主编《中国语文现代化百年记事》，语文出版社，1997。

冯志伟：《语言文字研究也应当现代化》，载苏培成主编《语文现代化论丛（第 4 辑）》，北京大学出版社，2000。

关彦庆、李开拓：《语言学的责任与情怀——著名学者李宇明教授访谈录》，《北华大学学报》（社会科学版）2021a 年第 1 期。

关彦庆、李开拓：《原创学术理论叩问的方式、目标和实践——著名学者李葆嘉教授访谈录》，《北华大学学报》（社会科学版）2021b 年第 2 期。

郭熙：《七十年来的中国语言生活》，《语言战略研究》2019 年第 4 期。

郎铸：《"中国语文现代化"献疑》，《汉字文化》1995 年第 1 期。

李宇明：《语文现代化与语文教育》，《语言文字应用》2002 年第 1 期。

刘涌泉：《一语双文 势在必行》，《语文建设》1992 年第 3 期。

马庆株:《高举语文现代化旗帜,促进汉语拼音科学发展》,《北华大学学报》2009年第1期;又见马庆株主编《语文现代化论丛(第8辑)》,语文出版社,2011。

马庆株:《关于对外汉语教学的若干建议》,《世界汉语教学》2003a年第3期。

马庆株:《汉语拼写同音词定型方案征求意见稿》,载关彦庆主编《实用普通话教程》,吉林文史出版社,2005b。

马庆株:《中国的语文现代化事业》,载马庆株主编《语文现代化论丛(第7辑)》,中央广播电视大学出版社,2008a。

马庆株:《汉语拼音方案和正词法基本规则及其应用》,《辽宁师范大学学报》2005a年第1期。

马庆株:《汉语拼音:和汉字一起走向新世纪》,《中华读书报》,1998-7-22(05)。

马庆株:《纪念汉语拼音方案(草案)发表40周年》,《中国语文现代化学会通讯》1995年第4期。

马庆株:《坚持中国语文现代化的方向》,《北华大学学报》(社会科学版)2011年第1期。

马庆株:《牢固树立语文现代化理念,为实现中国语言文字梦而不懈奋斗》,载杨光荣主编《语文现代化论丛(第11辑)》,巴蜀书社,2019a。

马庆株:《理解、拥护和参与文改,大力推进中国语文现代化事业》,载苏培成主编《语文现代化论丛(第4辑)》,北京大学出版社,2000。

马庆株:《拼写工具和注音工具》,载马庆株《忧乐斋文存——马庆株自选集》,南开大学出版社,2004a。原载张新武、高莉琴主编《新疆大学语言文化国际学术讨论会论文集》,新疆大学出版社,2002。

马庆株:《试谈语文规划》,载马庆株《忧乐斋文存——马庆株自选集》,南开大学出版社,2004b。原载邢福义主编《汉语学报》,湖北教育出版社,2003。

马庆株:《踏上新时代汉语拼音新征程——再论汉语拼写方案》,《语言规划学研究》2018年第1期。

马庆株:《突破瓶颈,加速汉语国际传播——国家通用语言汉语普通话拼写史研究》,载杨光荣主编《语文现代化论丛(第11辑)》,巴蜀书社,2019c。

马庆株:《推动汉语走向世界》,《汉字文化》2014a年第4期。

马庆株:《完善汉语文字的体系》,载王均主编《语文现代化论丛(第3辑)》,语文出版社,1997。

马庆株:《文字和字母的跨文化观察》,《跨文化研究》2017年第2期。

马庆株:《信息时代高校语文教育刍议》,《中国大学教学》2002年第Z1期。

马庆株:《整合创新,促进中国语文现代化——汉语拼写方案的必要性、科学性和可行性》,《中国语文》2014b年第6期。

马庆株:《〈汉语拼音方案〉的来源和进一步完善》,《语言文字应用》2008b年第3期。

马庆株:《中国语文多元一体格局》，载杨光荣主编《语文现代化论丛（第 11 辑）》，巴蜀书社，2019b。

马庆株:《抓住机遇，扎实推进语文改革——规范汉字及其拼写工具的完善》，《语言文字应用》2003b 年第 2 期。

马希文:《语文工作与科学技术》，载全国语言文字工作会议秘书处编《新时期的语言文字工作——全国语言文字工作会议文件汇编》，语文出版社，1986。

倪海曙主编《语文现代化丛刊（第 1 辑）》，知识出版社，1980。

彭泽润:《"英汉双语教学"跟"国家汉语战略"矛盾——语言学家、南开大学博士生导师马庆株教授访谈录》，《北华大学学报》（社会科学版）2005 年第 2 期。

戚雨村、董达武、许以理、陈光磊:《语言学百科词典》，上海辞书出版社，1993。

苏培成:《面向 21 世纪的中国语文现代化》，《北京大学学报》（哲学社会科学版）2001 年第 1 期。

许长安:《语文现代化是一门科学——读〈语文现代化概论〉》，载王均主编《语文现代化论丛（第 3 辑）》，语文出版社，1997。

周有光:《今天的汉字改革工作——汉字改革讲话（中）》，《文字改革》1964 年第 8 期。

周有光:《什么叫汉字改革——汉字改革讲话（上）》，《文字改革》1964 年第 7 期。

周有光:《谈语文现代化》，《语文建设》1993 年第 10 期。

Ma QingZhu's Thoughts on Language Modernization

GUAN Yichun   GUAN Yanqing

Abstract: Ma Qingzhu is a famous linguist with high achievements in the field of grammar and important contributions in the field of language modernization, and the study of his ideas on language modernization is of great academic and practical significance. This study found that the core of Ma Qingzhu's idea of language modernization is to open up the world of pinyin to serve national development. It can be categorized into four areas: modernization of languages as modernization of language concepts, modernization of languages as part of the modernization of the State, the modernization of languages is in keeping with the times, hanyu pinyin can help Chinese characters to face the world.

Keywords: Ma Qingzhu; language modernization; thoughs

厘清根本，去芜存菁，构建新时代汉语词汇学[*]

周　荐

（北京师范大学文理学院）

提　要　汉语词汇量大，深具特点，先秦以降就已有一些成规模的运用和开拓性的研究。近代西学东渐以后，西方学者把根据西语归纳出的句法理论应用于汉语句法分析，这种汉语句法分析的方法后又被用在汉语词汇的分析上，汉语词汇研究百年来多走在一条崎岖的道路上。汉语词汇的特点值得深究，规律需要总结，在研究中须将困扰汉语词汇学的那种张冠李戴的方法择分出去，为新时代汉语词汇学的理论建设提供一些有价值的参考。

关键词　汉语词语　汉语词汇规律　中国特色的汉语词汇学

1. 词汇的量和质

一种词汇创造的主体是本族语的使用者，汉语词汇的主要创造者是以汉语为母语或族际交际语的世世代代的中华民族的人民。汉语的词汇量十分丰富，但由于汉语词汇的科学研究开展得较迟，史前时期并无语文工具书的编纂，少有完整的语文资料存世，彼时词语的具体数量，只有后世学

＊　基金项目：国家社会科学基金重大项目"中西交流背景下汉语词汇学的构建与理论创新研究"（21&ZD310）。

者所做的关于前世的研究成果作为参考，如赵诚《甲骨文简明词典——卜辞分类读本》（1988）收条总数为 2050 条。今人编纂反映上古汉语词汇面貌的甲骨文、金文等词典，所收词汇量自然较难真实地反映几千年前活的语言的实际情况，应该只是当时实际词汇量的极小一部分。上古结束，中古以降，虽有各种类型的语文工具书问世，但能完整准确地反映语言词汇实际情况的语文工具书却并不多见，清·翟灏《通俗编》（书成于乾隆十六年，1751 年）算是其中差强人意的一部，收条总计 5558 条。在现代，一部权威而规范的语文词典比较能够真确地反映词汇的实际面貌，如商务印书馆 1960 年出版的《现代汉语词典》（以下简称《现汉》）的"试印本"收条 43000 条，2012 年出版的第六版收条 69000 条。如果上述工具书关于词汇量的统计数据是可信的，那么，可以看到汉语词汇在上古至清中叶始终处于一个平稳的发展期，从甲骨文金文时代至 18 世纪中叶《通俗编》纂成的几千年时间里，词语每百年的增长量远比不上之后的时代；清中叶到现代迎来一个快速增长期，从《通俗编》至《现汉》"试印本"出版的二百余年时间里，词语数量每百年增长约 20000 条，从《现汉》"试印本"到第六版出版短短 50 余年时间里，词语即增长 26000 条左右，[①] 其中增加的词语，有相当数量的外来词（含字母词），也有为数不少的来自港澳台以及其他方言的词语（周荐，2019），更有相当数量常用于民间的俚俗词语。在古代，聚焦经史子集所用词语的工具书，所收词语的数量与社会实际拥有量相比，占比肯定也不会很高，因为那些书籍多是文人的创作，很少能完整准确地反映市井的词汇状况；现代编纂的语文词典，尽管多以权威、规范为努力的目标，也很难做到尽善尽美，所收词语数量一般也只是同时期社会实际词汇拥有量的一部分。一个完全符合实际的词典收条结果，应该是将进入了共同语的方俗词语、包括专业术语词在内的社会方言词语、外来

---

① 《甲骨文简明词典——卜辞分类读本》收单字 1589 个，复字词语 461 个；《通俗编》收单字 456 个，复字词语 5102 个；《现汉》"试印本"收单字 10200 个，复字词语 43000 个；第六版收单字 13000 个，复字词语 69000 个。不计单字，只看复字词语，或可看出几千年来词语量的增长幅度还要更大一些。

词等应收尽收。汉语各时代的词语若能得到完整准确的统计和收取，词量势必大增。这应该是下一步要着力做的一项工作。

汉语词汇的累积主要是因为自身的发展，汉语词汇的特点来自自身长期的实践。汉语从不故步自封，从不排拒其他有益成分的影响，而以"拿来主义"的态度不断地丰赡自身，不仅词语数量一再增加，结构类型也在不断丰富，例如主谓同字的"A+B+A"陈述式的词语，在 20 世纪之前鲜少见到，或因英语 face to face（"面对面"）类格式对汉语构词模式的浸染，20 世纪后此种类型的词语在汉语中渐次增多，例如：

背靠背　点对点　个顶个　黑吃黑　话赶话　肩并肩　脚跟脚
浪打浪　脸对脸　面对面　实打实　手牵手　手挽手　心贴心
眼对眼　一帮一　一对一　硬碰硬　自顾自　嘴对嘴

对于那些无益或有害的外来成分，汉语似在长期发展实践中形成了自己的鉴别能力和过滤系统。东汉至唐的佛教鼎盛时期，进入汉语的佛教外来词究竟有多少，古人没有编纂出一部词典留给我们，近人丁福保的《佛学大辞典》（上海医学书局，1922）收三万余条可让我们大致推知数量之巨。到如今，日常生活中常用的佛教词语屈指可数。明清以来西方基督教文化对中华文化影响力度不小，大量的西语外来词通过传教士等编纂的字词典等进入当时的汉语中。传教士编纂课本、词典，是为教民学习西方的教义服务的，初衷或不是为中国社会健康发展服务。随着时代的发展，那些外来词只有部分使用至今。日寇侵华时期，中国不少沦陷区泛滥着日语词，如"亲善""满洲娘""勤劳奉仕""日本语检定"，但当中国人民将日寇逐出中国后，即使在饱受蹂躏的东三省，侵略者留下的那些词也都不再流通。中国人民从不排斥正常的交流交往，日语中的"新品""卡哇伊""收纳箱""小确幸""卡拉 OK"等词语、"营业中"这样的表达，在改革开放后也被汉语吸纳进来。百余年来被我们以"拿来主义"的态度吸收进来的外来词，其中引人瞩目的一类就是字母词。从"X 光线"1903 年首次被收入汉语语文工具书《新尔雅》，到现在字母词渐成语言生活的常态，并习以为常，如"B超""CT""3D""4S店"。融外来语言有益的成分入汉语是我们的传统，如历史上百越民族的词汇融入汉语，久而久之，痕迹渐失，已成汉语的底层成分，不经专家考证，常人甚至不明所以；今天也一样，像英文"show"这个词，先落脚于香港粤方言，起初写作"骚"，有"骚来骚去"之说，后进入内地汉语，写作"秀"，如今"走秀""时装秀""音乐秀""歌舞秀"不一而足，或已很难在多数人心目中引发关于"秀"与"show"的语义联想了。外来词融入汉语并逐渐中国化，似是相当一部分他语词汇进入汉语而成为汉语外来词的共同归宿和路径。共同语对来自方言的成分也一样，如"企"，《唐韵》《集韵》《韵会》："去智切"；《正韵》："去冀切，音器。举踵望也。""举踵望也"译成现代文就是"踮脚站立尽力前望"。这个"企"字后留存在粤方言中，粤港澳公交车上今仍区分"座位""企位"；"国企""私企""民企"这些词如今人们无不耳熟能详，却鲜少有人意识到"企"的粤方言词的本来身份，其方言色彩已消失净尽。

汉语各时代实际拥有的词汇量虽然很大，但汉语词汇的发展总体上还是自觉而克制的，这一方面是因为词汇发展较为稳健，另一方面是近代以来的学者们将其收录进自己纂辑的语文工具书的态度颇为审慎。历史上的语文辞书，多不是官方出面编纂的，主持者一般是士大夫或学界巨擘。他们中的一部分人关注的对象主要是圣贤书中典雅的词汇单位，以服务于统治阶级，为士子们的举业提供参考。因此，前文谈到的外来词以及方俗词语、专门术语等社会方言词语，常被视为非主流的词汇成分，鲜少入典，很多都随生随灭，最终遭到淘汰。将外来词、方俗词语、专门术语等社会方言视为非主流词汇，只是部分士大夫的做法；将外来词、方俗词语、专门术语等社会方言词衰辑起来的学人毕竟还有人在，而且随着社会的发展，这样的人日益众多，从唐至清留下了数十种俗语类语文工具书。无论是为统治阶级的庙堂服务，还是为市井的大众服务，两类学人所编纂的语文工具书多偏收作者钟爱的或雅或俗的那部分词语，因此，汉语词汇在历史发展的很长一段时间里，始终呈现出雅、俗之间的博弈，留下或淘汰编者各自心目中的精华、糟粕。封建统治阶级积极倡导雅词语，目的当然是为加强其统治服务的；向大众引导、推介雅词语，也是令大众在语言使用上就范，在词汇运用上按照统治者所设定的语言轨范运行。关注俚俗词语的语文工具书，所起的语文规范引导作用也许并不弱于关注典雅词语的语文工具书。所有的语文工具书都会慎收或干脆不收詈语、糙词等，汉语词汇在长期的发展中，有自己的调节净化功能。

2. 汉语词汇构造之复杂值得研究

汉语词汇不同于其他一些语言的词汇，有着鲜明的特色。汉语词汇中的字、词、语都各有一些其他语言词汇鲜见的特点，这些特点不是照搬其他理论可以分析的，而需有自己的理论和方法。

汉语的字是绝不可小觑的一种语言单位，是词汇的基础性单位，也是词汇学不可弃而不顾的单位。如今的词，或本就是可单说独用的字，或是以字为构件构成的单位。绝大多数的字，历史上本就是可单说独用的词，随着语言的发展和变化，一部分字功能弱化，只能（或主要）用于构词造语，不再单说独用，在现代被称为"语素"，如"肤""盥""睫""峡"；另一部分字保持着旺盛的生命力，不仅可用来构词造语，而且仍可单说独用，是所谓单字词，如"皮""洗""毛""卷"。语言的发展和变化时有反复，有的字就经历了由最初的可单说独用，到不可单说独用而只能（或主要）用于构词造语，再到一定条件和场合下可单说独用，这样一个反复的过程，不烦举例。字的这种生命力，从其骤然生出另一种语法属性亦可看出：因为语言使用，一些字似在一夜间具有了另外的语法属性，例如"火"的形容词性，"宅"的动词性，都是最近这些年才有的。正因为字有忽而语素忽而词，有的始终具有某一语法属性忽然具有了另一语法属性等特性，其词汇基础性成分的功能不容小觑。字的这种特性也导致一个双字组合体常会出现词、短语身份难定的局面，但是无论如何难定，双字组合体在人们心目中较易产生词感，在众多的多字组合体中是最容易予人词感的单位，则是毋庸置疑的（周荐，1999）。

双字词的造出，与单字关系密切，有的采分合造词法。所谓分合造词法的分，或指分单音字为复音词，或指分单字词为复字词，前者如"孔"分化为"窟窿"，后者如"兵"拆分为"丘八"（收入《现汉》），"凤"（鳳）拆分为"凡鸟"（凡鳥）（收入《新编国语日报辞典》，国语日报社，2000）；所谓分合造词法的合，则指的是将复字词合为单字词，例如"之乎"合成"诸"，"两个"合为"俩"。与单字难分瓜葛的双字词，不能再以字为单位进行结构的分析，而必须视为一体，因此具有联绵的性质，如"窟窿""丘八"。现代汉语的双字词数量不菲，但若论最具完美词感的词汇单位恐怕非联绵词莫属，因为它既符合双音化的要求，又不存在是词非词的困惑。词感很重要，它起着控制词长、凝固词体等作用。联绵词由书写上占一个字格变为后来占两个或更多个字格，语音上由一个音节变为两个甚至更多个音节，语义上还是一个整体的存在，因此，看重一个单位是否为一个语义整体的人们，从古代直至近代都执拗地称之为"联绵字"，而不称其为"联绵词"；"联绵词"是现代语言学时期开始后才有的称谓。复字的联绵词，音步平稳，语音形式较单字词复杂，不大容易与其他词在语音上混同，也不大容易与其他词汇单位在语义上混淆，成为汉语词汇由单字词向复字词发展过程中的一类重要单位，也是词汇由单字向复字发展进程中古人心理上易于接受的一类较为妥适的桥梁性的单位。联绵词是深具汉语特点的一类词汇单位，其他语言罕见。联绵词最初并不以双字为限，也有词长超过双字的，[①] 但词汇运动的结果，终使联绵词的词长定于双字，这也是求达音步平稳的词感所致。联绵词限定为双字组合体，不仅齐整划一，也更具词感。联绵词之创造，是将字的因素与词的要求结合起来考虑的，

---

① 王树楠为符定一《联绵字典》所作的"叙"中说："所谓联绵者不第两字然也。《诗》之'仪式刑文王之典'则以'仪式刑'三字为联绵。而《尔雅·释诂》之'谑浪笑傲'，《释训》之'子子孙孙'则联绵且至四字焉。"汉语史上确有一些三字连文、四字连文的情况，例如《韩非子·外储说左下》"昔周成王近优侏儒以逞其意"中的"优侏儒"（参考王云路，2002，50页），《史记·屈原贾生列传》"濯淖污泥之中"中的"濯淖污泥"（参王云路，2002，74页）。

大量的以同部首字构成的联绵词即如此造出，也更体现出该类词"联绵"的特性。此类联绵词举例如下：

荸荠　踯躅　砥砺　蜉蝣　琥珀　饥馑　觊觎　箜篌　篱笆　涟漪
裥裆　嶙峋　螺蛳　朦胧　喷嚏　魑魅　崎岖　缱绻　蚯蚓　逡巡
珊瑚　忐忑　鹈鹕　倜傥　龌龊　邂逅　睢盱　旖旎　鹧鸪　狰狞

　　当然，更多的双字词，是由两个有独立字义的字构成的，称合成词。双字合成词中，两字都是概念性的复合词，从数量上看，比之派生词在合成词中要居优势地位；从结构的复杂程度上看，复合词也最值得研究。从形的角度看，复合词中以偶数字的词居首位，使整个词面形成对称，很多情况下词语赖以成立的就是这种对称；从义的角度说，比喻、借代等构词方法在其中占有相当比重，甚至可以说一些词语正因比喻、借代而成立。靠特殊的引申义构成的词举例如下：

草芥　反正　芳泽　风骨　风月　斧削　干城　根本　股肱　瓜葛
瓜期　挂彩　冠盖　管见　滚蛋　寒门　汗漫　瀚海　河汉　黑手
红心　虎口　坏水　黄泉　荤话　火性　煎熬　眉目　口舌　锁钥

　　由若干字构成的词，需要在有限的空间内将语义尽量压缩，因此复合词往往比句子的语义构成更显复杂。双字复合词有很多特点，它的成就，得益于诸多方面的因素在起作用，如：特殊引申义在词形的固定上常起凝固剂的作用，音步等在词汇单位间常起支撑、平衡的作用（冯胜利，1997），韵脚在多小句构成的词汇单位中起呼应、对照的作用。关于词长的短长，汉语有不同的处理机制：词长适中，一般就是音步、语义等起着将诸多字凝结为一个词的作用，双字词就是把本该由若干个字组成的字串所表达的意思压缩在两个字的空间内说出；词长若不合一般的限度，为满足一些词（尤其是双字词）词长的要求，或补字使长，或截字使短。所谓补字使长，如"瘫痪"的"痪"，"肮脏"的"肮"，都本是（或在成就该词时是）无意义的字，或与同词中的另一字无甚关系的字，出现在上述词中或只起一个衬字的作用，满足词的双字的要求。所谓截字使短，如通过自身高超的演技在一些具有相当影响力的电影奖项中荣获"最佳男主角"殊荣的男演员，被尊称为"影帝"，获"最佳女主角"殊荣的女演员，照理应称"女影帝"或"影女帝"，但是为求双字格而称"影后"。"帝"之正妻为"后"，"后"因"帝"而存在，"后"因此而有连带性和依附性。"最佳女主角"完全是女演员靠自己出色的演技赢得的殊荣，与"后"的荣誉是因"帝"而有的全然不同，但是"影后"既点明了女性的身份，指明了她至尊的地位，又满足了双字词的要求。

现代的汉语词汇中，双字复合词是主体，占绝对优势。[①] 与单字词和联绵词相比，双字复合词不仅构成后表意之丰满是单字词、联绵词难望项背的，其构成过程本身之复杂也是单字词、联绵词望尘莫及的。一个词的构成，是一个复杂的工程，不可以随便与句子比附。双字复合词，既往的研究通常认为它们之间存在着主谓（陈述）、偏正、述宾（支配）、补充（述补）、联合（并列）等五种结构关系。但是，双字复合词结构关系远非如此简单，其复杂程度往往会超出我们的想象，有语音、语义、语体等多种要素参与，也间或有文字的因素掺入，最后才形成一个词形，供研究者进行结构上的分析。摆在学习者面前的复合词结构类型相当一部分都是研究者给出的分析结果，但是问题也随之出现：第一种情况，归入某种既定的结构类型似乎十分牵强。例如"水泥"，或析作并列结构，或析作偏正结构，但它并非由"水""泥"两种成分构成，而是"粉状水硬性无机胶凝材料"，是需要"水"与"粉状水硬性无机胶凝材料"一起搅拌，最终成为

---

① 曾有书文表示现代汉语在百多年前正式诞生，而标志之一就是双字词（有说复合词，有说复音词）的大量产生。持此论者不乏其人，不烦举例。其实，双字词在先秦已有不少，但主要是地名、人名、职官等专有名词；从汉代开始双字普通词语越来越多地涌现，例如晋·陈寿《三国志》记载的汉族人士，名多由单字姓+单字名构成，面称时用双字的表字，即是明证。近现代双字词的产生，只是一种常见的词汇增量运动。

"泥"状的建筑材料。其实"水泥"的"水"与英语的 cement 中首字母的语音形式或有一定渊源，是音译兼意译的。再如"油漆"，漆是一种黏液状涂料，涂在器物表面干燥后形成保护层，并非油类。将"油"与"漆"组合在一起，或有以简释难的考虑，也未可知。与"油漆"类似的词如"聆听""污渍""宣泄""餍足""仇雠""瞳孔"，也是用一个相对易解的字与一个相对难解的字配对组合而成。有的词表面上看是并列关系，实际上可能存在包含与被包含的关系，如"眼睛"的"眼""睛"，"尘土"的"尘""土"。还有一些过去被一些学者视为并列关系的词，其实纯粹是应双字格之需而添附成的，不一定有科学的理据可言，如鲸鱼、鲨鱼都是哺乳类动物，并非鱼类；"鲸鱼""鲨鱼"之造出，纯粹是为满足双字格的要求，两字间的语义关系从科学的角度看是荒谬的，说它们是并列的结构关系，更难以成立。"松柏""山河""风雨""禽兽"是不是并列结构似乎也值得研究，周荐（2003）曾针对此类结构，提出"堆砌"一说。不少语文教科书上讲授的那种所谓主谓式（或陈述式）复合词，如"地震""海啸""位移""质变"，前字并非后字所表动作行为的发出者，而只是动作行为发生的处所；所谓的主谓式双字复合词，事实上也无一例前字是由代词性的字充当的。还有些述宾结构的词，作宾语成分的字用具体的形表示一种结果，例如"勾乙"前面的是表支配关涉的字，后面的并非受前面的字简单支配和关涉，而是用具体的形表示一种结果。类似的例子还有"画到""画圈""叫好""签到"（周荐，2022c）。由非汉字参与创造的词，如"B 超""X线"，或由拟音成分参与构成的词，如"蛋挞""奶昔""片语"（《新编》认为"片语"是 phrase 的译词），其结构关系与汉语的句法结构更不具可比性，更不应随便放到一起。以汉字字形造出的四字词，有的结构关系也不易分析，例如"鲁鱼亥豕""乌焉成马"（《新编》收）。双字词中还有一些虽然可以分析，却不按惯常的顺序，而从后字往前字倒着释义，这类词可被称为"逆释词"（周荐，2013）。例如，"缝穷"是因为穷而为他人做缝补衣裳的活儿；"折旧"是物品老旧，价值折损，或出售时要进行价值的折抵。汉语词语中需要这样逆释的情况并不少见，但很难在句法中找到类似的情况。再举一些例子如下：

冲喜	点卯	奠酒	缝穷	钩吻	何往	韭黄	漏网	庖代	仆从
沏油	起夜	勤王	瘦削	死节	逃反	推病	托梦	卧病	下江
笑场	卸肩	洗三	饮场	宅院	瞻仰	中秋	株守	抓周	转磨

第二种情况，词语结构在句法里无法找到对应项。不少学者认为"车辆""房间""马匹""梯级"这类词属于偏正结构，是前正后偏式的词。此类词不仅其他语言中罕见，也没有汉语句法上对应的类型，强不同以为同是很荒谬的。有些析作述宾结构的词，其关系也不好按句法的结构关系来解说，例如澳门有个"友贤大厦"，"友贤"是"以贤为友"的意思；四川大学有个"涛邻邨"，"涛邻"是"以薛涛为邻"的意思；《新编》收"鸥盟"，是"与鸥鸟为友"。"友贤""涛邻""鸥盟"这样的词，都不是普通的支配关系能解说的。

第三种情况，将句法的分析方法用于词的分析，较难产生解释力，汉语双字词中就有一些是很难用现有的结构关系归纳出结构类型的，只好称之为"意合"的类型，例如"木耳""线春""抓瞎""走私"。

三字格的词语单位在分析上也存在着问题。有一类三字格并列结构的单位（如"鄂豫皖""京津沪"），它是将若干个地名临时性地胪列出来，整个结构体并无词感，也不构成一个词。类似的双字并列结构，也有不少是临时拼合在一起称说的，如"平津""湖广"。个别的倒是有词化的情况存在，如"安徽"由"安庆""徽州"合成，"旅大"由"旅顺""大连"合成，它们之所以实现了词化，端赖实际地域的并合为一。20世纪中叶后，汉语中涌现出不少三字格并列结构的组合体，如五六十年代的"斗批改""封资修""马大哈"，七八十年代的"上管改""短平快""稳准狠"，近些年的"白富美""高大上""高富帅""傻白甜"。它们是否为词，也值得斟酌。"高富帅"等三字格并列结构组合体，鲜少是由体词性成分构成的，而多由谓词性成分构成。因此，若称它们是三字词，而且是并列关系，是需要谨慎一些的。今天被一些学者称作"惯用语"的三字格词汇单位，主要是从唐代开始较多出现的，如唐·李义山《杂纂》所收的"不相称""无见识"，《旧唐书·韦庶人传》所收的"见天日"，宋·孙光宪《北梦琐言》所收的"破天荒"，明清以后的著作所收的就更多一些。它们结构不太紧凑，语体比较俚俗，多流行于市井。词长越长，语体似乎越通俗，越接地气，越近实际的语言。但它们是否具有词的身份，值得斟酌。

　　一些四字组合亦是一个需要认真研究的词语格式。为了创造四字格的词汇单位，人们有时不惜用上冗余的成分以凑足一个四字格，如"单枪匹马"只看"单枪"或"匹马"所要表达的意思便大致可以看出。更需注意的是，"单枪匹马"这样的四字格虽然一半是冗余成分，但是单说其中的任何一半都难以成立（周荐，2022c）。类似的例子非常多，有的采取的是（A+B）+（C+D）的模式，如：

兵多将广	长吁短叹	花言巧语	聚精会神	盆干碗净	清锅冷灶
清汤寡水	情投意合	日积月累	生吞活剥	势均力敌	天公地道
通都大邑	头疼脑热	土崩瓦解	心满意足	心知肚明	循规蹈矩

有的采取的是（A+B）+（A+C）的模式，如"假情假意""尽心尽力""快言快语""美轮美奂"，还有的采取的是（A+A）+（B+B）的模式，如"层层叠叠""密密麻麻""平平展展""凄凄惶惶"。有的四字格以拆嵌方式构成，例如"零碎"，被拆嵌成"七零八碎""零七八碎""鸡零狗碎"。有的不惜用上冷僻词，例如"鹰瞵鹗视"、"鸾飘凤泊"（《新编国语日报辞典》所收）。反过来，超过四字的短句，语言社会不惜截长补短，而成就一个四字格的词汇单位。例如《论语·雍也》的"君子博学于文，约之以礼"截为四字格的"博文约礼"，《诗经·周颂·小毖》的"予其惩，而毖后患"截为四字格的"惩前毖后"。四字格的造就，有时可以将错就错，习非成是。如"望洋兴叹"的"望洋"是联绵词，现代一些人错将"望"认作实义动词，再在其后配以一个体词性的单字词，仿拟造出"望楼

兴叹""望天兴叹""望车兴叹""望船兴叹"等。它只满足四字格，一般不会有"望宝马车兴叹""望新冠病毒兴叹"等说法。"谈虎色变"亦然，只可满足四字格的变化，如"谈癌色变""谈贪色变"，一般不会有"谈反腐败法色变""谈秦城监狱色变"等。有的四字格词汇单位，其内部的结构关系不是现代普通人容易理解的，需专门加以研究，例如"额手称庆""耳而目之"。有的四字格词汇单位，现代的人们常按惯常的音步将其划分为2＋2结构，而实际上它们的内部关系并非如此，如"畅所欲言"是"畅/所欲言"而非"畅所/欲言"，"太皇太后"是"太/皇太后"而非"太皇/太后"。四字词语也有类似"高富帅"这样三字格的结构情况，例如"喜大普奔"。

双字复合词，多数学者表示可作句法角度的分析，少数学者（如刘叔新，1990）认为不可作句法角度的分析；三字的"惯用语"、四字的"成语"，不少学者（如马国凡、高歌东，1982；向光忠，1985）大张旗鼓地为之作句法角度的分析。而谚语等熟语，却鲜有人从句法的角度对其进行分析。汉语熟语中，谚语、成语、歇后语算是主干的三种熟语，都各具特色，值得研究。"谚语"应是汉语语言研究史上出现最早的一种术语（周荐，2020b），数千年的发展使得它不仅数量大，而且表意丰厚，逐渐渗透到不同的行业和各个领域中。谚语作为一种俚俗的市井语言作品，广受中底层人民喜爱。封建统治阶级和贵族社会常在表面上对其表现出不屑一顾的态度，而实际生活中它们仍是不可或缺的。① 谚语的词长一般都超过普通的词、成语。超过一定词长（八个字或八个字以上）的谚语，有的虽仍可视为词汇单位，但一般会分出若干小句，使各小句句式整齐划一，使间隔的句末字押韵，常常是要考虑的因素。它们或在一些人心目中仍是词汇单位，但实质上是押韵的句子。一些多小句的谚语，就是使句式整齐、末尾字押

---

① 明恩溥在《汉语谚语熟语集》中用语言生活中的事实深刻地指出："中国谚语使用极广，上至皇帝下至平民无人不用。如道光皇帝和两广总督在广东关押地的对话录中，道光皇帝曾引用道'老妇曾言："千算万算不如老天一算。"'上至总理衙门大臣，六部尚书，内阁成员，下至各阶层官员，都常在会议和谈话中引用类似的'老妇言'，同引用四书之言一样。各个阶层的广泛使用正好证明了中国的'俗话'是最通用的话。"（周荐，2020a）

韵，用这样的方法实现对语料的约束，使之整齐划一，产生一定程度上的词感，如清·翟灏《通俗编》所收的谚语词长最长的有 32 字（"春雨甲子，赤地千里；夏雨甲子，乘船入市；秋雨甲子，禾头生耳；冬雨甲子，牛羊冻死"），英国循道会牧师斯卡勃勒（William Scarborough）《谚语丛话》（*A Collection of Chinese Proverbs*，American Presbyterian Mission Press，上海，1875）所收谚语词长最长的有 40 字（"房屋不在高堂，不漏便好；衣服不在绫罗，和暖便好；饮食不在珍馐，一饱便好；娶妻不在颜色，贤德便好"）。对于一些由若干字词组合起来的词语句，人们也常采用押韵的方式，使之整齐、方便记忆，例如：人们把他们认为不利于健康的四种生活习惯总结归纳起来，称之为"汤糖躺烫"；人们对他们认为在饮食上应该注意的三种情况，也做了总结归纳，是"早吃饱，午吃好，晚吃少"；清朝九位帝王，坊间常将他们分为三段诵出，是"康雍乾、嘉道咸、同光宣"。一个词语的长度，理论上说可以无限，但是作为词典所收的单位，因受版面等限制，其词长终归是要有一定限度的。词感对词长的限定和把握起到了一定的作用。

　　"成语"是唐代前后才有的一个词，到了清末成为术语性的称谓（周荐，2022b）。"成语"成为术语后，人们追溯此种熟语之源到先秦，仿此语造出大量的四字格词汇单位，如今坊间出版的成语类词典有的收条达一两万，有的甚至更多。① 它们大部分成员出自历史上的典籍，负载着历史典故，绝大多数都有着典雅的语体色彩。汉语的成语不仅在中国影响巨大，对汉字文化圈的一些国家也深具影响，如日语中有为数众多的"四字熟语"，其中有直接借自汉语的，如"繁文缛礼""格物致知""流言蜚语""片言只语"，也有日本人自造的，如"一生懸命""極楽往生""感慨無量""小生意気"。无论是借自汉语的还是日本人自造的，都可看出汉语熟语的巨大影响力。韩语中亦有类似的情况，韩语历史上从汉语借去的熟语有大量四字格的，如"不耻下问""刻舟求剑""旁若无人""手不释卷"，

---

　　①　王涛等编著《中国成语大辞典》（上海辞书出版社，1987）收条目 17934 个，其中四字成语即有 17132 个。

也有径借三字格俗语的情况，如"白日梦""千里马""美人计""试金石"。值得注意的是，韩语中有将汉语的三字格嵌以"之"字延展为四字格的情况，如"背水阵"改为"背水之阵"，"蝴蝶梦"改为"蝴蝶之梦"，"苦肉计"改为"苦肉之计"，"眼中钉"改为"眼中之钉"。这一情况亦可说明汉语的四字格熟语在朝鲜半岛的影响和在当地人民心目中的地位。

一些俚俗的熟语，最初可能是文人的创作，后在民间流传，逐渐固定为某种词汇类型，歇后语即是。歇后语产生于唐代，是由近体诗中表意诙谐的歇后诗演化而来的，是汉文化色彩极重而为汉语所独有的一个熟语类别，反映出中国人民的智慧和幽默感。最初的歇后语是真的歇后，说者只说出好似谜面的部分，歇去仿佛谜底的字句，让听者去猜，而后答出。因此，彼时的歇后语由说者和听者共同完成。歇后语仿佛谜语，谜面、谜底的关系有的靠事物间各种各样微妙的联系，有的靠汉字的字音、字义等打比方，说者出题，听者解题，彼此会意，莞尔一笑。这样的汉语熟语，自然独具本土化的特色。歇后语原与缩脚语是同实异名的关系，但到了清代，缩脚语已多用于一些方言，且所指的多是四字单位只说出三字，留一字供人猜的语言游戏，如吴方言的"猪头三"是将"猪头三牲"的"牲"暂且留下不说，让对话方去猜。而全国绝大多数地区，"歇后语"已多不局限于四字，且形成系列性的歇后语，如武大郎歇后语、猪八戒歇后语。歇后语是最具形式特征，也最中国化的熟语类型。其他语言或也有前后两小句并用，前句提出问题、后句解释的情况存在，却绝没有形成汉语这种语型固定的熟语类。西方学者或也注意到"歇后语"，"歇后语"较早出现于来华西方学者的学术著作，是明恩溥（Arthur H. Smith，1845－1932）的《汉语谚语熟语集》（*Proverbs and Common Sayings from the Chinese*，American Presbyterian Mission Press，上海，1888）。"歇后语"只是作为一个条目收入此书，未作任何解释。华英字典系列中也有收"歇后语"为条的，却仍将中国人早已分清的"歇后语""切口语"混而为一，如翟理思（1912）《华英字典》收有两个条目，一是"切口语"，对照的英文为：wit; comic talk. Used for 歇后语: see 4361；另一是"歇后语"，对照的英文为：set phrases of which only the protasis is uttered, the apodosis being understood by the speaker. not literally but in a punning sense. [For examples. see p. 50, fifteenth entry on third column. and p. 542. first entry on third co lurnn.] 西方学者将"切口语"与"歇后语"混同，也不能说全无道理，早期文人化的"歇后语"与"切口语"的确易混难辨。进一步看，"猪头三牲"这样的四字只说出三字的"切口语"，与同是产生于唐代而被后世称作"惯用语"的三字词汇单位很难剖分清楚。

词语的结构十分复杂，词语的造就也不是很简单。不少歇后语，其构成反映出中国人特有的思维逻辑，如"十五个吊桶打水——七上八下""张飞穿针——大眼瞪小眼""刀切豆腐——两面光""麻绳提豆腐——提不起来了"。将谜面和谜底牵系起来的关系，有谐音，有喻意，有历史典故，更有生活经验。词的造就也不简单。元、明两代举子如厕时举"出恭入敬"牌，后来这个"恭"字发展成了屎尿的代字，继之出现的有"恭桶"（便桶）、"恭凳"（供老年人如厕的凳子）、"大恭"（大便）、"小恭"（小便）、"出恭"（拉屎）、"出虚恭"（放屁）等词。这样的构词、造词，在语义上几经辗转，是汉语说者委婉造词的表现。研究汉语词汇，自然应该不避形式，但还是要狠挖语义的特点，关注韵律、语体等对词语构成影响的因素。词语的创造离不开作为其基础的字，离不开字义，也离不开字音，例如汉语的"掉头"一词，意为车辆行驶中转向 180 度，向相反的方向回驶。此词到台湾的"国语"中，因忌讳与掉脑袋的"掉头"产生不祥的语义联想，初在书写上改为"调头"，后干脆将"调"字改读为 tiáo。一些词的造就，有时会体现出中国人的幽默感，例如"孔方兄""阿堵物"都是"钱"的代称。"孔方兄"的说法，出自晋·鲁褒《钱神论》"亲爱如兄，字曰孔方"；"阿堵物"的说法出自南朝宋·刘义庆《世说新语·规箴》："夷甫晨起，见钱阂行，呼婢曰：'举却阿堵物。'"构词、造词时，结合字义、字音，考虑语体，不乏幽默感，是汉语词语形成的重要考虑因素。用句法造句，似很少有类似的考虑。

汉语词汇特点之多，仅从上面所举的字词和谚语、成语、歇后语等熟语便不难看出。汉语词汇的特点不同于汉语语句的特点，对汉语词汇进行研究要探寻词语构成之源，深入词语结构内部分析其规律，或能取得符合词汇真谛的创获。

3. 汉语词汇研究须有自己的理论

在海量词语基础上形成的有着诸多特点的汉语词汇，它的理论研究状况究竟是怎样的？应该依何而建？汉语词汇研究的理论究竟是怎样建立起来的？究系何人所建？这些都很值得研究。

一种语言词汇重要理论的总结和归纳，往往不是一朝一夕可以成就的。曾有人说汉语没有自己的语言理论，直到洋人带来的语言理论才使 1898 年中国出现了"葛郎玛"。这一说法多少有一点历史虚无主义，事实上汉语语言研究史上不乏理论的开掘（孙良明，1994）。我们的先人并非不观察自己的词汇，也不是没有对自己语言的词语的规律善加总结和归纳，中国人编纂汉语语文工具书，在世界上应是时间比较早的，而且取得了辉煌的成就，如战国末期出于众人之手的《尔雅》，东汉服虔的《通俗文》和西汉扬雄的《方言》。先秦学者针对词汇问题发表过许多重要的论断，如《荀子·正名》："单足以喻则单，单不足以喻则兼。单与兼无所相避则共；虽共，不为害矣。"这段话就说明了单字词和复字词的产生与词语表达、社会需求之间的关系，也说明了单字词与复字词是可以和谐共存的。在搜集、整理、研究词汇方面，我们并非只做不说，但的确是做得多说得少，这或是我们的民族性使然。对一些术语的命名，对一些理论的总结，我们也的确不如西方人动作快。这一点很像抢着注册商标，我们似乎总比西方人慢半拍。

汉语的句法是否就是西方句法理论影响下的那一套，是大有疑问的；把在西方句法理论影响下建立起来的汉语句法理论，拿来套在汉语词的分析上，就更显荒谬。汉语词的结构，究竟是词按照句法的模式组合而成的，还是词造好后按照句法的模式加以解说的？值得研究。意合的构造法值得注意。

　　日语和汉语是地缘接近、彼此影响深刻的两种语言，它们的结构类型不同，考察这两种语言的复合词的语素序是件很有意思的事情。朱京伟（2006）指出，在汉语里，支配结构的双字词都是以"V+N"形式构成的，如"开车、打鼓、消毒"，"但是在日语里，动宾结构的词却存在着两种语素顺序：「漢語」的语素顺序与汉语的相同，即谓语动词在前宾语名词在后（V+N），如「移民、汚職、開業」等。而在「和語」中，谓语动词和宾语名词的顺序和汉语的正相反，一般是宾语名词在前谓语动词在后（N+V），如「絵描き、湯飲み、頭打ち」等"。"移民"等应是深受汉语影响的，"湯飲み"等则是日语原生的，日本人对两种结构安之若素，不以为意；近代以来汉语也从日语引进一些日本人造的汉字词，如"喫茶""従業""圧倒""発起""平行""視聴""品評""浮動"，一旦写成规范汉字，中国人多也不觉其舶来的身份。这或可说明不同句法类型的语言各自造出的复合词在结构上是存在着某种共通性的，也可说明一种语言未必在句法上和词法上存在着结构上的一致性。这是一个非常值得引起重视的现象。

　　词汇的节律，或是汉语复字词汇研究的一个重要问题。汉语词汇内部成分间的结构关系跟汉语短语、句子成分间的结构关系到底是怎样的？要辨清此一问题，必须对汉语词汇做实事求是、深入细致的研究，才可能有真切的认识，作出实质性的贡献。清光绪初年德国汉学家甲柏连孜的《汉文经纬》（2015）等语法成果对后来的汉语语法研究产生了深远的影响，"是直接促成中国第一部'葛郎玛'——《马氏文通》1898 年诞生的催化剂"（周荐，2022a）。对照一下《汉文经纬》和《马氏文通》，不难从后者关于句法的论述中找到前者的痕迹，为后者关于词的结构关系的描述在前者那里寻得源头。然而，西方学者的著作催化诞生的汉语句法的"葛郎玛"是否符合汉语的实际，已有大量的研究成果，无须多论。现在来看，一些早期的西方人士的著作或非深入了解汉语语法特点之后撰成的，并非深刻总结汉语结构规律之作。或者换个说法，汉语后来的语法研究的张冠李戴之风的形成，它们恐怕是难辞其咎的。汉语词汇的特点和规律，不可张公帽儿李公戴，需要认真分析研究，踏踏实实地做。汉语词语的发展演变，一直是靠"单足以喻则单，单不足以喻则兼"的表达需要来进行的。当单足以喻时仍单，所以古代汉语中的不少单字词至今仍在使用；当单不足以喻时则兼，因而上古到中古之间大量的复字词产生，中古至近代甚至现代复字词更大量涌现出来。这复字词是否符合二三百年前的西人传授给我们的那套适合西语分析的理论呢？回答可能就要谨慎些了。

语体的雅俗，是汉语词汇研究的另一个值得关注的要点。中国人很早就注意到语言词汇的雅俗问题，孔子一生都以恢复周礼为己任，语言求雅，"子所雅言，诗书执礼，皆雅言也"（《论语·述而》）。而近代以来，并不那么典雅的词语，甚至俗语，似乎越来越成为世人须臾不可或缺的词汇选择，"因为不肖古人，所以能代表当世"（胡适，1986：4）。宋·庄绰《鸡肋编》曾将诗人的诗与民间俚俗的熟语放在一起对比，明了其间的雅俗之不同："杜少陵新婚别云'鸡狗亦得将'，世谓谚云'嫁得鸡，逐鸡飞；嫁得狗，逐狗走'之语也。而陈无己诗，亦多用一时俚语，如'昔日剜疮今补肉，百孔千疮容一罅。拆东补西裳作带。人穷令智短。百巧千穷只短檠，起倒不供聊应俗，经事长一智。称家丰俭不求余。卒行好步不两得。'"清·易本烺的《常谭搜》更将雅俗词语甄选出来，分别加以归类，由此将雅俗的研究推向了那一时代的高峰。语言的雅，多因正统文化的行政性推动；语言的俗，常常是民间力量所使然。对于雅俗之辨，中国多数士大夫内心其实是了然的，关键是驱动他们的是从政的诱惑还是历史的担当；语言的发展，很大程度上是靠雅俗分野后彰显出来的民间俗语力量来推动的——歇后语、惯用语在政治较为开明的唐代走上历史舞台即明证。

歇后语、惯用语之所以会在唐代出现，很大程度上也是缘于唐代的社会风气。郑振铎（2009：10）指出："到了唐代，佛教的势力更大了，从印度输入的东西也更多了。于是民间的歌曲有了许多不同的体裁。而文人们也往往以俗语入诗；有的通俗诗人们，像王梵志、寒山们，所写作的且全为通俗的教训诗。"明、清两朝，说唱文学的普及，小说的广为流行，为歇后语（以及惯用语等）开辟了广阔的空间，使它们有机会和可能大行其道。

雅俗的博弈为词汇赢得了发展，汉语词汇几经嬗变而有如今的面貌。

词汇的嬗变，说明语言在与时俱进，不故步自封，也拜语言交际交流之所赐，在数千年的发展中各个方面都发生了巨变。历史上，在一些封建统治者和士大夫看来，字是正统的、典雅的，有助于加强其统治的，而词语多是非正统的、俚俗的，是引车卖浆者使用的。正因为如此，从先秦直至新中国成立前的数千年历史中，有官方出面编纂的字典（如《康熙字典》），也有官方组织人马将字和音韵两种合并起来编纂的韵书（如《洪武正韵》），却没有一部由官方出面纂辑的词语类的语文工具书。由关注下情的士人编著成的词语类工具书，书名多冠以"俚""俗"类的字样，如东汉·服虔《通俗文》，唐·李义山《杂纂》，明·陈士元《俚言解》，清·翟灏《通俗编》、顾张思《土风录》、易本烺《常谭搜》、李光庭《乡言解颐》。中国语文工具书的编纂起步在民间、在草野，主流词汇不应弃方俗词语等于不顾。典雅词语自有士大夫和为他们子弟服务的人、机构倾心关注，资料搜集丰厚，编纂也给出了正当理由；而为大众所用的大量的方俗词语，是鲜活的，也彰显着语言的生命力，却如路边卑微的小草，少人主动眷顾。统治阶级从汉语研究史上的第一个术语——谚语的横空出世（周荐，2020b），知草根力量之强大，他们为其统治考虑，也必须给予对方俗词语等适当垂注，于是历史上才出现了为数不少的俗语类工具书。新中国成立后，党和政府对汉语词汇给予了高度重视，成立了专门的词汇研究机构，举全国之力编纂出《现代汉语词典》等大型的语文词典，汉语词汇的理论研究也才在正确的轨道上得以迅速展开。

　　汉语中的谚语、成语、歇后语等，多是本土文化中出现的熟语种类，也多在国人的研究中成长壮大，并对域外产生影响。西方早期的词汇学理论是以传教士为主体的西方人士于明末后尤其是清中叶后带来中国的。需要指出的一点是，无论是双语字典还是汉语谚语等语文工具书，传教士多在传教的宗旨下，对汉语词汇研究的进展产生了一定的推进作用。对于谚语，西人的贡献有两点：一是大多数学者用西方当时的新理论、新方法对古老的汉语研究进行新的审视、新的研究；二是少数学者充满激情地讴歌汉语谚语等民间语言珍品，如明恩溥在《汉语谚语熟语集》"引论"中开宗明义地指出："中国语言文化博大精深，其广度超越了我们每一个人的个人理解，即使一个人穷尽一生也无法领悟透彻。为了研究语言文化，以及它对中国人思维的影响，我们研究中国经典，同样地，我们也应研究中国谚语中的哲学，这也将加深我们对中国文化的理解。若在中国经典中能体现出中国思维的一面，那在中国谚语俗语之中这种思维也会更多面地展现出来。"（周荐，2020a）中国历史上流传下来的东西有精华也有糟粕，西方引进中国的东西同样有糟粕、精华之分，都要取其精华，去其糟粕。

学科建立，理论先行，术语则是理论的筋骨。理论的构建和传布，很大程度上依赖于术语的建设和先行。中国古人创造了"谚语""歇后语""成语"等值得我们引以为傲的词汇研究的术语，近代以来西方学者将西方词汇理论拿来为早期的汉语词汇研究的术语建设起到了一定的铺垫作用，新时代汉语词汇学的理论建设，不能满足于此，而应进行全方位的研究、系统性的建设。这样我们才能将汉语词汇学研究得更深透，并以此为基点建设好汉语词汇学的理论大厦。

参考文献

端木三：《重音理论和汉语的词长选择》，《中国语文》1999 年第 4 期。

冯胜利：《汉语的韵律、句法与词法》，北京大学出版社，1997。

胡适：《白话文学史》（上卷），岳麓书社，1986。

〔德〕甲柏连孜：《汉文经纬》，姚小平译，外语教学与研究出版社，2015。

刘叔新：《汉语描写词汇学》，商务印书馆，1990。

马国凡、高歌东：《惯用语》，内蒙古人民出版社，1982。

〔日〕平田昌司：《文化制度和汉语史》，北京大学出版社，2016。

孙良明编著《古代汉语语法变化研究》，语文出版社，1994。

〔日〕太田辰夫：《汉语史通考》，江蓝生、白维国译，重庆出版社，1991。

王云路：《词汇训诂论稿》，北京语言文化大学出版社，2002。

向光忠：《成语概说》，湖北人民出版社，1985。

〔日〕野村雅昭：《1973 複次結合語の構造》，国立国語研究所『電子電腦による Ⅶ』秀英出版。

赵诚：《甲骨文简明词典——卜辞分类读本》，中华书局，1988。

郑振铎：《中国俗文学史》，商务印书馆，2009。

周荐：《"成语"术语化进程刍议》，《语文研究》2022a 年第 4 期。

周荐：《明恩溥〈汉语谚语熟语集〉的语料价值和熟语理念》，《古汉语研究》2020a 年第 1 期。

周荐：《辉煌一甲子，勇攀新高峰——写在〈现代汉语词典〉问世六十周年前夕》，《中国语文》2019 年第 5 期。

周荐：《论词的构成、结构和地位》，《中国语文》2003 年第 2 期。

周荐：《述宾短语的词化与支配格复合词的多维考察》，《汉语学习》2022b 年第 6 期。

周荐：《双字组合与词典收条》，《中国语文》1999 年第 4 期。

周荐、王铭宇：《构字对整词雅俗取向的影响——兼谈海峡两岸语文词典对雅俗词语的不同取态》，《语文研究》2015 年第 4 期。

周荐：《文化植根深厚，理论择善而从——汉语词汇学要走出一条自主创新之路》，《光明日报》2022 年 3 月 27 日第 5 版。

周荐：《形的正反序与义的顺逆释——对另类复合词的另类思考》，《汉语学报》2013 年第 1 期。

周荐：《"语"与一些术语所指的分混问题》，《汉语学报》2020b 年第 4 期。

朱京伟：《中日 V+N 动宾结构二字词的比较》，《关西大学视听觉教育》2006 年第 29 号。

Clarifying the Basics, Eliminating the Dross, and Constructing a New Era of Chinese Lexicology

ZHOU Jian

Abstract: Chinese vocabulary is vast and distinctive, with pioneering achievements dating back to the pre-Qin period. Since the advent of modern Western influence, Western scholars have applied syntactic theories derived from Western languages to analyze Chinese syntax. This method of Chinese syntactic analysis was later applied to the analysis of Chinese vocabulary, leading to a century-long path fraught with difficulties in Chinese lexicology research. The unique characteristics of Chinese vocabulary merit thorough investigation, and its patterns need summarization. It is essential to discard the misplaced methods that have plagued Chinese lexicology for over a hundred years and provide valuable references for the theoretical construction of a new era of Chinese lexicology.

Keywords: Chinese vocabulary; Chinese lexical patterns; lexicology with Chinese characteristics

"析断"动词的语义演变*

朱冠明

（中国人民大学文学院）

提　要　词汇类型学关注词义发展的机制和规律，以及由此展现出来的语言共性。人类语言中普遍存在的"析断"动词是近年词汇类型学关注的重点。汉语史上的"析断"动词主要可分为两类，表动作和表动作兼结果，大体与英语的 cut 类与 break 类相当。汉语"析断"动词很多演变为认知动词，其中表结果的动词还演变为强化词，表现出了很强的规律性。"析断"动词向认知动词的发展，其机制是隐喻；"析断"动词向强化词发展，其机制是重新分析。汉语"析断"动词的语义演变，证明多个基础义相近的词往往会发生同样的语义演变，而基础义的差异则会导致不同的演变方向。

关键词　词汇类型学　"析断"动词　认知动词　强化词　隐喻

1. 词汇类型学背景下的"析断"动词研究

1.1　语义演变的系统性和规律性

　　词汇内部的系统性和词义发展演变的规律，一直是汉语词汇研究的重要内容。学界很早就注意到具有相同基础语义的一组词，常常会发展出相

---

*　基金项目：国家社科基金重大项目"佛典语言的中国化"（20&ZD304）。友生赵昕和孙畅为本文提供了帮助，并谠正多处，特此致谢。

同的引申义，这种现象被称为"同步引申"（许嘉璐，1987）、"相因生义"（蒋绍愚，1989）、"类同引申"（江蓝生，1993/2000：309-319）、"聚合类推"（李宗江，1999：14-20）、"聚合同化"（张博，1999）等。① 这些研究大多强调属于同一语义聚合的词相互之间的影响关系，如甲乙两词都具有 A 义项（属于同一语义聚合），而甲词还有 B 义项，受此影响，在类推机制的作用下，乙词也产生了 B 义项。但研究发现，甲乙两词之间有时可能并不一定存在相互影响，而是各自独立地从 A 义项发展出 B 义项，原因在于 B 义项与 A 义项之间有天然的联系。这样，具有义项 A 的一组词，往往会一致地衍生出义项 B，李宗江（1999：87）称义项 A 与义项 B 为"相关义群"，并指出"基于认知共性的相关义群放大到不同的语言之间就可以得到一个能够覆盖一般语言的相关义群"②。

Sweetser（1990：3）更早注意到这一现象，她指出："一个词的不同意义之间或一个词在不同历史时期的不同意义之间的关系应该是有动因的（motivated），'有动因'是指两个意义之间有联系，或者说它们相互之间的联系比起它们中的一个同第三者的联系来说，要更加紧密得多。……我们要证明的是，一个意义（在不同的语言中）往往一致地演变出另一个意义，在这两者之间建立语义上和认知上的联系，不是没有理由的。"以"把持"义动词为例，据朱冠明（2001b；2015a）、吴福祥（2003）研究，汉语历史上众多的"把持"义动词如"以""持""取""将""把""捉""拿"等，都在不同时期先后演变为工具介词和处置介词；而据 Lord（1973），多种西非语言中的"把持"义动词同样演变为"工具标记"和与处置介词功能相当的"宾格标记"。这种不同历史时期和不同语言中出现的类同引申现象，可以排除词汇彼此间的"类推"影响，可见"把持"义与"工具"义和"处置"义之间的确存在更紧密的联系，且有认知上的动因。

---

① 清代以后的学者如王念孙、郝懿行、黄侃等，给出了大量的这类同步引申的实例，参看许嘉璐（1987）"前人对同步引申的关注"一节的介绍。
② 朱冠明（2001a）从认知的角度，通过英汉词义比较，对"相关义群"概念做了细致的阐发，可参看。

近二十年取得重大研究进展的词汇类型学，也对这一现象给予了很大的关注。据 Rakhilina 和 Kholkina（2019）介绍，在词汇类型学研究领域卓有成就的"莫斯科词汇类型学小组"（MLexT）发现："词汇层面的共性不仅表现在词的基础义上，词的引申义同样存在跨语言共性。Lakoff（1980）曾经提出引申义的发展并非偶然，而严格遵守一系列认知机制，且产生引申用法的基本认知原则具有普遍性。……MLexT 发现，词义的引申不是随意的，而是受基础义来源框架的影响；并且一个概念域内不同的基础义会发展出不一样的引申用法，即基础义框架之间的对立会直接影响引申义的发展。"从 MLexT 这段话我们可以总结出两点：

1）多个基础义相近的词发生同样的语义演变；

2）基础义的差异导致不同方向的演变。

本文对汉语"析断"动词语义演变的研究，将在这一框架下进行。

1.2　词汇类型学对"析断"动词的研究

描述人类日常生活、在各语言中广泛出现因而具有较大可比性的词汇，是词汇类型学关注和研究的重点，比如颜色词、给予动词、姿势动词（坐、站、躺）、吃喝类动词、空间概念动词、身体部位动词、放与取动词、水中运动动词、疼痛动词、旋转动词等，具体研究情况可参看 Rakhilina 和 Kholkina（2019）的介绍。引起我们注意的是，"析断"动词（cutting & breaking verb）也受到了很大的关注，从 1980 年代起就不断有文献对人类生活中普遍存在的"析断"事件及其语言编码方式进行讨论（参看 Majid et al.，2007）。所谓"析断"事件，是指人类用手或借助各类工具，对物体的完整性进行破坏的各类事件，如撕开一块布、用凿子在桌面上凿一个洞、折断一根树枝等。① 这些文献主要从共时平面研究不同语言中"析断"事件

---

① 参看 Majid et al.（2007）文末所附作为受试诱导的 61 个"析断"场景（事件）视频的文字描述。

的词化策略、"析断"动词的语义结构、论元结构和句法特点等。其中尤以荷兰奈梅亨的马克斯—普朗克心理语言学研究所（Max Planck Institute for Psycholinguistics）开展的"事件表征项目"（Event Representation Project）为突出，他们对"析断"动词进行了系统的研究，部分成果作为 *Cognitive Linguistics*（18-2，2007）专辑集中发表。专辑一共有 16 篇文章，其中有 3 篇是综合性的理论探讨，其他 13 篇均是就某种语言中的"析断"动词所做的调查和研究，包括一篇对汉语"析断"动词的研究，即 Chen（2007）。

Chen（2007）对现代汉语普通话中的"析断"动词进行了全面考察，他认为现代汉语对"析断"事件（cutting & breaking event）范畴化（词化）的基础，是语义上使因性动作和致使结果的差异，从这个角度，汉语中的"析断"动词有三类：析断动作、析断结果和同时包括动作与结果的复合动词。论元结构上，复合动词的前一个动词表示动作，是二价的；后一个动词表示结果，是一价的。复合动词整体上是二价的，且不会发生减价（变为一价）变化。他提到的"析断"动词如下：

1）析断动作动词（action verb）：这些动词从不同的角度可分为 5 组，剪（用双刃的工具）；切、砍、剁、斩、劈、剖、割、凿、戳、锯（单刃工具）；锤、砸、打（锤式工具）；撕（对象是平面物体）；折、掰、揪、扯（对象是长条形且坚韧的物体）。

2）析断结果动词（result verb）：开、断（分开或长条形物体折断）；碎、烂（碎片化）；破（非长条形物体损破）。

3）动结式复合动词（resultative verb compound）：是以上两类动词的组合，能产性强，如掰断、掰碎、掰折；切断、剪断、锯断；等等。

Chen 的研究范围限于现代汉语，只做共时平面的分析，并没有涉及汉语史上的"析断"动词，也没有涉及这类动词的语义发展演变。但他构建的汉语"析断"动词语义框架和分类，是我们确定和分析汉语史上的"析断"动词语义演变的基础。

2. 汉语史上的"析断"动词

本文讨论"析断"动词的语义演变，主要是从历史语料出发，考察这类词的语义发展演变。同现代汉语一样，古汉语中的"析断"动词数量也很多，但古汉语中没有动结式复合动词这一类；一般认为，像"掰碎""切断"这类动结式复合动词在东汉以后才出现（蒋绍愚，2017：221），而且这类双音节的复合动词由于前后动词的相互限制，语义发展受限，暂不考虑这类复合动词。

2.1 Chen（2007）所列"析断"动词

我们根据 Chen（2007）所列现代汉语的"析断"动词（以下"-"左侧），一一找出古汉语中对应的词（"-"右侧），并依《说文》分析其本义。①

1）析断动作动词

剪-翦（前）：《说文·羽部》："翦，羽生也。"段注："羽初生如前齐也。前，古之翦字，今之剪字。……翦者，前也。前者，断齐也。镞矢，前其羽，短之，使前重；志矢，不前羽，较长。"又《玉篇·羽部》："翦，俗作剪。"

切-切：《说文·刀部》："切，刌也。""刌，切也。"段注："二字双声同义。""凡断物必合法度，故从寸。《周礼》（郑注）昌本（昌蒲根），切之四寸为菹'、陆续之母'断葱以寸为度'是也。"

砍-斫、斸（刾）：《说文·斤部》："斫，击也。"段注："击者，攴也。凡斫木、斫地、斫人，皆曰斫矣。"《广韵·药韵》："斫，刀斫。"唐·杜荀鹤《山中寡妇》："旋斫生柴带叶烧。"《汉语大字典》（以下简称《大字典》）释为"用刀斧等砍削"。又《说文·斤部》："斸，斫也。"《庄子·

① 《说文解字》大徐本和段注本文字上偶尔略有差异，本文依段注本。

天道》："轮扁斲轮于堂下。"《大字典》释为"砍;削"。①

剁－斫、剒:《玉篇·刀部》:"剁,斫。""剒,斫也。"《广韵·过韵》:"剁,剒也。"《世说新语·贤媛》:"剒诸荐以为马草。"唐·杜甫《阌乡姜七少府设脍,戏赠长歌》:"有骨已剁觜春葱。"《大字典》释为"砍,斩碎"。按,"剁"与"砍"都是后起的词,文献中较晚才有用例,二者义近,都指用刀具大力砍切,但搭配对象不完全相同,且"剁"多强调砍切的结果是"碎","砍"的结果不必"碎"。

斩－斩:《说文·车部》:"斩,截也。从车斤。斩法车裂也。"林义光《文源》:"按,车裂不谓之斩。斩,伐木也。《考工记·轮人》:'斩三材。'从斤从车,谓斩木为车。"按,"斩"的本义当如林义光说,泛指砍或砍断。

劈－劈:《说文·刀部》:"劈,破也。"《广韵·锡韵》:"劈,剖也,裂也,破也。"《大字典》释为"用刀、斧等破开;割开"。

剖－剖:《说文·刀部》:"剖,判也。"《广雅·释诂一》:"剖,分也。"《左传·襄公十四年》:"我先君惠公有不腆之田,与女剖分而食之。"杜预注:"中分为剖。"

割－割:《说文·刀部》:"割,剥也。"段注:"蒙剥之第二义互训。割谓残破之。"按《说文·刀部》:"剥,裂也。从刀录。录,刻也。录亦声。一曰剥,割也。"段注"此别一义,与上义相通",谓"割""裂"二义相通。

凿－凿:《说文·金部》:"凿,所以穿木也。"段注认为作为工具的"凿"是本义,故改大徐本释动作的"穿木也"为"所以穿木也"。《集韵·号韵》:"凿,穿空也。"《大字典》释为"穿;穿空;打孔"。

戳－刺、穿:《说文·刀部》:"刺,直伤也。"《广雅·昔韵》:"刺,穿也。"《大字典》释为"用锐利之物戳入或穿透"。按,"戳"后起,宋代以

---

① 根据《汉语大词典》的释义,古代汉语中有很多词都有"砍"义,如"伐、刘、刊、制、刭、剁、剐、剒、剪、创、剑、劙、琢、朴、柞、榍、槎、标、樵、攻、斲、探、掠、擘、斧、斤、斯、斫、斩、斱、劙(剁)、杀、斮、虔、茬、薪、钐、铖、彫、髡"等。我们这里仅举最常见且与现代汉语"砍"最为对等的词。其他词的处理亦仿此。

后始见用例。

　　锯-锯：《说文·金部》："锯，枪唐也。"段注："枪唐，盖汉人语。"按，"锯"为析解木石等的工具，汉代称"枪唐"。引申为用锯截断，《玉篇·金部》："锯，解截也。"《盐铁论·除狭》："或至锯颈杀不辜而不能正。"

　　锤-锻、椎：《说文·金部》："锻，小冶也。"段注："冶之则必椎之，故曰锻铁。殳部曰：'段，椎物也。'锻从段、金，会意兼形声。《考工记》：'段氏为铸器。'段即锻也。"又《说文·木部》："椎，所以击也。"段注："器曰椎，用之亦曰椎。"《战国策·齐策六》："君王后引椎椎破之。"

　　砸-击、撞：按，"砸"晚出，元明以后才有用例，指以重物撞击或重物落在物体上。古代没有完全同义的词。

　　打-击：《说文新附·手部》："打，击也。"又《说文·手部》："击，攴也。"段注："攴下曰：'小击也。'……攴训小击，击则兼大小言之。"按，"锤""砸""打"三词本义只是一种击打的动作，并不含"析断"义，Chen（2007）之所以将其列入，是因为现代汉语中这几个词构成复合动词如"锤破""砸断""打碎"之后有"析断"义。因此这三个词不在本文考察范围内。

　　撕-裂：《说文·衣部》："裂，缯余也。"徐锴《系传》："裁剪之余也。"引申为"扯开、撕破"义，《左传·昭公元年》："召使者，裂裳帛而与之。"按，"撕"后起，《集韵》始见。

　　折-折：《说文·艸部》："折，断也。"《易·丰》："折其右肱。"《荀子·劝学》："锲而舍之，朽木不折。"《大字典》释为"折断、弄断"。

　　掰-擘：《说文·手部》："擘，㧙也。"段注："《礼记》：'燔黍捭豚。'《释文》云：'捭，卜麦反。注作擗，又作擘，皆同。'按……擘豚，谓手裂豚肉也。"按，"掰"后起，清代以后始见于文献。

　　揪-揪（揫）：《说文·手部》："揫，束也。"按，揪（揫）本为"收敛、聚集"义，"抓扯"义后起，见于明代《字汇》。本义与"析断"无关。

　　扯-撦（撧）：《正字通·手部》："扯，俗撦字。"清·赵翼《陔余丛考》："俗云以手牵物曰扯，然经书无此字。"引申有"撕裂"义，元·杨果

《仙吕·翠裙腰》："骂你个负心贼堪恨，把一封寄来书都扯做纸条儿。"又《玉篇·手部》："撦，开也。"《广韵·马韵》："撦，裂开。"《敦煌变文集·燕子赋》："遂被撮头拖曳，捉衣撦擘。"按，"扯（撦）"晚出，中古后期始见于文献。

2）析断结果动词

开－开、启（啓）：《说文·门部》："开，张也。"段注："张者，施弓弦也。门之开如弓之张，门之闭如弓之弛。"又《说文·口部》："启，开也。"段注："按后人用啟（啓）字训开，乃废启不行矣。……此字不入户部者，以口户为开户也。"按，"开"和"启"本义均为开门，引申有"打开"义；"开"又有"开裂"义。

断－断：《说文·斤部》："断，截也。"段注："戈部截下曰：'断也。'今人断物读上声，物已断读去声。"《释名·释言语》："断，段也。分为异段也。"《易·系辞下》："断木为杵。"陆德明《释文》："断，断绝。"按，据《说文》则"开"和"断"本义均指动作，其表结果义当为引申义。

碎－碎：《说文·石部》："碎，糳也。"段注："糳各本作礳，其义迥殊矣。礳所以碎物而非碎也，今正。……碎者，破也。糳者，破之甚也，义少别而可互训。"

烂－烂：《说文·火部》："烂，火孰也。"按，"烂"本义指用火烧煮熟，与"析断"无关。其与"析断"相关的"破碎、破烂"义为后起，五代·齐己《升天行》："五三仙子乘龙车，堂前碾烂蟠桃花。"

破－破：《说文·石部》："破，石碎也。"段注："瓦部曰瓶者破也，然则碎瓶糳三篆同义，引申为碎之称。"又《说文·瓦部》"瓶，破也。"段注："瓶与碎音同义异。碎者，糳也；瓶则破而已，不必糳也。"按，"碎"和"破"本义均指结果，二者混言则同，析言则异，"碎"强调裂为多个碎片，"破"则不然。

以上是 Chen（2007）所列 24 个"析断"动词及其在古汉语中的对应词。我们分析了它们的本义，其中"锤""砸""打""揪"等 4 个动词本义与"析断"义无关，本文将不再讨论。

2.2 汉语史上的其他"析断"动词

除上文所列外，汉语史上还出现过很多其他的"析断"动词（参看《说文解字》"手部""刀部""金部""斤部"等所收字词），较常用且与本文关系密切的是"分、判、别、辨、解、裁、截、决、析、绝、殊"等，各词本义如下：

分：《说文·八部》："分，别也，从八刀，刀以分别物也。"

判：《说文·刀部》："判，分也。从刀，半声。"段注："'媒氏掌万民之判'注：'判，半也。得耦为合，主合其半，成夫妇也。'……形声包会意。"按，"判"本义为一分为二。

别：《说文·冎部》："剐（别），分解也。"段注："分别、离别皆是也。"清·王筠《说文句读》："从冎从刀，主臛宰而言……《淮南子》曰：'宰庖之切割分别也'，与许君意合。"按，"臛宰"指分割、肢解牲体，"臛"即"副"，也是剖破义。

辨：《说文·刀部》："辧（辨），判也。"段注："古'辨''判''别'三字义同也。"

解：《说文·角部》："解，判也。从刀判牛角。"《庄子·养生主》："庖丁为文惠君解牛。"成玄英疏："解，宰割之也。"

裁：《说文·衣部》："裁，制衣也。"段注："刀部曰：'制者，裁也。'二字为转注。《韩非子》：'管仲善制割，宾胥无善削缝，隰朋善纯缘。'制割者，前（剪）裁之谓也。裁者，衣之始也。"

截：《说文·戈部》："𢧵（截），断也。"《史记·苏秦列传》："皆陆断牛马，水截鹄雁。"

决：《说文·水部》："决（决），下流也。"段注："下读自上下下之下，胡驾切。决水之义引伸为决断。"《书·益稷》："予决九川，距四海。"《大字典》释为"开凿壅塞，疏通水道"。

析：《说文·木部》："破木也，一曰折也。"段注："以斤破木，以斤断草，其义一也。"《淮南子·俶真》："剖贤人之心，析才士之胫。"

绝：《说文·系部》："绝，断丝也。"段注："断之则为二，是曰绝。"
《史记·刺客列传》："秦王惊，自引而起，袖绝。"

殊：《说文·歹部》："殊，死也，从歹，朱声。一曰断也。汉令曰：蛮
夷长有罪，当殊之。"段注："凡汉诏云殊死者，皆谓死罪也。死罪者首身
分离，故曰殊死。……断与死本无二义，许以字从歹，故以死为正义，凡
物之断为别一义。《左传》曰：'武城人塞其前，断其后之木而弗殊。邾师
过之，乃推而蹶之。'《史·苏秦列传》：'刺苏秦不死，殊而走。'按，'弗
殊'者，谓不绝也。'不死，殊而走'者，谓人虽未死，创已决裂也。皆断
之说也。……按'殊之'者，绝之也，所谓别异蛮夷。此举汉令证断义。"
按，据段注，"殊"本义即"断"，与"死"义通。

2.3 汉语史上"析断"动词的语义和句法功能

前文谈到 Chen（2007）用"动作"和"结果"两种语义对现代汉语的
"析断"动词进行了分类。我们注意到，古汉语中的"析断"动词对动作和
结果的表达跟现代汉语很不一样，至少表现在两个方面。

1）现代汉语中表结果的"析断"动词（即"开、断、碎、破"，"烂"
在古代汉语中没有"析断"义，故排除），在古代汉语中相当于现代汉语表
"动作+结果"的复合动词，如：

> （1）a. 断木为杵，掘地为臼。（《易·系辞下》）｜ b. 切肉，肉
> 断而发不断。（《韩非子·内储说下》）
> （2）a. 焚符破玺，而民朴鄙。（《庄子·胠箧》）｜ b. 风至苕折，
> 卵破子死。（《荀子·劝学》）

例（1a）中"断"在现代汉语中需说成"砍断"，例（2a）中"破"
需说成"打破"。因为古汉语中使动用法的广泛存在，所有现代汉语中表结
果的"析断"动词在古汉语中都是"动作+结果"义，杨荣祥（2017）称
之为"结果自足动词"。

2) 一部分现代汉语表动作的"析断"动词，在古汉语中的对应词也可以表结果，如：

(3) a. 召使者，裂裳帛而与之。(《左传·昭公元年》) | b. 哙遂入……头发上指，目眦尽裂。(《史记·项羽本纪》)

现代汉语中"撕"只能表动作，但在例(3)中与"撕"相当的"裂"则既可表动作，也可表结果，"裂"也是"结果自足动词"。

"斩"的情况略有区别，前文解释本义时举到的"斩三材""斩木"中"斩"都表动作，但在下面二例中表结果(或状态)。

(4) 国既卒斩，何用不监。(《诗·小雅·节南山》。毛传："斩，断。"朱熹注："斩，绝。")

(5) 君子之泽，五世而斩。小人之泽，五世而斩。(《孟子·离娄下》。赵岐注："大德大凶，流及后世，自高祖至玄孙，善恶之气乃断，故曰五世而斩。")

例(4)、例(5)中古人都用"断"来解释"斩"，"斩"也表结果无疑。但与"裂"不同的是，这个表示"抽象事物中断、终止"义的"斩"没有表动作的用法，即见不到"斩国""斩君子之泽"这样的用例，所以我们不能说"斩"是"结果自足动词"。换句话说，"斩木"的"斩"只表动作，"国既卒斩"的"斩"只表结果/状态。不过我们相信"斩"的"断"义一定是在其本义"砍、砍断"基础上发展出来的。

这样看来，古汉语的"析断"动词可以分为三类，即：A类表动作，如"剪"；B类表"动作+结果"，如"断""破""裂"；C类在有的用例中表动作，有的用例中表结果/状态，如"斩"。这三类语义不同的词在句法上也有不同的表现：A类只出现在"$N_1V_AN_2$"中；B类可同时出现在"$N_1V_BN_2$"和"N_2V_B"中；C类可出现在"$N_1V_CN_2$"和"N_3V_C"中。反过来，也可以用这三类句法表现来检验古汉语"析断"动词的语义归属。基于此，我们将上文所列"析断"动词大致分类如下。

A 类是一般的及物动词，表动作。包括：剪、切、斫、斲、刿、劈、剖、割、凿、刺、锯、擘、裁、析。

B 类是所谓的非宾格动词，表动作兼结果。包括：穿、裂、折、开、断、碎、破、分、解、决、绝、殊。

C 类在"$N_1V_CN_2$"中是一般及物动词，表动作；在"N_3V_C"是不及物动词，表结果/状态。包括：斩、判、别、辨、截。①

以上古汉语"析断"义动词 A、B 类的区分，正好与英语 C&B（cutting & breaking）动词的分布格局一样。据 Bohnemeyer（2007），英语的 C&B 动词大致分为两类，break 类的重要特征是其成员可进行"致使-状态起始交替"（causative-inchoative alternation，6a）；相反，cut 类成员不能进行这种变换（6b），却可进行所谓的"试动交替"（conative alternation，6c），这是 break 类不具备的（6d）。如：

（6）a. Floyd broke/cracked/shattered the vase. ｜ The vase broke/cracked/shattered.

b. Floyd cut/cubed/sliced the bread. ｜ ＊The bread cut/cubed/sliced.

c. Floyd cut（＊/cubed ＊/sliced）at the bread.

d. ＊Floyd broke/cracked/shattered at the vase.

C 类则因为表动作和表结果总是出现在不同的语境中，并表达不同的意

---

① "斩"见上文例（4）、例（5）。其他几个词表"结果/状态"的例句如下：

秋，纪季以酅入于齐，纪于是乎始判。（《左传·庄公三年》）

异形离心交喻，异物名实玄纽，贵贱不明，同异不别，如是则志必有不喻之患，而事必有困废之祸。（《荀子·正名》）

故王者之制名，名定而实辨，道行而志通，则慎率民而一焉。（同上）

相土烈烈，海外有截。（《诗·商颂·长发》，郑玄笺："截，整齐也。"）

义，实际上可以看成两个词（虽然同源），所以并不参与这种区分。

以上所列这三类"析断"动词基本上都是多义词，在词典中都列出了多个义项，各个词的引申方向、程度和轨迹都不尽相同。但同时我们注意到很多"析断"动词都一致性地演变出相同的语义，表现出了本文开头提到的语义演变的系统性和规律性。大体上说，这些"析断"动词共同演变的方向主要有两个：一是由"析断"动词演变为"分辨、分析、解释、判断"等义的认知动词，二是由"析断"动词演变为表示程度加深的强化词（intensifier）。

3. "析断"动词的语义发展及规律

一些"析断"动词发展为认知动词，一些发展为强化词，还有一些兼而有之。发展的不同方向，总体上与它们的基础语义类别有关。

3.1 "析断"动词>认知动词

有这样一些"析断"动词发展为表示"分辨、分析、解释、判断"等义的认知动词："剖、割、裁、析、折、开、断、破、分、解、决、判、别、辨"①，分别例示如下：

（7）通人暗于好恶兮，岂昏惑而能剖？（《文选·张衡〈思玄赋〉》——分辨）｜只目今这官司，如何剖断才好？（《红楼梦》第4回——剖析）

（8）深计而不疑，引争而不罪，则明割利害以致其功。（《韩非子·说难》——梁启雄《韩子浅解》："割利害，谓分析判断事之利害。"）｜帝长于政术，割断咸尽其理。（《北史·齐纪中》——裁决、决断）

（9）若晋君朝以入，则婢子夕以死；夕以入，则朝以死。唯君裁之。

---

① 这里所列也是古汉语中一些较为常见的词。还有一些不常见的词也发生了从"析断"动词到认知动词的演变，如"劅"有"割、截断"义，《礼记·文王世子》："其刑罪，则纤劅。"郑玄注："纤，读为歼。歼，刺也。劅，割也。"引申出"裁决"义，如唐·元稹《授王播中书侍郎同平章事使职如故制》："重委操劅，铓刃益精。"

（《左传·僖公十五年》——裁断）｜慈母德，卒难裁，万论千经赞莫偕。（敦煌变文《父母恩重经讲经文》——判断、估量）

（10）故三人言利事析秋豪矣。（《史记·平准书》——司马贞《索隐》："今言弘羊等三人言利事纤悉，能分析其秋毫也。"）｜奇文共欣赏，疑义相与析。（晋·陶渊明《移居》诗之一——分析、辨析）

（11）万物纷错则悬诸天，众言淆乱则折诸圣。（扬雄《法言·吾子》——判断、裁决）｜后来包知县直做到尚书，子子孙孙富贵不绝，人以为虚心折狱之报。（李渔《无声戏》第12回——同前）

（12）开而当名，辨物正言。（《周易·系辞下》——韩康伯注："开释爻卦使各当其名也。"）｜帝召绛议，欲逐纲，绛为开白，乃免。（《新唐书·李绛传》——解释）

（13）系辞焉以断其吉凶。（《周易·系辞上》——裁决、决定）｜小人言不可信类如此，亦在大贤斟酌而断之。（韩愈《京尹不台参答友人书》——判断）

（14）故君子语大，天下莫能载焉；语小，天下莫能破焉。（《礼记·中庸》——分析、剖析。孔颖达疏："言事似秋毫，不可分破也。"）｜彭祭酒学校驰声，善破经义，每有难题，人多请破之。（宋·赵彦卫《云麓漫钞》卷9——分析、剖析）

（15）四体不勤，五谷不分，孰为夫子！（《论语·微子》——分辨）｜晢在著作，得观竹书，随疑分释，皆有义证。（《晋书·束晢传》——分析）

（16）大惑者，终身不解。（《庄子·天地》——明白、理解）｜周笑解之曰："所谓志千里者，正以老骥已不能行，故徒有千里之志耳。"（陆游《老学庵笔记》卷1——解释）

（17）夫礼者，所以定亲疏，决嫌疑，别同异，明是非也。（《礼记·曲礼上》——分辨、判断）｜群臣争功，岁余功不决。（《史记·萧相国世家》——确定、决定）

（18）寔在乡间，平心率物。其有争讼，辄求判正，晓譬曲直，退无怨者。（《后汉书·陈寔传》——分辨。《资治通鉴》引此文，胡三省注：

"判，分也，剖也，剖析而见正理也。"）｜叔父肇之，坐事系狱，七年不判。（《宋书·许昭先传》——判决）

（19）有父子讼者，孔子拘之，三月不别。（《荀子·宥坐》——杨倞注："别，犹决也，谓不辨别其子之罪。"）｜我闻别人不贱，别玉不贫。（敦煌变文《伍子胥变文》——辨别、识别）

（20）周子有兄而无慧，不能辨菽麦。（《左传·成公十八年》——判别、区分）｜凡官民材，必先论之，论辨，然后使之。（《礼记·王制》——确定。郑玄注："辨，谓考问得其定也。"）

正是因为这些"析断"动词一致发展成认知动词，所以不少词能够两两结合而成为一个同义并列式的双音节认知动词，如："判断、判别、破解、开解、剖析、裁判、裁决、决断、分析、分别①、辨析"等。又多个"判决"义的词带相同的宾语构成一组近义词："断案、判案、断狱、决狱、折狱"。

3.2　"析断"动词>强化词

强化词（intensifier）指对它所修饰成分的意义起加强作用的一类词，如"很美"中的"很"、"坚决拒绝"中的"坚决"、"毫不知情"中的"毫"等。有这样一些"析断"动词发展为强化词："切、断、决、绝、殊、斩、别、判、截"，例示如下：

（21）光闻之，切让王莽。（《汉书·霍光传》——颜师古注："切，深也。"）｜每欲征讨，充皆预知之，乃假托星象，奖成帝意，在位者皆切患之。（《北史·袁充传》——同前）｜狱屋皆当完固，厚其草蓐，切无令漏湿。（《北堂书钞》卷45引《晋令》——一定、千万）｜此际汝宜一心选用精骑，备其水陆，谋用才略，取江南如拾芥，何为难耳，尔等切记吾嘱！（《三朝北盟会编》卷215——务必、牢）

----

① "分别"有"解释"义，佛经中常见，如："长者欢喜，复白佛言：'情暗难悟，欲问所疑。'佛言：'随意所问，今当为汝事事分别。'"（东汉·昙果共康孟详译《中本起经》，4/162b）参看李维琦（2004：120）。

（22）若诚能致泣，则声音之有哀乐，断可知矣。（嵇康《声无哀乐论》——一定、绝对）｜各处匾额对联断不可少，亦断不可定名。（《红楼梦》第17回——同前）｜己有过，便断然改之，如雷之勇，决不容有些子迟缓。（《朱子语类》卷72——坚决、果断）

（23）相如度秦王虽斋，决负约不偿城。（《史记·廉颇蔺相如列传》——必然，一定）｜时桓温在南州，宏语众云："我决不及桓宣城。"（《世说新语·文学》刘孝标引《续晋阳秋》——同前）

（24）秦女绝美，王可自取，而更为太子取妇。（《史记·伍子胥列传》——最、极）｜故诸葛亮治蜀十年不赦，而蜀大化。梁武帝每年数赦，卒至倾败。夫谋小仁者，大仁之贼，故我有天下以来，绝不放赦。（《贞观政要·论赦令》——绝对）

（25）彼其之子，美无度；美无度，殊异乎公路。（《诗·魏风·汾沮洳》——甚、极。段玉裁"殊"字注："凡言殊异、殊绝，皆引伸之义。"）｜玠曰："久闻都统兵精，今疲敝若此，殊不称所望。"（《宋史·余玠传》——同前）

（26）楸树馨香倚钓矶，斩新花蕊未应飞。（杜甫《三绝句》之一——极其、非常。按，后写成"崭"）｜这洞不过有两间房大，朝外半截窗台，上面安着窗户，其余三面俱斩平雪白，顶是圆的，像城门洞的样子。（《老残游记》第10回——同前）

（27）春来无树不青青，似共东风别有情。（唐·李中《柳》之一——格外、特别）｜田地今年别滋润，家园果树似口脂。（敦煌变文《张议潮变文》——同前）

（28）今来渐异昨，向晚判胜朝。［阴铿《雪里梅花》——徐仁甫（1981：567）："判犹'决''断'，表态副词。"］｜仙人一捧露，判不及杯中。（庾信《答王司空饷酒》——同前）｜其于圣贤事业可疑之际，与群弟子问难对答，判然明白以著于后世。［《全宋文》卷1650，胡宗愈《辨郊论（中）》——十分、显著］｜陛下知所轻重，判然不疑，则当亟去手足之患，无重腹心之累矣。（《全宋文》卷3425，孙觌《崇政殿集众官议合与

不合弃三镇札子》——分明、完全）

（29）由仁义行，与行仁义者，昭昭乎易判也。集义所生，与义袭取者，截截乎不乱也。（《全宋文》卷 7443，袁甫《初建书院告陆象山先生文》——界限分明地、完全）｜虽其间胜败利害不能尽如吾意，而其先定之计，截然不摇。（《全宋文》卷 4306，胡铨《上张丞相书》——完全）

以上这些来自"析断"动词的强化词多数出现在动词性结构前，只有少数出现在形容词前（"绝""斩""别"等），因此并不同于主要修饰形容词的程度副词。① 另外有几个强化词可以加上表样貌的后缀"然"（"断然""判然""截然"，且只能说"截然"而不能说"截"）。

为便于观察比较各词的语义演变情况，列表如下。

表 1　"析断"动词语义演变情况

动词	A 类：动作														B 类：动作+结果												C 类：动作 V 结果				
	剪	切	斫	斵	剀	劈	剖	割	凿	刺	锯	擘	裁	析	穿	裂	折	开	断	碎	破	分	解	决	绝	殊	斩	判	别	辨	截
I	-	-	-	-	-	-	+	+	-	-	-	+	+	+	-	-	+	+	+	-	+	+	+	+	-	-	-	+	+	+	-
II	-	+	-	-	-	-	-	-	-	-	-	-	+	-	-	-	-	-	+	-	-	-	-	-	+	+	+	+	+	+	+

（Ⅰ＝认知动词；Ⅱ＝强化词；Ｖ＝或）

3.3　"析断"动词语义演变的机制和规律

众多"析断"动词走上了共同的语义演变道路，其主导机制是什么？或者说，是什么样的机制导致这些词发生了共同的语义演变？

3.3.1　隐喻

从"析断"动词到认知动词的演变，起作用的主要是隐喻这一心理机制。对具体事物的切分析解，投射到心理认知域，就是对事情、事理的分析、理解和判断。以"断"为例，这一过程看得很清楚：

---

① Partington（1993）指出英语里很多强化词最早也可以修饰动词，后来慢慢变成只能修饰形容词。有些词如 heavily、extremely、absolutely 等，根据历时语料，它们早期主要修饰动词。

（30）a. 七月食瓜，八月断壶。（《诗·豳风·七月》）

b. 天尊地卑，乾坤定矣。卑高以陈，贵贱位矣。动静有常，刚柔断矣。方以类聚，物以群分，吉凶生矣。（《周易·系辞上》）

c. 系辞焉以断其吉凶，是故谓之爻。（《周易·系辞上》）

d. 无射之月，疾断有罪，当法勿赦，无留狱讼，以亟以故。（《吕氏春秋·音律》）

e. 子产之从政也，择能而使之：冯简子能断大事，子大叔美秀而文……（《左传·襄公三十一年》）

例（30）中，a 是"断"的本义，"断"这个动作施加于具体事物后，事物就由整体划分为不同的部分；b 中"刚""柔"是抽象属性，也可以因"断"而区分开来；c 既可以理解为区分"吉""凶"，也可以理解为"判断"，即在意念上将二者区分开来；d 仍然是将"有罪"与"无罪"区分开，但因为"无罪"已经不在句子中出现，因此只能理解为"裁断"；e 则没有正反对比项，也即没有区分的对象，"断"只能理解为"判断、决断"。

以上 a-e 是从文献用例看到的"断"从"析断"动词演变为认知动词的心理推导过程，并不是说它在实际演变中逐一经历了这些阶段。前文说过"断"的这种演变是一种隐喻投射，即从物质域到认知域是一种突变。从例（10）、例（14）、例（15）所举"析""破""分"等词的用例也可看出这些词的隐喻性演变。

这种"析断"动词向认知动词的演变，其他语言中也能看到实例。如英语 analyse（<analysis）一词，在当代英语中义为"分析"，是个认知动词。但据 *Oxford English Dictionary*，此词源自希腊语 ἀναλύ-ειν 一词，表示"to unloose（松开）、undo（解开）"这一动作（action），早期词义是"把复杂事物分解为它的简单成分；通过或不通过物理分解而对复杂事物组成成分进行准确测定"，它既可以施于物质世界的事物（things of material），如："I tryed some analysis of bodies by letting ants eat them."也可以施于非物质世界的事物（things of immaterial），如："Which difinition albe it agree with

the nature of the thing, yet no whit answereth with the analysis and interpretation of the worde." 又 anatomize 一词，也有两个义项："解剖"和"详细分析、剖析"。再如梵语的 vyākṛ 一词，据 *Sanskrit English Dictionary*，它有"to undo（解开）、sever（割断）、divide（分开）、separate from（分离）；to expound（阐述）、explain（解释）"等义项，很显然，后面的义项是从前面义项发展而来（朱冠明，2015b）。

3.3.2　重新分析

孙雍长（1985）讨论过"析断"动词"判"表示"必、断"义的来历：作为动词的"判"义为判分，"决"为决裂，二者近义；而"决"又有"必、断"等情态副词义，受"决"的渗透影响，"判"也虚化为情态副词。朱城（1991）不同意孙文观点，认为"判"的词义是自身引申发展而来，即"分开>区分、分辨>评判、裁决"，"再由此引申出'一定、必、决'之义，是十分自然的"。为什么从"评判、裁决"到"一定、必、决"的演变"十分自然"，朱文未作说明。

我们认为，从"析断"动词到强化词的演变，主要是"重新分析"这一机制在起作用。以"断"和"绝"为例，先看"断"：

（31）a. 汝南有许季山者，素善卜卦，言家当有老青狗物，内中婉御者益喜与为之。诚欲绝，杀此狗，遣益喜归乡里。皆如其言，因断无纤介，仲英迁太尉长史。（《风俗通义·怪神》）

b. 队主续丰母老家贫，无以充养，遂断不食肉。义季哀其志，给丰母月白米二斛，钱一千，并制丰啖肉。（《宋书·武三王传》）

c. 夫惭德之主，忍诟之臣，犹能赏善不须贷财，罚恶不任私情，必将修绳履墨，不偏不党，岂况鬼神，过此之远，不可以巧言动，不可以饰略求，断可识矣。（《抱朴子·道意》）

d. 性也者，所受于天，神识是也，故为形骸之主。情也者，所受于性，嗜欲是也，故为形骸之役。由此言之，性情之

辩，断然殊异，故其身泰。（《全北齐文》卷6，李概《达生
丈人集序》）

　　例（31）中，a是说家里有老青狗鬼魅，仆人益喜与它一起作祟，如要
与妖祟事"断绝"，则须杀狗遣仆；如言照做后，果然便（与妖祟事）"断
绝"而再无丝毫（妖祟事）。前用"绝"，后用"断"，可见两者都可用其
本义"断绝"来理解，只不过"断绝"的对象不是某个具体的对象，而是
抽象的事件。b是说因为家贫，便与以前食肉的习惯"一刀两断"，不再食
肉。这个"断"同样可以用本义"断绝"来理解。但同时a、b中的"断"
也可以理解为强化词，即"完全没有纤介"和"绝对不食肉"。按本义理解
时，句子是"断"和后一小句的紧缩，并列关系；而按强化词理解时，
"断"是后面小句的修饰成分，偏正关系。这种表层结构不变而底层结构发
生了变化，正是典型的"重新分析"。c不存在与其他项的切割断离，而是
说"鬼神不可以巧言动、以饰略求"这一点就像事物被切断了一样泾渭分
明、识别度高，这里"断"只能理解为强化词。d的"断然"表示被"切
断"的状态，用来修饰"殊异"，同样也是说明"殊异"的程度高、容易识
别。d"断然"的存在，说明a–c中的"断"也是表示结果/状态义而非动
作义。①概括地说，"断"需出现在"……，断（不）VP"这个句法环境
中，才能发生重新分析。
　　"绝"的演变过程同"断"一样，这里仅给出例句：

　　（32）a. 尝有所荐，其人来谢，安世大恨，以为举贤达能，岂有私
　　　　　　谢邪？绝勿复为通。（《汉书·张汤传》，颜师古注："有欲
　　　　　　谢者，皆不通也。一日告此人而绝之，更不与相见也。"）
　　　　　b. 平时子弟问战获事，绝不肯言，曰："此录录随人所就

---

① 据Partington（1993），英语的强化词absolutely（完全、非常、极其）最开始的意思也是
"通过与其他事物分离开的方式，分开地、独立地"，前后语义联系与汉语有可比之处。

耳，是吾所耻，何足云。"（《全宋文》卷 3341，程俱《故武功大夫昭州团练使骁骑尉徐公行状》）①

3.3.3 "析断"动词语义演变规律

表 1 列出了三类"析断"动词：A 类表动作；B 类表"动作+结果"；C 类表"动作 V 结果"。探讨语义演变的规律，就是要找出决定它们是否参与上述两类语义演变的因素是什么，即：

1）哪些"析断"动词参与或没参与到上述两类语义演变，为什么？

我们注意到，参与到上述两类语义演变的都是普通性"析断"动词（表 1 中标一个或两个"+"），即在实施动作时对工具、方式、结果等方面没有任何特殊要求的词。没有参与到语义演变的词（表 1 中标两个"-"）中，"剪""凿""锯"对工具有特殊要求，必须分别是"剪子"、"凿子"和"锯子"；"砍、剁"义的"斫""斲""劈""剉"对动作方式有特殊要求，即要求用大力量；② "剁"义的"斫""剉"还对动作结果有要求，即要使动作对象变为碎段；"刺""穿""碎"也对结果有要求，"刺""穿"要求结果是动作对象局部破损（出现"洞"或"眼"），而非分为不同的部分，"碎"也是要求对象成碎段；相当于"撕"的"裂"和相当于"掰"的"擘"要求必须是徒手而不是借助工具。③ 语法化理论早就注意到，参与到语法化的词主要是一些语义相对泛化的、属于基本层次的词，这样的词具有更大的使用范围和更高的使用频率，而非那些有特殊语义的下位词。如"go-run""say-whisper""give-offer""have-own"这些组配，跨语言证据表明，左边这个意义层面的词比右边的词更容易语法化（参看 Hagège，

---

① 例（24）所示"绝"有"极、甚"义，更早见于文献且多用于肯定句，与此例"绝对"义多用于否定句不同。《说文·糸部》"绝"字段注："绝则穷，故引伸为极，如言'绝美'、'绝妙'是也。"又《说文·水部》"榮"字段注："中断曰绝，绝者，穷也，引伸为极至之用。"如按段玉裁的说法，则"绝"这两种强化词用法的虚化路径不同，本文不作细分。

② Hsiao（2015）指出现代汉语中，"劈、砍、剁"三个动词是母语者认为最常与语义元素"力道"相关的切类动词。

③ 与古汉语不同，在现代汉语方言中"撕"和"掰"两个词都发展出了认知动词用法，详见后文。

1993：212；Bybee et al.，1994：9；Hopper & Traugott，2003：101）。汉语"析断"动词发生语法化时对词的选择，也符合这一规律。

2）参与到两类语义演变的"析断"动词，有些演变为认知动词，有些演变为强化词，为什么？

A、B、C 三类"析断"动词中都有成员演变为认知动词，但只有部分能够表"结果"义的词演变为强化词。前文谈到从"析断"动词到认知动词的演变是一种隐喻投射，即把对具体事物的分解析断投射到认知域。因为这三类动词都可以表动作，所以投射到认知域后继续表示认知动作，没有障碍。而演变为强化词则要求符合具体的句法语义条件从而导致重新分析。只有通过实施"析断"动作且达成了对象"一分为二""一刀两断"等结果的词，才能进入 3.3.2 描述的具体句法环境，从而实现向强化词的演变。反过来，即便满足了这一条件，也并不一定演变为强化词，如"折""开""破""分""解""辨"等"析断"动词都有表结果的语义，却并没有演变为强化词。为什么这些词未能演变为强化词，目前还找不到合理的解释。① 只有"切"是一个例外，它并不能表结果，但却发展出了强化词的用法，原因在于它作为强化词并非来自"断析"义的"重新分析"，而是来自它的"急迫、深、严刻"义，如：

（33）切问而近思。（《论语·子张》，皇侃疏："切犹急也。若有
　　　所未达之事，宜急咨问取解，故云切问也。"）｜光闻之，
　　　切让王莽，莽鸩杀忽。（《汉书·霍光传》，颜师古注："切，
　　　深也。"）②

---

① 个别词可能也是语义上的原因，如"开"本义是开门，"开"的结果只是在门和墙体之间打开了一个或大或小的间隙，而没有造成二者的分离。

② "切"的"急、深"等义的来源应与"切"的本义"切割"有关。段玉裁注"切"字："引伸为迫切，又为一切，俗读七计切。师古曰：'一切者，权时之事，如以刀切物，苟取整齐，不顾长短纵横，故言一切。'"仿颜师古例，我们可以解释"切"引申为"急、深"义的原因：以刀切物，苟取其贴近压迫，则有迫切、急迫义；苟取其深入断析，则有深刻、严刻义。

大体上说，汉语含结果义的"析断"动词比不含结果义的"析断"动词具有更大的演变可能性，这一点与英语也很相似。Taylor（2007）在对前文1.2提到的 *Cognitive Linguistics* 专辑进行总结时说："可以肯定的是，还有很多其他开放的问题超出了当前这一项目的范围，但对于语义理论包括语义类型学都大有价值。一个是关于 C&B 动词在物体分割域之外发生隐喻性引申的可能性。一个涉及像'break a journey，have a coffee break，have a lucky break，break a world record，breaking news，day-break，a break in the weather'等这样的例子。Cut 的引申用法要少得多，而且似乎与动词的'物体分割'义联系更紧密（cut the meeting short，cut someone's salary，cut to the quick）。这不禁让人试图把这些不同的隐喻性发展与这两个动词的语义结构关联起来。不过，任何这类解释的可靠性，都需要通过 C&B 动词引申用法的跨语言模式来进行验证。"本文恰恰就是对 Taylor 提出的 C&B 动词的语义引申问题进行了讨论。从前文分析的"析断"动词的语义结构和句法功能上看，cut 相当于本文的 A 类动词，break 相当于 B 类动词。汉语"析断"动词丰富的演变实例，为 Taylor 的推论提供了支持。

4. 汉语方言中"析断"动词的语义演变

不仅汉语史上和现代汉语普通话中众多的"析断"动词发生了前文所述的语义演变，汉语方言中这一现象同样也很常见。我们调查了许宝华、宫田一郎（1999）和李荣（2002），检得实例如下。

4.1 "析断"动词>分析

掰：分析，讲解。北京：跟他把这问题掰了半天。（许：6149）

掰扯：剖析，辩白，辩论。东北官话；北京官话：话剧《小井胡同》："这事儿，非掰扯清楚了不可！"（许：6149）

掰斯：分辩。徐州：这事儿咱真得给_跟他掰斯来。‖分析，琢磨。徐州：这道题掰斯半天了，也没弄明白。（李：4400）按，"斯"当即"撕"。

剥笋：将笋壳一层层剥去，常喻指将事理一层层分析清楚。建瓯。
（李：3466）

拆：分析及解说。广州：拆字；拆签_{解说求来的签}。（李：2051）

拆：撕，扯，揭。厦门。‖分析，说明。厦门：开拆_{解说}；开白_{说得浅显明白}。
（许：3246）

解：锯开。金华：块树_{把这根木头}解开来。‖把束缚着或系着的东西打开。
金华：结头解开来。‖分析，解释。金华：我解得侬听。（李：4931）

开拆：解释，分析。厦门。（许：527）

科：剪。银川。‖（从秆上）扒下（玉米棒）。忻州：科玉茭子_{玉米}。
‖用刀斧砍。宁波：科松毛丝；科树脑头。——**科考**：分析，估计。忻州：
你科考这个事情该抓_{怎么}办哩？（李：2760）

派：分发，分摊。浙江苍南金乡：三个人用了六块钞票，你派两块；
苏州。‖分析。宁波：应钟《甬言稽诂·释行事》："今称心计分析其事理
曰派，如'派帐'、'派辈分'。"（许：4404）

批讲：分析，讲解。河南：豫剧《朝阳沟内传》："咱先到县里找找姐
夫，请他给你批讲批讲。"（许：2532）按，"批"有"斜劈、削"义，《大
字典》引《庄子·养生主》："批大隙，导大窾。"

批解：分析，解释。河南孟津：李准《黄河东流去》："那个妇女听着
他的批解，从心眼里佩服。"（许：2533）

劈解：分析，解释。河南：姚雪垠《李自成》："照理路劈解，又有你
的亲笔书子，众怒是会息平的。"（许：7180）

痞开：分析。芜湖：陈启彤《广新方言》："芜湖谓分析曰痞开。"（许：
6265）按，"痞"的本字当是"劈"，"劈"有上声一读，《大字典》释为
"掰开，撕开"。

破说：详细分析解释。北京：这老文言我不懂，您给破说破说。（许：
4684）

撕不：用手使东西裂开或离开附着处。徐州：别把我的书撕不烂了。

‖辩驳，辨别分析。徐州：恁两口子的事儿上法院去，咱撕不不清。（李：5340）按，"不"是个音节后缀，不表义。

撕攞：分析，处理，调解。北京：把这场家务纠纷撕攞完再说。（许：7019）按，"攞"有撕裂的意思，《广韵·哿韵》："攞，裂也。"。

刣解刣解：分析分析。广东潮阳（闽语）。（许：3038）按，据 Norman（罗杰瑞，1979），闽语里有个当"杀"讲的字写作"刣"，一般用于宰杀牲口，其本字是"治"，"治鱼"即剖杀鱼。

4.2 "析断"动词>判断

断断：断绝，分开。厦门。‖判断，判决。厦门。（许：5792）

鏨：砍，砸。合肥；厦门：鏨肉骨、鏨断；广东海康。‖判断，决定。厦门：价钱现鏨。（许：7228）

从我们调查的范围来看，方言中的"析断"动词只演变成了认知动词，没有演变为强化词，[①] 是因为近代以后的语法变化，"析断"动词失去了变为强化词的句法条件。据 3.3.2 分析，"析断"动词需出现在"X+VP"中"X"这个位置上，且 X 与 VP 是并列关系，然后才能重新分析为强化词。近现代可以说"（我们先去打球,）累了吃饭"，而不能说"累吃饭"，"了"的出现阻断了"累"与"吃饭"语法关系的重新分析。另外方言中绝大多数情况都是"析断"动词演变为"分析"义的认知动词，只有 2 例演变为"判断"义，看来"对事物的物理切分"与"对事情的事理分析"二者之间的联系最为直接、清晰，所以演变的实例更多，包括一些汉语史上未能实现的演变，如"撕（裂）>分析""掰（擘）>分析""劈>分析"等。这说明非基本层次的词并非全然不能演变，只是相比基本层次的词而言演变

---

① 承友生孙畅提示：前文所举例（26）中的"斩平"，在河北方言中也表示"非常平整"的意思（李行健，1995：670），该地还有"斩齐"的说法。吴语遂昌方言将物体十分平整称为"斩平"（王正明，1994）；湖南永州岚角山土话也说"斩平"，义为"很平"（李星辉，2016：160）。笔者按，这些方言中的"斩"的确是强化词。不排除方言中还有其他"析断"动词有强化词用法的实例，但总体上远不如"析断"动词用作认知动词常见。大致可以肯定的是，这些方言中"析断"动词向强化词的演变，应该在近代以前即已发生。

能力略弱而已。

5. 结语

本文讨论了汉语史上和现代汉语方言中一个大量且反复出现的语义演变现象,即"析断"动词向认知动词和强化词的演变。众多"析断"动词先后向这两个方向发展——这便是本文开头谈到的当前词汇类型学关注的重要论题之一:多个基础义相近的词发生同样的语义演变。由于"析断"动词内部成员的语义结构和句法功能存在差异,它们的语义演变又有不同的道路,各类"析断"动词都有成员演变为认知动词,但只有表结果义的"析断"动词演变为强化词——这是词汇类型学关注的另一重要论题:基础义的差异导致不同方向的演变。

同时,虽然不同语言中"析断"动词受到了词汇类型学研究的极大关注,但以往研究主要是从共时层面对"析断"动词成词策略、语义结构和句法功能等方面的探讨,而对其语义历时演变的研究还十分少见。本文同英语中的 C&B 动词进行了对比,认为古汉语中"析断"动词的语义句法区分,与英语 cut 类和 break 类的区分基本一致。另外,本文重点在于发掘汉语"析断"动词的语义演变事实、分析其演变的机制和规律,以弥补以往历时研究方面的不足。我们注意到,英语等语言中也有"析断"动词向认知动词和强化词演变的实例,可与汉语进行比对。

最后,"析断"动词演变为认知动词,是"析、断"动作从物质域向心理认知域的投射,其机制是隐喻。"析断"动词演变为强化词,则是特定句法环境下的"重新分析"。前者演变过程相对直接、词义对应关系明确,因此无论是汉语史上还是现代汉语方言中,这类演变的实例更多、更普遍;后者受语义句法条件的限制,演变过程更为复杂一些,相对而言,这一演变的实例要少得多,近代以后因汉语句法结构的改变,已经不再具备这种演变的条件。

参考文献

江蓝生：《相关语词的类同引申》，载《近代汉语探源》，商务印书馆，2000。

蒋绍愚：《近代汉语研究概要》（修订本），北京大学出版社，2017。

蒋绍愚：《论词的"相因生义"》，载吕叔湘等《语言文字学术论文集——庆祝王力先生学术活动五十周年》，知识出版社，1989。

李荣：《现代汉语方言大词典》，江苏教育出版社，2002。

李维琦：《佛经词语汇释》，湖南师范大学出版社，2004。

李星辉：《湖南永州岚角山土话研究》，湖南师范大学出版社，2016。

李行健：《河北方言词汇汇编》，商务印书馆，1995。

李宗江：《汉语常用词演变研究》，汉语大词典出版社，1999。

孙雍长：《古汉语的词义渗透》，《中国语文》1985 年第 3 期。

王正明：《遂昌方言词选释》，载浙江省语言学会编《'94 语言论丛》，杭州大学出版社，1994。

吴福祥：《再论处置式的来源》，《语言研究》2003 年第 3 期。

徐仁甫：《广释词》，四川人民出版社，1981。

许宝华、〔日〕宫田一郎主编《汉语方言大词典》，中华书局，1999。

许嘉璐：《论同步引申》，《中国语文》1987 年第 1 期。

杨荣祥：《上古汉语结果自足动词的语义句法特征》，《语文研究》2017 年第 1 期。

张博：《组合同化：词义衍生的一种途径》，《中国语文》1999 年第 2 期。

朱城：《〈古汉语词义渗透〉献疑》，《中国语文》1991 年第 5 期。

朱冠明：《"持"字处置式与"把持"义动词共同的语法化方向》，载《先秦至中古汉语语法演变研究》，中国社会科学出版社，2015a。

朱冠明：《佛经翻译中的词义移植补例》，《语言研究》2015b 年第 4 期。

朱冠明：《相关义群的认知研究》，《解放军外国语学院学报》2001a 年第 5 期。

朱冠明：《中古译经中的"持"字处置式——兼谈"把持"义动词共同的语法化方向及规律》，第二届中古汉语学术研讨会（浙江大学），2001b。

Bohnemeyer, Jürgen, 2007. Morpholexical Transparency and the Argument Structure of Verbs of Cutting and Breaking, *Cognitive Linguistics* 18-2.

Bybee, Joan, Perkins, Revere and Pagliuca, William, 1994. *The Evolution of Grammar: Tense, Aspect and Modality in the Languages of the World*. Chicago and London: The University of Chicago Press.

Chen, Jidong, 2007. 'He Cut-Break the Rope': Encoding and Categorizing Cutting and Breaking Events in Mandarin, *Cognitive Linguistics* 18-2.

Hagège, Claude, 1993. *The Language Builder: An Essay on the Human Signature in Linguistic Morphogenesis.* Amsterdam/Philadelphia: John Benjamins Publishing Company.

Hopper, Paul J. &Traugott, Elizabeth C. , 2003. *Grammaticalization*, 2nd ed. Cambridge: Cambridge University Press.

Hsiao, Huichen S. , 2015. The Role of Force in Mandarin Verbs of Cutting, *Taiwan Journal of Linguistics*, Vol. 13 （2）.

Lakoff, George, Mark Johnson, 1980. *Metaphors We Live By.* Chicago and London: The University of Chicago Press.

Lord, Carol, 1973. Serial Verbs in Transition, *Studies in African Linguistics* 4.

Majid, Asifa, Melissa Bowerman, Miriam Van Staden and James S. Boster, 2007. The Semantic Categories of Cutting and Breaking Events: A Crosslinguistic Perspective, *Cognitive Linguistics* 18-2.

Norman, Jerry（罗杰瑞）:《闽语里的“治”字》,《方言》1979 年第 3 期。

Partington, Alan, 1993. Corpus Evidence of Language Change: The Case of the Intensifier, in Mona Baker, Gill Francis and Elena Tognini-Bonelli eds. *Text and Technology: In Honour of John Sinclair.* Philadelphia/Amsterdam: John Benjamins Publishing Company.

Rakhilina, Ekaterina, Liliya Kholkina:《莫斯科词汇类型学研究介绍》,《语言学论丛》第 59 辑, 商务印书馆, 2019。

Sweetser, Eve, 1990. *From Etymology to Pragmatics: Metaphorical and Cultural Aspects of Semantic Structure.* Cambridge: Cambridge University Press.

Taylor, John R. , 2007. Semantic Categories of Cutting and Breaking: Some Final Thoughts, *Cognitive Linguistics* 18-2.

Semantic Evolution of the Chinese C&B Verbs

ZHU Guanming

Abstract: Lexical typology focuses on the mechanisms and patterns of lexical meaning development, as well as the linguistic universals revealed thereby. The ubiquitous"*xi duan* (cutting and breaking, C&B)"verbs in human languages have been an important issue in lexical typology in recent years. In the history of Chinese, C&B verbs fall into two broad classes: verbs representing actions and verbs representing both actions and results, which are roughly equivalent to the cut class and break class in English. Many C&B verbs in Chinese have evolved into cognitive verbs, among which verbs representing results have also evolved into intensifiers, showing a strong regularity. The mechanism for the development of C&B verbs into cognitive verbs is metaphor, while the mechanism for the development of C&B verbs into intensifiers is reanalysis. The semantic evolution of Chinese C&B verbs demonstrates that words with similar basic meanings tend to undergo the same semantic evolution, while differences in basic meanings can lead to different evolution directions.

Keywords: lexical tyoplogy; C&B verb; cognitive verb; intensifier; metaphor

反身代词"自家"和"一个儿"的词汇化研究[*]

雷冬平¹　陈　霞²

（1. 重庆师范大学文学院

2. 华中师范大学语言与语言教育研究中心）

提　要　反身代词的词汇化为学界所忽略。"自家"是由反身代词"自"加后缀"家"而形成的；反身代词"一个儿"则是由数量短语"一个人儿"先脱落"人"，然后在"人称代词+一个儿"的构式中词汇化而形成的。

关键词　反身代词　自家　一个儿　词汇化

1. 引言

学界关于反身代词的研究主要集中在"自己"一词，且主要关注"自己"一词的句法和语用回指方面，仅有少数学者关注到"自己"一词的历时形成问题，如魏培泉（1991）、董秀芳（2002）、朱冠明（2007）、陈文静（2019）等。宗守云、唐正大（2016）关注到河北涿怀方言中的反身代词"一个儿"和"个人儿"存在主客观分工的情况，其中也论及了"个人儿"

---

*　基金项目：教育部人文社会科学基金西部项目"基于论元结构与动作方式互动的汉语常用单音节动词语义演变研究"（21XJA740003）；重庆师范大学人才引进项目"基于大型语料库的汉语构式演变研究"（19XWB005）。

的词汇化和语法化，但语焉不详。根据已有研究成果来看，"自家"是一个使用范围非常广的反身代词，该词表示"自己"义，在冀鲁官话、中原官话、兰银官话、江淮官话、西南官话等官话区都有使用，此外，在晋语、吴语、赣语、湘语、粤语、闽语以及客话等方言中也皆有使用。可见，基本的方言中都有反身代词"自家"。反身代词"一个儿"在北京、山阴等方言中也有使用。但是，人们不太熟悉的是，这两个反身代词在近代汉语中已经形成了。本文将二词的词汇化过程及其路径呈现出来。

2. 反身代词"自家"的词汇化

董秀芳（2011：3）认为："词汇化是非词性的成分变为词汇性的成分或者词汇性较低的成分变为词汇性较高的成分。"这样，词语在形成过程中，往往经历了一个从结构松散、不甚稳定的非词状态，演化为一个稳定的、单一的词汇单位的动态过程。汉语中的反身代词"自家"和"一个儿"的形成都可以看成词汇化的过程。我们先看"自家"的形成过程。

2.1 "自"的反身代词用法

反身代词"自家"是随着"家"的词缀化而形成的，"自家"是一个附加式双音节词，是汉语双音化趋势下的发展结果。因为"自家"在用作反身代词前，"自"已有反身代词的用法。例如：

> （1）无念尔祖，聿修厥德。永言配命，自求多福。（《诗经·文王》）
> （2）夫人必自侮，然后人侮之；家必自毁，而后人毁之，国必自伐，而后人伐之。（《孟子·离娄上》）

例（1）、例（2）中的"自"都表示"自己"义。可见，"自"表示"自己"的用法由来已久，从先秦一直沿用至现代汉语。《说文解字》（2008：106）中对"自"的解释为："自，鼻也。象鼻形。凡自之属皆从自。"段玉裁《说文解字注》（2013：609）曰："自，鼻也。象鼻形。此亦自字也。省自者，词言之气从鼻出，与口相助。""自"的本义为鼻子，古人常用手指自己的鼻子来表达"我"的意思，由此引申出第一人称代词用法，表示"自己"①。

2.2 "家"的语义泛化

《说文解字·宀部》（2008：27）释"家"为："家，居也。从宀，豭省声。"家的本义为屋内，住所。从先秦开始，"家"可表"学术或艺术流派"义。例如：

> （3）今诸侯异政，<u>百家</u>异说，则必或是或非，或治或乱。（《荀子·解蔽》）
>
> （4）昔仲尼没而微言绝，七十子丧而大义乖。故《春秋》分为五，《诗》分为四，《易》有<u>数家</u>之传。（班固《汉书·艺文志》）

不管是"百家"也好，还是"数家"也罢，其中"家"有"流派"义，所以就有"儒家""墨家""道家"以及"法家"这样的先秦思想流派。这个语义对于"自家"的形成很重要，因为这种语义不但构成了一种"×家"的词汇构式，而且这种词汇构式将表示物的语义与表示人的语义联结起来，因为有流派就意味着有代表人物。其中的代表人物肯定是具备了某种专门的知识或者从事某种专门活动的人，因此就引申出了表示某一类人的"×家"的词汇构式。如例（5）、例（6）中将古代从事音乐歌舞的乐人称为"倡家"：

---

① 当然，本义为"鼻子"的"自"后来用为"自己"义，学术界也有认为其是假借的观点。"自"表示鼻子是象形字，"鼻"是"自"的后起形声字。这种说法也是很有道理的，许多学者也持这种观点，但无论是引申说，还是假借说，不影响"自"作为反身代词，不影响本文结论，因此本文不作深入探讨。

（5）昔为倡家女，今为荡子妇。（《古诗十九首·青青河畔草》）

（6）（武宣卞皇后）本倡家，年二十，太祖于谯纳后为妾。（《三国志·魏书·武宣卞皇后传》）

而专门从事音乐工作的人则被称为"乐家"。例如：

（7）汉兴，乐家有制氏，以雅乐声律世世在大乐官，但能纪其铿锵鼓舞，而不能言其义。（班固《汉书·礼乐志》）

颜师古注引服虔曰："（制氏）鲁人也，善乐事也。"例（7）云"乐家有制氏"则说明制氏属于乐家的一类人，而乐家是善乐事的，乐事则包含音乐歌舞等范畴。

（8）史家但云陈平以秘计免，盖鄙其策下尔，后乐家翻为戏。（唐·段安节《乐府杂录·傀儡子》）

例（8）中，前有"史家"，即表示写史或者从事历史研究的人，后有"乐家"，从"乐家翻为戏"来看，"乐家"除了从事音乐工作，还应该从事演戏这样的工作。因此"乐家"应释为"专门从事音乐与演戏等工作的人"。

另外，古代擅长天文历算的人被称为"术家"。例如：

（9）截管为律，吹以考声，列以物气，道之本也。术家以其声微而体难知，其分数不明，故作准以代之。（南朝宋·范晔《后汉书·律历志上》）

（10）三光之行，不必有常，术家以算求之，各有异同，故诸家历法参差不齐。（《晋书·天文志上》）

而从事染布的人被称为"染家"，如例（11）；从事宫廷仪仗的人则被

称为"仗家",如例(12):

> (11) 昌容者,常山道人也。自称殷王子,食蓬蔂根,往来上下见
> 之者二百余年,而颜色如二十许人。能致紫草,卖与<u>染家</u>,
> 得钱以遗孤寡。(汉·刘向《列仙传·昌容》)
>
> (12) 昔太宗勤劳庶政,其《司门式》曰:"无门籍者,有急奏,
> 令监司与<u>仗家</u>引对,不得关碍。"(《新唐书·颜真卿传》)

因此,"×家"表示某一类人的用法在中古和近代汉语中非常多,现代汉语中还沿用这种词汇构式进行构词,如"作家""画家"等。表示某一类人的"家"已经有一种类词缀的性质,词义已经泛化了。

2.3 "家"的语义虚化

中古时期,"家"的词义逐渐虚化,王云路、郭颖(2005)就指出,"家"作为词缀的用法早在两汉时期就已经出现,到了东汉中后期,"家"作为词缀的用例明显增多,在医书中尤为集中。例如:

> (13) <u>疮家</u>,虽身疼痛,不可发汗,汗出则痉。(《金匮要略·痉湿暍病脉证治第二》)
>
> (14) <u>喘家</u>,作桂枝汤,加厚朴、杏子佳。(《伤寒论·辨太阳病脉证并治上第五》)

"疮家"即"疮"义,"喘家"即"喘"义,表示的都是病症义。需要补充的是,这种性质的"家"用在病症后形成"病症+家"类词汇构式,这类词语除了可以表示病症义,也可以表示患病的人。例如:

> (15) <u>湿家</u>之为病,一身尽疼,发热,身色如熏黄也。(东汉·张仲景《金匮要略·痉湿暍》)

"湿家"即中医称患湿气病的人。其实这种"家"还是前文提到的表示某类人的用法，只是这种人是患了某种病。比起前文提到的类别的范围，这种用法似乎缩小了所指范围，某种类别范围一旦缩小到其中的成员只有单个人的时候，则"×家"形成了指代某个人的用法。例如：

> （16）上于大会中，指王常谓群臣曰："此家率下江诸将，辅翼汉室，心如金石，真忠臣也。"（东汉·刘珍《东观汉记·王常载记》）

例（16）中，皇上指着王常对群臣说"此家"，即"此人"之义。

> （17）帝幸濯龙中，并召诸才人，下邳王已下皆在侧，请呼皇后。帝笑曰："是家志不好乐，虽来无欢。"（《后汉书·皇后纪上·明德马皇后》）

王先谦集解引惠栋曰："是家犹云是人也。""是家"指代的是前句的"皇后"。"家"这种类词缀从表示某一类人演变出表示某一个人的用法，这种用法除前文二例用在指示代词后外，还可以用在人称代词的后面。例如：

> （18）文襄在邺闻之，谓杨愔曰："王左右赖此人，天下蒙利，岂独吾家也。"（《北史·杜弼传》）
> （19）吾家好隐沦，居处绝嚣尘。践草成三径，瞻云作四邻。（唐·寒山《诗》之四）

以上二例中，"吾家"即"吾"之义，"家"已经完全成为一个后缀。此外，第一人称的"我"也可以后附"家"，形成"我家"，义同"我"。例如：

（20）卿旧人，事我家最久，前者之罪，情在可恕。比令卿为尹，
非谓美授，但初起卿，斟酌如此。朕岂可用卿之才而忘卿
身，待至十月，当还卿开府。（《北齐书·魏收列传》）

（21）怜君心相亲，与我家又通。（唐·岑参《送王著作赴淮西幕
府》诗）

例（20）"事我家最久"应该是表达"侍奉我最久"义；例（21）二
句表达的大意是"君心与我相亲，与我又相通"。二例"我家"都应该是表
示"我"义，可以表示一种自称，在相关文献中有这种用法的记载。例如：

（22）宣和间，有辽国右金吾卫上将军韩正归朝，授检校少保节度
使，对中人以上说话，即称小人，中人以下，即称我家。
（宋·钱愐《钱氏私志·小人》）

例（22）中明确指出了韩正被授为检校少保节度使，这样的官职对
"中人以上"的人说话就要自称"小人"，对"中人以下"的人说话时，就
要自称"我家"。例（22）显示，"我家"的称呼似乎还要限于身份，但是
从前二例来看，"我家"表示第一人称的用法并没有这样的限制。不管怎么
样，这不是我们探讨的重点，这种现象至少显示"家"可以附加在第一人
称后面，证明"家"是一个后缀了。

2.4 反身代词"自家"的附缀形成及其发展

"家"这种附加在第一人称后的功能会继续扩大其组合能力，中古汉语
正是汉语大量双音节化的时期，所以"家"又能附加在反身代词"自"后
形成"自家"形式，这种"自家"用法中古初见，用例较少。例如：

（23）冬十一月壬午，诏使者巡行诸州，校阅守宰资财，非自家所

赍，悉簿为赃。(《魏书·太宗纪第三》)

此例是说，朝廷派遣使者去核查地方官员的资产，如果不是自己所带，都登记为赃款。此例"自家"不宜理解为"自己家里"，虽然"非自家所赍"理解成"不是自己家里拥有"也可畅通，但是从更多的上下文看，"赍"理解为"带""带来"更准确一点，因为审核地方官员财产，比对的是最初下到地方任官时带了多少财产。而且从文献的调查来看，"所赍"不管是与钱财搭配，还是与具体事物搭配，都是理解为"所带"。例如：

(24) 谨奉所赍函书一封。(《三国志·吴书·张温传》)

(25) 乃令兵人所赍戎具，道别车载；又令县令自送军所。(《北齐书·杜弼传》)

(26) 述数请约，盛陈器玩，与之酣畅，因而共博，每佯不胜，所赍金宝尽输之。(《隋书·宇文述传》)

(27) 又自铸铅铁钱，凡天下商贾所赍宝货入其境者，只以土产铅铁博易之无余，遂致一方富盛。(《旧五代史·世袭列传》)

以上四例中，例(24)(25)"所赍"之物是具体的"函书""戎具"，例(26)(27)是"金宝""宝货"，属于财物类。这四例中的"所赍"都应该理解成"所带"。所以，例(23)中"所赍"应作同样的理解，既然如此，那么"自家所带"中的"自家"就应该理解成"自己"。

此类反身代词"自家"的用法自中古初见后，唐宋及以后用例渐多。吴福祥(1994)列举了不少用例，且认为敦煌变文中的"自家"既有表示反身代词的用法，又有表示第一人称"我(自己)"的用法。我们认为这两种用法都是从中古汉语中"人称代词'我'+家"的用法扩展而来。两种用法应该具有密切的联系，先受"我家"类推获得"自家"表示"我(自己)"的用法，然后扩展到除主语以外的用法，表示"自己"。此外，我们再看其他文献中的用例。例如：

> （28）自家夫婿无消息，却恨桥头卖卜人。（唐·施肩吾《望夫词》诗）
>
> （29）作客在江西，寂寞自家知。尘土满面上，终日被人欺。（唐·林楚翘《长相思》词）
>
> （30）不如直下休歇去，剥却从前如许多不净心垢，附托依解，回头看汝自家本分事，合作摩生著力。（《祖堂集·荷玉和尚》卷十二）
>
> （31）自家脚跟下，本有此一段光明，只是寻常用得暗。（宋·圆悟克勤《碧岩录》卷九）
>
> （32）你也自家宁耐，我也自家将息。（宋·石孝友《品令》词）

宋代以后一直到现代汉语中都有大量用例，不赘举。特别是在方言中也沿用了"自家"的这种用法，如前文引言所列的各种方言。

需要指出的是，在引言提到的这些方言中，其中中原官话、西南官话、吴语、湘语、赣语、粤语以及客家话等方言中都是用"屋"来表示"家"的概念，而且这些方言用"屋里"（其中粤语用"屋己""屋企"，赣语还可以用"屋下"）来表示"家里"这个概念，从这种"家"或"家里"的概念表达形式中，我们可知，这些方言中基本不会用"自家"来表示"自己家里"的意思。正是因为表示"家里"不用"家"这个词，从而可以反证"自家"的形成不是从表示"自己家里"这样的偏正式短语词汇化而来，而是反身代词"自"附加后缀"家"而形成的。除了方言的证据，这种演变路径也得到了历史文献的佐证，如前文所示。这种词汇化模式主要是依靠词汇构式的类推力量，客观性更强，直接附加形成，不需要经过认知主体的重新分析阶段。

3. 反身代词 "一个儿" 的词汇化

反身代词 "一个儿" 又是如何形成的呢？它的演变路径和 "自家" 完全不同，它是由数量短语 "一个人儿" 脱落了 "人" 之后而词汇化形成的。

3.1 反身代词 "一个儿" 的源结构

词汇化研究的第一步就是要弄清楚词汇项的输入结构是什么，我们一般称之为源结构。源结构至少在句法上与词汇输出项之间具有相同的语法结构，而且在语义上，源结构必须具备能够引申出词汇输出项语义的基础。基于这样的理念，我们来审视历史文献用例。例如：

（33）贺若弼才请军之次，有一个人不恐。是甚人？（《敦煌变文·韩擒虎话本》）

（34）已闻城上三更鼓，不见心中一个人。（唐·元稹《新政县》诗）

"一个人" 这个短语在唐代已见用例，如例（33）（34），只是这时的 "一个人" 不具备词汇化的语境，因为它没有回指的对象。故此类 "一个人" 不是反身代词的源结构。只有到了元代，出现了 "人称代词+一个人" 结构，这种语境中，"一个人" 强调 "独自一人" 的语义，而反身代词 "自己" 就蕴含 "独自一人" 的语义，因此 "人称代词+一个人" 结构是反身代词 "一个儿" 的最早源头。例如：

（35）想相如心如曲珠，说东向西，往那里赶去？便拿将相如来，则是他一个人。（元·高文秀《保成公径赴渑池会》第一折）

（36）贼来怎地他一个人退得？都是胡说！（元·王实甫《崔莺莺待月西厢记》第三折）

（37）哎哟，气杀我也！我这么一个人去不的，着谁去？（元·无

名氏《小尉迟将斗将认父归朝》第二折)

这种"一个人"的用例在明清时期，甚至现代汉语中都非常常见。

3.2 "人称代词+一个（人）"结构的重新分析

当"一个人"用于"人称代词+一个人"结构中，且"一个人"不再强调"独自一人"之义时，这种"一个人"就可以重新分析。例如：

> （38）你一个人，可在楼上房去。（明·宁静子《鼎镌国朝名公神断详刑公案》卷二）
>
> （39）闭上窗前月，何妨酒后茶，半夜三更，要汤要水，我一个人，拿茶上楼，有些冷清清的，不免待我唱一个小曲儿，开开心罢。（清·华广生《白雪遗音》卷四）

例（38）（39）中"一个人"既可理解成短语"一个人"，又可分别理解成"我自己"和"你自己"，这种例子还是处于两可分析的重新分析阶段，而且这样的重新分析如果要发生的话，"一个人"必须是在主语位置上，如果是在谓语或者宾语位置上，"一个人"很难分析成"自己"义。例如：

> （40）婆子道："我每说个傻话儿，你家官人不在，前后怯空落落的，你晚夕一个人儿，不言怕么？"（明·兰陵笑笑生《金瓶梅》第三十七回）
>
> （41）只为你一个人儿，害我十万大军，背井离乡操戈带甲，受这般的危困。（明·罗贯中、冯梦龙《三遂平妖传》第三十九回）

例（40）中"一个人儿"充当谓语，例（41）中"你一个人儿"充当宾语，这样的句法结构中的"一个人儿"更容易凸显"一个"的数量义，而"自己"的语义比较难凸显。

到清代，在"人称代词+一个人儿"表达构式中，"人"可以发生脱落，形成"一个儿"的形式。例如：

(42) 你再去热闹，丢我<u>一个儿</u>找谁说话呢？（清·陈少海《红楼复梦》第七十四回）

(43) 不过为着我<u>一个儿</u>，耽误了大众姊妹，有一点儿问心不过，但是也说不得了。（清·天虚我生《泪珠缘》第八十三回）

例（42）（43）中的"一个儿"表达"一个人儿"之义。例（42）中"一个儿"是相对"你"说的，"丢我一个儿"强调的是没有你的陪伴，凸显的还是"独自"义；例（43）中"一个儿"是相对"大众姊妹"说的，其义还是凸显数量"一个人"，即"不要为了我一个人儿而耽误了大家"。这种宾语位置上的"一个儿"与宾语位置上的"一个人儿"一样，不容易理解成"自己"义。

同样，位于主语位置上的"人称代词+一个儿"就比较容易重新分析成"自己"义。例如：

(44) 飞鸿姐，<u>你一个儿</u>坐坐，还是怎样？待我好锁门。（清·华阳散人《鸳鸯针》第三回）

(45) 小燕见他已经情急，就道："就去也好，只是<u>我一个儿</u>作不来主。"（清·陆士谔《十尾龟》第三十回）

(46) 也罢，便<u>我一个儿</u>去，等我和宝珠说妥了，再来请你们去享现成吧。（清·天虚我生《泪珠缘》第九十二回）

例（44）（45）（46）中，当说话人凸显人数对比时，则句中的"你一个儿""我一个儿"表达的是"你一个人儿""我一个人儿"之义；如果语境是为了凸显"做某件事情只有说话人而没有别人的参与"，则三例中的

"你一个儿""我一个儿"表达的是"你自己"和"我自己"之义。这就是词汇化过程中的重新分析，在晚清时期，这种重新分析的用例特别常见。

3.3　反身代词"一个儿"的形成和发展

在一些特定的语境中，"人称代词+一个儿"不宜理解成数量的凸显，这时的"一个儿"已经完全词汇化，可以认为是一个表示"自己"义的反身代词了。例如：

> （47）你心底里到底怎样？端的谁见来嗄！心头、口头合得上合不上，也只有你一个儿知道。（清·云间天赘生《商界现形记》第一回）
>
> （48）后来小房子也是他去租的，一切开销也是他的，连我的零用费、衣着都是他一个儿供给我。（清·陆士谔《十尾龟》第十一回）
>
> （49）金氏笑道："谁教你一个儿，放着翠儿这么大的丫头，也不教你爷收在房里？"（清·天虚我生《泪珠缘》第六十八回）

例（47）由于句首有"你心底里到底怎样"，问的是"你"的意见，因此全句凸显的是"只有你自己知道合得来合不来"；例（48）前两个分句有"他去租的""也是他的"，那么"连……都"句式也是为了凸显"他"，没有参照其他人，那么"他一个儿供给我"就应该理解成"他自己供给我"，也就是说，他养着我没有依靠别人，而是依靠他自己；例（49）中的"一个儿"由于位于兼语的位置，所以它已经完全不能理解成短语"一个人儿"了，而只能理解成"你自己"之义。可见，最迟在晚清时期，反身代词"一个儿"已经形成了。

在反身代词"一个儿"的形成过程中，语言的经济原则和汉语韵律要求是其中的两大动因。因为在数量短语"一个人儿"逐渐脱落"人"而形成一个新的数量短语"一个儿"的过程中，这两大动因缺一不可。而且在这一过程中，认知组块机制也起到了很大的促进作用。所谓组块（chunking），这一概念最早于 1956 年由美国心理学家 Miller 提出，他认为人脑在解码的过程中，大多数会依赖短时记忆，而短时记忆的时间和容量是十分有限的，如果某一信息没有被复读，那么它将会在大约 10 秒后消退，短时记忆能储存的最大容量为 7+2 或者 7-2 个单元。尽管如此，人们还是能在处理信息时克服短时记忆的有限性，并将之称为"组块"。董秀芳（2002）认为"句法单位变为复合词的过程实际上可以看作一个由心理组块造成的重新分析的过程"。"一个儿"最初也是作为一个数量短语来使用的，随着使用频率的增加以及语境的变化，人们在认知心理上逐渐把数词"一"和量词"个"看成一个组块，这促使两者之间的距离缩短，在语言的使用过程中，两者的语义逐渐融合，相互依赖，最终使数量短语"一个儿"完全演变成一个反身代词"一个儿"。

我们从上面的分析中可以看到，虽然例（47）-例（49）中这样的"一个儿"可以认定是反身代词，但是我们认为这样的反身代词还处在产生阶段，并没有发展成熟，原因是在历史文献中，我们看到的表示"自己"意义的"一个儿"还只是局限在"人称代词+一个儿"这样的特定句式中，它不能自由处于不同的句式中，也不能自由处于不同的句法位置。我们认为，一直到现代汉语方言中，反身代词"一个儿"才真正发展成熟，因为"一个儿"作为反身代词除了在前面提到的河北涿怀方言中使用，据许宝华、宫田一郎（1999：29）和杨增武（1982）的记录看，反身代词"一个儿"在北京、山阴等方言中也有使用。据调查，重庆方言中的反身代词除了用"个人"，也会使用"自家"和"一个儿"。另外，在笔者之一①的母语安徽枞阳方言中，反身代词"自家""一个儿"的使用频率特别高，也特别丰富。例如：

（50）我<u>一个儿</u>拿得动，不要两个人抬的（我自己拿得动，不需要两个人抬的。）

---

① 第二作者陈霞为安徽枞阳人。

此例的用法同我们前文提到的用法，即在"人称代词+一个儿"的结构中使用。此外，枞阳方言中凡是有生命的动物名词后面都可以用"一个儿"。例如：

（51）小明<u>一个儿</u>把衣洗着_{小明自己把衣服洗了。}

（52）小狗<u>一个儿</u>跟后来着_{小狗自己跟在后面来了。}

以上枞阳方言中反身代词"一个儿"都可以用"自家"替换。"自家"的使用范围要广一些，在一些无生命的事物名词后面，反身代词"一个儿"不能使用，但是"自家"可以使用。例如：

（53）＊花<u>一个儿</u>落掉着，没人碰它_{花自己落掉的，没人碰它。}

（54）没人动，树<u>自家</u>倒掉着_{没人动，树自己倒掉的。}

（55）灯<u>自家</u>灭着，没人关它_{灯自己灭了，没人关它。}

以上三例中，例（53）基本没有接受度，"花"后面不可以用"一个儿"，但是用"自家"是没有问题的，就像例（54）、例（55）一样，可以说"树自家倒掉着""灯自家灭着"。这可能与"自家"含有的客观性更强，而"一个儿"含有的主观性更强有关。但是不管怎样，在多地方言中的丰富使用证明"一个儿"作为反身代词在现代汉语方言中已经发展成熟。

4. 结论

我们根据两词的词汇化过程研究发现，"自家"是反身代词"自"后附加词缀"家"而形成的，虽然词缀"家"的形成具有一个演变的过程，但从"×+家"扩展到"人称代词+家"再扩展到"反身代词+家"的过程，起决定性作用的还是语言结构的类推，类推是语言使用承袭和容错的结果，虽然其中也蕴含了语言使用者的一些主观认识，但是更多还是体现语言结构一致性的强大力量。因此，"自家"在使用过程中带有更多的客观性。而反身代词"一个儿"的形成则经历了一个较为复杂的过程：首先，短语"一个人儿"省略了"人"，形成短语"一个儿"，二者在表达数量短语"一个人"的语义上是一致的。其次，"一个儿"经历了一个重新分析的阶段，即在一定的语境中，"一个儿"既可以理解成"一个人儿"义，又可以理解成"自己"义。当"一个儿"凸显动作的发生只有说话人自己参与，而没有他人参与时，"一个儿"在特定的"人称代词+一个儿"结构中完成词汇化过程。也就是说，在词汇化过程中，"一个儿"更多的是依靠说话人的语义表达凸显，需要依靠认知主体的重新分析和组块的认知模式，所以，反身代词"一个儿"的形成比"自家"的形成含有更多的主观性，这就使在具体的语用中，反身代词"一个儿"也比"自家"具有更多的主观性。然而，宗守云、唐正大（2016）认为"在河北涿怀方言中'一个儿'倾向于客观陈述，'个人儿'倾向于主观表达"，造成这种差异的原因是什么，是不是也和其来源有关呢，这个问题值得探讨。索绪尔（1980：128）曾说："在语言里，每项要素都由于它同其他各项要素对立才能有它的价值。"我们将同属反身代词的"自家"和"一个儿"的词汇化路径进行对比研究，这更能突出二者词汇化过程的特点，也让我们对两词体现在具体语用中的主客观性差异有更加深刻的认识。

参考文献

陈文静：《"自己"类反身代词的多维度考察》，湖南师范大学硕士学位论文，2019。

董秀芳：《词汇化：汉语双音词的衍生与发展》，商务印书馆，2011。

董秀芳：《论句法结构的词汇化》，《语言研究》2002年第3期。

董秀芳：《古汉语中的"自"和"己"——现代汉语"自己"的特殊性的来源》，《古汉语研究》2002年第1期。

段玉裁：《说文解字注》，许惟贤整理，中华书局，2013。

索绪尔:《普通语言学教程》,高名凯译,商务印书馆,1980。

王云路、郭颖:《试说古汉语中的词缀"家"》,《古汉语研究》2005年第1期。

魏培泉:《汉魏六朝称代词研究》,台湾大学中国文学研究所博士学位论文,1991。

吴福祥:《敦煌变文的人称代词"自己""自家"》,《古汉语研究》1994年第4期。

许宝华、〔日〕宫田一郎主编《汉语方言大词典》,中华书局,1999。

许慎:《说文解字》,徐铉等校订,上海古籍出版社,2008。

杨增武:《山阴方言的人称代词和指示代词》,《语文研究》1982年第2期。

朱冠明:《从中古佛典看"自己"的形成》,《语文》2007年第5期。

宗守云、唐正大:《河北涿怀方言的两个反身代词"一个儿"和"个人儿"》,《语文研究》2016年第2期。

On the Lexicalization of Reflexive Pronouns "Zijia"(自家) and "Yiger"(一个儿)

LEI Dongping   CHEN Xia

Abstract: The lexicalization of reflexive pronouns has been neglected by scholars. "Zijia"(自家) is formed by the reflexive pronoun "Zi"(自) with the suffix "Jia"(家); while the reflexive pronoun "Yiger"(一个儿) is formed by the quantitative phrase "Yigerenr"(一个人儿) falling off "Ren"(人) first, and then lexicalizing in the construction of "Personal Pronoun+Yiger(一个儿)".

Keywords: reflexive pronoun; Zijia(自家); Yiger(一个儿); lexicalization

从三个版本的比较看《现代汉语词典》中方言词的收录标准问题

关金子　　郭昭军

（南开大学文学院）

提　要　《现代汉语词典》中方言词的收录存在标准不统一、过于主观的问题，这会导致收录的方言词既不满足"常见常用"的要求，也会有同一版本内部或不同版本之间相互矛盾的现象存在。方言词的收录标准应该以"流通度"为基础，流通度越高的方言词越应该被收录。方言词流通度受使用频率和地域分布两个变量的影响，因此，在考察使用频率时，既要在方言系统内部比较，也要考虑到方言的口语性质。此外，对行业术语方言词和古汉语方言词的收录标准应该更加严格。

关键词　《现代汉语词典》　方言词　收词标准

1. 引言

《现代汉语词典》（以下简称《现汉》）的收词标准与操作原则一直是被广泛讨论的话题，其中关于方言词的讨论尤其多。与其他类型的词语相比，方言词有很多独特之处：方言词的基数大，分布范围广而不均衡，制定收录标准的难度大；与古汉语词、借词、新词不同，被收入《现汉》或已经进入普通话（以下简称"吸收"）的方言词（即"方源词"）在普通话和方言中同时存在，而且可能有使用频率的差异（比如某词在普通话中不再被使用，但在方言中依旧常见）；方言本身只有口语而没有相应的文字系统，有音无字的方言词不少。方言词的这些特点决定了制定其收词标准与操作原则的难度较大。但假如能有一套方言词的收词标准与操作原则，无疑可以为其他类型词语的收录提供参考。

以《现汉》为标准来看，方言词进入普通话需要经历两个步骤。第一步是方言词以标〈方〉的形式出现在《现汉》中，这表示这个方言词的使用相对于一般方言来说更加广泛。第二步是标〈方〉的方言词去掉这个标记直接出现在《现汉》中，这表示这个方言词已经在普通话中通行开来，人们已经意识不到它的方言色彩。一般来说方言词很少直接被吸收进普通话，所以要有一个标〈方〉的阶段，作为进入普通话的过渡。当然，有了第一步并不代表一定会有第二步，如果达不到进入普通话的标准，方言词可以一直以标〈方〉的形式存在于《现汉》。

其中，方言词收录的第一个步骤要细分成两步。第一步是确立收录标准，明确什么样的方言词可以从方言系统来到《现汉》中，这一步解决的主要是"什么方言词该被收录"的问题。第二步是明确操作原则，解决满足收录标准的方言词收录时的字音字形处理等问题，这一步解决的主要是"方言词该怎么被收录"的问题。

但是，我们发现，在实际收词中的标准和操作，尤其是收词标准，并没有做到客观与明确，这就会导致方言词进入《现汉》时受主观因素的影响较强，甚至有版本内部或者版本之间相互矛盾的情况存在。基于此，我们对比了第五、六、七三版《现汉》方言词收录的变动情况并进行了量化统计，通过对具体例子的分析，讨论现行收录标准存在的问题，在此基础上加以改进，使其更加合理。

2. 现有标准存在的问题

关于方言词收录应该在什么原则下进行这一问题，一般认为要满足广泛性、补充性、清晰性三个原则。"广泛性"是指被收入《现汉》的方言词，使用应该广泛和普遍，至于具体使用到什么程度才算足够广泛，又有不同的说法。"补充性"是指，被收入《现汉》的方言词与其对应的普通话词语之间，不能只有语体义的差别，应该对普通话现有的词汇系统作出某方面的补充。"清晰性"则是指被收入的方言词意义必须明确，不能过于抽象或模糊①。这三个原则看起来很简单，但实际却不好操作。

广泛性原则的主要问题有二。第一，广泛与否本质上是程度上的区别，到底以何种程度为标准和切分点？第二，"分布区域"标准没有道理，因为方言词使用区域的大小跟它是否进入普通话没有关系，有些进入普通话的方言词很可能原来只在一个小地方使用，比如上海话的"瘪三"。同时这个标准也难以量化比较，这个"区域"是指方言区的数量、地理范围的大小还是使用人口的多寡？这三个参数得出的结果并非一致，就会导致相互矛盾。

补充性原则的主要问题是过于理想化，并不符合事实。按照这个标准，普通话如果已有表示某个意思的词语，那么同义或近义的方言词就不会被吸收进来，实际情况与此恰恰相反，普通话中存在大量来自方言的同义词和近义词这一现象就足以证明，例如"什么"与"啥""嘛"。

清晰性原则的主要问题是，词义的清晰与否难以客观判断，而任何词语（包括方言词）一旦产生并推广开来，它的意义在使用者看来就是清楚的。同时，任何语言中都会存在意义很概括、笼统甚至模糊的词语，这些词的意义很难说清晰与否，例如"做""打""搞"。

总之，这三个标准除了"使用频率"都是在没有考察基本事实的前提下仅凭主观感觉得出的，缺乏足够的客观性、科学性和可操作性。

---

① 这里所说的"模糊"和词义具有的模糊性不同。有些方言词，即使是母语者也很难清楚、准确地表述出它的意思，只能放在具体语境中解释，这样的词不会被大规模使用，也不该被收录。

3. 合理的标准是什么

关于方言词的收录标准，我们引入"流通度"的概念。"流通度"是张普（1999b）提出的，它是指"一种语言现象的流行通用的程度"，旨在考察语言在社会交际中的真实流通情况，从而对"语感"进行界定和量化。其实方言词能否进入《现汉》，要看的是这个词"够不够常见"，常见与否可以通过语感体现出来，因此"流通度"可以为方言词语能否进入普通话提供一个量化标准思路上的参考与指导。这种标准和以往量化词语使用情况的使用度、通用度相比，更强调真实文本和动态抽样的重要性，更能反映当下社会的语感；和以往确定方言词进入《现汉》的广泛性、补充性、清晰性原则相比，这种标准更容易进行量化，也能尽量减轻主观因素对收词的影响，更适合作为词典收词的依据。但不同语言现象在不同场合下的"流通度"并没有具体的公式来计算，张普文中介绍的主要是书面交际的文本的流通度量化方式，考虑到方言词的口语性质，这个量化标准对我们并不适用。因此，我们主要是借用流通度对"真实文本"进行"动态抽样"，从而完成"量化语感"的思路，提出方言词收录时的"流通度"应该包含哪些变量，使根据"流通度"标准确立的收词原则更加统一和合理，至于具体的计量方法，本文并不涉及。

就方言词来看，流通度的首要比较参数是词的使用频率。或者说，无论什么来源的词，能否进入《现汉》最重要的评判标准都是使用频率。使用频率直观、真实，便于统计，可以最大限度地反映出一个词在社会中的流通状况，虽然它可能受到篇章分布等其他因素的影响，但总的来说，这是最客观的量化标准。当然，计算使用频率时，也要考虑到篇章的影响，比如有些作家偏好使用方言母语进行写作，但方言词本身在整个社会里并不常见常用，这就需要综合考虑。通过对使用频率的统计，我们可以看出同一个系统内各个词的使用情况分布，但是对于这样一组没有规律和关系的数据，具体多少算高、多少算低却不好断定，也没有划分标准。因此，我们只能对使用频率进行相对比较，而不能通过人为划线来判定使用频率的高或低，否则就又成了主观的判断。

有的研究主张在考虑词语使用频率的同时考虑其分布均匀程度，如张化瑞（2010）提出的"均根匀度"。对此，我们认为，虽然篇章分布会对方言词的使用情况造成影响，但那是极个别的情况，单独分析即可。整体判断方言词是否应该被收录时，不必考虑其在不同语体语域中的分布情况如何，只要足够"常见""常用"，就应该被收入，类似于普通话中其他来源的词语也并不是在所有语体中都均匀分布的。而且，词语从一个语体渗透到其他语体是一个渐进的过程，比如东北话中表哄骗义的"忽悠"一词，最早是通过赵本山的小品呈现在大众面前，后来在一些非正式的新闻报道中也会出现，但其最常出现的语体依然是小品。所以，即使某个方言词只在一个具体领域中出现，只要它的使用足够广泛和普遍，就应该被吸收。但是需要注意的是，方言词的收录应该首先满足《现汉》整体的收词要求，《现汉》是语文词典，不是百科/专科词典，考虑到《现汉》的体量，有些专业性过强的普通话词语本不应该被收入，那么与其对应的方言词就更没有进入《现汉》的道理。

方言词流通度的另一个辅助评判标准是地域分布，即传播广度。这里所说的"地域分布"实际上并非方言词在地理上的分布，而是不同方言区的人在说普通话时对该词的熟悉程度，本质上还是普通话本身的问题，跟方言分布区域无关。因为方言区者在说其母方言时是不可能用那些来自其他方言区的方言词的（这说明这些外地方言词并未进入该方言区），只有在说普通话时才会用。这一点要强调的不仅是"认识"，还有实际的应用。使用某个方言词的非母语者越多，使用频率越高，这个方言词就越应该进入《现汉》。因为，方言词尤其是在方言区内部的使用频率，本身可能受到这个方言分布区域和使用人数、地区的政治经济情况等因素的影响，当一个方言词只在母语人群中流通使用时，我们就无从判断其"流通度"是大还是小，更不必考虑是否应该将其收入《现汉》。因此，只有这个方言词从自己所在的方言中传播到其本身的分布区域之外，才有收入《现汉》的意义和价值。

这两个量化标准有明显的优先度顺序（使用频率先于地域分布），因为二者没有显著的相关关系，也不好形成公式进行精确计算。对此，我们认为，在根据方言词流通度来看其是否应该被收录进《现汉》时，可以采用分层逐步比较的方法，即对于一批预备收录的方言词，先通过语料库中的"语体文"结合真实口语交际中的使用情况来判断其使用频率，相对使用频率有异常的，再通过问卷调查等方式来根据地域分布作进一步判断，两步比较后择出流通度较低的方言词，就是暂时不该被收录进《现汉》的。

下面讨论此过程中第一步的比较，在此基础上分析《现汉》存在的问题，以及词典收录方言词时应注意的其他问题。第二步的问卷调查将另文进行论述。

4. 频率统计方法及结果

4.1 统计对象

我们的统计对象是新收入《现汉》并且有〈方〉标志的方言词（以下简称"新增方"）、取消〈方〉标志进入普通话的方言词（以下简称"方变普"）和由普通话重新加上〈方〉标志的方言词（以下简称"普变方"）这三类方言词的使用情况，以新增方为基准，观测它们的变动是否合理。考虑到实际操作的可行性，我们的统计只涉及无同音同形词的方言词，有同音同形词的方言词（如"打眼²"）、方言字（如"圩"）和方言义项（如"唱衰②"）暂时不作讨论。另外，本文中提到的"方言词"包含方源词和狭义方言词，也就是说主要强调其来源于方言。

第六版到第七版《现汉》中方言词的变动相对较少，因此我们同时对比了第五版到第六版和第六版到第七版《现汉》中的方言词收录情况。第六版与第五版相比，共有新增方 70 个，方变普 11 个和普变方 8 个；第七版与第六版相比，共有新增方 4 个，方变普 3 个和普变方 1 个。我们将对这 97

个方言词的收录变动情况及其合理性进行判断与分析，试图解决"方言词进入《现代汉语词典》时应该满足什么样的收录标准"这一问题。

4.2　统计方法

语言是个动态的系统，方言词的收录也需要在流通的动态语言中进行。在选择语料时，我们使用的是动态平衡语料库，它们内部的语料会随时进行更新，得出的结论相对比较准确。

我们选择 BCC 语料库的"多领域"部分和 CCL 语料库的"现代汉语"部分，对 97 个方言词的使用频次分别进行穷尽式的统计。因为 BCC 和 CCL 都是平衡语料库，所以可以由两组数据直接相加得到方言词的使用频次；因为各方言词是在同样字数的语料内进行统计，所以可以直接由频次比较使用频率，然后进行排序。按照《现汉》一般收词的"广泛性"原则中的高频标准来看，理论上，这三类方言词的使用频次应该满足：方变普>新增方>普变方。

因为方言大都是以口语形式存在，很多方言词的本字难以确定，所以用汉字记录方言词时就会存在选字不同的异体情况。针对这种情况，我们先把读音完全相同而字形不同的词算作同一个词，尽可能多而详尽地搜集同一个词的不同字形（不限于《现汉》中收录的那些），再将各字形的使用频次分别加和以得到这个词的使用频次。

4.3　统计结果

最后的统计结果见附录（右边数字为频次）。在用这个统计结果分析《现汉》存在的问题时，我们主要使用比较方法，包括横向和纵向两个角度。横向就是比较同一个版本内部上述三类变动方言词本身的使用频率。纵向就是比较同一个词在不同版本之间的呈现情况。

5. 从统计结果分析《现汉》存在的问题

当没有合理一致的收录标准时，最直接的后果就是，《现汉》对一些方言词采取了不合理的收录方式。我们先以最简单的语料库中出现的次数来大体了解第五、六、七三版《现汉》收录方式有变动的方言词的使用情况。

对新增方合理与否的判断最简单，只要使用够频繁，就有被吸收的合理性和必要性。理论上，在同一时间段内，新增方的使用频次应该低于方变普而高于普变方。但是可以看到，《现汉》版本间方言词变动情况并不完全符合这个规则，比如，同样是第五、六版之间的对比，普变方的"皮蛋"，使用频次要高于72.7%的方变普，这就是一个不合理的变动。

另外，因为我们选定的语料时间范围并不局限于某两个版本之间的时间段，考虑到词语的使用情况会随社会发展而产生变化，对于使用频次不高于新增方的方变普和不低于新增方的普变方，我们进一步使用了BCC语料库的历时检索功能来计算其在版本改动时间内的使用频次，从而考察方言词变动的合理性。

我们首先来看第五、六版《现汉》中方言词变动情况。在同样的语料范围内，新增方的使用频次最高是5586，最低则是0，这一类方言词也是使用频次跨度最大的。但是，按照我们的先看使用频次再看地域分布的收录标准，这组词的处理显然有问题。

方变普中，"爆料""大年夜""开房间""录影""婆母""企稳""网路"的使用频次相对不算低，但都低于最高的新增方，考虑到《现汉》第五版出版于2005年，第六版出版于2012年，我们统计这些词在2005-2012年的使用频次，见表1。

表1　第五、六版《现汉》七个方变普在2005-2012年的总使用频次

方言词	爆料	大年夜	开房间	录影	婆母	企稳	网路
频次	25	9	0	2	11	797	5

结合词语整体的使用情况，我们发现，"企稳"一词的使用频次在2005-2012年有了一个较大幅度的提升，更是经常在一些正式场合中应用。因此，《现汉》将其吸收进普通话，而且是普通话的书面语系统，是比较合理的。但是有的词，整体使用频次较少，频次峰值也不在版本变动的2005-

2012 年之间，这些词进行方变普的操作，是不太合适的。究其原因，还是没有一个统一的收录标准。

　　再来看第六、七版《现汉》的方言词变动情况，这两版的方言词变动不多，相比之下也更有规律和依据。只有新增方的"跑路"使用频次高于方变普的"发烧友"和"飙车"这一点非常规之处，但第七版《现汉》于2016 年 9 月出版，根据 BCC 语料库的调查，"跑路"在 2015 年使用频次飙升，因此将其作为新增方收入《现汉》也是合理的。

　　普变方的词本身并不多，像"皮蛋""起眼儿"，使用频次明显高于大量的方变普，这样的变动很没有道理，何况我们认为，方言词既然已经被吸收进普通话系统，就不应该因为其在普通话中的使用频次减少而转标〈方〉，如果实在不常用，可以考虑直接从《现汉》中删去这个词。

6. 方言词收录应注意的其他问题

6.1　方言词的流通度要在方言系统内部进行比较

　　现有的研究在判断方言词该不该被收入《现汉》或者进入普通话时，往往将其与普通话中的词语进行比较。对此，我们认为，方言词的流通度应该在方言系统内进行相对的比较，收词与否也都应该在方言内部判断。

　　在普通话里，普通名词的使用频率一定会高于专有名词和行业术语。同样地，方言系统内部各方言词的使用频率也有高有低。如果将方言词和普通话系统内部的词语的使用频次进行比较，难免会有无法制定标准的问题。相比之下，方言系统是统一的，不同地域的方言词进入或离开普通话系统的标准应该一致，但未必要和普通话中其他来源的词语保持一致。

　　基于此，在判断方言词是否应该进入《现汉》时，最好不做方言词和普通话词语的横向对比考察，而是对版本间以不同形式出现在《现汉》中的方言词进行使用频次的统计与排序，以测评要进入的方言词的流通度是否能在系统内部达到自洽。像前面提到过的，如果有方变普的词使用频次低于普变方的词，那么，无论频次具体是多少，我们都认为这种变动是不合适的。

6.2　要考虑到方言的口语性质

方言本身只有口语形式，方言词进入书面语时是渐进的、不均衡的。一般来说，已经进入书面语的方言词流通度高于只存在于口语的方言词。也有例外：有些方言词因为其口语性过强，虽然已经在较大的范围内流传开，却一直少见于书面语料，比如"嘚瑟"；还有些方言词，本身的流通度不广，但因为其极具地域特色，在乡土写作中为作家所青睐，反而在语料库中有迹可循，比如"屋里的"。因此，在考察方言的流通度时，不能只根据语料库中方言词的出现频次来判定。考虑到方言的口语性质，在比较方言词流通度的过程中，我们分两步进行调查。第一步是统计方言词在语料库中的出现频次然后进行排序比较，第二步是针对第一步中的"异常项"（比如使用频次较低的方变普）设计问卷测试语感。

6.3　行业术语方言词和古汉语方言词该不该被吸收

受方言系统词汇习惯的影响，一些行业术语和专业名词也出现了对应的方言词，但是考虑到行业术语应该尽量保持统一，这类方言词的收录条件应该比一般的方言词更加苛刻，起码其流通度要高于与之对应的普通话词语，才可以进入《现汉》。

比如前面分析过的"企稳"，近年来使用频率明显上升，而且有在新闻报道等正式语体中取代其对应的普通话词语的趋势，这样一个词进入普通话系统是合理的。

再比如方言词"数位港"，它的意思是"信息港"，我们在 CNKI 中以这两个词为关键词进行搜索，后者共有 2288 条结果，而前者显示"暂无数据"（检索时间：2021.4.22）。可见"数位港"这个方言词，在正式语体中还没有被大规模使用，因此不该被吸收进《现汉》。

至于古汉语方言词，一样要比与它对应的普通话词语流通度高才有收录的价值，而且如果这个词只在文艺创作等领域中出现，在当今社会生活中已经不再使用，那么考虑到《现汉》这部词典的性质，这个词也不该被收录。

比如"大婆""小婆""武把子"等方言词，来源于古代汉语，前两个词的所指在今天已经消失了，这个词可以收录到专门的方言词词典中；"武把子"虽然偶尔使用，但频率极低，按照前面提到的流通度原则，一样不该被收入《现汉》，更不应该使其进入普通话系统。

7. 结语

由此，我们认为《现汉》在收录方言词时应该做到以下几点。

（1）方言词的收录问题属于词语收录问题，所以首先应该符合《现汉》语文词典的性质，满足《现汉》整体的编写目的，也就是"确定现代汉语的词汇规范"。

（2）方言词的收录标准应该以"流通度"作为唯一准则，影响方言词流通度的两个变量是使用频率和地域分布，且前者对流通度的影响程度要高于后者。

（3）调查方言词的流通度时，一般应该在方言系统内部进行比较，而不能与普通话中的同义词作对比。

（4）只要满足收词原则，方言词的语体语域分布均衡与否对收录没有影响。

（5）方言是口语系统，很多方言词只在纯口语中使用，在"语体文"中很少出现，因此需要使用问卷调查等方式辅助判断其流通度。

（6）行业术语和古汉语方言词，应该首先看其在当今社会交际中的使用情况，再综合进行判断，而且行业术语收词要尽量做到统一。

附录：

1. 新增〈方〉：

（1）第五版→第六版：

大佬 5586、力道 5344、娘亲 3930、拉风 3230、搞掂 2733、无厘头 1421、大排档 1294、手信 1169、生抽 1094、电玩 1000、速食 810、老抽 701、质素 656、死磕 650、五花儿 650、河粉 585、登对 558、狗仔队 534、躲猫猫 515、三脚猫 434、马仔 429、拧巴 417、碰瓷（儿）246、猫腰 240、咸鱼翻身/咸鱼翻生 238、痛脚 217、即食面 190、盒子炮 178、碗盏 168、不开眼 152、麻麻亮 134、里首 116、丈母 115、呛声 109、急扯白脸/急赤白脸 104、眼气 94、打怵/打憷 92、侃爷/砍爷 84、拆烂污 51、晌午饭 44、份儿钱 40、屋里的 39、麻麻黑 36、眼毒 36、软脚蟹 33、齉大/懵大 32、奔儿头/锛儿头 31、引火柴 26、撮火 20、开气儿 20、槽子糕 17、晚半晌儿/晚不晌儿 17、冲盹儿/脱盹儿 15、敢不是 15、风疙瘩 14、桁条 14、念想儿/念心儿 14、走时运 14、吃挂络/吃挂落/吃瓜落（儿）10、小婆儿 7、大婆儿 5、冷子 4、晌午觉 3、圆泛 3、旺子 2、早半晌儿 2、吃挂误 0、嘚瑟 0、数位港 0、歇窝 0

（2）第六版→第七版：

跑路 1564、底儿朝天 720、分分钟 618、志工 166

2. 〈方〉变〈普〉

（1）第五版→第六版：

搞笑 31902、搞定 13161、爆料 3742、录影 2321、企稳 2079、网路 1490、大年夜 902、开房间 304、婆母 282、冷碟（儿）21、武把子 3

（2）第六版→第七版：

糊弄 1824、发烧友 1432、飙车 1019

3. 〈普〉变〈方〉

（1）第五版→第六版：

皮蛋 3445、起眼儿 1872、瘪三 764、阿飞 113、山子石 52、旱伞 24、老头儿鱼 4、引醛 0

（2）第六版→第七版：

崴泥 12

参考文献

边小玲：《〈现代汉语词典〉与〈现代汉语规范词典〉方言词比较研究》，山东师范大学硕士学位论文，2006。

曹钦明：《字母词的社会流通度考察》，《广西社会科学》2005 年第 4 期。

褚倩倩：《〈现代汉语词典〉第 1 版与第 7 版标〈方〉词语对比研究》，河北大学硕士学位论文，2019。

刘晓梅、李如龙：《官话方言特征词研究——以〈现代汉语词典〉所收方言词为例》，《语文研究》2003 年第 1 期。

刘晓梅：《〈现代汉语词典〉所收方言词的考察》，《语言文字应用》2003 年第 2 期。

苏新春：《计量方法在词汇研究中的作用及频级统计法》，《长江学术》2007 年第 2 期。

唐余俊：《〈现代汉语词典〉收词原则与收词范围研究》，南京师范大学硕士学位论文，2007。

王艺霖：《〈现代汉语词典〉（第 6 版）方言词研究》，北京外国语大学硕士学位论文，2014。

荀恩东、饶高琦、肖晓悦、臧娇娇：《大数据背景下 BCC 语料库的研制》，《语料库语言学》2016 年第 1 期。

杨建国：《流行语的语言学研究及科学认定》，《语言教学与研究》2004 年第 6 期。

詹卫东、郭锐、常宝宝、谌贻荣、陈龙：《北京大学 CCL 语料库的研制》，《语料库语言学》2019 年第 1 期。

张化瑞：《以均根匀度为中心的语言信息计量研究》，北京大学博士学位论文，2010。

张普：《关于大规模真实文本语料库的几点理论思考》，《语言文字应用》1999a 年第 1 期。

张普：《关于语感与流通度的思考》，《语言教学与研究》1999b 年第 2 期。

张普：《信息处理用语言知识动态更新的总体思考》，《语言文字应用》2000 年第 2 期。

赵红梅：《汉语方言词汇语义比较研究》，山东大学博士学位论文，2006。

郑泽之、王强军、张普：《流通度——字词使用情况测定的新方法》，载哈尔滨工业大学计算机科学与技术学院、清华大学智能技术与系统国家重点实验室、中国中文信息学会编《语言计算与基于内容的文本处理——全国第七届计算语言学联合学术会议论文集》，清华大学出版社，2003。

中国社会科学院语言研究所词典编辑室编《现代汉语词典（第 5 版）》，商务印书馆，2005。

中国社会科学院语言研究所词典编辑室编《现代汉语词典（第 6 版）》，商务印书馆，2012。

中国社会科学院语言研究所词典编辑室编《现代汉语词典（第 7 版）》，商务印书馆，2016。

The Inclusion Standard of Dialect Words in the *Modern Chinese Dictionary* from the Comparison of the Three Editions

GUAN Jinzi   GUO Zhaojun

Abstract: *The Modern Chinese Dictionary* has the problem of inconsistent standards and too subjective criteria for the inclusion of dialect words, which will lead to the fact that the included dialect words do not meet the requirements of "common and commonly used", and there will be self-contradictions within the same version and between different versions. The inclusion criteria of dialect words should be based on "circulation", and the higher the circulation, the more dialect words should be included. At the same time, liquidity is also affected by two variables: frequency of use and geographical distribution. When examining the frequency of use, it is important to take into account both the comparison within the dialect system and the colloquial nature of the dialect. In addition, the inclusion of industry terminology dialect words and ancient Chinese dialect words should be more stringent.

Keywords: *Modern Chinese Dictionary*; dialect words; word collection standards

汉语拟声词归属名词说[*]

完 权

（中国社会科学院大学文学院/中国社会科学院语言研究所
语料库暨计算语言学研究中心）

提　要　本文以马庆株（1987）对汉语拟声词的研究为基础，探究汉语拟声词的词类归属问题。文章认为，拟声词属于语言符号，具有实词的语法和意义特征。本文考察了单纯拟声词的用法，基本上符合名词的归类标准，结合拟声词摹拟声响的意义特征，可以归属为名词的一个次类。合成拟声词的功能扩展，也符合摹状词的一般使用规律。

关键词　拟声词　摹状词　语言符号　实词　名词

1. 导言

马庆株先生 1987 年的《拟声词研究》一文是对汉语拟声词进行全面研究的重要著作。本文基于马庆株（1987）对拟声词的语音构成和句法功能的描写，特别是对单纯拟声词和合成拟声词的划分，探究拟声词的词类归属问题，试图论证拟声词是名词的一个次类，并以此纪念马庆株先生。

---

　*　本文受到中国社会科学院语言学重点实验室（项目编号：2024SYZH001）经费资助。

134

2. 拟声词是词

拟声词是不是词？这本来不是问题。不过，文炼（1991）提出："通常把象声词与一般词同等看待，有些人却不以为然。从信号系统的角度来考察，象声词的声音是第一信号系统的刺激，一般词则属于第二信号系统。因此，象声词所引起的反应与一般词所引起的反应是有区别的。"这就引发了拟声词是不是语言符号的讨论。耿二岭（1994）、孟华（1997）、彭泽润（1999）是正方，认为拟声词是语言符号，是词。文炼（1995）、刘大为（1996）、李镜儿（2007）是反方，认为拟声词不是语言符号，不是词。

本文持正方观点，并基于马庆株（1987）补充以下三条论据。

第一，汉语拟声词已经受到汉语语音系统的规约，具有汉语语音系统的特征。马庆株详细地描写了单纯拟声词和重叠式拟声词的语音构成，包括变韵重叠的条件与变化。这一切都是成系统的。相比较而言，拟声词去摹拟的各种自然非自然的声响，显然并没有一个统一的系统。况且，人类口腔的发声机制有限，肯定不可能惟妙惟肖地摹拟出所有的声响。要摹拟这些声响，必须经过人声的改造。不成系统的各种音响，改造后进入特定语言的语音系统，这就是语言符号的规约。即便没有字形的汉语拟声词，比如摹拟打板子的"pia"，其实也是符合汉语语音规则，而远离自然声响的。

第二，如果认为拟声词的声音"是第一信号系统的刺激"，那么各种语言对同一种自然印象的摹拟应该具有同一性，至少具有高度相似性。但是，显然事实并非如此。马庆株在引言中论述了拟声词的古今差异、中外差异，并在文末择要比较描写了汉语与藏语拟声词的构造异同。可以看到，汉语与藏语有一些相似的规则，这说明被摹拟的音响进入语言系统后都经过了改造，而改造是有规则的。但是，具体的音响摹拟有的却相差较远，比如铃声在藏语中是［tɕoŋ tɕoŋ］，这迥异于汉语通常的"丁零零"。再参考一些其他语言中的铃声：英语是 ring ring，德语是 klingeln，日语是 chi rin chi rin，法语是 dring dring（注意 r 是小舌音）。共同点是有的，都有鼻音，这是摹拟像似的需要；差别也是巨大的，反映了不同语言的语音系统和认知识解系统具有不同的规约。

第三，"拟声词与拟声对象的关系不同于口技同拟声对象的关系"（马庆株，1987）。拟声词不是所摹拟的声音本身，而且往往差距巨大。拟声词是能指，所摹拟的声音本身是所指。摹拟到极其像似的程度，就不是语言，而是口技了。口技，可以认为属于第一信号系统。口技拟声而不是词，那就不是语言符号。如果一个人不是说"一只大公鸡冲着我喔喔喔地叫"，而是说"一只大公鸡冲着我［用口技摹拟公鸡叫声］地叫"，那么这段口技就适用于文炼（1991）的判断。根据 Sinha（2004），语言的演化经过三个阶段：从信号（signals），到符号（symbols），再到系统（system）。拟声词当然也经过这样的演化，并且共时层面有所表现。口技模仿鸡叫，就是一种信号，可以插入语言系统中使用，但却只是非语言符号。成熟的拟声词，就进入了语言系统，成为系统的语言符号。介于两者之间，也有一些不能纳入汉语语音系统的拟声词，比如孟琮（1983）记录了一些没有完整声韵结构的拟声词（如"b…，连续吸气双唇塞音，叫小鸡，叫鸟"）和不符合汉语音节惯例的拟声词（如"ou^{55}sh，欧师，轰鸡鸭"）。我们可以认为它们也是语言符号，因为它们已经在汉语社团中形成了规约化，只是就语音

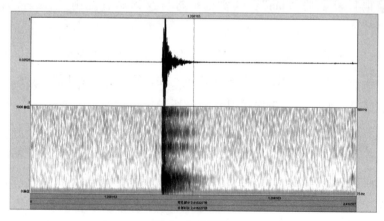

图 1　b 的语图

形式而言还不成系统。这些拟声词都只有口语形式而缺乏定型的汉字记录，不过这并不影响它们依然是语言符号，是词，尽管并无对应的文字。

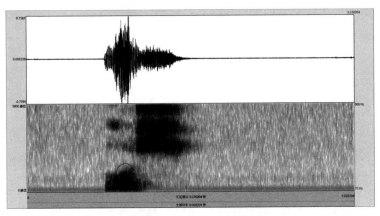

图 2　ou^{55}sh 的语图

3. 拟声词是实词

拟声词是不是实词？这个问题讨论得更为激烈，迄今没有定论。在通行的《现代汉语》教材中，逻辑上的三种可能，都有人支持：是实词（如张静本），是虚词（如胡裕树本），非虚非实（如北大本）。

汇聚实词派的主要观点，有代表性的论据包括：可以单独成句，或者充当独立成分（王明仁，1992）；既有实在意义，也有与其他实词相同的语法功能（方松熹，1994）；既可作定语，又可作状语（郭锐，2018）。这一类观点中也有承认叹词的特殊性而将其列为特殊的实词（黄伯荣、廖序东主编，2017：8）或者半实词的（洪心衡，1980：31）。

汇聚虚词派主要观点，有代表性的论据包括：不能单独成句、回答问话（人民教育出版社中学语文室，1984）；从框架、分布、形式看，象声词和叹词同属于虚词中的拟音词（邢福义，2004）；不能作句法成分，能独立成句，属于外围虚词（袁毓林等，2009）。

汇聚非虚非实派主要观点，有代表性的论据包括：能作句子成分，是实词，没有词汇意义，是地道的虚词，所以介乎虚实之间（任学良，1981：246）；拟声词不是表示概念的实词，也不是表示概念之间关系的虚词，只是对于客观声响的近似记录，把它放在实词和虚词之外是合理的（马庆株，1987）；拟声词是个以词的语义特征来分类的词汇集合，而不是语法功能上的分类（李镜儿，2007：38）。看起来确实公说公有理、婆说婆有理，甚至在基本事实认定上都针尖对麦芒。

首先来讨论一下，拟声词是不是和虚词中的叹词属于同类。以往论证拟声词不是叹词的代表性论据主要包括：叹词表达感情，而拟声词不（马天祥，1980）；叹词独立性强，而拟声词不（王明仁，1992）；拟声词前后总是有解释说明的话，而叹词没有（王明仁，1992）；拟声词可以充当句子成分，而叹词不（邵敬敏，1981）；拟声词具有派生能力，可以和其他语素组合成新词，而叹词没有（曹忠军，2005）。本文再增加一条本质性的论据：从互动语言学视角来看，叹词的主要功能是作为社会互动中赖以利用的语言资源而在交际的会话对答结构和社会行为结构中发挥作用（完权、李心言，2023），这决定了叹词是广义上的语法词，是虚词，然而，拟声词没有这样的功能。所以，拟声词和叹词不属于同类，并且也不属于虚词。

现在可以从正面提出本文的观点。根据吕叔湘（1979：35），"光在'虚、实'二字上琢磨，不会有明确的结论；虚、实二类的分别，实用意义也不很大。倒是可列举的词类（又叫封闭的类）和不能列举的词类（又叫开放的类）的分别，它的用处还大些"。所以，如果以封闭类定义虚词、开放类定义实词的话，那么拟声词属于开放的类，是实词。仿照吕先生所说的"新的名词几乎每天都在产生"，其实"新的声响几乎每天都在产生"，只要我们用汉语式语音去进行摹拟，那就是新的拟声词。比如，由成龙带起的"duang"冲上了当年微博热搜榜第一，支付宝集五福的"咻"甚至上了春晚，发射爱心表情包中的"biu"也风靡微信交际。还有一些更新奇的新兴拟声词，略举几例（转引自周金雷，2017）：

（1）戳中萌点哝哝哝～～

（2）肚子刚才发出了小号的声音！呸，呸呸，呸呸，呸呸。

（3）今天北京这刮得是几级风啊~~呒呒的~~［呒（m′）］

（4）想去哪就去哪，呼呼风声伴着汗水，听着车轮子摩擦柏油路的叱叱声，好优美的交响乐。［叱（chì）］

可想而知，只要有新的声响需要摹拟，就会有新的拟声词产生，而新的声响是无穷无尽的，只待语言表达的需要随时候选。所以，拟声词是开放的词类，是实词。确定了拟声词属于实词，再来衡量以往的一些观点，可以择其要者而取之。

拟声词有没有实在意义？或者说，能不能表示概念？本文的回答是有实在意义，能表示概念。拟声词表示的就是它所摹拟的声响，这个声响属于客观世界。哪怕是主观构拟的声音，比如"脑子里嗡的一声就倒下了"中的"嗡"，也是一种客观存在的想象。拟声词实有所指，因而是实词。拟声词所表达的概念不属于语法关系，因而不是虚词。不过，"在语法分析上，意义不能作为主要的依据"（吕叔湘，1979：12），所以还得看拟声词的句法功能。

拟声词能不能单独成句？本文的回答是能。这在马庆株（1987）中就有现成的例子，转引如下：

（5）关中门！唑——

（6）噔！噔！噔……脚步声沉重，从影壁后头奔出一个人来。

（7）"轰轰！"又是两下巨响。

（8）深一脚浅一脚地往前走，两脚一滑，我几抓没抓住，就听见唰！咚！

（9）啪！啪！啪！照脸上就是三巴掌。

拟声词能不能作句法成分？本文的回答也是能。马庆株（1987）对拟声词的句法功能做了颇为周详的分析，包括主语、谓语、宾语、定语、状语还有补语。如此看来，拟声词的功能不可谓不全面。当然，具体的情况本文下面还要详加考辨。不过，能够充当这么多种句法成分的词，只能是实词。而且，根据这些对拟声词句法功能的描写，本文就可以来探讨一下，拟声词到底是哪一类实词，或者是否有必要单独立类。

4. 拟声词是名词

既有文献讨论过如下观点：拟声词不是形容词，也不是副词（王明仁，1992；李镜儿，2007；赵爱武，2015）。本文同意前人观点，不拟在这方面多加赘述。更加明显的是，拟声词也肯定不会是数词、量词或者代词。那么就还有两个可能，拟声词属于名词，或者拟声词应该作为一种实词单独立类。词类是语法类，也是用法类，反映了词汇的实际使用功能，而不是先验的固定不变的标签。我们先来看两种应该在探讨实词词性时排除的用法。

4.1 排除元语言用法

拟声词是不是名词？在笔者所涉文献中，尚未发现有人提出相关讨论。最为近似的观点是，张金圈（2022）根据跨语言材料提出拟声词和名称词经常使用相同的标记形式，所以存在一定的关联性。该文对名称词的界定是，"可以放入'这个客体的名字是……'格式的槽位，用来表示某一客体名称的词语"，比如雷锋、喜马拉雅山等。不过，"并非只有专有名词可以用作名称词，所有的名词甚至其他词类的词都可以用作名称词"。名称词是"一种元语言成分"，其"指称对象不是外界的事物、动作、行为、性质、状态等，而是某一语言表达式本身"，因此"名称词和引语在本质上具有一致性"。

从该文所举的例子来看，张金圈（2022）的贡献是指出了汉语拟声词具有元语言用法，其中的拟声词只是对该语言单位的"提及"，而非"使用"。转引例句如下：

（10）身后孙四海醒了，问："谁呀？"张英才学了一声猫叫："喵——"

区分元语言用法"提及"和非元语言用法"使用"的关键，是看该词语是指向语词本身，还是指向语言之外。这一声学猫叫的"喵——"就是为了发出这样的一种声音，说话现场并不是真的有一只猫在叫唤。所以，这是元语言用法。不过该文另有一例，本文认为其是非元语言用法，因为这里的"嘀嘀嘀嘀……"实有所指，指的就是这句话所描述的现场中实际存在过的一段声响。

（11）"嘀嘀嘀嘀……"，后边传来一阵汽车的鸣笛声。

元语言用法的拟声词可以（也可以不）分析为和其他句子成分处于不同的层面上，因而可以（也可以不）不纳入常规的结构关系中。这大概是有些观点认为拟声词不能作句法成分的原因。"所有的名词甚至其他词类的词都可以用作名称词"这个说法也意味着，如果排除属于其他词类的可能，那么元语言用法的拟声词也可以归入名词。不过，汉语拟声词并非只有元语言用法，还有非元语言用法，这就必须纳入常规的结构分析。下文的讨论将排除拟声词的元语言用法，只看"使用"中的拟声词。

4.2 排除摹状词用法

马庆株（1987）把拟声词分为两类：单纯拟声词，如"啪、噌、嘟噜、扑通"；还有重叠式拟声词，由单纯拟声词重叠后变音或变韵而构成，如"噼啪、噌噌噌、滴里嘟噜、扑通扑通"。这样的分类自然使人联想到形容词的分类——性质形容词和状态形容词，所以早期研究中很多观点把拟声词归入形容词，并非毫无道理。但是，如果观察只停留在这一步，就不是当代的研究了，因为我们有了新的工具——摹状词。

沈家煊（2011）提出："以往研究所存在的问题在于过分看重名、动、形之间的区别，预设汉语里名、动、形跟英语等印欧语一样是三个分立的、互斥的类。其实汉语里首先重视的是'大名词'和'摹状词'的区别，'大名词'里包括动词和形容词，'大名词'通过重叠形成'摹状词'。形容词的双音化是一种'准重叠'手段，双音形容词也具有摹状词的性质。"也就是说，以往所认为的状态形容词，其实不是形容词的下位范畴，而是所有汉语实词的重叠形态，不光形容词可以通过重叠构成作为摹状词的状态形容词，名词和动词也能通过重叠构成摹状词。该文用例转引部分如下：

（12）a. 眼睛瞪得<u>虎虎</u> de

　　　b. <u>山山水水</u> de 画个不停

（13）a. <u>飘飘</u>白雪飞扬在空中

　　　b. <u>指指点点</u> de 议论起来

其实数词和量词也一样：

（14）a. 他很和气地对我<u>一一</u>说明。（巴金《木匠老陈》）

　　　b. 他们<u>三三两两</u>地人多好商量。（许啸天《明代宫闱史》）

　　　c. 他们得努力记住<u>三个三个</u>一组的辅音。（〔美〕墨顿·亨特著，李斯、王月瑞译《普通心理学》）

甚至代词在元语言层面上也可以重叠成为摹状词：

（15）a. "别<u>咱们咱们</u>的，"李江云笑，"听着就象咱们是同谋似的。"（王朔《玩儿的就是心跳》）

　　　b. <u>你你我我</u>随缘曾邂逅。（潘伟源《随缘》）

所以，不管原来是实词中的哪一类，重叠的作用都是增强摹状性。那么，重叠式拟声词有没有增强摹状性？答案是有。理由如下。第一，有些拟声词单用不能作状语，但是重叠后就可以了。例如：

（16）a. 楼梯吱吱响，她上楼了。（陈建功《迷乱的星空》）

　　　 b. *楼梯吱响

　　　 c. *楼梯吱地响

（17）a. 列车哐当哐当地向西奔驰。（陈建功《流水弯弯》）

　　　 b. *列车哐当向西奔驰。

　　　 c. *列车哐当地向西奔驰。

　　第二，马庆株（1987）指出，"单纯拟声词不能做补语，合成拟声词加上'的'字可以做补语"。例如：

（18）a. 他早已回来睡得呼呼的了。（转引自马庆株，1987）

　　　 b. *他早已回来睡得呼了。

　　　 c. *他早已回来睡得呼的了。

（19）a. 他坐在那儿，气得呼哧呼哧的。（转引自马庆株，1987）

　　　 b. *他坐在那儿，气得呼哧。

　　　 c. *他坐在那儿，气得呼哧的。

　　所以，本文认定重叠式拟声词就是单纯拟声词的摹状词用法。另外，马庆株（1987）还提出，"同一单音节语素重叠，当中没有停顿，构成合成的拟声词；双音节语素变韵重叠也形成合成拟声词"。在本文看来，这两种都是重叠，都是拟声词的形态特征，都是摹状词用法。

　　吕叔湘（1979）说过："一般地说，有两个半东西可以做语法分析的依据：形态和功能是两个，意义是半个，——遇到三者不一致的时候，或者结论可此可彼的时候，以形态为准。重要的是末了这句。"重叠是汉语词类最重要的形态特征，所以在判定拟声词的词类属性时，作为摹状词的重叠式拟声词需要排除。

4.3 名词的定义

　　讨论词类划分的原则主要是语法标准，"主要依靠句法功能（广义的，包括与特定的词的接触）"（吕叔湘，1979：33）。沈家煊（2023）论证，在"名动分立"的语法体系里，汉语名词无法从正面界定，因而需要"名动包含"才能说明汉语的词类格局。朱德熙（1985）确定了名词的语法特点只有一条，即不受副词修饰。这是一个反面的定义。据此，我们来衡量拟声词，看是否能受副词修饰。当然，前提是前文确定了拟声词是实词。马庆株（1987）指出："单纯拟声词是由一个语素构成的，包括两类。（1）单音节拟声词，（2）非双声的双音节拟声词。"按照音韵特征，前者可分为 5 小类，后者又可分为 12 小类。下面按照这个分类以及该文的例词来一一鉴定。示例如下：

> （20）a. 单音节拟声词：*很/非常/好好/都/马上/不/真的叭/呼/吱/喵/嗡
>
> 　　　b. 非双声的双音节拟声词：*很/非常/好好/都/马上/不/真的吧嗒/啪嚓/扑簌/当啷/噜楞/吱扭/吱哇/呼嗒/呼哧/呼啦/咩呀/乌拉

　　再使用袁毓林等（2009：70-71）的"名词的隶属度量表"来检验。该量表旨在"对具体的某个词进行词类展性的测试"，不过，将该量表的 8 条规则视为名词的总体分布属性未尝不可。其中第 2 条就是"不能受副词的修饰"这一根本特征。其他 7 条中，完全符合的有以下 5 条。

　　一是可以受数量词的修饰。符合得 10 分，不符合得 0 分。例如：

> （21）a. 吴荪甫并没听得完全，可是他全都明白了，他陡的变了脸色，耳朵里一声嗡，眼前黑星乱跳。（茅盾《子夜》）

b. 但是，先生又来了一个嗤。（叶圣陶《多收了三五斗》）

二是可以作典型的主语或宾语。符合得 20 分，不符合得 0 分。

（22）a. 哗，是公差们全跑进来了。（转引自马庆株，1987）

b. 我听见墙外飞过一只布谷鸟，叫了一声布谷。（转引自马庆株，1987）

三是可以作中心语受其他名词修饰，或者作定语直接修饰其他名词。符合得 10 分，不符合得 0 分。例如：

（23）a. 音乐的叮铃优雅绵长在为你奏响。（《2016 国际乐器展》CCL 语料库）

b. 吕芳契不在家，请你在嘟一声之后留下你要说的话，她会尽早复电。（亦舒《紫薇愿》）

四是可以后附助词"的"，构成"的"字结构（然后作主语、宾语或定语）。符合得 10 分，不符合得 0 分。

（24）a. 哭的时候就，那么嗷的一声。（转引自马庆株，1987）

b. 好一会儿，悬崖下才传来扑通的落水声。（《读者》1996）

五是不能作谓语和谓语核心（一般不能带宾语，也不能受状语和补语的修饰，并且不能后附时体助词"着、了、过"）。符合得 10 分，不符合得-10 分。马庆株（1987）已经说明："单纯拟声词，不管是单音节的还是双音节的，也不管是否加'的'字，都不能作谓语。"例句转引如下：

（25）a. ＊北风呼（的）　　　＊钟表嗒（的）

b. *雷声轰隆（的）　*肚子里咕噜（的）

基本符合的有 1 条：不能作补语，并且一般不能作状语直接修饰动词性成分（只有少数名词可以通过省略"用、通过"等介词直接作状语修饰动词性成分）。符合得 10 分，不符合得 0 分。就前一点而言，马庆株（1987）已经说明"单纯拟声词不能做补语"，因而这也是符合的。就后一点而言，马庆株（1987）则指出，单纯拟声词可以作状语修饰动词或动词结构，但是"用'地（的）'的情况较多"，这说明单纯拟声词作动词状语是较为受限的。例句转引如下：

（26）a. 牟永刚的脸，刷地红到耳根。
　　　b. 曾孝廉来到正厅，扑登跪倒。

不符合的也有 1 条：可以后附方位词构成处所结构（然后作"在、到、从"等介词的宾语，这种介词结构又可以作状语或补语修饰动词性成分）。符合得 10 分，不符合得 0 分。这一点显而易见不符合，不必举例。

8 条标准中符合 6.5 条，尤其是最为关键的第 2 条符合，这说明拟声词的主要词类属性符合名词的判定。如果按打分标准来算的话，得 85 分。当然，这个打分是针对具体词而言的，作为总体词类特征而言，参考价值不是很大。另外，毕竟有 1.5 条不符合，说明拟声词有其自身的特点，可以归属名词的一个独立次类。

5. 拟声词是名词的次类

前文引用吕叔湘（1979）的论述，"有两个半东西可以做语法分析的依据：形态和功能是两个，意义是半个"。吕先生还强调，意义"不失为重要的参考项"，"有'速记'的作用"，"一个'语法实体'（一个词类，一种句子成分）归纳出来之后，不能光有一个名目，不给它一点意义内容，那就更不用说了"。所以，当前文确定拟声词属于名词后，就需要考虑是否有必要将其归为名词中有特色的一个次类的问题了。

第4节最后谈到拟声词不能进入处所结构。这是句法功能的表现，但是也有其内在的意义根源。拟声词所指的是声响，声响来自空气震动，显然不具有可感知的三维形态，所以拟声词自然无法后附方位词构成处所结构。这一条是其意义的必然。这也构成了拟声词区别于其他名词的最重要的特征。

第3节讨论非虚非实派主要观点时，归纳其主要论据，其实也是着眼于拟声词的意义，包括马庆株先生也是持如此观点。如果承认意义只是半个依据，那么"拟声词只是对于客观声响的近似记录"这一语义特征，就应该应用于功能标准之下，作为划分次类的依据。

将拟声词归为名的次类的另一个依据就是形态。根据马庆株（1987）的描写，合成拟声词，包括重叠的单音节语素拟声词和双音节语素变韵重叠拟声词，都是拟声词构成的摹状词。它们在拟声词大类中占据了相当高的比例，甚至很多拟声词都是以叠用为主，以至于不少研究者在论述中不区分单纯拟声词和合成拟声词。当然，关于这样的研究观点本文并不赞同，但是，这一用法成为拟声词区别于其他名词的特色。

6. 合成拟声词的功能扩展

合成拟声词作为摹状词，相比于代表拟声词本质的单纯拟声词呈现出一些功能上的差异。根据马庆株（1987）的描写，主要的四点是：可以作谓语，可以作补语，更多作状语，加"的"作定语。这些变化都跟重叠后的摹状词增强了摹状性有关，跟普通名词重叠后构成的摹状词可以类比。

马庆株（1987）指出，"合成拟声词能作谓语。合成拟声词不带'的'字，单独作谓语常常用于对举的场合"，否则需要"后面加上'的'字"。转引例句如下：

（27）a. 锤声<u>叮当叮当</u>，汗水<u>滴答滴答</u>。

b. 青蛙唱起歌来<u>呱呱呱的</u>。

普通名词构成的摹状词也是如此：

（28）a. 他锐气仍不减当年，干事情<u>风风火火</u>，咋咋呼呼。（刘震
云《头人》）

b. 在我幼年的记忆里，爸爸总是<u>风风火火的</u>。（《人民日报》
200307）

马庆株（1987）指出，"合成拟声词加上'的'字可以做补语"。转引
例句如下：

（29）a. 他早已回来睡得<u>呼呼</u>*（的）了。

b. 他坐在那儿，气得<u>呼哧呼哧</u>*（的）。

普通名词构成的摹状词也是如此：

（30）a. 眼睛瞪得<u>虎虎</u>*（de）（转引自沈家煊，2011）

b. 父女俩有时在家里也练起来，把个堂屋地上挖得<u>坑坑洼
洼</u>*（的）。（《人民日报》197109）

早期研究认为拟声词经常作动词状语，不过马庆株（1987）区分单纯
拟声词和合成拟声词后发现，单纯拟声词作动词状语比较受限，用"地
（的）"的情况较多；合成拟声词作动词状语比较自由，用"地（的）"
的情况和不用"地（的）"的情况都是常见的。转引例句如下：

（31）a. 当她们把篱竿的一头插进河里去的时候，河水便<u>哗啦</u>*

（的）响着。

b. 他叽里呱啦（地）说个没完。

普通名词构成的摹状词也大抵如此。虽然名词不加"地（的）"作状语的情况并不罕见，但是也存在必须用"地（的）"才能作状语的情况；而重叠名词作状语则不在乎有没有"地（的）"。

（32）a. 他本能*（地）收住了脚。（茅盾《蚀》）

b. 山山水水（de）画个不停（转引自沈家煊，2011）

早期研究认为拟声词比较接近形容词，不过马庆株（1987）发现"合成拟声词能作定语，但很受限制，经常修饰单音节名词'声'"，但是"合成拟声词加上'的'字作定语就比较自由了"。

（33）哗哗哗哗*（的）泉水　　咯吱咯吱*（的）声音

这也是摹状词的共性。沈家煊（2011）指出，"状词都不能直接做定语（除非已经向属性词漂移）"。普通名词构成的摹状词也是如此。

（34）坑坑洼洼*（的）路　　虎虎*（的）眼睛

如此看来，重叠后的合成拟声词作为摹状词的功能扩展，也符合重叠后的名词作为摹状词的使用规律，那么，就更有理由把拟声词视为名词的一个次类了。

7. 结语

本文受惠于马庆株（1987）颇多，提出汉语拟声词属于名词的浅见，借以向马庆株先生表达深切的怀念和深深的敬意。

参考文献

曹忠军：《关于叹词和拟声词的词类归属问题》，《语言与翻译》2005 年第 3 期。

方松熹：《关于"拟声词"的归属问题》，《舟山师专学报》（社会科学版）1994 年第 4 期。

耿二岭：《与象声词有关的符号问题——兼与文炼先生商榷》，《中国语文》1994 年第 3 期。

郭锐：《现代汉语词类研究》（修订本），商务印书馆，2018。

洪心衡：《汉语词法句法阐要》，吉林人民出版社，1980。

黄伯荣、廖序东主编《现代汉语》，高等教育出版社，2017。

李镜儿：《现代汉语拟声词研究》，学林出版社，2007。

刘大为：《也谈象声词的符号性质》，《语文研究》1996 年第 2 期。

吕叔湘：《汉语语法分析问题》，商务印书馆，1979。

马庆株：《拟声词研究》，载南开大学中文系《语言研究论丛》编委会编《语言研究论丛》（第四辑），南开大学出版社，1987。

马天祥：《略论汉语拟声词的独立性》，《人文杂志》1980 年第 2 期。

孟琮：《北京话的拟声词》，《语法研究和探索》（一），商务印书馆，1983。

孟华：《象声词应该是语言符号》，《语文建设通讯》1997 年总第 54 期。

彭泽润：《语言符号的性质和类型——也谈象声词的性质》，《吉安师专学报》1999 年第 4 期。

人民教育出版社中学语文室：《中学教学语法系统提要（试用）》，人民教育出版社，1984。

任学良：《汉语造词法》，中国社会科学出版社，1981。

邵敬敏：《拟声词初探》，《语言教学与研究》1981 年第 4 期。

沈家煊：《从韵律结构看形容词》，《汉语学习》2011 年第 3 期。

沈家煊：《名词的定义问题》，《现代外语》2023 年第 3 期。

完权、李心言：《作为社会互动资源的叹词》，《汉语学报》2023 年第 3 期。

王明仁：《关于拟声词问题》，《北京师范学院学报》（社会科学版）1992 年第 5 期。

文炼：《关于象声词的一点思考》，《中国语文》1995 年第 1 期。

文炼：《与语言符号有关的问题——兼论语法分析中的三个平面》，《中国语文》1991 年第 2 期。

邢福义：《拟音词内部的一致性》，《中国语文》2004 年第 5 期。

袁毓林、马辉、周韧、曹宏：《汉语词类划分手册》，北京语言大学出版社，2009。

张金圈：《从跨语言视角看拟声词、名称词与引语的关联性》，《语言教学与研究》2022 年第 5 期。

赵爱武：《汉语象声词词类归属问题考辨》，《湖北社会科学》2015 年第 5 期。

周金雷：《网络新兴拟声词的传情达意功能探究》，《中国语言战略》2017 年第 2 期。

朱德熙：《语法答问》，商务印书馆，1985。

Sinha, Chris, 2004. The Evolution of Language: From Signals to Symbols to System. In D. Kimbrough Oller and Ulrike Griebel (eds.), *Evolution of Communication Systems*. Cambridge, Mass: MIT Press, pp. 217-235.

Chinese Onomatopoeic Words as Nouns

WAN Quan

Abstract: Based on Ma Qingzhu (1987), which is a great research paper on Chinese onomatopoeic words, this article explores the issue of part of speech classification of Chinese onomatopoeic words. This article holds that onomatopoeic words belong to language symbols, and they have the grammatical and semantic characteristics of content words. Examining the usage of simple onomatopoeic words, they basically meet the classification criteria of nouns. For the semantic characteristics of onomatopoeic words are imitating sound, they can be classified as a subclass of nouns. The functional expansion of synthetic onomatopoeic words also conforms to the usage regularity of depictives.

Keywords: onomatopoeia; depictives; language symbols; content words; nouns

对现代汉语所谓非宾格构式性质的再思考*

宋文辉　王锋慧
（中国人民大学文学院）

提　要　汉语属于语用型语言，跟印欧语等语法型语言差别明显：信息结构是制约句子结构方式的最重要因素，动词的语义特征自立性程度不高，语境因素制约语义特征的凸显程度，决定其表征方式，因此动词的论元结构开放性和流动性强。所谓汉语非宾格-非作格动词的区分，只是范围模糊、内涵模糊且具有特设性的语义类，而非句法范畴，因为没有一个句法标准能完整清晰地划分非宾格-非作格动词。已有研究提出的诸种非宾格构式的性质可疑。这些构式的动后论元NP是信息驱动后置的，并非语法宾语；其低施事性、终结性语义特征，部分是通过语用推理得到的。如将非宾格性归结为这些特征，则不必保留特设的非宾格性概念。

关键词　非宾格构式　语用型语言　话题结构　信息结构

语义范畴语法理论（马庆株，1998），是汉语语法研究者独立思考的重要理论结晶，值得关注、继承和发展。语义范畴属于隐性范畴（沃尔夫所谓“隐型”），往往有微妙的句法显现，而缺乏形态表征，因而语义范畴适用面更广。我们认为，在继承发展上述理论时，必须关注汉语语义的特点。意义十分复杂，“语义”概念如何定义对于语义范畴语法十分重要。本文的

---

* 基金项目：国家社科基金重大项目“元明清至民国北京话的语法演变研究与标注语料库建设”（22&ZD307）的子项目“元明清至民国北京话形态句法演变研究”。

看法是，所谓语义范畴的语义，应该取 Lyons（1977）那样的广义理解，包括逻辑语义因素，也包括语用因素，并且需要关注语用因素对词项和构式语义形成和理解的作用，这一点对于汉语语法而言尤为重要。在此认识的基础上，面对基于印欧语提出的语法范畴能否应用于汉语的问题，需要持审慎态度。因为印欧语形态发达、语义因素对形态句法的制约作用十分明显，而在汉语中，跟印欧语在意义上大致对应的语言项目，其相同的语义特征是否能像印欧语那样得到比较清晰的形态句法表征，需要更为详细的调查和论证。我们认为，不能像部分形式语言学研究那样，先入为主地预设这些范畴的共性地位，然后再找语言现象来印证其在汉语中也存在。这样的论证，往往存在方法论的机会主义问题，即研究者为了达到特定的理论目的，只因为汉语和印欧语局部相似，就人为赋予这些局部现象以自己想要得到的价值，而不顾其所处的语法系统的整体组织模式。这样的印证式论证，并不符合科学的规范。本文要讨论的非宾格动词和非宾格构式问题是当代句法语义研究的核心问题之一，理论意义凸显。不过这也是个充满争议的问题，产生争议的原因，主要是不同的语言中形态句法、语义、语用等不同层面难以对齐，这是因为不同语言语法系统的组织原则存在差异，语言演化结果存在偶然性和特异性。本文旨在说明，在汉语中建立非宾格动词、非宾格构式，必须面对汉语语用凸显的特点，审慎论证，切不可用一些似是而非的证据来进行机会主义的印证式论证。

1. 引言：前期研究和本文要研究的问题

Perlmutter（1978）在关系语法框架下提出了一个"非宾格假说"。其强式版本是，所有语言不及物小句都存在非宾格-非作格区分。其差别是句法性的，前者唯一论元是深层宾语、表层主语，后者唯一论元深层和表层都是主语；小句类型可依据动词语义特征来预测，非宾格小句中的动词主要表达状态或位置变化，其唯一论元的题元角色是受事或客体，非作格小句中的动词，主要表达动作行为，其唯一论元的题元角色是施事或行为者。

　　上述假说提出后，在形式语言学中受到普遍关注，研究者声称在多种语言中都发现了这种差别。在生成语法投射主义思路影响下，关注点从小句类型为中心，转移到动词分类上来，认为不及物动词在语法上分为非宾格和非作格两类，二者的差别是句法范畴对立（Levin，1983；Burzio，1986；等等）。"非宾格假说"的实质因此发生转化，相关研究旨在证明非宾格-非作格动词作为句法范畴二分不及物动词是语言共性。由于自然语言的多样性凸显，不同语言的语义和形态句法的匹配错综复杂，该假说的成立遇到了很多困难（Alexiadou et al.，2004 等）。

　　基于上述理论背景，形式语言学研究认为现代汉语（以下简称"汉语"）也和印欧语一样存在非宾格-非作格句法范畴对立（黄正德，2007等）。宋文辉（2023）指出，这是忽视汉语语用因素特别是信息结构对语法形式制约作用强于印欧语的事实，剪裁语言现象，对"非宾格假说"作印证式论证得到的结果。宋文辉（2023）因此提出，汉语所谓非宾格-非作格动词的区分，不是句法范畴对立，因为没有一个可靠的句法结构可以完整清晰鉴别和区分出非宾格和非作格动词，这种区分在汉语中至多是一种语义内涵比较模糊的语义分类，应该用更为简单清晰的语义特征替代。

　　虽然非宾格-非作格动词作为句法范畴二分不及物动词在汉语中并不成立，但并不能因此直接得到汉语不存在非宾格构式的结论。因为虽然汉语没有一个句法结构可以完整清晰地鉴别出所有非宾格和非作格动词，不能用以作为划分词类的形式标准，但不排除部分构式有可能具有印欧语非宾格构式的句法或语义特征。事实上，在之前的研究中，有些研究者已经有意或无意地对部分构式做出了这样的判断。本文旨在证明，这种看法在汉语中很难成立。其原因跟汉语不存在非宾格-非作格句法范畴对立基本一致，即，汉语中信息结构不仅制约动词语义特征的形态句法表达、影响词类划分，还对汉语句法结构影响至深。已有研究提出的非宾格构式往往是语用驱动的现象，并非纯粹的句法现象。

2. 已有研究提出的汉语所谓非宾格构式

汉语研究中被用于判定非宾格-非作格动词的鉴别式，也往往被视为非宾格构式，常见的包括如下几类（参 Huang，1987；Li，1990；杨素英，1999；潘海华、韩景泉，2005；Paul et al.，2019；鲁雅乔、李行德，2020；等等）。

一是隐现句：

> （1）a. 沉了一艘船。
>
> b. 来了一位客人。

二是受损句：

> （2）a. 王冕死了父亲。
>
> b. 他们家跑了一群羊。

三是存在句：

> （3）a. 前面走着一个人。
>
> b. 池塘里游着天鹅。
>
> c. 墙上挂着一幅画。

四是天气句：

> （4）a. 下雨了。
>
> b. 上午下了一场雨。

3. 汉语不存在非宾格构式的原因：无法合理定义非宾格性

确定一种构式是不是非宾格构式，关键在于此构式是否在形式或意义上体现着非宾格性。已有的研究中，难以找到语言共性的非宾格性（无论是形式还是语义特征）（宋文辉，2023）。因此，在上述诸种汉语构式中能否确定仅适用于汉语的非宾格性，是确定其是否为非宾格构式的关键。

3.1 形式特征难以归结为非宾格性

潘海华、韩景泉（2005）将例（1）-（4）句式称为"显性非宾格结构"。该命名是源于这些构式的形式特征，即非宾格动词的唯一论元出现在动词后，即一般所谓的宾语位置。这一命名显示出研究者对 Burzio（1986）看法的肯定。后者在生成语法研究中影响深远，但这种看法本身就存在问题。

先来看动后论元 NP 的地位。Perlmutter（1978：160）预测不会存在合法的显性非宾格结构。因为按关系语法的规则，不及物动词唯一论元表层只能是主语。Burzio（1986）与其看法不同，认为意大利语非宾格动词后的论元 NP 是其宾语。宋文辉（2023）指出，该看法争议很大，在遇到较大阻力之后退潮了。国内也有学者证明其存在的不足（赵彦春，2001）。

如果想证明显性非宾格结构是非宾格小句，就必须证明汉语所谓非宾格和非作格动词后面的论元 NP 的句法地位不同，即非宾格动词后的 NP 深层和表层都是宾语，而非作格动词后的 NP 是后置主语（Li，1990；潘海华、韩景泉，2005）。其根本困难在于，汉语缺乏语法化的主语和宾语（LaPolla，1990；沈家煊，2017；等等）。

关于汉语是否存在语法化的主语和宾语的问题，存在许多争议。我们支持汉语不存在语法化的主语和宾语的看法。因为篇幅限制，也为了不重复以往的研究，本文仅分析一个现象来说明问题。

黄正德（2007）指出，英语非宾格动词和非作格动词在构成结果构式时表现不同，要受到直接宾语限制，即表达状态变化结果的结果次要谓词必须要在语义上陈述直接宾语。这导致非作格动词后必须带反身代词宾语，结果次要谓词陈述作直接宾语的反身代词，而非宾格动词则可以不用。

（5）a. He sang himself hoarse.

b. * He sang hoarse. 　　非作格动词

（6）The pond froze solid. 　　非宾格动词

因为，例（6）中结果次要谓词"solid"的陈述对象是非宾格动词"froze"的深层宾语，并不违反直接宾语限制。与此不同，汉语则不遵循这个规律，动结式 V_1 可以是任何类型的动词。

（7）a. 他打累了。 　　　　及物动词

b. 他馋哭了。 　　　　非作格动词

c. 池塘冻结实了。 　　非宾格动词

黄正德（2007）的解释是，这是汉语分析性强导致的。这个解释有一定道理，但推理过程存在跳跃，分析性强和直接宾语限制的联系并不直接。另外，即使如此，他还必须在分析性强的语言都倾向于有这种表现的基础上，才能得出上述结论。我们认为，实际上，这是由于汉语分析性强，语用因素（特别是信息结构）对句法结构的制约凸显，并不存在真正语法化的主语和宾语，因而不要求语义角色和句法位置形成刚性匹配，同理，还可以解释所谓题元颠倒指派等问题。

上述是汉语语法根本特征的层面的证据。本文的看法也存在直接的技术上的证据。由宋文辉（2023）的分析可知，已有研究提出的二者的分别实质是语用性的，难以证明其句法地位有差别。

显性非宾格结构的形成动因也是语用因素，特别是信息结构驱动的。

句子按信息结构可分为整句焦点句、自然焦点句（话题结构"话题+述题"）、对比焦点句等（可参 Lambrecht，1994）。汉语语序安排的基本原则是话题和焦点的配置，话题在前，自然焦点在后，汉语的很多句子都是无动词句，如果句中有动词，则一般话题在动词前，自然焦点在动词后。这一点是比较公认的规律（LaPolla，1995；胡建华，2010；沈家煊，2017、2019；等等）。由宋文辉（2023）的分析可见，在自然焦点句中，正是由于动词前有了话题或类似话题的成分，不及物动词的论元 NP 因为作焦点出现在动词后。与此不同，整句焦点句，不及物动词的论元可以在句子没有话题的前提下出现在动词后，但十分受限制。形式方面，这类动后 NP 一般是光杆名词，动词和名词构成句法复合词，并且是韵律词；意义方面，NP 表类指，且内涵简单，外延较大（宋文辉，2023）。例如：

（8）a. 来人了。b. 来客人了。c. *来老师了。d. *来警察了。

该规律适用于上述所有四类构式。前三类讨论了很多，这里仅以天气句为例再来具体说明一下。（4a）是整句焦点句，没有话题，整句都是焦点，"下"后面一般只能带光杆名词，或者双音的"性质形容词+名词"结构的 NP，结构整体构成一个韵律词：

（9）a. 下雨了。b. 下大雨了。c. *下瓢泼大雨了。d. *下特别大的雨了。

（10）a. 下冰雹了。b. *下大冰雹了。

"下"后面的 NP 结构复杂，只有构成话题句才合法，即不及物动词"下"构成的天气句，只有句子存在话题，论元 NP 才能出现在动词后作自然焦点：

（11）a. *下瓢泼大雨了。b. 昨天下瓢泼大雨了。c. 昨天下了一场瓢泼大雨。

否则只能构成动词唯一论元作话题的话题句：

　　（12）那场雨下了三天。

　　总之，上述不及物动词唯一论元出现在其后的句法构式是信息结构驱动的，并非纯粹的句法现象，动后论元 NP 并非语法宾语，因此这些结构也就不是显性非宾格构式。

　　另外，按 Perlmutter（1978）的分析，非宾格小句成立的重要依据之一是，能进入该结构的都是非宾格动词。但根据各种语言的研究，实际进入每个构式的动词的情况都比较复杂。汉语显性非宾格结构和其他一些鉴别式的情况也是如此。

　　已有研究判断这些构式为非宾格构式的重要依据之一是，只有非宾格动词可以出现在这些结构中。宋文辉（2023）指出，这个理由实际上并不成立，事实证明，除了天气句，其他构式的动词范围都比较复杂，语义上的非宾格、非作格动词都可以进入。如例（1）和例（2）两类情况，语义上的非宾格、非作格动词都可以进入，存在句例（3）则除了两类不及物动词，还可以出现及物动词。如果将"挂"这类及物动词也看作非宾格动词，显然困难较大。如果再以可进入存在句的都是非宾格动词来界定存在句是非宾格构式，则存在循环定义的问题。

　　从句中动词范围的角度来看，将天气句视为非宾格构式，似乎有一定道理，但这类构式中的动词范围极其受限，只有"下（雨、雪、冰雹）""刮（风）""起（风）"，根本无法用于区分非作格和非宾格动词。同时，天气句的具体形式也是由语用因素决定的，因此不适合看作非宾格构式。

3.2　所谓显性非宾格结构的构式义也不是语义非宾格性

　　若给小句设置一个表达语义非宾格性的功能核心（这是形式派新构式

主义的技术，相当于认知派构式语法的构式义），以之来确定显性非宾格结构为非宾格小句也很困难。因为汉语不及物动词唯一论元可出现在其后的构式并非只有一种，不同构式的构式义也有不同。同时，已有研究提出的各种语言的鉴别式有很多种，如汉语研究经常采用的致使-起始变换。要将显性非宾格结构的构式义确定为非宾格性，必然涉及非宾格性的跨构式、跨语言一致性的问题。这无论是从理论还是从实践上都无法得到保证，因此，难以将显性非宾格结构的构式义视为非宾格性。

这里以汉语存在句为例，跟显性非宾格结构作简要比较来说明这一点。存在句凸显静态空间关系，因此状态变化动词和部分运动动词难以进入此构式。

> （13） a. 墙上挂着一幅画/画。
>
> b. 门外站着一个人/人。
>
> c. 前面走着一个人/人。
>
> d. ＊门外来着一个人/人。
>
> e. ＊门外死着一只鸟/鸟。

"站"是姿势动词、"挂着"表达对象在"挂"行为结束后保持静止的空间位置状态。"走"虽然是动态的，但句子表达的是走路的人和"前面"这个位置的相对静止关系。与此相对，（13d）（13e）动词无法带"着"体标记，也无法形成静态空间关系，不合法。显性非宾格结构中凸显的状态变化义显然与此不同。将其中任何一个构式的构式义看作非宾格性，或者不同构式的不同构式义都看作非宾格性，都不合理。

如果只将其构式语义中的一个特征视为非宾格性，找到跨构式、跨语言的相通性，似乎是一个办法。比如显性非宾格结构不及物动词唯一论元出现在动词后，施事性大为下降（宋文辉，2023）。那么是否可将此看作非宾格性呢？这会碰到两个困难。第一，事实方面，仍可能会跟其他非宾格小句不一致。如"门开了"，也是非宾格动词构成的，一般也可看作非宾格小句，而这类结构唯一论元具有自发性（接近施事性的一个特点），如"门自己开了"。这显然跟存在句和显性非宾格结构的低施事性不一致。如果将"门开了"和显性非宾格结构共有的终结性看作非宾格性，则存在句显然又不符合。第二，理论建构的合理性问题。宋文辉（2023）的讨论说明形式语言学提出的非宾格性语义内涵十分模糊，涵盖多种特征。因此，内涵清晰的低施事性、终结性显然与非宾格性不具有同一性。如能获得清晰的语义特征，就没有必要保留早期猜想提出的特设的模糊的非宾格性概念。

3.3 显性非宾格结构的语义特征、成因及对构式形式的制约

下面来分析显性非宾格结构，看该构式的突出语义特征是什么，并解释论元结构有别的"来、死"和"笑、跳"进入该结构中句子为何都具有统一的构式层面的语义特征。

下面以出现频率最高也是已有研究关注最多的负载自然焦点的显性非宾格结构为例来作简要分析。本文发现，显性非宾格结构凸显的语义特征是不及物动词论元的施事性下降。

汉语不及物动词出现在显性非宾格结构中，都存在唯一论元施事性下降的现象。

（14）a. 那个人兴冲冲地来了。

  b.？兴冲冲地来了一个人。

（15）a. 那只鸡自己跑了。

  b. *自己跑了一只鸡。

（16）a. 他十分愉快地死了。 （心理感受状语）

  b. *十分愉快地死了一个人。

（17）a. 那个人主动消失了。 （自主活动状语）

  b. *主动消失了一个人。

（18）a. 昨天那艘船自己沉了。 （自动变化状语）

  b. *昨天自己沉了一艘船。

（19）a. 他们班的同学十分开心地笑了。

　　　b. *他们班十分开心地笑了几个同学。

已有研究着力区分的非宾格、非作格动词有相同表现，因此该规律是构式所有，不是动词的特征，更不能认为非作格动词非宾格化了。

由此可知，"来"后面的论元 NP 施事性低，并非动词本身的特征，和"死"不同。已有研究的观点存在严重问题，宋文辉（2023）已有说明，不赘述。

这里的核心问题是，为什么论元 NP 处于不及物动词后，会形成上述理解。任鹰（2005）指出，动后 NP 都有一定受动性，这是动宾结构赋予宾语句法位置的特性。这个解释有一定道理，但仍不充分，并未说明为什么在这个位置就会有这种属性。本文认为，其实质是，信息结构安排导致的动词先于其论元 NP 出现这种特殊语序使听话人产生了上述理解。

其具体机制是，NP 的施事性和动词的动态性是相互依存的。汉语动词前位置是施事的典型位置，非典型施事出现在该位置，也会激发和凸显其施事性的侧面。而当听话人听到显性非宾格结构时，没有能提取论元 NP 就先提取"V 了"，这时 NP 的施事性赋予动词的主动性、可控性、动态性就会弱化，"V 了"容易理解为行为或变化所造成的结果状态。这对于"来""死""病"和"笑"都一样，只是终结性的凸显程度有别。上述特征导致动后的论元 NP 被提取时，难以理解到主动性和控制力等跟典型施事接近的特征，而是倾向于在已然理解到的"V 了"表结果状态这个背景上，理解为处于"V 了"状态之中的对象。可进入这类结构的不及物动词和及物动词都是动态动词，所以形成的状态属于阶段层次状态（stage-level state）（该术语参 Kratzer，1995），终结性和有界性比较突出。

这时，动后 NP 一般要求是数量名结构，这个限制条件是信息组织和事件性两个因素合力形成的结果。名词短语作自然焦点，汉语中最经典的方式是使用数量名结构的 NP，这在其他构式中也一般如此。不过，并不是 NP 必须如此才能作自然焦点，如：

（20）a. 他晚餐吃了**两个苹果**。

　　　b. 他晚餐吃了**苹果**。

　　　c. 他晚餐吃了**苹果和蛋糕**。

例（20）的不同，仅在于例（20b）足句程度不如例（20a）高，如果使用一个结构复杂的宾语就更好一些。

因此显性非宾格结构特别强调动后用数量名短语必然有其他因素在起作用。本文认为，句子体特征的要求是重要的影响因素。显性非宾格结构的体特征是事件性-有界性，在形式方面的一个重要体现是，其所用的体标记是"了"，或者是句尾"了"，或者是词尾"了"，或者二者共现，不能用"着"，也不能是光杆动词。不过该特征的表达并非只和动词、体标记有关，也和宾语的指称类型关系密切。因为从语义上看，主语、宾语、状语的有界性同样会影响小句的体特征（Dowty，1979）。"数量名"结构的 NP 是有界的表达（沈家煊，1995），有助于句子体特征的实现。所以这类句子采用动后数量名 NP 是信息组织和体特征的要求合力使然。

这跟例（3）不同，存在句的存在宾语一般是数量名 NP，主要是因为汉语存在句是话题结构，述题特别是存在客体是新信息，并且有引进新角色的作用，因而一般是"数量名"结构的 NP。在其他构式中负载新信息的不一定非要是数量名 NP，光杆 NP 也可以。

之所以"死、来"等词在特殊情况下可不用数量名结构 NP，是因为"死了""来了"本身终结性比"笑了""病了"更凸显，同时还有特殊语境加持。即使如此，这类动词数目仍很有限，并非所有所谓非宾格动词都能如此，同时"王冕死了父亲"属于特例，因为"王冕死了一匹马"比"王冕死了马"更为自然。总之，动后 NP 的形式和指称类型这类主要跟语用因素相关的特征根本不能作为区分非作格和非宾格动词的标准。

总之，汉语显性非宾格结构中的动词是否能表达结果状态，并非纯语义现象，而是随语境不同而有不同，受语用因素制约，这是汉语语法的重要特性。这一观点有很多证据可以证明。

如戴浩一等（Tai et al.，1975）认为汉语"杀"和英语"kill"有区别："kill"词义中包含明确的结果状态，而汉语中的"杀"并不包含结果。如例（21a）：

（21）a. 那只鸡他**杀了**半天却没**杀死**。

　　　b. 他杀了那只鸡/他杀了三只鸡。

　　　c. ＊他杀了那只鸡，但是没杀死。

　　　d.？那只鸡，他杀了，但是没杀死。

这个观点争议很大。戴浩一等的观点有一定道理，但不够准确。汉语的"杀"是否表达结果义，不仅看它的词义，更要看其所处的语境。"杀了半天"合法，说明"杀"跟英语"kill"相比结果义不凸显，并非强制性表达，因而允许"杀了"和准宾语"半天"这个时段组合，表达持续义。不过，给予其合适的语境，"杀"的结果义也可显现。如在完整体的小句例（21b）中"杀了"的结果义就得到了凸显。而在同样的语境中，本来不包含内在时间终结点的行为动词"吃"，也可表结果义，如例（22a）无标记的理解是"吃完了那个馒头"：

（22）a. 他吃了那个馒头。

　　　b.?? 他吃了那个馒头，但是没吃完。

　　　c. 那个馒头，他吃了，但是没吃完。

　　　d. 他看了那本书，但是没看完。

这是语用上的一般会话隐含义，可以因为语境因素取消。当然，这需要一定的条件，如例（22c）就比例（22b）更容易接受。在同样的结构中换成别的动词，如"看"，则完全没问题，如例（22d）。这是因为看完一本书往往需要多次，而吃馒头一般是一次完成的活动。这说明汉语动词的终结性强弱差别是程度性而非范畴性的，且受动词相关的百科知识和语境信息制约程度很强，难以构成句法范畴的语义基础。

显性非宾格结构中也有同类事实。以"沉"为例：

（23）a. 沉船了！

b. ＊沉苹果了！

"沉船"是高频组合，在人的认知中，"船"是发生沉没的最常见的对象，如将"沉"的对象换作"苹果"等其他事物，由于这类组合出现得低频，"苹果"因而比较凸显，独立性强，不适合出现在动词后，构成直指型整句焦点。但是，（23b）变换为（23a）的形式仍不合法：

（24）a. ＊苹果沉了！

b. 苹果沉下去了！

这也是因为此类组合少见，人对"苹果沉"不明晰，"沉"结果义不突出，且存在歧义，"沉"是重量大，还是沉没，需要确定。与此相对，"苹果掉了"就没问题，不必加上趋向补语构成"苹果掉下去了"，因为跟"掉"组合的成分比较多，大多是小东西。给"沉"加趋向补语，如（24b），句子就合法了，这不仅消解了歧义，也使得结果状态具体化了。鲁雅乔、李行德（2020：495）指出，能否构成非宾格结构，谓词结果性是关键，趋向补语可起到增强结果性的作用。该看法有道理，但他们没有关注到，用趋向补语增强结果性的动因往往是语用因素。

曾有研究者指出，汉语表达出现、消失的句子，因为对象认知上凸显，采用数量名结构（古川裕，2001）。该看法有一定道理，但这类现象的动因复杂，该解释并不具备排他性，也无法解释行为动词，如"笑、哭"等不及物动词和部分及物动词进入显性非宾格结构时，动后 NP 也必须采用数量名结构的事实。

李钻娘、罗慎仪（1987：21）用动词是否表消失义来解释损益句合法与否，同时指出了词尾"了"对于句子合法与否的重要性。胡建华（2008）认为这主要是因为句子表示变化，有一定道理。不过李文提供的解释因素太过具体，难以解释很多不表消失义的动词也可进入显性非宾格结构。这里动词能否自身或者在构式提供的环境作用下表达状态变化且具有终结性是关键。

4. 结语

宋文辉（2023）解构了"非宾格性迷思（myth）"，说明"非宾格假说"并未得到真正的验证，非宾格-非作格动词作为句法范畴二分不及物动词的模式并非语言共性。汉语研究者用于确定非宾格动词的句法标准，其实质是语用标准。这使得汉语中并不存在形成非宾格-非作格动词句法范畴对立的事实基础。本文则进一步说明，汉语也不存在所谓非宾格结构，因为并不存在跨构式适用的形式或语义上的非宾格性，已有研究提出的非宾格构式，是信息结构驱动的，并非纯粹的句法现象。已有研究认为汉语存在非宾格构式的看法，是比附语法型语言非宾格构式错误分析汉语现象的结果。

参考文献

古川裕：《外界事物的"显著性"与句中名词的"有标性"——"出现、存在、消失"与"有界、无界"》，《当代语言学》2001年第4期。

胡建华：《论元的分布与选择——语法中的局部性与显著性》，《中国语文》2010年第1期。

胡建华：《现代汉语不及物动词的论元和宾语——从抽象动词"有"到句法—信息结构接口》，《中国语文》2008年第5期。

黄正德：《汉语动词的题元结构与其句法表现》，《语言科学》2007年第4期。

李钻娘、罗慎仪：《出现式与消失式动词的存在句》，《语文研究》1987 年第 3 期。

鲁雅乔、李行德：《汉语非宾格与非作格动词的句法及语义界定标准》，《当代语言学》2020 年第 4 期。

马庆株：《汉语语义语法范畴问题》，北京语言文化大学出版社，1998。

潘海华、韩景泉：《显性非宾格动词结构的句法研究》，《语言研究》2005 年第 3 期。

任鹰：《现代汉语非受事宾语句》，社会科学文献出版社，2005。

沈家煊：《超越主谓结构——对言语法和对言格式》，商务印书馆，2019。

沈家煊：《汉语有没有"主谓结构"》，《现代外语》2017 年第 1 期。

沈家煊：《"有界"与"无界"》，《中国语文》1995 年第 5 期。

宋文辉：《现代汉语所谓非宾格—非作格动词分类的性质》，《当代语言学》2023 年第 6 期。

杨素英：《从非宾格动词现象看语义与句法结构之间的关系》，《当代语言学》1999 年第 1 期。

赵彦春：《Burzio 内论元说证伪》，《现代外语》2001 年第 2 期。

Alexiadou, Artemis, Elena Anagnostopoulous, Martin Everaert, 2004. Introduction. in Artemis Alexiadous, Elena Anagnostopoulous, and Martin Everaert, eds., *The Unaccusativity Puzzle*. Oxford：Oxford University Press, pp. 1-21.

Burzio, Luigi, 1986. *Italian Syntax：A Government-Binding Approach*. Dordrecht：Reidel.

Dowty, David, 1979. *Word Meaning and Montague Grammar*. Dordrecht, Holland：D. Reidel Publishing Company.

Huang, C.-T., James, 1987. Existential Sentences in Chinese and (in) Definiteness. In Eric J. Reuland and Alice ter Meulen, eds., *The Representation of (In) Definiteness*. 226-253. Cambridge, M. A.：MIT Press.

Kratzer, Angelika, 1995. Stage and Individual Level Predicates. In Gregory N. Carlson and Francis Jeffry Pelletier, eds., *The Generic Book*. Chicago：The University of Chicago Press.

Lambrecht, Knud, 1994. *Information Structure and Sentence Form*. Cambridge：Cambridge University Press.

LaPolla, Randy, J., 1990. *Grammatical Relations in Chinese：Syntactic and Diachronic Considerations*. Ph. D dissertation. University of California at Berkeley.

LaPolla, Randy, J., 1995. Pragmatic Relations and Word Order in Chinese. In Pamela Downing and Michael Noonan, eds., *Word Order in Discourse*. Amsterdam/Philadelphia：John Benjamins Publishing Company.

Levin, Beth, 1983. Unaccusative Verbs in Basque. *NELS* 13, 1：129-144.

Levinson, Stephen, 2000. *Presumptive Meaning*. Cambridge, Mass.：MIT Press.

Li, Yen-Hui, Audrey, 1990. *Order and Constituency in Mandarin Chinese*. Dordrecht：Kluwer.

Lyons, John, 1977. *Semantics*. Cambridge: Cambridge University Press.

Paul, Waltraud, Yaqiao Lu and Thomas Hun‑tak Lee, 2019, Existential and locative constructions in Mandarin Chinese. *The Linguistic Review* 37, 2: 231–267.

Perlmutter, David, M. , 1978. Impersonal Passives and the Unaccusative Hypothesis. *BLS* 4: 157–189.

Tai, James H. ‑Y. , Jane Yang Chou, 1975. On the Equivalent of 'kill' in Mandarin Chinese. *Journal of the Chinese Language Teacher's Association* 10, 2: 48–52.

Reflections on the Nature of So-called Unaccusative Constructions in Modern Chinese

SONG Wenhui   WANG Fenghui

Abstract: Modern Chinese is a pragmatic type language, which is obviously different from grammatical type languages such as Indo-European: information structure is the most important factor that restricts the way sentences are structured, the semantic features of verbs are not highly independent, and contextual factors restrict the prominence of semantic features, and determine the mode of its representation, so the argument structure of the verb is open and fluid. The so-called distinction between unaccusative and non-ergative verbs in Chinese is only a ad hoc semantic category with vague scope, rather than a syntactic category, because there is no syntactic standard that can completely and clearly distinguish unaccusative and non-ergative verbs. The properties of various unaccusative constructions proposed by previous studies are questionable. The postverbal argument NP of these constructions is information-driven postposition NPs, not a grammatical object; its low agentive and telic feature are partly motivated by pragmatic factors. And if unaccusativeness is reduced to these characteristics, there is no need to retain an ad hoc concept of unaccusativeness.

Keywords: unaccusative constructions; pragmatic type languages; topic-comment constructions; information structure

现代汉语动词及动词性结构的
风格立场表达[*]

冯军伟

（河北大学文学院）

提 要 风格立场本质上是说话人关于话语文本的组织方式或表达风格，是话语文本中隐含作者态度的语言信号，具有元话语组织功能。现代汉语中的叙实类动词、示证类动词、认识类动词、反叙实类动词、言说类动词、视觉类动词和情感态度类动词及其所组成的动词性结构集中体现了包括"私人的–公正的""有距离的–团结的""傲慢的–平等的""直观的–间接的""正式的–非正式的"在内的五种基本言语组织风格。

关键词 动词性结构 风格立场 元话语功能

1. 引言

语言世界是对客观世界的陈述，不同的说话人对同一客体对象或客体内容有着各自不同的言语表达方式，这就是言语的表达风格。Grabe（1984：142–144）曾经用"立场"（stance）和"姿态"（posture）来表达作者对读

---

* 基金项目：国家社科基金后期资助项目"现代汉语动词及动词性结构的立场表达和立场构建研究"（21FYYB020）；河北大学哲学社会科学重点培育项目"现代汉语语气词的立场表达与立场构建研究"（2021HPY011）。

169

者、文本内容和环境的态度。其中，"立场"是作者态度的潜在表达形式（underlying representation），而"姿态"是作者态度的表层语言编码形式（surface encoding）。Grabe 所谓的"姿态"本质上就是说话人关于话语文本的组织方式或表达风格，是话语文本中隐含作者态度的语言信号。Grabe 竭力避免使用"风格"（style）一词，以免和修辞学中的风格学相混淆。Grabe 所谓的"姿态"实际上指的是能够反映说话人交际意图的话语文本组织形式，也就是作者使用语言组织的各种形式表征来操控语言表达以实现交际的各种目的和意图。说话人希望通过特定的话语文本组织形式来向听话人或者读者传递其对于话语文本的情感、态度或观点，这种特定的情感、态度或观点超越了话语文本的内容本身，它隐藏在说话人特定的话语文本组织形式当中，体现了说话人关于话语文本的立场，我们把它称为风格立场（style stance）。

Biber 等（1999：975）将风格立场界定为"说话人说话的方式或者风格"，体现了说话人或者作者对于交流本身的评论；Conrad 和 Biber（1999：73）将风格立场描述为话语信息被陈述的方式；Traugott（2020：7）将风格立场称为文本立场（stance-to-text）。所谓文本立场，指的是用来表达说话人或作者关于话语或语篇文本内在的连贯性、既定交际模式以及各个交际者（包括"作者或读者"）对正在进行的交际或所创作语篇的贡献等。文本立场实际上表达的是说话人或者作者对话语文本（口语）或语篇文本（书面语）的主观参与性，这种主观参与性隐含在话语文本或语篇文本当中，又超越了话语文本或语篇文本的内容本身，具有元话语组织功能（metatextual function），体现了说话人或者作者对话语文本或语篇文本的立场表达。

语义功能语法理论（马庆株，1998，2000，2007）主张开展结构、语义、表达三者相结合的汉语语法研究。本文将在语义功能语法理论的指导下，在结构、语义和表达三者相结合的基础上，全面考察现代汉语叙实类动词、示证类动词、认识类动词、反叙实类动词、言说类动词、视觉类动词和情感态度类动词及其所组成的动词性结构的风格立场表达功能。

2. 叙实类动词及动词性结构的风格立场表达

Ötman（1981：19）曾经指出，"you know"是一个风格立场标记，具有将正式的语言风格转变为非正式风格的风格转换功能。而"正式"（formal）和"非正式"（informal）是反映说话人或作者与听话人或读者之间人际关系的五大语篇参数之一（Dillon，1983）。汉语中的"你知道"也具有同样的风格立场表达功能，可以将语言的正式风格转变为非正式风格。即使同样出现在非正式语体中，"你知道"也可以被说话人用来拉近与听话人的社会距离，从而表达一种亲密关系或朋友般的人际关系，此时的"你知道"不仅表达一种随意的、自由的言语交际风格，还凸显了交际双方之间朋友般的亲密关系。

《鲁豫有约》和《焦点访谈》同属于访谈类节目，都是口语语体。但是，由于《鲁豫有约》是一种生活化的电视谈话性节目，访谈内容以娱乐、生活报道为主，访谈对象往往是一些明星，访谈风格是自由的、无拘束的；而《焦点访谈》是一种政论性的电视访谈节目，访谈内容以深度报道为主，访谈对象多是专家、政府职能部门的官员和相关事件的当事人等，访谈风格严肃庄重。因此，"你知道"在两类访谈类节目中出现的比例相差悬殊。在《鲁豫有约》约 2529893 字次的语料范围内，"你知道"出现了 810 频次；在《焦点访谈》约 2061725 字次的语料范围内，"你知道"仅仅出现了 10 频次。同样，将《锵锵三人行》（凤凰卫视的谈话类节目）与《对话》（中央电视台的谈话节目）进行对比，我们有同样的发现。在《锵锵三人行》7623860 字次的语料范围内，"你知道"共出现了 6130 频次；而在《对话》约 1321854 字次的语料范围内，"你知道"仅出现 33 频次。通过对比，不难发现，"你知道"在《鲁豫有约》和《焦点访谈》中出现频次的比例为 81：1，在《锵锵三人行》和《对话》中出现频次的比例接近 186：1，这种使用比例上的巨大差距充分说明了"你知道"在言语表达风格上的特点。其他叙实类动词（如"记得、后悔"等）及其动词性结构也有着类似的风格立场表达功能。

3. 示证类动词及动词性结构的风格立场表达

　　示证类动词及动词性结构是示证立场最重要的语言表达形式。表达直证立场的语言形式主要是"见"类感知动词,不仅包括"看到、看见、发现、目睹、瞧见"等感知动词,还包括由感知动词构成的"人称代词+视觉类动词"构式;表达非直证立场的语言形式主要是指示证类动词构式,包括"听说、据说、按说、据传、据报道、据预测、'据+信息来源+动词'类动词结构、间接引语、'俗话+说'结构和'人+说'结构"等。

　　说话人采用直证类示证动词及动词性结构的言者意图是向听话人表明说话人所提供的信息在说话人的直证范围之内,即说话人通过"听""看""触"等方式亲自验证过,因此,说话人所提供的信息是客观的、真实的,听话人可以据此推理说话人对所提供信息的真实性负责;说话人采用非直证类示证动词及动词性结构的言者意图是向听话人表明说话人所提供的信息或证据在说话人的直证范围之外,说话人对所提供的信息没有亲身验证过,因此,听话人可以据此推理说话人无法对所提供信息的真实性负责,说话人的交际意图是试图保持自己与所提供信息之间的距离,这种概念距离体现了一定的社会距离,是认知语言学中距离象似性原则(iconicity of distance)在话语表达中的隐喻性投射。说话人使用直证类或非直证类立场标记是为了向听话人表明说话人与信息之间的"亲疏关系"——参与的(involved)或者疏离的(distanced)。直证立场标记表明说话人关于所陈述命题信息的较高参与度,显示了说话人和信息的亲密关系,展示了二者之间的团结关系(solidarity),团结关系意味着说话人对信息的真实性"背书"(endorsement);而非直证立场标记则表明说话人对所陈述命题信息的较低参与度,说话人有意与所提供的信息保持距离,向听话人表明说话人与信息之间的疏远关系,从而展示二者之间的距离,保持距离意味着对言者责任的豁免意图。

　　"距离"（distance）和"团结"（solidarity）是反映说话人（或作者）与所谈论客体或听话人（或读者）之间人际关系的五大语篇参数之一，是"文本结构（text construction）中能够展示社会信号功能的基本构件之一，也是听话人或读者能够识别说话人或作者意图的重要参数之一"（Dillon，1983）。在"距离"和"团结"之间还存在许多中间状态，这些中间状态的参与程度由多种示证标记来承担，主要包括"通过其他感官手段获取的信息、基于可见证据进行推理而获取的信息和基于非可见证据进行假设而获取的信息"等。因此，这些获取信息的方式或手段就成为说话人关于命题信息参与度的形式标记。按照说话人关于命题信息的参与程度，这些示证标记按照说话人与命题信息的亲疏程度形成了一个连续统。我们把说话人关于命题信息的参与程度称为"直证度"。根据信息的直证度，我们把"×说"类示证动词及动词性结构所表达的示证立场按照其所反映说话人的参与程度高低排列为："直接引语>'俗话+说'结构>'据+信息来源+动词'类动词结构>'人+说'结构>据报道、据预测>听说、据说、按说、据传>间接引语。"

　　在"×说"类示证动词及动词性结构的小类内部，信息的直证度也有强弱之分。以传闻类传信标记"听说"为例，标记传闻来源的"听+信息来源+说"要比没有标记信息来源的"听说"的直证度要高；标记具体信息来源的"听小王说"要比标记模糊信息来源的"听人说"的直证度要高。其中，不标记信息来源或者标记模糊信息来源有两种可能：一是信息来源本身并不清楚，这是客观原因。因为信息来源模糊或不清晰，所以说话人当然不会对信息的可靠性和准确性负责；第二种可能是信息来源清楚，但是说话人有意隐藏信息来源。因此，故意隐藏信息来源（如"听说"）或者故意模糊化（如"听人说"）或一般化信息来源（如"听老人说"）本身就是说话人的一种立场选择，即说话人希望采取低直证度的表达方式来摆脱对信息所负有的责任，从而避免为其所提供的信息承担直接责任。

4. 认识类动词及动词性结构的风格立场表达

认识类心理动词普遍具有［+心理］的语义特征，当它们和第一人称主语构成"第一人称主语+心理动词"结构时，往往表达说话人关于命题真值的断言或认识，具有认识立场的表达功能。认识类动词主要包括"思维类心理活动动词、认知类心理活动动词和判断类心理活动动词"等。思维类心理活动动词包括"怀疑类""评估类""猜想类""推理类""预料类"心理活动动词五个小类；认知类心理活动动词主要包括"相信、确信、深信、坚信"等；判断类心理活动动词主要包括强断言类和弱断言类心理活动动词两个小类。它们在表达说话人的认识立场时表现出明显的语境偏好性。具体分析如下。

由怀疑类心理动词（如"怀疑"）、评估类心理动词（如"估摸、估量、约莫、约摸、琢磨、捉摸"等）和猜想类心理动词［如"猜、猜测、猜想、揣摸、揣想、想$_{1(猜测义)}$、想见、想来、寻思"等］和第一人称组构而成的动词性结构往往表达说话人关于命题真值倾向于为真的弱断言认识，表达一种认识上的不确定性，因此，此类动词性结构往往具有明显的非正式语体风格。

而由推理类心理动词（如"推理、推断、推定、推论"等）和预料类心理动词（如"预测、预感、预想、料定"等）和第一人称组构而成的动词性结构往往表达说话人关于命题很可能为真的强断言认识，表达一种认识上的高确信度，因此，此类动词性结构往往具有明显的正式语体风格。例如，推理类心理动词（如"推理"等）主要表达思维主体有一定根据或证据的某种推断，一般来说，往往是根据一个或几个已知的事实推理出说话人的某种认识；预料类心理动词（如"预测"等）主要表达思维主体根据过去和现在的已知因素，运用已有的知识规律、经验和科学方法对未来事件进行估计，并对事件未来的发展趋势做出预估和预断。因此，这些心理动词的理性词汇意义在很大程度上影响了其在使用上的语体选择偏好。

　　判断类心理动词主要包括两类：第一类是"认为、认定、以为₁、断定、判断、确定"等；第二类是"觉得₂"。由这两类心理动词构成的心理动词结构在表达说话人的断言认识立场时，也具有明显的风格立场表达差异。由"认为、认定、以为₁、断定、判断、确定"等与第一人称主语组构而成的心理动词结构往往表达确信度较高的强断言认识立场，而"觉得₂"与第一人称主语组构而成的心理动词结构往往表达确信度较低的弱断言认识立场，且具有明显的个人风格色彩。所以，在一些相对正式的语体中表达认识立场时，说话人倾向于采用"认为"类动词结构，而不是"觉得"类动词结构。例如，在一些相对正式的语体中经常出现"本庭认为、法庭认为、我方认为、军方认为"等表达，但不会出现"本庭觉得、法庭觉得、我方觉得、军方觉得"之类的言语表达形式，这种搭配上的选择倾向同样表明了判断类心理动词结构在表达认识立场时所表现出来的语体选择偏好。

5. 反叙实类动词及动词性结构的风格立场表达

　　反叙实类动词主要包括"以为、假装、吹嘘、幻想、梦见、梦想、妄称、污蔑、诬陷、伪装、想象（着）、佯装、装作"等。按照其语义特征，我们把它们大致分为以下四类。

　　第一类是"以为"类，其典型成员是"以为"，表达"错误地认为"义，预设其所关涉的命题为假，其核心语义特征可以概括为［-肯定］［-现在］。［-现在］的语义特征意味着说话人关于某一命题作出的判断是过去发生的；［-肯定］的语义特征意味着说话人的断言被现实证明是错误的命题，与客观事实相反，表明了说话人的否定态度立场。

　　第二类是"妄称"类反叙实动词，其典型成员包括"妄称、污蔑、诬陷、吹嘘"等，其词义的概念结构是说话人说出了虚假的话，其核心语义特征可以描写为［+言说主体］［+言说行为］［+言说内容］［+虚假性］。

　　第三类是"假装"类反叙实动词，其典型成员包括"假装、伪装、佯装、装作"等，其词义的概念结构是某人故意做出某种动作或姿态来掩盖

175

真相，其核心语义特征可以描写为［＋动作主体］［＋假装（动作）］［＋假装的动作/姿态］［＋有意性］［＋欺骗性］。

第四类是"幻想"类反叙实动词，其典型成员包括"幻想、梦见、梦想、想象（着）"等，其词义的概念结构是某人通过某种不现实的方式"想"，其核心语义特征可以描写为［＋动作主体］［＋想（动作）］［＋想象内容］［－现实性］。

其中，第二类反叙实动词具有明显的风格立场表达功能。例如，"妄称"的语义概念中含有［＋狂妄］或者［＋虚妄］的语义特征；"污蔑"中含有［＋捏造事实］的语义特征；"诬陷"中含有［＋诬］的语义特征，即［＋捏造事实］的语义特征；"吹嘘"中含有［＋夸张］或［＋无中生有］的语义特征。"妄称"类反叙实动词不仅表达了说话人关于言说主体断言的否定态度，还展示了言说主体做出言说行为时的言语表达风格，与一般的言语行为动词（如"说"）相较而言，"妄称"类反叙实动词具有明显的风格立场表达功能。

6. 言说类动词及动词性结构的风格立场表达

根据言语行为理论，言说类动词可以分为阐述类言说动词、指令类言说动词、承诺类言说动词、表情类言说动词和宣告类言说动词五个小类。各个小类的言说动词及其动词性结构在表达说话人的言说立场时，具有明显的风格立场表达差异。

"说"类言说动词属于典型的阐述类言说动词，往往表达说话人的认识立场。但是，由"说"构成的"说×"构式不仅具有明显的非正式语体风格，还表达了不同的言说方式或言说程度。

"说白了""说到底""说穿了"等构式在表达说话人认识立场的同时，结构中的"×"还凸显了言说行为"说"的方式。"说白了"和"说穿了"都强调"说"的方式——"清楚透彻、不做隐瞒"；"说到底"除强调"说"的方式——"清楚透彻、不做隐瞒"之外，还有"追根究底"之义。

换句话说，"说到底"强调"拨开云雾，见真身"，即"找到根本"之义。

"说得+形容词+一点儿"结构中的形容词一般是性质形容词，例如"说得空一点儿、说得简单一点儿、说得具体一点儿、说得清楚一点儿"等。其中的补语结构"形容词+一点儿"用于补充说明言说行为"说"的程度。因此，"说得+形容词+一点儿"结构式具有凸显言说程度的风格立场表达功能。

"说实话"是"说+名词"的结构形式，例如"说实话、说心里话、说实在话、说句公道话"等。结构中的名词性成分并不是言说动词"说"的言说对象，而是表达言说行为的言说方式。例如，"说实话"的意思是"说真实的话"，也就是"实话实说"中的"实说"之义——"如实地说"。同理，"说心里话"的意思是"说出心里真实的想法"或"不说虚假的话"——"不做隐瞒或欺骗"；"说实在话"的意思是"说真诚的话"，也就是"真诚地说"；"说句公道话"的意思是"说公平的话"，即"作出公平的评论"。此类动词性结构与"副词+说"的表达功能类似，结构中的"名词性宾语"与"副词"的功能类似，都是从言语信息被言说的方式的角度来限定言说行为（Conrad & Biber，1999：73），体现了说话人对于交流本身的一种评论或者态度（Biber et al.，1999：975），因此，动宾类的"说+×"结构具有显著的风格立场表达功能。

指令类言说动词用于执行指令类言语行为，即"明确发出指令，让听话人做某事"。根据指令类行为发出者和接受者之间的社会地位关系，我们可以把指令类言说动词分为"下行"指令类言说动词、"上行"指令类言说动词和"平行"指令类言说动词三大类。"下行"指令类言说动词指的是指令类行为发出者的社会地位明显高于指令类行为的接受者，指令行为是"从上到下"的过程，例如"命令、下令、指令、指示、训示、通知、号令、号召、要求"等，"下行"指令类言说动词的施为语力最强，对指令行为的接受者有较强的约束力；"上行"指令类言说动词指的是指令类行为发出者的社会地位明显低于指令类行为的接受者，指令行为是"从下到上"的过程，例如"申请、吁请、请示、请求、恳求、乞求、央求"等，"上行"指令类言说动词的施为语力最弱，基本不具有约束力，往往具有请求性；"平行"指令类言说动词指的是指令类行为发出者的社会地位和指令类行为接受者的社会地位大致相当，指令行为是"从交际的一方到另一方"的平行传递过程，例如"建议、提议、倡议、提出、倡导、提倡"等，"平行"指令类言说动词的施为语力居中，对指令行为的接受者具有一定影响力，但不具有强制约束力。

　　不同类型的指令动词体现了指令行为不同主体之间的社会地位和等级关系的差异。特定的立场选择形式与特定的立场主体（包括立场主体的"社会角色""社会身份""个性范畴"等）、人际关系和社会关系（包括"社会距离、等级关系和权力关系"等）显著相关（Jaffe，2009：4）。换句话说，说话人所处的不同社会地位和等级关系决定了说话人在交际中采用不同的指令类言语行为动词；反过来，不同指令类言语行为动词在言语交际中的被选择和运用也反映了说话人不同的社会地位和等级关系。因此，从本质上来说，指令类言语行为动词实际上就是现实空间中交际主体之间社会地位和等级关系在言语空间内的隐喻性投射。Dillon（1983）认为，"傲慢"（superior）与"平等"（equal）是反映说话人（或作者）与听话人（或读者）之间人际关系的五大语篇参数之一，是反映交际主体之间社会地位和等级关系的语言信号，也是听话人或读者能够识别说话人或作者交际意图的重要参数之一。

　　我们可以把指令类言语行为动词作为形式标记来审视和窥探言语交际主体之间的社会地位和等级关系。当交际主体使用的指令类言语行为动词与交际主体之间的社会等级关系不相符时，就产生了一种特定的言语交际效果，从而形成了一种特定的言语交际风格。例如：

　　（1）李剑一拍脑门说，他一直想向老婆大人汇报的，但前段时间太忙，昏头了。（都市快讯《离异中年女子 当心骗财骗色》严峰、章官翔）

　　（2）报告老婆大人："这两天诸事皆安，都很顺利。今天踢球也

挺好，进了两个漂亮的球。"（微博语料）

例（1）和例（2）中的"汇报、报告"都是典型的"上行"指令类言说动词，而夫妻关系则应该是一种平等关系，说话人有意在平等的夫妻关系中使用"上行"指令类言说动词，意在向听话人表明一种"服从"（compliance）态度，或者有意造成一种修辞上的反差效果，从而产生一种幽默搞笑或戏谑讽刺的言语效果，体现了说话人与言语交际对象之间的亲密关系。

此外，宣告类言说动词也反映了交际主体的社会地位和等级关系。孔慧（2015：53）指出，宣告类言语行为涉及的不只是语言层面上的构成性规则，还涉及一些社会制度方面的构成性规则。宣告类言说动词通过宣告行为对听话人产生影响，引起骤变，其目的是说话人通过宣告某一事件的发生来实现某一事件，典型的宣告类言说动词有"宣布、宣告、宣判、宣战"等，宣告类言说动词往往表达公开的、正式的官方立场，具有正式、庄严的言语表达风格。

7. 视觉类动词及动词性结构的风格立场表达

视觉类动词及动词性结构既可以表达示证立场，也可以表达认识立场。其中，由"看"类视觉动词（如"看、瞧"等）组构而成的动词性结构往往表达说话人的认识立场；由"见"类视觉动词（如"看见、瞧见、碰见、遇见、撞见"等）组构而成的动词性结构往往表达说话人的示证立场。二者的区别在于："看"类视觉动词往往凸显"看"的视觉行为；"见"类视觉动词则意在凸显视觉行为的结果——"见到"。

当说话人使用"见"类视觉动词及动词性结构时，往往意在向听话人表明说话人所提供的信息在说话人的直证范围之内，是说话人亲眼所见，因此，说话人可以对信息的真实性和可靠性负责，这体现了说话人对所提供信息真实性"负责"的客观立场（objectivity）。而当说话人使用"看"类视觉动词及动词性结构时，往往意在向听话人表明说话人的认识立场，体现了说话人关于命题或判断的主观立场，具有较强的私人性（personal）。

Dillon（1983）曾经指出，"私人"（personal）与"公正"（impersonal）是反映说话人（或作者）与听话人（或读者）之间人际关系的五大语篇参数之一，是反映交际主体之间社会关系和社会距离的语言信号，也是听话人或读者能够识别说话人或作者交际意图的重要参数之一。"看"类视觉动词及动词性结构与"见"类视觉动词及动词性结构恰恰是"私人"与"公正"这一组人际关系在语言形式上的直接反映。

8. 情感态度类动词及动词性结构的风格立场表达

情感类动词和态度类动词及动词性结构在风格立场的表达上具有相似性，都可以通过负载情感或态度的词汇项直接表达说话人对所言说内容及听话人的情感态度，直接建构情感立场或态度立场，也可以通过隐含的词汇项来暗示说话人关于命题所言说内容或听话人的某种情感立场或态度立场。

由"感激、放心、厌恶"等情感类心理动词构成的动词性结构仅仅表达说话人的情感立场，而由"怕、害怕、恐怕、担心"等情感类心理动词构成的动词性结构则往往在表达说话人认识立场的同时，隐含了说话人关于命题内容的某种特殊的情感体验，即"担心、害怕"或"不情愿"的态度，表达一种复合立场。因此，这种类型的认识立场表达实际上就是一种隐性的情感立场表达。

由"同意、赞同、反对、拒绝、不予置评"等态度动词构成的动词性结构往往直接反映说话人的态度立场，而像由"命令""建议""提醒"等态度动词构成的动词性结构则往往暗含着说话人的态度立场①。"命令"往

① 通常来说，动词的立场表达功能往往不是单一的，从不同的角度来看，动词具有不同的立场表达功能。举例来说，"命令"的词汇概念语义结构中内化了一定的等级关系和权力关系，因此，它既可以属于说话人定位的态度动词范畴，表达一种基于说话人权势地位而作出的说话人导向的态度立场，也可以属于"下行"指令类言说动词的范畴，表达一种说话人对听话人自上而下的言语行为立场。因此，像"命令、指示、下令、要求"等下行指令类言说动词都属于说话人定位的态度动词。

往是基于说话人权势地位而作出的，是说话人定位的，往往表达一种强制性态度，即道义上的"必须"；而"要求"虽然也是说话人定位的，但是往往表达一种温和的要求，即道义上的"必要"；"建议"则是基于听话人的利益作出的，是听话人定位的，往往没有强制性，因此，听话人对是否执行建议行为是可选择的。所以，从语气强度上来说，"建议"的语气比"命令"的语气要弱得多。"提醒"从强度上来说，往往弱于"命令"，而强于"建议"，"提醒"既可以是基于说话人利益而作出的，也可以是基于听话人利益而作出的。当"提醒"的行为是基于说话人的利益而作出的时候，"提醒"的内容对听话人来说往往是一种威胁；而当"提醒"的内容是基于听话人的利益而作出的时候，"提醒"的内容对听话人来说往往是一种建议。因此，"命令""建议""提醒"等态度动词与"同意、赞同、反对、拒绝、不予置评"等态度动词不同，它们反映了态度立场在语言表达中的两种典型形式：直观表达和间接表达。而"直观的"（confronted）与"间接的"（oblique）是反映说话人（或作者）与言说内容或听话人（或读者）之间人际关系的五大语篇参数之一（Dillon，1983），也是反映交际主体之间社会关系和社会距离的语言信号，是听话人或读者能够识别说话人或作者交际意图的重要参数之一。

9. 结语

Dillon（1983）曾经用五对参数来描写和探索语篇文本中的人际关系，它们分别是：

①私人的（personal）——公正的（impersonal）

②有距离的（distance）——团结的（solidarity）

③傲慢的（superior）——平等的（equal）

④间接的（oblique）——直观的（confronted）

⑤正式的（formal）——非正式的（informal）

Dillon 将上述五对参数看作语篇文本中具有社会功能的语言信号，是语篇结构必不可少的基本组成成分（Grabe，1984：144）。

显然，上述五对参数是说话人（或作者）言语交际意图在话语文本或语篇文本中的五种基本表达形式，体现了话语文本或语篇文本组织的五种基本风格类型，本文称其为五对基本风格立场，即个人风格立场或公正风格立场、疏远风格立场或亲密风格立场、傲慢风格立场或平等风格立场、间接风格立场或直观风格立场、正式风格立场或非正式风格立场。

现代汉语动词及动词性结构在上述五组对立的风格立场类型中均有一定程度的体现，总结如下。

个人风格立场与公正风格立场在视觉类动词及动词性结构中表现得比较明显。"见"类视觉动词及动词性结构往往用于表达说话人所提供的信息是说话人亲眼所见的，所以，说话人使用"见"类视觉动词及动词性结构意在向听话人表明自己可以为所提供信息的真实性"负责"，表达说话人的客观立场，表现出较强的公正风格立场；与之相对的，"看"类视觉动词及动词性结构往往用于表达说话人个人的认识立场，说话人使用"看"类视觉动词及动词性结构意在向听话人表明说话人的主观态度或观点，体现出较强的个人风格立场。

疏远风格立场和亲密风格立场的对立在示证类动词及动词性结构中表现得尤为明显。直证类示证动词及动词性结构主要表达说话人关于所陈述命题信息的较高参与度，展示了说话人与信息之间的亲密关系。非直证类示证动词及动词性结构则表明说话人对所陈述命题信息的较低参与度，说话人有意与所提供的信息保持距离，向听话人表明说话人与信息之间的疏远关系，从而展示二者之间的疏远关系。

傲慢风格立场与平等风格立场在指令类言说动词及动词性结构中表现明显。一般来说，指令类言说动词及动词性结构明确表明了言语交际主体在现实社会中的社会地位和等级关系，因此，指令类言说动词及动词性结构的使用具有明显的语境选择偏好。处于下一级关系的说话人对处于上一级关系的听话人往往会使用"上行"指令类动词及其动词性结构；处于上一级关系的说话人对处于下一级关系的听话人往往会采用"下行"指令类动词及其动词性结构；处于平等关系中的交际主体可以使用"平行"指令类动词及其动词性结构。当说话人使用的指令类言说动词及动词性结构与现实社会中交际主体的地位等级关系不符时，往往暗含着说话人特定的言者态度，例如"服从态度"、"傲慢态度"或"平等态度"等。

间接风格立场和直观风格立场在情感态度类动词及动词性结构中表现得最为明显。像"感激、放心、厌恶"等情感类心理动词和"同意、反对、拒绝、不予置评"等态度动词往往直接用于表达说话人的情感立场或态度立场，是一种直观的立场表达风格；像"担心、害怕、恐怕"等情感类动词在表达说话人认识立场的同时，还暗含着说话人关于命题内容的消极情感评价；像"赞同、称赞、赞美"等态度动词在表达说话人肯定态度的同时，还暗含着说话人对客体内容及其他态度主体的积极情感评价；像"反驳、驳斥、批驳"等态度动词在表达说话人否定态度的同时，还暗含着说话人对客体内容或其他交际主体的消极情感评价。在言语交际实践中，说话人采用直观的表达方式，还是"隐含"的间接表达方式来展示言者立场，不仅受到言者交际意图的影响，还涉及交际双方的社会地位和社会关系以及礼貌原则、面子保护策略等诸多语用因素。

正式风格立场和非正式风格立场在叙实类动词及动词性结构、认识类动词及动词性结构和言说类动词及动词性结构中都表现得比较明显。像"你知道"等叙实类动词结构具有明显的非正式语体风格；像"我猜、我想"等认识类动词结构往往表达说话人个人关于命题倾向于为真的弱断言认识立场，往往表现出明显的非正式语体风格。与之相对的，像"我们推断、我们预测"等认识类动词结构往往表达说话人关于命题很可能为真的强断言认识立场，往往表现出较明显的正式语体风格。此外，像"说白了"、"说到底"、"说得+形容词+一点儿"和"说实话"等言说类动词构式具有明显的非正式语体风格，而像"宣布、宣告、宣战"等宣告类言说动词则具有正式庄严的语体风格。

参考文献

孔慧：《塞尔言语行为理论探讨》，上海人民出版社，2015。

马庆株：《结构、语义、表达研究琐议》，《中国语文》1998 年第 3 期。

马庆株：《结合语义表达的语法研究》，《汉语学习》2000 年第 2 期。

马庆株：《现代汉语动词和动词性结构》，北京大学出版社，2007。

Biber, D., Stig Johansson, Geoffrey Leech, Susan Conrad & Edward Finegan, 1999. *Longman Grammar of Spoken and Written English*. Harlow：Pearson Education Limited.

Conrad, S. & Douglas Biber, 1999. Adverbial Marking of Stance in Speech and Writing. In：Susan Hunston & Geoff Thompson （eds.） *Authorial Stance and the Construction of Discourse*. New York：Oxford University Press.

Dillon, G., 1983. *Interpersonal Functions of Textual Analysis*. Lecture Presented at the University of Southern California.

Grabe, W. P., 1984. *Towards Defining Expository Prose within a Theory of Text Construction*. Unpublished Doctoral Dissertation, University of Southern California.

Jaffe, A., 2009. *Stance：Sociolinguistic Perspectives*. Oxford：Oxford University Press.

Ötman, J. O., 1981. "*You know*"：*A Discourse – Functional Study*. Amsterdam：John Benjamins.

Traugott, E. C. 2020. Expressions of Stance – to – text：Discourse Management Markers as Stance Markers. *Language Sciences*, 82 （1）：1–13.

Stylistic Stances of Chinese Verbs and Verbal Structures

FENG Junwei

Abstract: The stylistic stance is essentially the way or style of speaking or discourse text, which is the linguistics' signals of the author's implicit attitudes. The linguistic expressions of stylistic stances have the metatextual functions. In modern Chinese, the realis verbs, the deictic verbs, the epistemic verbs, the anti-realis verbs, the speech act verbs, the visual act verbs, the emotional or attitudinal verbs and their verbal structures reflect five basic discourse organization style types, including "personal-impersonal", "distance-solidarity", "superior-equal", "oblique-confronted" and "formal-informal".

Keywords: verbal structures; stylistic stances; metatextual functions

谐声原则、内部拟测法
与上古汉语声母研究

宋亚云

（北京大学中文系）

提 要 文章结合高本汉、董同龢、李方桂等学者对上古汉语声母的构拟，从方法论的角度，结合谐声原则，对内部拟测法在古音构拟中的作用及其不足加以评述。

关键词 谐声原则 内部拟测法 上古汉语 声母

1. 引言

徐通锵（2001：236-237）《历史语言学》第九章第四节"内部拟测法的成效和局限"指出："内部拟测法着眼于规则系统中的不规则现象，实际上就是从语言系统中的结构差异入手来研究语言的发展。……现在，有了内部拟测法，就可以通过系统内部的那些不规则变化、空格、异常的分布等现象去探索语言的发展和拟测它们的原始结构，使历史比较法难以发挥作用的领域现在也有了对付的办法。这就在一定程度上弥补了历史比较法的不足，推进了历史语言学的发展。所以，内部拟测法在语言史的研究中是有重要的价值的。"

本文拟打算在既往的研究基础之上，结合高本汉、董同龢、李方桂等学者提出的上古汉语声母系统及各家对上古汉语声母音值的构拟，从方法论的角度，结合谐声原则，一方面肯定内部拟测法在古音构拟中的作用，承认其重要价值，另一方面指出内部拟测法存在的不足之处，以供研究上古汉语声母的学者参考。

2. 高本汉对上古汉语声母的构拟

高本汉（1956：Ⅱ-14）《中古及上古汉语语音学简编》[①] 拟测了 34 个上古声母：

k	k'	g	g'	ng	[x]	·
t	t'	d	d'	n	l	
ts	ts'	dz	dz'	s	z	
tṣ	tṣ'		dẓ'	ṣ		
t̂	t̂'	d̂	d̂'	ń	ś	
p	p'	(b?)	b'	m		

高本汉是怎样拟测出这样一个上古声母系统来的呢？他是在自己所建构的中古汉语声母系统的基础之上，大规模利用谐声材料，并应用内部拟测法构拟出来的。

高本汉（1956：Ⅰ-27）拟测了 32 个中古声母（如果算上舌尖后塞擦音和擦音即庄组，则有 36 声母）：

[①] 冯蒸（2003：15）："文中提到的 Compendium（陆文简称作 c）是指高本汉于 1956 年在瑞典《远东考古博物馆年报》（BMFEA）第 26 期 211-367 页上刊出的 *Compendium of Phonetics in Ancient and Archaic Chinese* 一文，此文据我所知已经有了三个汉译本，它们是：1.《中古及上古汉语语音学简编》，周达甫译，陆志韦校注，油印本，1956。2.《中国声韵学大纲》，张洪年译，香港中文大学研究院中国语言文学会出版，1968；1972 年台湾中华丛书编审委员会出版。3.《中上古汉语音韵纲要》，聂鸿音译，齐鲁书社，1987。此中周达甫的汉译本迄未出版，但实在是高氏此文汉译本中的上乘之作，加上陆志韦的近百条精彩校注，此译本亟有必要正式出版。"本文采用周达甫译、陆志韦校注的 1956 年油印本。

32 31 30 29 28 27 21 20 19 18 17 16 15 14 13

日 来 喻 影 匣 晓 邪 心 从 清 精 明 並 滂 帮

ń ʑ l O ʔ ɣ x z s dzʻ tsʻ ts m bʻ pʻ p

8 7 6 5 4 3 2 1

泥 定 透 端 疑 群 溪 见

n dʻ tʻ t ng gʻ kʻ k

ṣ dẓʻ tṣʻ tṣ （36 生 35 崇 34 初 33 庄）

26 25 24 23 22 12 11 10 9

禅 审 床 穿 照 娘 澄 彻 知

ź ś dźʻ tśʻ tś ń d̂ʻ t̂ʻ t̂

下面将高本汉拟测的从上古声母系统到中古声母系统的演变情况对应如下：

k、kʻ、g、gʻ、ng、[x]·>1 见 k、2 溪 kʻ、30 喻 O、3 群 gʻ 和 28 匣 ɣ、4 疑 ng、27 晓 x、29 影 ʔ

t、tʻ、d、dʻ、n、l、z {>5 端 t、6 透 tʻ、30 喻 O、7 定 dʻ、8 泥 n、31 来 l、30 喻 O

>9 知 t̂、10 彻 t̂ʻ、11 澄 d̂ʻ、12 娘 ń

ts、tsʻ、dz、dzʻ、s >17 精 ts、18 清 tsʻ、19 从 dzʻ、20 s 心、21 邪 z

tṣ、tṣʻ、dẓʻ、ṣ >33 庄 tṣ、34 初 tṣʻ、35 崇 dẓʻ、36 生 ṣ

t̂、t̂ʻ、d̂、d̂ʻ、ń、ś >22 照 tś、23 穿 tśʻ、24 床 dźʻ、32 日 ń、25 审 ś、26 禅 ź

p、pʻ、（bʔ）、bʻ、m >13 帮 p、14 滂 pʻ、15 并 bʻ、16 明 m

与中古声母系统相比，高本汉的上古汉语声母系统有如下几个特点。

（一）喻母在上古有三个来源，即 g-、d-、z-。

（二）中古的群母、匣母上古同出一源，拟音为 gʻ-。

（三）中古的审母 ś 上古为擦音 ś-。禅母 ź 上古为塞音 d̂-。中古的邪母来自 dz-，即 dz->z-。日母上古为鼻音 ń-。

（四）中古的知彻澄娘上古并入端透定泥。中古的照系三等章昌船三母上古音拟为舌面爆发音 t̂-、t̂'-、d̂'-，其音值与中古知彻澄一样，当章昌船变为舌面塞擦音 tʂ-、tʂ'-、dʐ'-后，知彻澄才从端透定中分化出来，填补章组留下的空缺。

（五）精组、庄组、见组、帮组几组大致与上古相同。

（六）上古浊音有一套送气、一套不送气。

下面，我们具体分析一下高本汉的拟测经过和论证的思路。

高本汉发现，中古汉语中，一组组的谐声字大多遵循几条通则：

1. 一组之内，韵尾辅音是相同的，即使不同，也至少是同部位的；

2. 在一组之内，声母辅音如果不同（常常这样），那么绝大多数是同部位的。

高本汉还发现了许多例外，他说："但是，有某几大类是打破这些规则，发人深省。"

2.1　喻母的上古音构拟

I 类

a 余 iwo—	除 d̂'ẓiwo，叙 zịwo，途涂茶 d'uo，稌 t'uo	
b 易（陽）iạng—	暘 t̂'iang，畅 t̂iang，場腸 d̂'iạng，湯 t'ang，錫 zịäng，惕 d'âng，煬 s'ịang	
c 枼（葉）iäp—	堞牒蝶褋諜蹀 d'iep，鞢 śiäp	
d 賣 iuk—	觀 d'iek，匵櫝瀆牘犢讀韇 d'uk，贖 d̂'ziwok，續 zịwok	
e 甬 iwong—	誦 zịwong，桶 d'ung，痛通 t'ung，箐 d'ung	
f 炎 jiäm—	餤 iäm，袨 ts'ịäm，頩 s ịäm，茭 t'äm，談淡惔 d'âm，餤 däm	

II 类

g 王 jiwang—	迋 kiwang，匡 k'iwang，狂 g'iwang	

h 爰 ji̯wɐn—　　　　煖諼 xi̯wɐn，緩鍰 ɣuan

i 或（域）ji̯wək—　國 kwək，惑 ɣwək，蟈 ɣi̯wək，馘 kwɛk

j 爲 ji̯wie̯—　　　　嬀 kji̯wie̯，僞 ngji̯wie̯，撝 xji̯wie̯

k 喬 i̯uĕt—　　　　橘繘 ki̯uĕt，僪獝 g'i̯uĕt，劀 kwăt，譎鐍潏 ki̯wet

高本汉要拟测的就是 Ⅰ、Ⅱ 两类左侧声首（包括中古的喻₃和喻₄字）的上古声母。高氏的拟测大致分五步走。

第一步：证明 Ⅰ 类上古本来是有一个舌尖前的声母，Ⅱ 类上古本来是有一个舌根的声母，不过在《切韵》时代以前就失掉了，理由如下。

1. 此类谐声字每组只限于一种部位的声母，要么限于舌尖音（或舌面前）范围之内，要么全限于舌根音范围之内，而两不相混，这表明 Ⅰ 类上古本来有一个舌尖前声母，Ⅱ 类有一个舌根声母。

2. 这些字都以 i 音起头。在瑞典语里，一个 d- 或 g- 在 i 前容易丢掉，如 diup>iup、giuta>iuta，故这些脱落的声母有可能是 d- 或 g-；在德国的方言里，一个 g- 不管后面接什么元音，自己就变成 i，可见脱落的声母很有可能就是 g-。

3. 喻母字有无可能上古本身就没有声母辅音，正如影母字在上古也无声母辅音一样呢？高本汉认为不可能，原因如下。

（1）中古影母是一个喉部的破裂音，影母字后接的元音很多，如：阿·a、欧·əu、噫·i、央·iang；而喻母是一个简单光软的元音性的起头，喻母字均以 i 音起头。

（2）喻母字经常与 t- 系或 k- 系字互谐，而影母字中以 i 起头的字不跟 t- 系或 k- 系谐声。可见影母字本来就没有声母，喻母字本来有一个舌尖前或舌根的声母。

4. 有很多字一字两读，其中一个读音是喻母，一个读音是舌尖（包括舌面）或是舌根音。

第二步：证明喻母失掉的舌尖音或舌根音是浊母。理由是：中古有一条通则，平上去入当中，清声母字是高调，浊声母字是低调。影母是高调，喻母是低调，故喻母属于浊音系列，可见脱落的舌尖或舌根音一定是浊音声母。

第三步：证明喻母失掉的舌尖或舌根音，不仅是浊音，而且是不送气浊音。理由是：中古汉语具有声母 k-、k'-、g'-和 t-、t'-、d'-，但是没有不送气浊音 g-和 d-，高本汉进而推测上古汉语有全套 k-、k'-、g'-、g-和 t-、t'-、d'-、d-，其中的 g-和 d-在 i 之前脱落了。

高本汉此处即应用了内部拟测法，他认为中古汉语清音有送气和不送气的对立，浊音只有送气音，没有不送气音，整个系统呈现出不平衡、不对称的状态，而他暗中有一个假设作为构拟的前提，即，越是古老的语言，语音的分布越整齐、越对称，因此他只有拟测出不送气的 g-和 d-来配送气的 g'-和 d'-，整个上古汉语声母系统才显得更为整齐和对称。

这里有两点值得怀疑：

（1）为什么说越是古老的语言，语音的分布就越整齐、越对称？何九盈（2002：23）说："所谓空格理论问题，也是到了应该反思的时候了。有人批评王力、李方桂的上古元音系统留下了若干空格，说是不匀称、不整齐，于是一一为之填满。这也使我大惑不解。所谓语言越古就越匀称，我根本就不相信这个理论具有科学性。就算这个理论是正确的，事实果真如此，难道《诗经》时代的汉语就是最古老的汉语了吗？我们把《诗经》的元音系统填得满满的，殷商时代的元音系统又该如何处置？夏代的元音系统又该如何处置？事物的对称和不对称总是相对而言的，填空格必须将历时系统和共时系统的关系搞清楚，必须有足够的材料为证。"

（2）为什么说中古汉语浊音是送气的？李荣（1956：116-124）、陆志韦（1999：522-547）就认为浊音不送气，王力（1985：19）一开始拟为送气，后来认为争论浊音送气不送气是多余的，从音位的观点看，浊音送气不送气在汉语里是互换音位。如果这两条假设不成立，高本汉的构拟就要大打折扣。

第四步：证明喻母失掉的舌根音或舌尖音，不仅是不送气浊音，而且是不送气舌根浊塞音 *g-和舌尖浊塞音 *d-。

我们知道，不送气舌根浊音有塞音 g-和擦音 ɣ-，不送气舌尖浊音有塞音 d-和擦音 z-，高本汉凭什么说喻母失掉的不送气舌根浊音是塞音 g-而不是擦音 ɤ-呢？又凭什么说喻母失掉的不送气舌尖浊音是塞音 d-而不是擦音 z-呢？高本汉的论证很复杂，他的大致思路如下。

1. 塞擦音、擦音一般不跟塞音互谐，喻母Ⅱ类与 k-系字互谐很多，因此喻母Ⅱ类失落的辅音不可能是擦音，而应是塞音 g-。

2. 塞音（原译作"破裂音"）t-、t'-、d'-不与塞擦音和擦音（原译作破裂摩擦音）ts-、ts'-、dz'-、s-、z-互谐。喻母字Ⅰ类常与 t-、t'-、d'-相谐，其失落的舌尖声母不可能是擦音 z-，因为擦音 z-不常与塞音 t-、t'-、d'-相谐，那只能是浊塞音 d-。

第五步：证明喻母还有一类（即羊类字）的上古声母为 z-，不是 d-，到中古也失掉声母，变为喻母，例如：羊 i̯ang ~ 祥详庠 zi̯ang（邪母）。如果把羊的上古声母拟为 d-，是不妥当的，因为他认为舌尖塞音一般不与塞擦音或擦音互谐。既然不是 d-，就只能是 z-，即羊的上古音是：zi̯ang，与祥 dzi̯ang 相谐。到中古，羊变为 i̯ang，祥变为 zi̯ang，二者仍然互谐。

综上，喻母Ⅰ类的上古声母是不送气舌尖浊塞音 d-；喻母Ⅱ类的上古声母是不送气舌根浊塞音 g-；喻母羊类的上古声母是不送气舌尖浊擦音 z-。

2.2　邪母的上古音构拟

如上所述，高本汉将喻母羊类字的上古声母拟测为 z-，而中古的邪母也是 z-，邪母的上古音若也拟为 z-，势必与喻母羊类发生冲突。于是，高本汉将邪母的上古音拟为 dz-，到中古变为 z-。而且，中古的精系 ts-、ts'-、dz'-、s-在上古仍然为 ts-、ts'-、dz'-、（　）、s-，不送气塞擦音处是一个空格，高本汉将邪母拟为 dz-，只好填补了这个空格。

2.3　群母、匣母的上古音构拟

高本汉认为，中古的匣母 [ɤ] 只出现于非软化的韵母即一二四等韵母之前；中古的群母 [g'] 只存在于三等的软化韵母之前，匣群互补，来自同一个上古声母，按不同的韵母而分裂成两个中古声母。匣群所从出的上古声母是［ɣ］还是［gʻ］呢？这又有以下两种可能。

上古音 中古音		上古音 中古音
皇 * gʻwaŋ>ɣwaŋ		王 * gʻi̯waŋ>ji̯waŋ

或者

上古音 中古音		上古音 中古音
皇 * ɣwaŋ>ɣwaŋ		王 * ɣi̯waŋ>ji̯waŋ

高本汉认为前者更合理，此处，高本汉运用了反证法：假设中古的 ɣ 来自上古的 ɣ-，由于 ɣ-是浊音，与清音 k-不大相谐，k：ɣ 互谐的例子应该少于 k：x 的例子，因为 k：x 均为清音，k：ɣ 一清一浊。可是实际上 k：ɣ 互谐的例子多于 k：x 的例子，故假设不成立。匣母上古很可能是个塞音，塞音与 k-系相谐很自然。反之，如果假设中古的匣母来自上古的 gʻ-，则 k：gʻ 互谐易于解释。中古的群母也来自 gʻ-，匣群在上古可合并为 gʻ-，这更坚定了高本汉将喻母Ⅲ类失落的舌根音拟测为不送气浊塞音 g-的信心，gʻ-与 g-相配，k-与 kʻ-相配，形成了整齐的格局。可见，高本汉拟测的主要根据是互补和空格。

2.4 精清从心和庄初崇生的上古音构拟

高本汉发现中古照二系的庄初崇生与精清从心可以随便互谐，庄组从不见于一等各韵母之前，精组从不见于二等各韵之前，这说明舌尖后音与舌尖音的分布是互补的。高本汉认为，其中一组是原来的，另一组是后起的；中古的精组可以在各种元音之前，因此，精组是原来的，其上古音是 ts-、tsʻ-、dzʻ-、s-；而庄组只多见于二等元音之前，它是后起的，上古当与精清从心归并，此即黄侃的"照二归精"。

可是，高本汉遇到了一个难题，他发现，中古的庄组字还有一部分出现于三等韵之前，而精组也出现于三等韵之前，若说这部分字上古也并入精组，势必与同韵的精组字同音，在相同的条件下不可能有不同的分化，它们到中古又发生分化的条件是什么？找不出来。鉴于此，高本汉将中古的庄组字一分为二：一部分字不见于一等和三等韵母之前，其声母归入上古的 ts、ts'、dz、dz'、s；另一部分字可以出现在三等韵之前，上古独立，其声母即 tṣ-、tṣ'-、dẓ'-、ṣ-。

2.5　照₃系章昌船三母和知彻澄、端透定的上古音构拟

高本汉在他的谐声原则中指出，中古的精清从彼此自由互谐，精庄两组也可互谐；端透定自由互谐，端知两组也可互谐，但是端透定、知彻澄一般不与精清从、庄初崇互谐，也就是说塞音一般不与塞擦音互谐。这是通则。此外，高本汉惊奇地发现，中古的舌面塞擦音章昌船竟然不与同是塞擦音的精清从互谐，却与端知二组互谐。如：

者-中古 tśia 谐：豬 t̂iwo、楮 t̂'iwo、箸 d̂iwo、都 tuo、屠 d'uo

周 tśiəu 谐：惆 t̂iəu、稠 d̂iəu、彫 tieu、调 d'ieu 等。

这说明，中古的舌面塞擦音章组来自上古的爆发音，即：t̂->tś-、t̂'->tś'-、d̂'->dz'-。高本汉并没有将章组归入端组，这反映了他的审慎态度。有人主张"章系归端"，从语音发展演变的角度来看，照₃系与端系的合并是有问题的，王力（1985：21）说："我们只能说它们的读音相近，不能说相同。"

高本汉将知彻澄并入端透定，理由是：后者只见于一、四等韵之前，前者只见于二、三等韵之前，二者互补，上古可以合并，此即"古无舌上音"。

2.6　审母三等和禅母的上古音构拟

高本汉虽然将审₃（ś-）的上古音拟得跟中古一样，但他认为审₃不跟章昌船互谐，不跟端透定互谐，不跟禅母互谐，却是一错再错。中古审母是擦音，他这样看待审母，是为了成全自己的谐声原则：擦音一般不与塞音互谐（章组来自塞音）。可是实际上审母与上述诸母均可互谐，高本汉这一观点受到许多中国学者的批评，后来，高本汉对审₃的问题也是闭口不谈了。

高本汉将禅母（ź-）的上古音构拟为ḍ-有以下三条理由。

1. 禅母常跟端透定、知彻澄、章昌船互谐，所以它原来是个塞音；

2. 禅母不跟审₂互谐，审₂又不跟端透定、知彻澄以及章昌船谐声，所以它原来不会是个擦音；

3. 高本汉所构拟的章昌船审为：t̂-、t̂'-、d̂'-、ś-、（ ），还有一个空格没有填满，于是他认为中古的禅母ź-来自上古的ḍ-，与船母d̂'-相配，一个不送气，一个送气；禅母的演变还经历了一个dź-的阶段，即：ḍ->dź->ź-。王力（1985：21）说："高本汉把禅母拟测为不送气的ḍ（即高本汉的ḍ-），与送气的神母（即船母）[ḍ']（即高本汉的d̂'-）相配，我们认为不可信，古禅母应是古审母的浊音，所以我们拟测为[ʑ]。"

2.7　其他各声母的上古音构拟

来母、晓母、帮滂并明四母、见溪疑的上古音，高本汉拟测的与中古一样。另外，还有一个（b?）不常见，所以放在括号中又加上问号，属于这个声母的字如聿biwət（?），还有少数带b-的复声母字，如律bli̯wət。

总之，高本汉思路清晰，逻辑严密，构拟过程引人入胜，极具启发性，他的拟测大体上是成功的。但是，由于对谐声关系片面甚至错误的认识，以及过分拘泥于所谓的空格理论，高本汉在拟测的过程中出现了一些严重的失误，受到董同龢（1944）、陆志韦（1999）、王力（1985）等中国学者的批评。

3. 董同龢对上古汉语单声母系统的构拟

董同龢（1944：43）拟测的上古汉语单声母系统到中古的演变如下（36个）。

唇音　p、p'、b'、m>p、p'、b'、m（帮滂并明）

清唇鼻音　m̥>x（晓）

舌尖音　t、t'、d'、n $\begin{cases}$一、四等韵>t、t'、d'、n（端透定泥）\\d>O（喻四）、l>l（来）\\二、三等韵>t̂、t̂'、d̂'、ń（知彻澄娘）$\end{cases}$

舌尖音　ts、ts'、dz'、s、z $\begin{cases}$一、三、四等韵>ts、ts'、dz'、s、z\\（精清从心邪）\\二等韵>tṣ、tṣ'、dẓ'、ṣ、（ẓ）\\（庄初崇生俟）$\end{cases}$

舌面前音　t̂、t̂'、d̂'、ń、ś、ź $\left.\begin{matrix}\\ \end{matrix}\right\}$ tś、tś'、dź'、ńź、ś、ź
舌面后音　k̂、k̂'、ĝ'、gn、x̂、j $>$（章昌船日审禅）

舌根音　k、k'、g'、ng、x>k、k'、g'、ng、x（见溪群疑晓）g>O

（喻四）ɤ $\begin{cases}$一二四等韵>ɤ（匣）\\三等韵>j（喻三）$\end{cases}$

喉音　·　　　　　　　　　　　　　　　　　　·（影）

与中古系统相比，这个上古单声母系统有以下几大特点。

（一）晓母 x 的一部分字来自清唇鼻音 m̥，另一部分上古仍作 x。

（二）喻三归匣，上古为舌根浊擦音 ɤ，这一点较高本汉是一大进步。喻四O上古来源有三：（1）一类与舌尖音谐声，拟为 d-；（2）一类与舌根音谐声，拟为 g-；（3）另一类来自复辅音。

（三）精组与庄组上古同出一源，拟为舌尖前音，中古的庄系三等字由二等变来，精组出现于一二四等之前，精庄互补；构拟了一个俟母（但未正式命名）。

（四）章昌船日审禅来源有二：一部分与端知两系谐声，拟为舌面前音，另一部分与舌根音谐声，拟为舌面后音。

董同龢的研究方法有以下几个特色。

（一）在取材范围上，董同龢的《上古音韵表稿》比高本汉更严谨。

高本汉的 12000 多字谐声材料取自《康熙字典》，其中包括大量汉代以后新造的字，材料上的缺点影响了高本汉对谐声系列的观察。董同龢以

《说文》9000 多字为基础，剔除其中对分析没用的重文和结构不明的字，加上先秦古籍所见、《说文》所无的字，作为取材的范围，这样就更为可靠。

（二）董同龢能从比较特殊的谐声现象中发现彼此互谐的中古声母在上古的密切联系，尤其重要的是，他不仅着眼于两组声母互谐的现象，而且善于综合考虑互谐的声母与其他声母的谐声情况，全面权衡，再作推论。

董同龢注意到了同类（同发音部位）互谐、异类互谐、本母自谐、转换互谐、一声单谐、一声多谐（兼谐）、常见谐声、罕见谐声等多种复杂情况，从正反两方面思考问题，善于假设，逻辑十分严密，结论更为可信。分述如下。

1. 将与明母谐声的晓母字的上古声母拟为清唇鼻音 m̥-，是董同龢的一大发明。

高本汉虽然注意到了有些明母字与晓母字互谐，但没有任何解释，只是记作 xm-，如"悔""昏"，这说明高本汉可能是暗中把 xm-当作复声母来处理的。但董同龢（1944：13）说："在我看来，这些例子根本就是不适于用复声母的关系来解释。"此处，他摆出了几种常见的和较为特殊的谐声现象，如下。

（1）同类互谐：p、p'、b 在谐声字中总是常常互谐的，他们不大跟明母谐声，跟别的声母互谐也很少见。因此，帮滂並在上古仍是 p、p'、b。

（2）本母自谐：明母字有一部分只是自己谐自己，这些明母字的上古声母仍是 m-。

（3）异类互谐：明母是唇音，有一些字却常专与舌根擦音晓母互谐，如下。

每 muậi：悔晦誨 xuậi；瞢 məng：薨 xuəng；黑 xək：墨默嚜纆 mək；尾 mi̯wĕI：xi̯wĕi；

微 mi̯wĕi：徽徽 xi̯wĕi；威 xi̯wät：滅 mi̯wät；勿 mi̯wət：昒忽 xuət

（4）转换互谐：在上述明母与晓母互谐的例子中，还有特殊的转换互谐的例子，如下。

亡 m-：巟 x-：統 m-；民 m-：昏 x-：緡 m-

（5）一声单谐：上述这类明母字与晓母字的谐声中并不夹杂一个其他声母的字，即这些晓母字总是与明母字互谐，不与其他声母的字相谐。

（6）一声多谐，如：各 klâk：路 luo；各 klâk：格 kɐk；各 klâk：恪 k'âk；鬲 liek, kɛk：甂蒿 lɛk，隔 kɛk，翮 ɤɛk

这些一声多谐的现象反映了上古汉语复声母的存在，而那些与明母字互谐的晓母字总是限于一声单谐，所以董同龢才认为这种现象不宜用复声母来解释，这些晓母字的声母上古可能是清唇鼻音 m̥-。董同龢从正反两个方面进行了论证。

正面理由：它本来是个唇音，所以不与见系谐声；它虽然是个鼻音，但它与帮滂并的关系不如明母与帮滂并的关系近，明母尚且很少与帮滂并谐声，这个清鼻音不与帮滂并谐声，也就可以理解了；正因为它是个鼻音，而且与明母同部位，所以常常与明母谐声；这样的晓母字都是合口音，m̥-受 -w-（-u-）的影响后来变作 x-。

反面理由：假设它是个唇擦音，就不免要跟同部位的帮滂并谐声，但事实上不存在这样的谐声；假设它是个擦音，擦音很少单谐，经常一声多谐，而这些晓母字常常单谐，故它不是擦音；又假设与这些晓母字谐声的明母字在上古不是鼻音，而是与晓母同部位的舌根音，但是在上古舌根音系统中，除舌根鼻音 ng-外，没有一个位置可以给它，因为 ng-是中古疑母的上古声母地位。

这是综合考虑各种因素和各方面的可能，最后才为这些晓母字拟测一个清唇鼻音 m̥-。

董同龢的这一发明，得到了李方桂（1980：18-19）的赞同。

2. 董同龢给章昌船日审禅构拟了两套上古声母，是一大特色。

董同龢发现了更多高本汉注意不到的谐声现象，如下。

（1）章昌船部分字与端透定、知彻澄相谐，这一点，董同龢同意高本汉的意见，将这些章系字的上古声母拟为 t̂、t̂'、d̂'、ń。

（2）章昌船部分字与舌根音谐声而不跟任何舌尖音字（包括端系、知系）互谐，也就是说，这些章系字经常一声单谐，例如：

赤 tś‘-，赦 ś-：郝捇 x-；示 dź‘，视 ź：祁 g‘-，狋 ng-；

咸 ɤ-，感 k-：鍼箴 tś；支 tś-，肢 ź-：骸 k-，芰 g‘-，敲 ng-

也有特殊的转换互谐现象，如：

旨 tź-：耆 g‘-：嗜 ź-；臣 ź-：臤 k-：腎 ź-

对这种现象，可以作出以下几种不同的解释。

A. 这些与章组谐声的舌根音字上古近于舌面音，后来变为舌根音，但这违反常例。

B. 用复声母来解释。这些章组字不仅只与舌根音谐声，而且可以发生转换互谐的现象，如明母和晓母的关系一样，既然明母和晓母的关系不宜用复声母来解释，此处也不宜用复声母来解释。

C. 高本汉认为上古三等韵的见系声母中古颚化，故可与章组谐声，但一二四等见系字也可与章系字谐声，这无论如何也不能用颚化来解释。

D. 这些与舌根音谐声的章组字上古近于舌根音，故可与舌根音谐声。

只有第四种可能性最大。董同龢（1944：17）说："我们得假定支旨等字的声母在古代是一套部位偏前的舌根音，或者又可以说是部位偏后的舌面音如德语 'ich' 的 'ch'，那它们跟 '芰稽' 等谐而不跟舌尖音字谐的关系就可以明了了。"这样，上古汉语就有两套舌根音声母，董同龢认为这并不奇怪，苗语中也有两套舌根音声母。由此可见，面对一种谐声现象，董同龢总是设想出种种可能的解释，然后逐一排除，直至剩下最合理的解释。

（3）前面说高本汉的时候我们曾提到他对禅母审母拟音的错误认识。他多次说，审母不跟章昌船互谐，不跟端透定互谐，也不跟禅母互谐，以此来证明禅母上古是塞音，审母上古是磨擦音。说禅母是塞音，言之成理；说审母不跟端透定、章昌船及禅母谐声，不妥。董同龢虽然同意将审₃拟测为擦音 ś-，但不同意高本汉对审₃谐声关系的误解；董同龢虽然同意高本汉对禅母谐声关系的判断（禅母常常跟端组、知组、章组谐声），但不同意高本汉认为禅母是个塞音的说法，他认为禅母同邪母一样，是个擦音。高本汉以审母为擦音 ś- 来类推不跟它谐声的禅母是塞音 d̂，其前提就不成立，因为审母跟禅母常常谐声。董同龢对高本汉的批评十分中肯，但是，他把一部分禅母和审母的上古声母拟测为ź-和ś-，也不是定论，还有待于进一步研究。

3. 高本汉为喻母构拟了三个来源，董同龢也拟测了三个来源，但内容大不一样，这正是董同龢对喻母跟其他各母谐声关系认识更为全面而深刻所致。

高本汉根据谐声关系推断喻母字来自上古的d-、g-、z-，董同龢认为把跟精系谐声的喻母字（如跟"祥庠"互谐的"羊"）拟测为z-是多余的。理由如下。

（1）此类喻母字可以一声多谐，不仅谐精系，而且90%以上可与端系、知系、章系互谐，还有谐舌根音的。喻母专门只跟精系相谐的，仅四例而已（董同龢，1944：29）。这说明此类字不能独立地拟测为一个z-。

（2）喻母跟精系相谐时，只谐精系三等音；跟端、知、章系相谐时，四等兼谐。巧得很，端系与精系相谐的例子中，绝大多数精系字也只限于三等音；既然谈谐声的人认为端系跟精系相谐是例外，既然喻母跟精系三等字相谐与端系跟精系相谐完全一样，那么这样的互谐也可视同例外；既然喻母跟精系的关系同端系、知系、章系跟精系的关系相等，那么它在上古也必然是d-。

（3）对于另一部分既谐舌尖音，又谐舌根音的喻母字，董同龢认为这显示了古代当有复声母的存在，如：gd-或gz-，甚至还有gtʻ-的存在。

（三）董同龢在运用内部拟测法构拟古音时，更加谨慎小心，他并不为填补空格而作证据不足的构拟。在这一点上，他比高本汉高明。

高本汉将禅母（ź-）的上古音拟为塞音（d̂-），除了谐声方面的考虑，还有另一重考虑：为了填满"章昌船审禅"系统中的空格，除禅母外，其余四母的拟音为t̂、t̂ʻ、（）、d̂ʻ、ś，其中d̂ʻ-送气，缺不送气的浊塞音与之对应，禅母正好填补此缺，禅母到从上古到中古的演变过程为：d̂->dź->ź-。

高本汉既将跟精组谐声的喻母字拟为z-，则邪母的上古音必不为z-，只能拟为 dz-，这个 dz-正好填补精系的一个空档 ts-、ts'-、dz'-、s-（），从母送气，邪母不送气。

董同龢（1944：19）批评说："不过照理论说，高氏的说法到底不失为一种可能，因为在上古的 t̂-、ts-两个声母系统中确是有 d̂-和 dz-两个空位置，而且 d̂->ź-与 dz->z-也是很自然的。但是我们拟测古音，并不需要把所有的空档都去填满。一个空档能不能填，事实上还要看另外是不是有可靠的证据。"

（四）董同龢善于根据音类的对立和互补，来推论中古声母在上古的分合。这一点，他对高氏既有继承又有发展。

1. 端、知两组声母互谐的处理，董同龢继承了钱大昕、高本汉的观点，根据端组在中古只出现于一四等韵，知彻澄只出现于二三等韵，二者正好互补的情况，他将端知两组合并，拟测为 t-、t'-、d'-；又根据照系三等字在中古大量跟精系三等字存在对立的情况，否定了章太炎在《文始》中将照系完全并入精系的做法。

2. 对精庄两组声母上古关系的处理，是董同龢的又一特色。这一点，董同龢亦受高本汉的启发。高本汉虽然推断二等韵的庄组字古属精系，但他撇开了三四等韵不管。而正是三等韵中的精庄二组字的对立，才是问题的关键所在。对此，高本汉想了一个办法：中古二等韵的庄组字从上古的精组变来，上古可以和精组合并；三等韵的庄组字则在上古独立。董同龢（1944：20-21）质疑说："庄系在上古既有迥然不同的来源，何以他们在谐声方面的表现却是完全一致而不能强分呢？再者，在韵书的'齿音类隔'切语中，庄系与精系的互用又何尝分过二等韵与三等韵之不同呢？"

此外，还有一种办法，就是将庄组二三等韵在上古完全独立，与精系并存。但是，董同龢（1944：21）指出："精庄两个系统如果在上古也跟中古一样的划然不混，中间这些纠缠的现象又是从何而来呢？"

两条补救措施均行不通，唯一的办法就是将庄组字全部并入精系。王力（1985）说："我之所以踌躇未肯把庄系并入精系，只是由于一些假二等字和三等字发生矛盾，如'私'与'师'、'史'与'始'等。留待详考。"

我们知道，精组声母出现在一、三、四等韵母前，庄组声母出现在二、三等韵母前，两组声母在三等韵母前同时出现。这样一来，在三等韵母的精庄两组声母的字在上古必然同音，如之部的"事（崇母）"与"字（从母）"、鱼部的"沮（清母）"与"初（初母）"，那么这些字后来分化为精庄两组音的条件是什么呢？如此说来，三等韵中精庄两组声母并存是支撑上古精庄两组分立的基石，假如能证明这两组声母不同时出现在三等韵前，即他们在中古不存在对立，那么上古精庄两组自然就可以合并了。

董同龢设想中古三等韵的庄系字在上古可能原属二等韵，后来才变入三等韵，这样上古三等韵中就没有庄系字，精系字分布于一三四等韵前，二者正好形成互补。据此，可以认为精庄两组在上古同出一源。为此，董同龢从五方面加以证明：（1）二三等韵庄系字反切用字的不同；（2）庄系字在中古各摄里的分配情况；（3）方言中三等韵庄系字不同于其他各母的表现；（4）臻栉两韵在上古的分配情况；（5）精庄两组同喻母互谐一致。然后遍检上古各韵庄系字的分配情况，最后指出：精庄两系上古完全为一之说可以接受而无疑。

3. 董同龢对泥、娘、日三母的拟测，也体现了这种思想。董同龢（1944：18）说："韵书中'舌音类隔'切语正也包括若干 n：ń 两母混用的例，他们出现的范围也互不冲突，所以说他们同出一源决不会有什么问题。至于 ńź 改作完全的鼻音，就正同 tś 改作 ṯ 一样。他们不能跟 n-、ń- 合并，因为在三等韵里会跟 ń- 冲突。"根据互补，上古泥娘合并；根据对立，中古的日母在上古独立。董同龢（1944）将中古的泥娘分开，到董同龢（2001），中古泥娘是合并的，两书中，日母都是独立的。

4. 李方桂对上古汉语单声母系统的构拟

李方桂（1980）在全面吸收钱大昕、黄侃、高本汉、董同龢、雅洪托夫、王力等学者研究成果的基础之上，提出了两条上古声母的谐声原则，以此来检验高本汉、董同龢等人所拟测的上古声母系统，并分条讨论他认为可疑的上古声母，同时给出了自己的解释及拟测的演变方式，最后列出了自己的上古汉语声母系统，共计 31 个声母[①]。耿振生（2001：73-74）说："高本汉的谐声原则是描写性的，他没有总结出最具概括性的总则，而是具体问题具体解决。……李方桂的谐声原则是限定性的。他假定上古创造谐声字时一定遵守了严格的条件，这些条件是拟测上古音时不能超越的界限。"

李方桂提出的两条谐声原则如下。

（一）上古发音部位相同的塞音可以互谐。

（a）舌根塞音可以互谐，也有与喉音（影及晓）互谐的例子，不常与鼻音（疑）谐。

（b）舌尖塞音互谐，不常与鼻音（泥）谐，也不跟舌尖的塞擦音或擦音相谐。

（c）唇塞音互谐，不常与鼻音（明）相谐。

（二）上古的舌尖塞擦音或擦音互谐，不跟舌尖塞音相谐。

由这些谐声原则可知，李方桂不承认上古同部位就可以谐声，只有发音部位相同、发音方法相同或相近才可以谐声，这样的谐声原则是十分严格的。李方桂并没有一一指出这些舌根塞音、舌尖塞音、舌尖塞擦音或擦音、唇塞音包括中古的哪些声母，因为这正是需要论证的。这与高本汉的出发点很不一样，高本汉区分哪些互谐、哪些不互谐，是从中古的声母出发。从中古的声母出发，谐声现象就会十分复杂，有些声母同部位的字不常谐声，不同部位的反而谐声，有些声母发音方法相同的字不常谐声，发音方法不同的反而互谐。李方桂独辟蹊径，从上古出发，先假定两条严格的谐声原则，运用演绎法，并结合传统研究成果，来权衡各家所构拟的系统的得失，显示出了其独特的学术眼光。

如果李方桂的谐声原则可以成立，那些中古时期声母发音方法不同，

---

① 书后所附《几个上古声母问题》正式构拟了一套带 s-词头的复辅音，同时修改了《上古音研究》中对跟舌根音谐声的照三、穿三、床三、审三、禅母、日母的拟测，不再用 s-词头来解释。《中国上古音声母问题》简要总结了上古汉语单声母系统，同时讨论了有关清鼻音的问题。

发音部位也不同，却可以互谐的字，其声母在上古至少是同发音部位的；声母发音方法相同、发音部位不同却可以互谐的字，其上古声母也应该是同发音部位的；声母发音部位相同、发音方法不同却可以互谐的字，其上古声母发音方法应该相同或相近。如果按这个思路思考，结果将是：知组并入端组，庄组并入精组，章组并入端组；喻₃归匣，群匣喻₃上古合并为舌根音，部分喻₄、船、禅声母的字常跟舌根音相谐，上古也当来自某种舌根音；邪母字与部分喻₄字谐声表现相同，上古当来自某种舌尖音；此外，再增加几套复声母，这样才能比较圆满地解释更多的谐声现象。

简言之，中古同一声母的字，谐声表现如果不同，就离析；中古不同声母的字，谐声表现如果相同，就合并。李方桂（1980：21）的上古声母系统正好是这种思路的体现。如下表 1 所示：

表 1　李方桂上古声母系统

	塞音			鼻音		通音	
	清	次清	浊	清	浊	清	浊
唇音	p	ph	b	hm	m		
舌尖音	t	th	d	hn	n	hl	l, r
舌尖塞擦音	ts	tsh	dz			s	
舌根音及喉音	k	kh	g	hng	ng		
	·					h	
圆唇舌根音及喉音	kw	khw	gw	hngw	ngw		
	·w					hw	

李方桂（1980：7）构拟的中古声母系统是：

帮滂並明	p-　ph-　b-m-
端透定泥来	t-　th-　d-n-l-
知彻澄娘	ṭ-　ṭh-　ḍ-ṇ-
精清从心邪	ts-　tsh-　dz-　s-z-
照₂穿₂床₂审₂	tṣ-　tṣh-　dẓ-　ṣ-
照₃穿₃床₃日审₃禅	tś-　tśh-　dź-　ńź-　ś-　ź-

见溪群疑晓匣　　　　　　k- kh- g- ng- x- ɤ-

影喻₃喻₄　　　　　　　　·- j- ji-

李方桂构拟的上古声母系统到中古声母系统的发展演变如下：

唇音　*p-, *ph-, *b-, *hm-, *m>中古帮 p-, 滂 ph-, 並 b-,

　　　晓₍合₎ xw-（xu-），明 m-

舌尖音 {

　　*r->中古 ji-（喻四等）

　　*r+j->中古 zj-（邪）

　　*t-, *th-/*hl-（一二四等字）/hn-, *d-, *n-, *l->

　　　端 t-, 透 th-, 定 d-, 泥 n-/日 ńź-, 来 l-

　　*tr-, *thr-/*hlj-（三等字）/hnr-, *dr-, *nr->

　　　中古知 ṭ-, 彻 ṭh-, 澄 ḍ-, 娘 ṇ-

　　*t+j-, *th+j-, *d+j-, *hn+j-, *n+j->中古照₃ tś-,

　　　穿₃ tśh-, 床₃ dź-/禅 ź-, 审₃ śj-, 日 ńźj-

舌尖塞擦音 {

　　*ts-, *tsh-, *dz-, *s->中古精 ts-, 清 tsh-,

　　　从 dz-, 心 s-

　　*tsr-, *tshr-, *dzr-, *sr->中古照₂ tṣ-, 穿₂ tṣh-,

　　　床₂ dẓ-, 审₂ ṣ-

舌根音及喉音 {

　　*k-, *kh-, *g+j-（三等）/*g+（一二四等韵母），

　　　*hng-, *ng-, *·-, *h->中古见₍开₎ k-, 溪₍开₎ kh-,

　　　群₍开₎ g+j-/匣₍开₎ ɤ-, 晓 x₍开₎-, 疑₍开₎ ng-,

　　　影₍开₎ ·-, 晓 x-/审₃ śj-

　　*krj-, *khrj-, *grj-, *ngrj-, *hrj->中古照₃ tśj-,

　　　穿₃ tśhj-, 禅 ź-/床₃ dź-/喻₄ ji-, 日 ńźj-, 审₃ śj-

圆唇舌根音及喉音　*kw-, *khw-, *gw+j-/gw+j+i-/*gw+（一二

　　　四等韵母），*hngw-, *ngw-, *·w-, *hw->

　　　中古见₍合₎ kw-, 溪₍合₎ khw-, 喻₃ jw-/群₍合₎ g+j+w-/

　　　匣₍合₎ ɤ+w-, 晓₍合₎ xw-（xu-），疑₍合₎ ngw-, 影₍合₎ ·

　　　　　　　　w-，晓 xw-

李方桂（1980）构拟的声母系统有如下特色。

（一）端透定泥、知彻澄娘、章昌船日三组合一，精清从心与庄初崇生合一。

（二）设立一套圆唇舌根音 kw、khw、gw、hngw、ngw、·w、hw，到中古与另一套舌根音 k、kh、g、hng、ng、·、h 合流为见溪群晓疑影 k、kh、g、x、ng、·，晓母有五个来源：h、hng、hngw、hw 和清鼻音 hm。

（三）群匣喻三喻四为上古的 g 和 gw 依不同的条件分化而来；日母字有两个上古来源：n 和 ng；审母三等有两个上古来源：hn（与鼻音谐声的审母字，如"恕摄饟燃"等）和 h（"翅收烧赦聲歃濕蓍"等字，李方桂开始认为原因不详，后来认为来自 * hrj）；中古的透彻有三个上古来源：th（大部分透彻二母字）、hn（与鼻音谐声的透彻二母字，如"態歎丑愿恥"等）和 hl（与来母谐声的透彻二母字，如"體寵"等）；邪母和一部分喻四字来自上古的 r-。

（四）清鼻音除 hm 外，还有 hn、hng、hngw；此外还有清通音 hl、h、hw。

（五）跟舌根音谐声的章组字，李方桂（1980）曾用带 s-词头的复辅音来解释，在《几个上古声母问题》中，他从所拟测的整个声母系统的角度出发，认为此前为与舌根音谐声的喻四、床禅等声母的字所拟测的 * grj-（gwrj-）在系统中显得很孤立，他说："如果认为跟舌根音谐声的喻四、禅以及床三都是从 * grj-变来的，我们就得重新考虑跟舌根音谐声的照三、穿三、及审三等母的字。我曾经认为这些字是从有 s-词头的舌根音变来的，例如：* skj->tśj-，* skhj->tśhj-或 ś-等。现在我想不如把他们认为是 * krj-，* khrj-，* hrj-等变来的……"（李方桂，1980：87-88）

如果把李方桂拟测的清鼻音系列、圆唇舌根音和喉音系列、清通音 hl 及舌尖前音 r 放在一边，对比一下剩下的 19 个声母，就会发现，这 19 个声母同黄侃的十九组十分相似。二者主要的区别是：黄侃对中古声母只有合并，没有离析。李方桂既大胆合并，又谨慎离析，最显著的是将章昌船禅日一分为二，一与端透定泥合并，一与见溪群疑合并，舌根音上古分开合口，审透彻三母一分为三。十九组有匣无群（见为古本组，群为变组），李方桂的 19 声母有 * g-无匣，黄侃将喻母（喻四喻三）并入影母，王力《汉语语音史》认为："黄氏把喻于两母归入影母，则是错误的。"李方桂将喻母部分字同邪母字的上古声母拟作 * r-，其余基本相同。为什么如此相似呢？黄侃将照三系并入精系，将照三系并入端系，将知组并入端组，李方桂基本肯定他的做法。①

李方桂在黄侃的基础上，又有重大发展，表现在以下几个方面。

（一）与黄侃以"古本纽"证"古本韵"，又以"古本韵"证"古本纽"即"声韵相挟以变"的论证方法不同，李方桂用卷舌介音 r 和颚化介音 j 分别解释中古知彻澄娘、庄初崇生、章昌船日三组声母的来源，克服了以往的拟测中只因三等有对立而没有合并的局面，解决了知章庄三组声母的来源和拟音问题。

（二）董同龢只拟测了一个清鼻音，李方桂拟测了一套清鼻音，对此，看法不一。李方桂根据透彻跟泥娘、来日互谐以及晓母跟疑母互谐的情况，参之以苗语中的清鼻音现象，构拟了一整套清鼻音，使整个上古音声母系统显得更为均衡。但龙宇纯（1978）认为清鼻音声母 hm，hn，hng 之说不当立，余逎永（1985：60-62）又反对龙宇纯的观点。可见，这个问题尚未形成定论。

（三）李方桂注意到，中古分开合的韵部中，许多合口韵母，只见于唇音及舌根音声母，在别的声母后绝对不见或极少见。

5. 再论谐声字的作用和内部拟测法的方法论基础

5.1 谐声字的作用

我们暂不谈谐声原则，先来看看谐声字究竟能否用来研究上古声母。

---

① 可参耿振生（2002）。

这好像是一个不成问题的问题，但我们确实看到在这一点上还存在着严重的分歧。章太炎（1982：180）说："凡同从一声者，不皆同归一纽。"这是说同谐声字的声母不一定都相同，可见，他已意识到谐声字的复杂性。王力（1985：17-18）说："如果我们说：'凡同声符者必同声母。'那就荒谬了。例如，'诗、邿、时、塒、侍、恃、蒔、持、偦、庤、痔、峙、待、特、等、秲、畤、洔'等字都从'寺'得声，'寺'是邪母字，'诗、邿'是审母字，'时、塒、侍、恃、蒔'是禅母字，'持、偦、庤、痔、峙'是澄母字，'待、特'是定母字，'等'是端母字，'秲'是知母字，'畤、洔'是照母字，那么，这些字的上古音该属于哪个声母呢？如果你说：这些字的上古音，既不是知彻等母（古无舌上音），也不是端定照审禅等母，而是另一种辅音。那也讲不通。因为这些字多数属于三等字，如果上古声母完全相同，后来怎么能有分化的条件呢？"对这一点，无论是利用谐声字的一方还是不用的一方，都是肯定的，我们不能认为互相谐声的字声母就一定相同。但是，如果我们变通一下说法，"凡同声符者其上古声母发音部位相同或发音方法相近"，可能大多数人都会赞同。

王力（1985：18）说："从谐声偏旁推测上古声母，各人能有不同的结论，而这些结论往往是靠不住的。"为什么靠不住呢？王力（1958、1980：68）早就批评过高本汉："他在上古声母系统中拟测出一系列的复辅音，那也是根据谐声来推测的。例如'各'声有'路'，他就猜想上古有复辅音 kl- 和 gl-。由此类推，他拟定了 xm-、xl-、fl-、sl-、sn- 等。他不知道谐声偏旁在声母方面变化多端，这样去发现，复辅音就太多了。"

王力之所以不用谐声材料，主要有两点顾虑：一是如果仅根据谐声关系就将互谐的字合并，很多字到后来的分化就讲不出分化的条件；二是谐声关系错综复杂，一方面会导致拟测出来的复辅音极度膨胀，另一方面会导致有些声母游移不定，四通八达，比如邪母、审母和喻母，一直是老大难问题。由此可见，王力的考虑是十分审慎的。

有的学者的意见更为坚决，齐冲天（1985）认为："谐声字对于上古声母系统的研究完全不足为凭。同谐声字的声母尽管有许多相同或相近，也有许多则是不相同或不相近，而且，各种情况的声母都可能出现，从中看不出有语音的组织和变化的规则。直到近年来，也还时而有人去探讨这方面的问题，也没有作出什么重要的结论。谐声字的声母问题，不是一个音韵学问题，而是一个训诂学范围之内的问题。"我们还看到，在古韵分部问题上，谐声字也只有证成之力，而无系统的分部之力。当《诗经》用韵与谐声材料不符时，应以用韵为主，因为谐声时代比《诗经》时代早得多。

可见，王力和齐冲天对于谐声材料的使用比较审慎。如果我们既能找到由不同声母合并而来的某个上古声母后来分化为不同声母的演变条件，又能用高度概括而准确的谐声原则来解释各种错综复杂的谐声现象，使构拟出来的上古声母系统不至于杂乱无章，那么，面对这些谐声材料，我们应该也可以尝试着去用好它。近年来关于谐声字的研究成果十分常见。尽管各家路数不一、谐声原则的具体内容不一、研究结果不一，但各家似乎都默认了一个相同的前提，那就是：从中古来看互相谐声的字，其上古声母肯定存在某种联系，要么发音部位相同或相近，要么发音方法相同或相近。按照这个前提，结合谐声现象，各家提出了自己的谐声原则。

我们认为，各家的谐声原则之所以有出入，是由于他们对谐声现象的观察与认识存在一定的偏差。这家认为甲与乙不互谐，那一家则认为经常互谐；这家认为甲只与乙互谐，那一家则认为甲不只与乙互谐，而且可与丙互谐。观察如此不同，归纳的原则就很难达成一致，构拟的上古声母系统就有出入。因此，对谐声关系的准确判断，是拟测上古声母系统的关键。怎样才能做到准确呢？仅凭举例式的论证是不够的，需要全面、精确的统计。在这方面，有几篇论文为我们做出了示范，如陆志韦（1999：189－230）《〈说文〉〈广韵〉中间声类转变的大势》、喻世长（1984）《用谐声关系拟测上古声母系统》、邵荣芬（1991：23－44）《匣母字上古一分为二试析》、邵荣芬（1995：45－68）《匣母字上古一分为二再证》、李玉（1994）《秦汉简牍帛书音韵研究》。

这些文章有一个共同点，就是都利用统计法来研究谐声关系。但是，仅用统计法来处理谐声材料，无论统计多么精确，只能得到声类，无法得到音值。比如说，明母字与一部分晓母字经常谐声，它们在西汉早期的简牍帛书中相通假的次数（76次）比概率（33.6%）大一倍多（参李玉，1994）。这只能说明它们关系密切。究竟是晓母不变、明母读近晓母，还是明母不变、晓母读近明母，还是明母不是明母、晓母亦非晓母，二者同出一源来自第三者 xm-或 mx-呢？在这种情形下，就要结合中古声母系统和内部拟测法，甚至要结合其他旁证，诸如通假字、异文、《说文》读若（对这些材料也可以运用统计法），现代汉语方言、亲属语言及域外译音等其他材料来确定其具体音值。这样拟测出来的上古声母系统，应该是比较可靠的。这实际上是多种材料一齐碰面、多种方法一齐上阵。诚如孙玉文（2006：538）所言："利用谐声字、联绵词、汉代的注音、通假字、声训、异文、异读等材料研究上古声母，应该尽量把各种材料结合起来，以达到互相印证、互相补充之功效。孤立运用某一种材料，容易得出片面的结论。"因此我们说，无论历史比较法、内部拟测法，还是统计法、归纳法、比勘互证法、对音互证法，都不是单凭一种就可以拟测出整个上古声母系统来的，必须结合使用，才能收到最好的效果。

总之，谐声材料可以运用，关键看怎么用，是简单地观察、匆匆地下结论，还是全面地统计、谨慎地下结论，效果是大不一样的。谐声原则是在种种谐声现象的基础之上总结出来的，如果我们对谐声关系有了全面而准确的把握，谐声原则就会更加清晰和严格，结合其他材料和方法，就能拟测出较为可信的上古声母系统。李方桂先规定两条严格的谐声原则，运用演绎法，以此来检验各家拟测的结果，就如同我们解完一道方程题，然后把结果代入原方程进行验算一样，这是最后一道程序，也是很重要的、必不可少的一道程序。

5.2 内部拟测法的方法论基础

内部拟测法以系统中的不系统的因素为突破口去探索语言的发展，重建消失了的原始结构，是一种重要的研究方法，但也是一种不能独立使用、必须同其他方法相结合的方法。只要是建构了上古声母系统并拟定了音值的研究者，没有谁不利用它，也没有谁只利用它。有的人用得好，有的人用不好。高本汉有时候用得好，有时候用不好。有人以为内部拟测法就是填空格，填得越满、越整齐、越对称就越好，这是对内部拟测法的误解。看到空格就去填，这是将内部拟测法与其他方法割裂开来、只满足于形式对称的做法。内部拟测法的方法论基础是什么？是结构主义，结构主义源于索绪尔。索绪尔（1980）说："语言是所有组成要素都互相依存的系统（La langue est un systeme ou tout se tient）。"根据索绪尔和其后出现的结构语言学的语言理论，语言中的聚合关系和组合关系构成语言的系统，语音系统的最小单位是音位，音位由一束区别特征构成，有某一共同区别特征的音位可以构成一个聚合群，聚合群是音系结构的基础。在聚合群中，各个单位处于对立关系中，每一个单位的价值主要取决于它与其他单位的关系。音位与音位的组合构成音位的组合关系，音位组合的最小结构是音节。封闭性和结构对称性是语音系统的两大特点。如果这种对立-对称的结构中缺了一个成员，那就构成结构的空格（slot），可以成为观察音变的一个窗口。

　　为什么以音位的双向对立为主流的对称的音系结构会出现空格，即为什么会由对称走向不对称呢？徐通锵（2001：193）认为："由于结构的平衡、对称的要求，音系中可能会出现一些比较'难'的发音器官的协同配合，在语言的发展中，如果言语社团要避'难'就'易'，或者使'难'变'易'，那么音系的结构就会发生变化，使音位的聚合关系和组合关系的结构对称性发生一些调整。"

　　音系结构为什么又能由不对称走向对称呢？因为"音系结构的平衡性、对称性则是人们对语言交际工具的主观要求，设法使不很平衡、对称的发音器官的协同配合纳入平衡、对称的框架之中，以便有效地为交际服务"（徐通锵，2001：192）。

　　换言之，一方面，由于发音器官协同动作的能力不平衡、不对称，有些音较难发出，言语社团如果避难就易，就会使平衡、对称的音系结构发生调整，使之出现一些不对称的现象，因此，系统就由对称走向不对称；另一方面，由于交际的需要，人们需要用经济简明的办法和有规则的形式去驾驭复杂的现象，使之条理化、系统化。音系结构的封闭性、对称性、系统性都是交际的主观要求的具体体现，以便人们能用最少量的规则、最小的精力去组织最大数量的语言材料，有效地为交际服务，因此，系统就由不对称走向对称。

又因为"保持某种平衡状态的音系结构的对称性在语言的历史发展长河中是暂时的，而发音器官协同动作的发音能力的不平衡性、不对称性是永恒的，这两方面的相互作用也就使音系的结构永远在这种对称与不对称、平衡与不平衡的矛盾运动中发展，因而音系中总有一些不对称的因素，好像有填不完的空格、削不平的单向对立的旧山头。即使旧的山头削平了，新的山头也会产生"（徐通锵，2001：195）。

这样看来，在一个共时的语音系统中，既有对称的、平衡的音位格局，也有不对称的、不平衡的因素；在语音的历时发展中，系统既有可能从对称走向不对称，也有可能从不对称走向对称。耿振生（2001：85）说："语音的变化是音位系统的持续调整过程。一个共时系统内部，整齐、规则的现象占据主导地位，同时总存在着不整齐、不规则的因素。通过自我调整，语音系统中原来不整齐的部分可能变得整齐了，而原来均衡整齐的部分则可能遭到破坏，出现新的不平衡不规则现象。这种不间断的矛盾运动，在共时语言系统的内部留下了痕迹，使得人们有可能从一个语言的自身结构上去发现它的过去状态。"

这样看待内部拟测法的使用背景，是十分妥当的。我们不能先入为主地说"越是古老的语言，语音系统就越平衡、越对称"，因为平衡、对称总是相对的，不平衡、不对称是绝对的。我们不能一看到语音系统中存在空格和不对称，就认为它原来一定是对称的、一定要填满才行。其实，填空格只是内部拟测法的一个方面，甚至是次要的方面。这从内部拟测法的定义即可看出："根据共时形态交替的个别例证进行历时音系规则的拟测称为内部拟测法。"（徐通锵，2001：223）

内部拟测法虽然也比较关注异常的分布和空格，但它特别强调的是不规则的形态交替，因为它认为不规则的形态交替都是由有规律的条件音变造成的，因而可以通过不规则的形态交替去探索规则的语音变化。在印欧语系的语言里，如英语，不规则的形态交替俯拾皆是，内部拟测法可以在这方面大放异彩；古汉语是否存在丰富的形态变化尚难确证，更遑论不规则的形态交替。自然地，人们在古汉语语音研究中运用内部拟测法，就主要是根据异常的分布（即空格和互补）来探索语音的发展及其所从出的原始结构。诚然，这可以弥补历史比较法的某些不足，但是，"空格、互补等异常的分布情况比较复杂，如果没有充分而可靠的材料作根据，填补空格、处理互补等，就可能犯形式主义的错误"（徐通锵，2001：230）。

不但如此，内部拟测法还有其先天不足，即"由于结构分析法只考虑同质的语言系统内部的差异，自然也就无法利用这些因方言的相互影响而产生的差异。这就迫使内部拟测法只能局限于一个狭窄的范围内，而不能利用系统中的各种变异现象去进行广泛的研究；也正由于此，内部拟测法也就只能从结构差异中去重建有规则的原始结构，即只能注意音变的'头'和'尾'，而无法利用各种变异现象清理出音变的具体过程和发展的时间层次"。"内部拟测法可以处理以语音的分布条件为转移的音位的分化，而无法处理音变中音位的合流。"（徐通锵，1991，2001：237-238）

我们再来回顾一下高本汉、董同龢、李方桂运用内部拟测法所取得的成就和不足。

高本汉的拟测虽然大体成功，但很多结论靠不住，比如他机械地将喻母一分为三，拟为 d-、g-、z-，将邪母拟为 dz-，将禅母拟为 ậ-，其中四个不送气的浊音正好与送气的浊音相配，即便是按照这个思路，他也没有贯彻到底，王力（1985）说："他也做得不彻底。他没有能够在唇音和庄系字中搞出浊音送气不送气的对立。"

董同龢则特别强调不要勉强去填空格、不一定要把所有的空格都填满。他虽然这么说，但并没有彻底扭转高本汉的格局，他还是跟着高本汉走：浊音还是送气，喻母还是拟为不送气的 d- 和 g-。董同龢的贡献是：取消了上古的一套卷舌音（后来变为庄组）；根据空格，拟测了俟母；喻₄归匣，群母独立；拟测了一个清鼻音和一套舌面后音（李方桂则以为此套音不当立）。这较高本汉有很大的进步。

李方桂对内部拟测法的运用，突出表现在以下三方面。

第一，因为董同龢拟测的清鼻音 hm- 在系统中显得很孤立，他就拟测出一整套清鼻音，前已论述。

第二，因为中古韵书中，在有开口合口之分的韵部，多数合口韵母只跟舌根音声母和唇音声母字结合，能够跟其他声母结合的合口韵母很少，这种分布极不平衡，李方桂认为合口介音是由唇音声母和圆唇舌根音声母而引起的，于是他就拟测了一套圆唇的舌根音声母。

第三，与舌根音谐声的喻母字拟为 grj- 在系统中显得很孤立，于是将与舌根音谐声的章、昌、船禅、日、审等声母的字改拟为 krj-、khrj-、grj-、ngrj-、hrj-，不再用 s- 词头来解释。这样一来，系统性增强了，但有些拟测出来的音，有的前后矛盾，有的有音无字。比如：晓母字有些来自 hngw-，按《上古音研究》第 102 页的论述，当有"许化"两字，而第 59 页"许"的声母拟为 hng-，拟成了开口字，显然矛盾；第 53 页又将"化"的声母拟为 hw-，前后不一。全书所举 1200 多个例子中，没有一个字的声母被拟为 hngw-，这个声母完全是根据形式类推出来的。另外，李著认为上古没有合口介音，构拟了圆唇舌根音，可舌尖音声母的合口怎么办？他不得不构拟一个复合元音 ua。这个 ua 一旦进入音节之后，u 的性质又成了问题。u 是介音，还是元音？李著未作交代，于是招来不少非议（参何九盈，2002）。

总之，内部拟测法的运用依赖于一定的条件，只在一定的范围内有效。内部拟测法只有同其他方法密切配合，使用时慎之又慎，才能发挥其应有的功用。我们既不能夸大它的作用，也不能一概排斥。

参考文献

董同龢：《汉语音韵学》，中华书局，2001。

董同龢：《上古音韵表稿》，《史语所集刊》第 18 本，1944。

冯蒸：《跋〈陆志韦未刊上古音论稿二篇〉》，载刘利民、周建设主编《语言》第四卷，首都师范大学出版社，2003。

高本汉：《谐声原则概论》，赵元任译，载《赵元任语言学论文集》，商务印书馆，2002。

高本汉：《中古及上古汉语语音学简编》，周达甫译，陆志韦校注，油印本，1956。

耿振生：《古音研究中的审音方法》，《语言研究》2002 年第 2 期。

耿振生：《音韵通讲》，河北教育出版社，2001。

何九盈：《上古元音构拟问题》，载《纪念王力先生百年诞辰学术论文集》，商务印书馆，2002。

李方桂：《上古音研究》，商务印书馆，1980。

李荣：《切韵音系》，科学出版社，1956。

李玉：《秦汉简牍帛书音韵研究》，当代中国出版社，1994。

龙宇纯：《上古清鼻唇音声母说检讨》，载《屈万里先生七秩荣庆论文集》，台北联经出版社，1978。

陆志韦：《汉语的全浊声母是什么时候送气的》，载《陆志韦语言学著作集》第二卷，中华书局，1999。

陆志韦：《〈说文〉〈广韵〉中间声类转变的大势》，载《陆志韦语言学著作集》第二卷，中华书局，1999。

齐冲天：《关于谐声字的声母》，载《汉语论丛》第一辑，河南人民出版社，1985。

邵荣芬：《匣母字上古一分为二试析》，《语言研究》1991 年第 1 期。

邵荣芬：《匣母字上古一分为二再证》，《中国语言学报》1995 年第 7 期。

孙玉文：《试论跟明母谐声的晓母字的语音演变（二）》，《湖北大学学报》（哲学社会科学版）2006 年第 5 期。

索绪尔：《普通语言学教程》，商务印书馆，1980。

王力：《汉语史稿》，中华书局，1980。

王力：《汉语语音史》，中国社会科学出版社，1985。

徐通锵：《历史语言学》，商务印书馆，2001。

余迺永：《上古音系研究》，中文大学出版社，1985。

喻世长：《用谐声关系拟测上古声母系统》，载《音韵学研究》第一辑，中华书局，1984。

章太炎：《文始·略例》，载《章太炎全集》，上海人民出版社，1982。

Xiéshēng Principles, Internal Reconstruction
Method and Studies on Old Chinese Initials

SONG Yayun

Abstract: This paper reviews the reconstruction of Old Chinese initials by previous scholars such as BernhardKarlgren, Dǒng Tónghé 董同龢 and Lǐ Fāngguì 李方桂, and then from a methodological perspective, discusses and evaluates the roles and shortcomings of the internal reconstruction method in ancient phonology reconstruction in conjunction with the xiéshēng 谐声 principles.

Keywords: xiéshēng 谐声 principles; internal reconstruction method; Old Chinese; initials

21世纪汉语量限表达研究述评[*]

董正存　袁　也
（中国人民大学文学院）

提　要　近年来，汉语量限研究成果丰出，在汉语语法学界逐渐成为一门"显学"。本文以20多年来与汉语量限表达有关的专著，以及近20家核心期刊/集刊中与汉语量限表达有关的论文为主要对象，述评了21世纪以来汉语量限表达的重要研究成果。通过对汉语量限表达中的两大类别——量限词语和量限结构的研究成果进行分类以及细致的梳理、评述，最终总结出已有研究成果中的成绩与不足之处，并提出对未来汉语量限研究的展望。

关键词　汉语量限表达　量限词语　量限结构　述评　展望

1. 引言

在客观世界中，量（quantity）是事物的本质属性特征之一，它几乎无处不在。当人类认识这一类现象后会在认知、概念层面形成相应的"量范畴"。对"量范畴"的观察与思考由来已久，就目前所能见到的书面记载来看，早在古希腊时期著名先哲亚里士多德就在《范畴篇》《论题篇》中指出"量范畴"[①] 是人类十大基本概念范畴之一（亚里士多德，2017：6；2003：

---

　*　基金项目：国家社科基金项目"汉语量范畴的语义演变研究"（22BYY127）。

　①　《范畴篇》中"量"的希腊语原文作 ποσόν，是不定形容词 ποσός, ή, όν 的中性形式，直译为"某一数量"（溥林，2014：299）。

360）。作为认知范畴的"量范畴"投射到语言层面，就会"语言化"形成语义范畴的"量范畴"（李宇明，2000：30）。

目前，汉语"量范畴"的研究有"热、难"两大特点。一方面，"量范畴"是时下热点研究领域，截至2024年4月，以"量"为主题在知网"中国语言文字"栏目下进行检索，共得2237篇学术期刊，1050篇学位论文，成果数量众多。另一方面，"量范畴"体系内部究竟包含了多少成员、体系内成员究竟处于"量范畴"体系的什么位置，前人虽已有所讨论（如李宇明，2000；陈振宁，2006；赵国军，2014、2015），但是不断有与"量范畴"相关的、新的语言事实被发现，这些语言事实中有的不能纳入已有的体系；体系内部分类尚存在重合之处，有些分类标准并不完全统一。除此之外，随着"量范畴"领地的不断扩张，越来越多的现象被纳入这一范畴，也造成该领域内术语的纠缠（赵国军，2015），对研究的开展起到一定的阻碍作用。我们认为，导致"量范畴"研究呈现出火热、复杂局面的最重要原因是，"量"是事物的本质属性，研究者从不同角度、不同立场、不同目的出发会发现"量"的不同面孔，正所谓"横看成岭侧成峰"。只有当我们弄清楚这些不同面孔后，才能接近、还原"量范畴"的本来面目。

尽管"量范畴"的切入角度众多，但有关"量限"的问题一直是语言学，乃至哲学、逻辑学所关注的核心地带。所谓"量限"，是"人们在表达一个命题时，对所陈述的对象一般要给出一定的范围"（曹秀玲，2005a）。在国外相应研究领域中，与"量限"相关的内容多置于"量化"（quantification）内容中考察。关于21世纪以前有关"量限"表达的研究，前人已经有比较充分的总结评述，详见曹秀玲（2005a）、董正存（2010a）、赵国军（2014）等，21世纪至今20余年有关汉语量限表达的新研究成果不断涌现，但对于这一阶段的成果还鲜有进行系统性、综合性总结的，因此本文将对此进行全面的评述。由于涉及"量限"表达的研究成果数量繁多，我们很难在一篇文章中集中呈现，因此我们选取了21世纪以来涉及量限表达的专著以及近 20 家核心期刊/集刊①中与量限表达相关的研究成果作为本部分的主要述评对象，并酌情考虑一些非常有代表性的论文作为次要述评对象，以期展示 20 多年来汉语量限表达的研究热点、趋势以及有待加强的地方。

下文共分为五个部分，第 2 至 4 节分别从"量限表达系统""量限词语"以及"量限结构"对 20 多年来量限表达的研究成果进行述评，第 5 节从整体上总结这一时期量限表达研究的"得"与"失"，第 6 节谈谈对未来汉语量限表达研究的展望。为保证评述内容的真实性与可靠性，本文在评述具体成果时尽可能采用该文献原有的术语体系。

2. 量限表达系统研究

这一时期探讨汉语量限表达系统的研究成果从总量上看并不多，但对该时期讨论量限词语和量限结构也产生了一定影响。这些研究主要是从现代汉语、古代汉语、类型学三个不同的角度来探讨、建立汉语量限表达系统的，以下分别述之。

2.1 现代汉语角度的量限表达系统研究

曹秀玲（2005a）是 21 世纪第一部讨论现代汉语量限系统的专著。该书将"量限表达"分为三类："全称量限表达""存在量限表达""相对量限表达"。全书主要采取结构主义和功能主义的视角，结合量化分析的统计手段，详细考察了现代汉语中主要量限表达成员的句法分布和语用功能限制。该书的主要特点及创新有如下几点。

（1）根据编码手段的不同，将全称量限表达系统一分为三：全称限定

---

① 本文涉及的核心期刊/集刊如下：《当代语言学》《方言》《古汉语研究》《汉语史学报》《汉语史研究集刊》《汉语学报》《汉语学习》《历史语言学研究》《励耘语言学刊》《民族语文》《南开语言学刊》《世界汉语教学》《文献语言学》《语文研究》《语言教学与研究》《语言科学》《语言研究》《语言研究集刊》《中国语文》。

词、全称量限结构和全称量限副词，再根据语义的差异将全称限定词分为统指、分指、整指三类，将全称量限结构分为任指、极指和除指。

（2）讨论了量限表达系统内部三个子系统之间的联系，认为全称量限、相对量限和存在量限之间相互关联与制约，并构成了一个连续统。全称量限和存在量限居于整个量幅连续统的两个端点，相对量限则是在全称量限和存在量限中间的量幅上游动，将整个量幅切分为总和等于全量的两个部分。

（3）发现了三类量限表达在句法上的倾向分布，全称量限表达倾向分布于动词前，存在量限表达倾向于分布在动词后。而相对量限表达的分布介于前两者之间，根据相对量限表达的量值大小分布有所不同——量值大的相对量限倾向于出现在动词前，量值小的倾向于出现在动词后。

（4）首次从纵向和横向两个角度对汉语量限表达系统作了考察。历时的纵向层面，作者考察了全称量限表达和存在量限表达两大类。全称量限表达方面，她概览式地考察了全称限定词、全称量限结构和全称量限副词在形式方面的更替；存在量限表达方面，她考察了几个无定指代词"或、莫、有"等的更替。总体而言，这属于历时定名学（diachronic onomasiology）的研究范式。共时的横向层面，从类型学的角度结合汉语方言、民族语、日语、韩语等认为疑问词表任指用法具有普遍性，比较不同语言存在量限表达的"一量名"结构作主语时的表现，并对比英语和汉语中全称量限副词和全称限定词在辖域上的差异。

张蕾（2022）从形式语义的角度，综合运用广义量化词理论（generalized quantifier theory）、三分结构理论（tripartite structures theory）等形式语义学的理论方法，从类型、语义特征和功能等方面对现代汉语全称量化词作了细致而全面的分析。该书根据 Partee（1987、1991、1995）对量化词的分类，并结合汉语全称量化词的句法及语义特点，将现代汉语全称量化词分为以下三大类。

D 型全称量化词：限定性全称量化词，D 代表 Determiner，该类量化词出现在其关联对象的左边紧邻该关联对象的位置，它的关联对象是论元或状语性成分，而这类量化词本身不能充当状语。

A 型全称量化词：A 代表 Adverb 或 Adjective，这类量化词或是在谓词前充当修饰语的副词（adverbs），或是用在动词后充当补语的形容词（adjectives）。根据是否具有对内排他性，A 型全称量化词可进一步分为一般性全称量化词和排他性全称量化词，前者不具备内在排他性，后者具备内在排他性。

F 型全称量化词：浮动性全称量化词，F 代表 Float，这类量化词可以出现在不止一个句法位置上。

以往研究对现代汉语中的个别全称量化词关注较多，如"每、都、所有、全"等，但现代汉语常用的全称量化词有 40 个左右，对其他全称量化词的关注还远远不够。另外，对现代汉语全称量化词次类的研究成果也较少。张蕾在一定程度上弥补了以上两方面的不足，通过对现代汉语全称量化词在类型、语义特征和功能等方面的一系列细致分析，揭示了隐藏在纷繁语义功能背后的现代汉语全称量化词的本质，阐释了现代汉语全称量化的手段和机制。张蕾的观察视角以及最后得出的一些结论引起了我们在以下方面的关注。

（1）关注出现在谓词后补语位置的补足性全称量化词，如"光、全"等，认为这类词有对谓语所指动作或行为的结果起补充说明的作用，并要求关联对象有复数语义。作者也将这类词称作词汇性的全称量化词。这类作补语的全称量化词目前在量限范畴系统内还比较少讨论。

（2）系统考察了汉语浮动性全称量化词，指出同一个词在不同句法位置上语义功能可能存在差异，如在限定词位置上"一应"为最大值算子，修饰语位置上"一应"为范围限定词；也可能保持一致，如"满/满满"无论是出现在限定词、修饰语位置上还是补语位置上都可以为最大值算子。

（3）在考察了现代汉语限定性全称量化词的十余个成员后，笔者认为以往所谓的限定性全称量化词并不具备全称量化能力，它们主要是一元算子，是对其关联对象进行加合或最大化操作。

（4）现代汉语表达全称量化义的词语众多，这些全称量化词共现时有各自的语义分工，通过共现与叠加能增强语言的表现力，起到强化表达效果的作用。

2.2　古代汉语角度的量限表达系统研究

董正存（2010a）是第一部专门从历时角度考察汉语全称量限表达系统的论著。全书采用结构主义、功能主义和认知主义的视角，对汉语全称量限词语和全称量限结构的历时演变作了系统而深入的考察。该论著的主要特点如下。

（1）构建了汉语史上全称量限的词汇系统，将该系统总结成两大类四小类。其中大类的划分依据了认知方式的差异，将全量词汇系统分为"叠加性周遍"与"一体性周遍"，前者进一步根据语义分为统指、任指和逐指，后者即为整指。该文以此分类标准为依据，爬梳出了古汉语中表达全称量限的词汇形式，大大扩展了古汉语全称量限表达的研究对象，为此后学者考察古汉语中的全称量限表达奠定了重要基础。

（2）全称量限范畴属于语义范畴，该文坚持形式与意义相结合的方法，对汉语史上的全称量限结构做了形式上的提取，提炼出与全称量限意义关系极为密切的五类形式，构建出汉语全称量限表达的句法系统。该文对汉语史上这五类全称量限表达式的类型作了详细的考察，以下简要述之。

（A）与否定词有关的全称量限结构类型。该文首先根据表达式的整体意义将之分为"全量肯定"和"全量否定"两类，前者重点考察前件为否定词的结构式"Neg……Neg……"，后者讨论"从（从来）、再、初、了"与否定词组合形成的结构式。

（B）与疑问词有关的全称量限结构。该文根据参与结构式的组成成分的差异将疑问词参与的全称量限结构分为三类：（Ⅰ）疑问词与否定词连用的结构式"WH……Neg……"；（Ⅱ）疑问词与副词"也/都"连用的结构式"WH…… 也/都……"； （Ⅲ）同一疑问词对应连用的结构式"WH……WH……"，考察了这三种类型的次类及产生时代。

（C）与数量有关的全称量限结构。同样根据整体意义是表肯定还是否定将这类结构式分为两类，肯定式主要考察"一+NP+总括副词+VP"，否定式主要考察"一……否定词……"以及"否定词……一……"的类型，并总结出全称量限否定结构式的发展过程及特征。

（D）由反义语素构成的全称量限结构。该文主要考察了"是 X 是 Y、若 X 若 Y"两类结构式的产生过程及原因，并对格式中"是、若"的性质进行了探讨。

（E）与无条件连词有关的全称量限结构。该文首先对上古、中古时期含有"无、不问"的全称量限结构式作了考察，其次重点考察了无条件连词"无论"以及"无论如何"的用法及产生原因，再从构式省缩的角度对这一系列构式作了统摄性的研究。

（3）从概念域的演变角度初步探讨了全称量限义的语义来源之一——完结义，认为汉语史上存在"完结>周遍"（按，在该论著中"周遍"与"全称量限"是同义词）的语义演变路径，刻画了该语义演变路径的具体阶段，并从认知视角解释了演变的机制，同时发现全称量限义的演变目标域——情态，认为许多语言中都存在"全称量限>情态"的语义演变模式。与曹著侧重于历时定名学的考察角度所不同的是，该文在此的研究视角还涉及历时符意学（synchronic semasiology）的范式。

陈雪莲（2016）以董正存（2010a）所建立的全称量限框架为本，通过定性描写以及定量统计，建立了东汉译经中的全称量限表达系统。通过比较同时期的中土文献，她归纳总结出东汉译经中全称量限表达的特征。以下是她的一些新见。

（1）陈文将东汉译经中的全称量限表达系统分为全称量限词和全称量限结构两大类。其中全称量限词分为统指、逐指、任指、整指四小类，每小类又根据所在句法位置的差异分为全称限定词和全称量限副词。全称量限结构分为五类，与董正存（2010a）所分的类别一致，此处不再赘述。

（2）发现了一些上古汉语没有而产生于中古汉语早期译经中的成员，例如统指类全称量限限定词"一切、所有、诸有、诸所、敢"等在此时期开始涌现。又如上古汉语无条件连词并未发展成熟，在东汉译经中逐渐出现新的编码形式"正使、不问"来表示无条件语义。

（3）关注到一些全称量限表达词语在东汉译经及同时期中土文献中的使用差异，例如"一一、一切"在同时期中土文献中主要出现在状语位置，但在东汉译经中多出现在定语位置。又如在中土文献中多用在状语位置的"都、悉"，在东汉译经中也会出现在定语位置。

（4）同一时期不同译者的翻译策略也有差异，如康孟祥、安世高、安玄在翻译时多沿用上古汉语的全称量限表达，支谶在翻译时候使用更多新的全称量限表达。

涉及上古汉语量限表达系统的主要有黄芳（2010）和何莫邪［1981（2023）］。由于上古汉语的量限结构比较少，两位先生都是对量限词语系统（或者说量化词系统）进行考察。黄芳（2010）将先秦汉语的量化词系统根据逻辑学的分类方式分成两大类：全称量化词和存在量化词。根据分配方式的差异，前者又分为集体性量化词和逐指性量化词（即曹、董所谓的统指与逐指）。

黄文概括性地讨论了不同成员的句法语义特征，并对一些功能相近的成员作了简单辨析。不过一些成员是否隶属于量化词系统还有待商榷，比如"群、众"表达多数而非全部，看作量化词是可行的，但是否能看作集体性全称量化词，"独"是看作存在量化词还是方式副词更合适，这些量化词的性质问题还有待考察。

何莫邪［1981（2023）］的量化词系统没有采取较为通行的二分或三分法，而是使用了更为复杂的多分法：全称量化、存在量化、关系量化、限制量化、形容词性量化和有定量化。尽管这些分类方式并非采用统一标准划分而得，比如形容词性量化是根据量化词的性质作出的分类，有定量化词是根据量化对象是有定还是无定作出的分类，与根据逻辑语义划分出的全称量化、存在量化并不处于同一层面，但是何先生经常能发现上古汉语量化词一些藏匿较深的特征，令人耳目一新。以下稍举几例说明。

（1）何先生认为作为量化词的"兼"所量化的客体需是有差别的、不同的事物，而"遍"量化客体时量化的是无差别的所有事物。

（2）"皆"与"尽"在量化对象的倾向性上存在差异，"皆"倾向于量化主体，"尽"有量化客体的倾向。除此之外，"尽"可以量化集合名词（mass items），"皆"通常量化个体事物，基本不量化集体事物。

（3）"诸、众、群"这些形容词性量化词倾向于限定、量化有定的事物。

尽管在一些具体例子上的解读可能存在偏颇，但何先生提供的观察视角给了我们许多灵感与启发。

2.3 类型学角度的量限表达系统研究

刘丹青（2013）讨论汉语量限系统分类的研究成果引人注意。他首先根据形式语法及形式语义学的相关成果在"全称量"和"存在量"之外分立出"全量否定"一类，形成"全量（全）、存在（有）和全量否定（无）"三类，简称"全/有/无"三分法［按，"全/有/无"构成一个完整的量限范围，"全" = 100%，"有" = 1% ~ 99%，"无" = 0%。上文提及的曹秀玲（2005a）所说的"相对量限"其实都可以归在"存在量限"中］。其次，指出尽管人类语言基本上都可以通过语言单位将这三类量化成分表达出来，但并不都是通过词项这种高度概念化的语言单位表达出的。刘文的主要观点如下。

（1）汉语中的全量否定词存在空缺。在上古汉语中虽然有一个表达全量否定的代词"莫"，但该代词只限于主语位置，不能用作宾语，并且在现代汉语及其他各方言中不见"莫"或其他类似的全量否定词。现代汉语在表达全量否定时需要借用动词来辅助，如：

［全量否定成分作主语］：没有人相信你的话。

［全量否定成分作宾语］：他没有笔。

汉语在表达全量否定时经常会用到具有任指性的全称量化词"任何"（对译英语中的 any），但"任何"产生时间非常晚近，是受到欧化语言影响的产物，即便现在也不太经常出现在口语对话中。因此汉语全量否定相关的词语很不发达。

（2）提出汉语有一套颇具特色的二分法量化系统，可以概括为"甚多-甚少"系统，简称"多/少"二分法。其中"多、少"并非语词意义上的多与少（语词意义上的"多、少"均属于存在量），刘文所谓的"多"是一种主观大量词，称为"甚多词"，覆盖了多量存在到全部的量域（多→全），而"少"是一种主观小量词，称为"甚少词"，覆盖了从少量存在到零存在的量域（少→无）。由此可见，"甚多词"和"甚少词"跨越了三分系统最为重要的全量和存在量的界限。

该文分别以"否定谓语+什么"以及"各、大家、广大"为例，说明前者可以同时表达"存在少量"和"全量否定"的解读，后者可以同时表达"存在多量"和"全量"的解读。

（3）使用三分法量化系统和二分法量化系统的语言采用的语言策略并不一致。由于三分法的量化系统比较适合精确的逻辑运算，但自然语言中表达的东西并不都是精准的，所以这些语言采用"精确词语的模糊用法"。例如，英语"Everyone knew Gilda Besse"不可能按照字面将 everyone 理解为无范围限止的全量，因为很难有人真的为全人类所认识。二分法量化系统则使用"模糊词语的精确用法"，如（2）中所言的用"多"或"少"来表达"全"或"无"。这种"多/少"二分量化系统是目前语义学界关注不太多的一种类型，值得进一步探讨其价值及合理性。

白鸽（2020）从语言库藏类型学的角度比较了汉语与其他语言在量限范畴上的差异。以汉语和英语的比较为例，汉语和英语都有专门表达全量肯定义的量化词，前者如"全部、所有、一切、每"等，后者如"every、all"等，全量肯定义属于入库范畴[①]；汉语中的全量否定义不像英语一样，有类似"none、nothing、nobody"的专门量化词，因此属于非入库范畴。汉语在表达非入库的全量否定范畴时至少可以采用五种形式，或是使用迂说

[①] 所谓"库"是由语音及韵律要素、词库、形态、句法等各类语言手段所构成的语言库藏（清单）（刘丹青，2011）。入库范畴就是语言库藏（清单）中有语言手段为核心义的那些语义/语用范畴，而非入库范畴也即语言库藏（清单）中没有任何语言手段为核心义的那些语义/语用范畴。

表达，或是用其他语义范畴的库藏手段来表达，例如：

[全量肯定词+否定词]：所有人都没来。

[否定词+最小量]：没一个学生在学校。

[否定词+任指否定极性算子]：他没说任何谎话。

[否定词+疑问代词]：他中午没吃什么，嘴疼得根本张不开。

[否定词+全量肯定词]：他办事极其认真，没放过所有细节。

也就是说，不同语言能入库的范畴是不同的。另外，即使某一个范畴在不同语言中都能入库，入库的情况也可能存在差异，例如汉语中表达全量肯定义的量化词数量很多，而英语中只有"all、every"两个。不同语言中量化范畴入库差异到底如何产生，和整个语言系统之间的关系是什么，还需要进一步考察。

李思旭（2010）将量化类型分为全称量化与部分量化（按，即一般所谓的"存在量化"），并从类型学角度对汉语的两种量化类型作了一定的考察。全量成分在汉语中除了可以分布在定语、状语位置，还可以分布在补语位置，语言在表达全量概念时既可以在其中一个位置添加全量成分，也可以在两个或三个位置添加，由此在逻辑上形成七种可能。对于汉语而言，这七种情况皆可体现。

李文又根据是否有定将部分量分为有定部分量和无定部分量，并对有定部分量作了跨语言的考察。最后又从语义量值大小方面考虑了量化成分在句法、语用上的差异，建立起三者之间的关联标记模式。

李思旭（2016）是在李思旭（2010）的基础上，将语义学中的量化问题与语言类型学结合，关注了三种特殊全称量化结构在不同语言/方言中的表现。李先生所说的这三类特殊全量结构均与动词密切相关：（1）在核心动词后充当补语的动词/形容词或后缀；（2）作动词前缀；（3）动词重叠。他在文中特地区分了两种全称量化的方式：一类是对动作进行全称量化，指向核心动词；一类是对动作宾语的数量进行全称量化，指向名词。前两种特殊的全量结构可以表示动作全量和动作对象全量，第三种主要表示动作对象全量。许多方言或语言中表达第一种补语量化的时候，用不同形式编码动作全量和动作对象全量。不过量化动作的编码形式在很多语言中都为体标记，那么这类是否要归入全量结构中讨论仍需斟酌。

3. 量限词语研究

根据逻辑学和哲学的传统，最无争议的分类方法是将"量限/量化"类型分成"全称量限/量化"和"存在量限/量化"两类，本节与第4节都采用这种分类方式对量限词语和量限结构进行分类并述评。本节的"量限词语研究"分为"全称量限词语研究"和"存在量限词语研究"两大部分。

3.1 全称量限词语研究

第2节我们概述了不同学者建构的汉语量限系统，其中全称量限词语分类的讨论相对充分，因此本文在综合各家观点基础之上，主要述评"统指、逐指、任指、整指、仅指"五类全称量限词语，其余整体性、比较性或不能完全归入这五类的研究成果放在"其他"部分述之。

3.1.1 统指

在量限词语研究中，统指类量限词语的研究成果最多，根据研究对象的差异，可大致分为现代汉语普通话、古代汉语和方言①中的统指类全称量限词语（"全称量限词语"以下简称为"全量词"）。

（A）现代汉语普通话。现代汉语统指类全量词的研究中最显著的便是有关"都"的研究。其中主要涉及以下几方面。第一，"都"的性质问题，探讨"都"是不是典型的全量词，如高明乐（2002）、李文山（2013）、徐烈炯（2014）、罗天华（2016）、吴平和莫愁（2016）、吴义诚和周永（2019）、周韧（2021）、薛博和潘海华（2023）。第二，"都"的语义及指向问题，包括语义功能、量化方向、量化对象的类型、关联对象等，如董秀芳（2002）、

---

① 也有讨论民族语中全量词的，但成果数量太少，如周国炎、王封霞（2020）探讨了布依语中否定副词 mi^{11} 与总括副词、限止副词共现时的位序以及不同位序下的语义量。本文不单独将之列为一部分。

董为光（2003）、詹卫东（2004）、徐以中和杨亦鸣（2005）、袁毓林（2004、2005a、2005b、2007）、黄文枫（2010）、张蕾等（2012）、黄彩玉（2013a、2013b）、蒋静忠和潘海华（2013）、李文浩（2013）、沈家煊（2015）、牛长伟和程邦雄（2015）、牛长伟（2021）、张健军（2021）、周韧（2021）、刘明明（2023a）。第三，"都"的辖域问题，如何宏华（2007）、黄瓒辉和石定栩（2011）。第四，"都"的选择限制和使用环境问题，如张谊生（2003）、林晓恒（2006）、蒋静忠（2008）、孙竞和袁毓林（2019）、刘明明（2023a）。第五，"都"的语言习得问题，如周小兵（2007）。第六，对近年研究"都"的方法论思考与总结，如钟华（2021a）。有关现代汉语"都"还有更为详尽的述评，可参看周韧（2019）。

其他有关现代汉语统指类全量词的对象还涉及"总、全、完全、一概、无非"等。邓川林（2012）探讨了让步"总"字句的量级用法，并将之与"连"字句进行比较，分析两者在句法特征和表义机制上的异同。胡建锋（2017）也讨论了语用量级的"总"字句，并比较它与"连"字句的差异。王艳红（2021）考察了"总"的语义及语用功能。孙嘉铭、石定栩（2022）认为"总"的本质语义是概率的估测比较，通过大概率事件将"总"的诸多意义推导出来。周韧（2011）指出"全"的语义特征为整体性，这是导致它与"都"有不同句法分布的原因。刘兆熙、赵春利（2023）通过正反验证同现的谓词类型，提取出"完全"的语义特征为"语义关联对象的整值性范围"，否认其具有程度义用法。王丽香（2010）分析了"一概"的语义功能以及根据此语义功能对句法搭配成分的制约。陈禹（2023）指出"无非"有统指和仅指用法，考察这两种意义之间的共通机制，并将它放在统指与仅指副词系统中分析其地位。

除此之外，阮秀娟和赵春利（2022、2023）研究中涉及"尽、满"在动词后作补语时的统指类全量用法。两篇文章考察了"V 尽、V 满"的组配规律，验证了述位动词的语义类型，并指出"尽、满"与不同类型的动词组合时所体现的不同语义特征。

（B）古代汉语。古代汉语中统指类全量词的研究成果大致可分为两大类：一类是考察现代汉语中仍然存在的统指类全量词在古代汉语中的用法或其来源与演变；另一类是考察只在古代汉语中使用的统指类全量词的用法及其来源与演变。

先看第一类，现代汉语中热议的"都、总"仍是学者讨论的焦点。有关"都"的问题主要集中在它的统指用法如何形成/如何判定、它的语义演变路径为何以及它与其他同类词的更替。谷峰（2015a、2015b）考察了"都"在全量副词之前的演变路径，认为以往所说的"城邑>聚集"的演变路径在语义和句法分布上都不能成立。动词"都"应该源于综合性动词"潴"。同时，前人所谓语气副词"都"出现于东汉时期这一观点也值得商榷，他通过梵汉对勘、同经异译、异文等多种方式和材料论证出东汉时期的"都"均是全量副词，都能够找到量化的对象。卢勇军（2021）从虚拟性视角考察了全量副词"都"是如何由动词"都"发展而来的。黄瓒辉（2021）重新分析了全量副词"都"的产生过程，认为其作为总括副词的用法由其作为名词性成分时语义里的聚集性要素直接发展而来。这反映了由集合到分配的过程，集合与分配两种语义特征之间既对立又统一，具有较强的内在逻辑动因。蒋静（2003）认为现代汉语中的"都"有三个义项：（1）表范围的"都$_1$"；（2）表语气的"都$_2$"；（3）表时间的"都$_3$"。三者的核心语义为全量义，"都$_1$"为空间上的全量，"都$_3$""都$_2$"都是在用极性手段表达全量，三者之间存在"都$_1$>都$_3$>都$_2$"的演变过程。在同类词更替方面，谷峰（2003）以《近代汉语语法资料汇编（宋代卷）》为基础，考察了全量副词"都"与"皆"各自所能进入的判断句类型，比较其异同，得出全量副词"都"较"皆"更能适应新的判断句式，这也造成了"都"对"皆"的历时更替。

"总"的相关问题也主要是讨论其全量义的来源及其后续演变。黄瓒辉（2016b）考察了"总"量化功能的演变。现代汉语普通话中"总"具有事件量化功能，而古汉语及方言中的"总"还具备个体量化功能。考其源流，"总"由聚集义动词发展为方式副词，再由方式副词发展出个体量化、事件量化的用法。由"个体量化>事件量化"的演变过程可以从事理逻辑关系来解释，并且"都、每"兼有两种量化用法。李小军、徐静（2017）考察了"总"的演变路径，其遵循"聚集（>概括）>总括>高频>确信"的语义演变过程，与黄瓒辉（2016b）不同的是，他们认为"总"发展到总括副词的过程中没有经历方式副词这一中间阶段。"总"在现代汉语中有主观性用法，学者认为这与其全量用法有关。张振亚（2013）认为"总"的主观性用法源于"持续不变"义（即事件全量）的"总"，这是在回溯推理和语境吸收的双重作用下产生的。王勤（2020）讨论副词"总"是如何由客观大量（范围、时频）发展到主观大量（确认情态）的。

有关现代汉语中的全量限定词"所有"在古代汉语中的用法及形成问题也是此时期探讨的一个热点话题。在用法方面，王继红（2016）认为全称限定词"所有"有统指和任指的差别，这种差异可以通过对勘中古时期的译经体现，两种用法在梵文中对应着不同的语言单位。这两种用法一直持续到现代汉语时期，不过任指用法在现代汉语中出现频率较低。在形成方面，目前"所有"的形成过程仍存争议。徐江胜（2013）认为"所事"和"所有"都是由语义感染产生的全量义，前者是与存在否定动词"无"长时间共现而沾染全量义，后者是经常与总括副词、遍指代词共现而获得全量义。王继红（2015）将全量限定词"所有"成词的时间提至东汉时期，并认为这种全量用法是关系从句标记"所"与存在动词"有"组合而成的单位对译梵语中的关系量化从句后经过重新分析而产生的全称量化义。于方圆（2019）给出了判定全称量化限定词的标准，根据这些标准，她将全量限定词"所有"的实际产生时间定在了公元 5 世纪前后，全量限定词"所有"直到中古晚期才推广出来。她认为"所有"频繁出现于"NP$_1$+所有+NP$_2$"的句法环境中，并且经常与全量副词共现，才在句法语义上发生了重新分析。"所有"对译的是梵语中的属格或处所格形式而不是关系副词。

除此之外，一些学者对"满、一概、一律、一向"等词也进行了考察。魏兆惠（2016）考察了北京话副词"满"的来源及演变机制，其中全量副词"满"是通过隐喻机制由形容词"满"发展而来的。刘红妮（2008）讨论了"一概"的词汇化、语法化问题，并探讨其演变的认知阐释。徐晓羽（2014）讨论了汉语中"一+N"构成的双音节词的词汇化与语法化，其中涉及"一律、一概"的历时演变。张成进（2013）考察了时间全量副词"一向"的词汇化及语法化历程，他认为其演变过程受到了早期汉译佛经的影响。

再看第二类，考察古代汉语中的统指类全量词以全量副词为主，涉及"皆、咸、尽、毕"等。肖兴（2000）考察了《韩非子》中"皆"所在句子的句法结构及"皆"的语义指向问题，其在大多数情况下指向主语，极少情况下指向宾语。武振玉（2008）考察了金文中"咸"较为少见的动词和时间副词用法，特别指出了"咸"本义为"杀"，后引申出"完结"义，这是全量副词"咸"得以产生的重要原因。车淑娅（2009）考察了汉语史上单音节全量副词的历时发展情况，对不同时期单音节全量副词的数量进行了统计，并考察它们出现位置及语义指向的变化。董正存（2011b）通过"毕、尽"等语言事实概括出汉语中"完结>周遍"的语义演变规律，认为表示"完结"义的"毕、尽"等都可以发展出全量副词的用法，其演变条件是出现在"S+～+VP"的句法环境中，其演变过程与隐喻有关，对应认知上的浑然图式。田旭红、徐彩华（2022）探讨了语气副词"并"的语法化及动因，认为其来源于全量副词。也有一些是古汉语中不太常见的全量副词，如王绍峰（2006）发现了中古汉语中鲜有学者提及的两个总括副词"缍是、预是"，这两个词出现在 NP 之前，功能近似于"凡是"（按，即本文所说的全量限定词）。王文认为这两个词表示总括义与"缍、预"的"牵连、关涉"义相关。

也有讨论统指类全量限定词的，如龙国富和范晓露（2022）、姜南（2023）都讨论了中古译经中"敢"全称量化义的来源。龙国富、范晓露（2022）认为经师用"敢……皆"构式对原典梵语中既表充分条件又表全称的构式进行对译，从而"敢"吸收了整个构式的全量义。姜南（2023）指出了龙国富、范晓露（2022）在梵语对应上的一些问题，认为"敢"是从情态助动词重新分析为全量限定词，这是因为"敢"在语音和句法位置上与犍陀罗语的不定代词十分接近，汉语"敢"先作为犍陀罗语不定代词kam 的语音对应，复制了不定代词表周边任指的句法语义功能。

（C）方言。有关方言中统指类全量词的探讨成果不在少数，尤其是对于各方言中的"下"以及"下"作为语素的"一下/做蜀下"研究较多。罗昕如（2000）考察了湖南新化方言总括副词"下"的用法，并描写其左向指称和右向指称的情况。黄晓雪（2013）描写了安徽宿松方言中的总括副词"一下"的用法，并认为它是动量结构经由"完全、彻底"义语气副词发展而来。王芳（2018）讨论了河南光山方言中两个全称量化词"下"与"就"的量化对象，认为前者主要用于个体量化，后者既可以用于个体量化，也可以用作事件量化。"下"与"就"的来源并不相同，前者来源于动词的瞬时量，后者与出现在让步条件句中有关。李桂兰（2020）对江西吉水（醪桥）方言中的总括副词"一下"和"儘"作了考察，分析了其语义特征及功能分布，并讨论了二者的来源及演变路径。李文不赞同黄晓雪（2013）和王芳（2018）对"一下"形成过程的论证，认为其具有"整体义（>协同副词）>总括副词"的演变路径，"儘"则经由"时间副词（>程度副词）>确认语气副词"的演变路径产生。作者还对方言中表达总括和强调是否使用同一个表达形式作了简单考察。周敏莉、李小军（2022）考察了湖南境内总括副词"下"的方言点分布及其语音特点，并在黄晓雪（2013）、王芳（2018）和李桂兰（2020）的基础上提出总括副词"下"来源的一种新观点，认为它最初是由动补短语"做一下"发展而来。洪妍、林华勇（2022）讨论了潮州方言"做"的多功能性，它是由"做蜀下"音节省缩而形成，其所具备的总括副词的用法，是从协同义发展而来。

除了"一下"，方言中还有其他形式为"一×"且表示统指全量用法的词。姜礼立、唐贤清（2019）观察到湖南益阳方言中"一回"可以表示总括副词，这种用法是由动量短语"一回"发展而来。陈霞、雷冬平（2022）指出安徽枞阳方言中的"一伙"具备总括副词的用法，其用法是由表示"一伙人"的数量短语用法演变而来，其中隐喻和转喻是其副词化的重要机制。

另外，李宝伦（2012）、黄阳（2016）关注到广东话中表示全称量化义的动词后缀"晒"，他们分别对"晒"是否对焦点敏感以及"晒"的演变模式作了考察。邓盾、黄瑞玲（2022）发现了揭阳闽语中的虚词"所"具有全称量化功能，体现在两方面：前附于动词形成"所 V"，该结构有词汇化的倾向，主要单独充当判断句的主语，表示"所有 V 的"；前加于"次/回"义的动量词，与该动量词组合后一起修饰谓语核心，对谓语动词所指称的事件进行全称量化，表示"每次/回"。作者利用生成语法的语类特征表示法对汉语系统中不同虚词的"所"作了描写与说明，并指出揭阳闽语中"所"的功能与上古汉语结构助词"所"之间存在渊源关系。

近几年学者开始关注方言中的多功能虚词或语素，一些具有统指类全量功能的多功能虚词或语素逐渐进入学者的研究视野。李桂兰（2019）考察了方言中具有总括功能的三个多功能词"（一）下（儿）""（一）把（连）（儿/子）""儘"（按，即全量功能），前两者具有协同、总括、统计副词等多种功能，"儘"具有总括副词、致使动词及由此发展出的多种功能，作者考察了它们的多功能模式及其来源与语义演变。对汉语部分方言及世界语言中总括功能与限止功能的叠置问题的研究，作者也有所涉及。郝鹏飞（2019）讨论河南林州方言中"寡"的多功能用法，其中"寡"同时具有统指类全量副词和仅指类全量副词的用法，其演变路径为"单一>只/仅>全/都"。张秀松（2018）考察了汉语方言中的多功能词"归齐"，认为其具有时间名词、时间副词、话语标记、全量副词的功能，其全量义是从聚拢义发展而来。吕嵩崧（2019）考察了汉语方言和壮语中表示"完毕"义的多功能语素，其中多数方言点和各地壮语中的"完毕"义语素都兼有全称量化功能。

3.1.2 逐指

（A）现代汉语普通话。有关逐指类全量词的探讨主要集中在"每"和"各"上。张蕾、潘海华（2019）讨论了"每"的语义和性质问题，认为"每"很可能不是一个全量限定词。黄瓒辉和石定栩（2013）、王银雪（2016）、马国彦（2015、2017）着重对"每"的量化运作方式进行了考察。

马明艳（2008）从认知角度讨论了"每"所在的结构式"每隔+数量+VP"歧义的认知方式。除此之外，邢福义（2013）讨论了"各"的性质，认为其不是副词而应该是指示代词。

（B）古代汉语。古代汉语中逐指全量词的考察主要涉及语义演变及新成员的挖掘。董正存（2015）指出"随、逐、排、列"等词在古汉语及方言中都能表达逐指量化功能，其量化义是由序列义发展而来。汉语中应当存在"序列>量化"的语义演变模式。刘君（2018）考察了"逐 X"整个一类成员在汉语史上的发展过程及语法化路径，得出"逐 X"经历了"跟随>伴随>指称>方式"的演变历程。"逐 X"与逐指范畴的其他表达手段之间存在竞争，这使不同成员间逐渐产生差异，并在语言功能上互补。作者最后指出"逐指是以群指为基本功能、以个体量化义为核心意义的语法范畴"。郑雯、刘向培（2022）发现在敦煌汉简中"率"有一种区别于常见的全量副词的用法，它出现在 NP 之前起逐指作用，用以对数量和时间进行量化，其性质应为量化限定词（作者原文称为"分指代词"）。在同时期文献中，"率"与同样身为逐指限定词的"每"存在一定程度上的分工，"率"多逐指数量成分，"每"多逐指时间上的成分。

（C）方言。方言中逐指类全量词的研究成果不太多见。例如，董正存（2021）考察了汉语方言中"见"的全称量化用法，认为"见"可以出现在名词性语素或量词性语素之前，表示逐指功能，义为"每"。"见"能产生全称量化用法是由于充分条件义构式"见 X 就 Y"前一小句发生句法降级而导致词汇化与语法化。

3.1.3 任指

（A）现代汉语普通话。有关任指类全量词研究学者主要讨论"任何"。蒋勇（2012、2017）讨论了"任何"所能出现的语境及其语义特征，并从关联论角度探讨了前人解释任指词在语境中表示量化义的一些理论谬误，指出任指词表示量化义是一种语境含义。刘承峰、陈振宇（2019）认为"任何"的全称量化功能是由其虚指性功能赋予的，并考察了"任何"的使用限制及句法语义语用条件。

（B）古代汉语。"任何"是如何出现在现代汉语中的是学者非常关心的问题。张定（2013）认为"任何"是清末语言接触背景下形成的一个"仿词"。刘君敬（2017）通过一些新的文献材料，深入考察了全量任指词/结构"任何、任什么"的产生。"任何"在明末和晚清时期两次独立出现，第一次出现由于社会政治因素没有扩散，第二次是在西学东渐的社会背景下短暂扩散在知识阶层中。除此之外，有学者还指出了个别在古代汉语文献中才出现的任指全量词。例如，伍巍（2001）指出以往辞书中释为"凡是"的"是"实际上有"凡指肯定"与"任指"两种用法，后者在中古汉语和现代汉语方言中都存在。作者考察了"是"任指义的功能及其产生的年代与发展历程。

（C）方言。关注方言中的任指全量成分的研究成果还比较少。例如，盛益民（2017）指出浙江柯桥方言中的"随便"是表达任指的不定性标记，并通过句法测试认为其属性不同于汉语普通话中的无条件连词"随便"，而是一种词缀。同时，盛文考察了不定代词"随便-Wh"的句法和语义功能。

3.1.4 整指

（A）现代汉语普通话。整指全量词中，学者主要关心"整整"和"满"。朱斌（2005）考察了"整整"与不同类型的定数、概数组配时候的用法，并指出它经常用于主观大量格式中。王泉（2018）考察了"整整"的来源及其句法分布，并指出"整整"曾一度有转变为情态副词的趋势。谭景春（2022）通过分析"满+名"双音词的词义及句法分布，发现它们分属于述宾式和定中式两种不同的构词系统。《现代汉语词典》在释义时应该充分注意这两种系统的不同。

（B）古代汉语。古代汉语中的"毕、尽、竟、终"等除了可以作为统指类全量副词（见上文），还有整指类量限词的用法。董正存（2011b）认为它们的演变条件是出现在"（S）+～+NP+VP"的句法环境中，该演变过程与转喻有关，对应认知上的套件图式。另外，李宗江（2022）讨论了汉语史上表示"整天"类时间副词（如"整天、成天、终天、镇日、一天到晚"等）的时间义与负面评价义，并分析负面评价义的由来。

3.1.5 仅指

（A）现代汉语普通话。有关仅指类全量词，学者主要关注"只、净、唯一、就"。徐以中（2003）考察了"只"的语义指向及语用歧义。殷何辉（2017）在形式语义学的理论背景下，引入焦点解释理论对"只"的语义歧指现象进行分析。董秀芳（2007）、夏军（2018）、雷冬平（2020）、周韧（2023）、王璐菲和史金生（2023）讨论了"只"搭配感知类动词或"只"作为构词语素的"只见"的功能及所在构式。张蕾（2015）从形式语义学角度考察"净"的语义及使用限制。金晶（2021）从句法-语义界面考察了用作名词短语修饰成分的"唯一"的用法，认为其本质上是一个排他性成分，兼有属性关注和指称关注。张新华（2021）分析了"就"的话题焦点功能。

（B）古代汉语。讨论古代汉语中仅指类全量词的成果也不少。大致看来主要讨论仅指类全量词的功能、来源及后续演变问题，涉及的对象有"只、但、净、即、才、仅、适、唯、莫非、无外乎"等。邓云华、石毓智（2006）指出汉语中有不少转折连词来源于表示限止或范围的副词，如"但、只、可、却、不过"等，并解释了限止向转折的发展理据。朱怀（2015）在讨论"但"的语法功能及其产生机制时涉及限制副词"但"的来源及演变问题，他认为限制副词"但"来源于描摹性副词"但"（义为"徒然、白白地"），之后又由此辐射式地发展出语气副词（义为"只管"）、轻转连词（义为"只是、不过"）、条件连词（义为"只要"）多种用法。"描摹副词>限制副词"主要通过语用推理，而后续其他演变主要受到语境吸收、主观化及交互主观化的作用。何潇（2016）以"但是、不过、只是"为例深入挖掘了限定性范围副词向转折连词演变的路径与动因。孙玉文（2021）以李商隐《乐游原》"只是近黄昏"为引子，引出有关唐代"只"字的语义及读音问题。孙先生认为"只是近黄昏"中"只是"应理解为"只不过"，而非"正是"，"只、祇、衹"三字记录的是同一个词，均读平声，与读上声的"止"原本记录的不是同一个词。只是因为后来"止"与"只、祇、衹"在"只不过"的义项上同义，读上声的"止"占上风后，"只"也就读成了上声。

李明（2008）在考察唐宋时期的一类特殊焦点格式（如"即心即佛"）时指出该格式中的两个"即"的功能并不一致，第一个"即"表示限定义，具有排他性，第二个"即"表示确认义，并认为"限定"和"确认"意义关系密切，存在"确认>限定"的演变过程。杨永龙（2020）考察了汉语中表示主观大量和主观小量"才"的来源，指出主观小量的"才"直接源自其限止义副词的用法，而主观大量的"才"是由其刚刚义的时间副词发展而来，两者没有直接的源流关系。卢烈红（2012）考察了汉语史上"莫非"作为短语和词的四种情况，认为现代汉语中表测度和反诘的语气副词来源于存在否定词"莫"与否定词"非"的跨层结构词汇、语法化（按，作者所说的"反诘语气副词"实际上是限止义副词）。沈煜和龙国富（2011）、唐小薇和刘松来（2018）分别考察了"光"和"刚"的限止义用法及演变过程。刘亚男、邵敬敏（2020）利用清末法国耶稣会教士戴遂良编写的《汉语入门》文献（反映河北献县一带方言）考察了副词"净"的产生时间、用法及来源。作者认为"净"的产生时间不会早于清中叶，其高频义用法（即事件量化）和概括义用法（即个体量化）都来源于其排除义。雷冬平（2021）在考察"不外（乎）"的演化及功能时涉及它的限定功能用法。王莹（2022）以"衹、适、唯"为例，考察了汉语史上不同阶段的几个限定副词的来源，得出它们的限定义均是由强调、确认语气发展而来。马一方（2023）指出"仅"的"将近"义是"只"义和"勉强"义的引申，其核心义对语义发展有制约作用，"仅"字从"堇"得声，"堇"声字及"仅"的同源词有"少，不足"的核心义。

此外，还有考察仅指类全量词用字演变的研究。例如，余志凯（2024）考察了古代典籍中"惟"和"唯"的使用情况，二者在宋代以前长期共存，宋代以后"唯"使用频率逐渐降低而"惟"字常用。直到晚清时期，"唯"字受到欧化语言的影响才重新出现在汉语中。现代汉语中"唯一"的使用频率已经超过"惟一"，有取代之势。

（C）方言。一些学者探讨了方言中某些仅指全量词的功能及演变情况。

孙玉卿（2001）指出大同方言中的"寡"可以表示限止义副词（进一步引申出主观强调功能）以及程度副词用法。姚玉敏（2019）指出在粤语中"得"在作为动词及后缀时都能表示限止义，通过考察早期粤语文献可知"得"是因为经常与限止义成分共现而沾染上"只、只有"义，并通过数据统计可知动词和后缀的"得"产生限止义的过程是互相独立的。徐晓娴、庄初升（2021）指出泉州方言中原先记作"则"的多功能副词本字应作"正"，其具有仅指类全量的用法，是由"正好（时间、空间、数量等）"义情状/语气副词发展而来。也有学者观察到方言中某些多功能成分具有仅指全量功能，如孙嘉铭（2021）考察了河南舞阳方言中的多功能副词"光"，其中"光"具有限止义的副词用法，并能通过隐喻机制发展出高频惯常和条件必然的用法。

3.1.6 其他

以上五个部分的研究成果主要是全称量限词语的个案研究，本部分则述评一些总体性或比较性的考察成果以及全称量限词语与其他成分共现的研究。最后，有个别不容易归类的放在本部分末尾述评。

（A）整体性或比较性研究

整体性研究侧重的是这一类成员的共性特征；比较性研究侧重的是成员之间的差异特征。

先看整体性研究，现代汉语全量词的整体研究目前仅见张蕾（2022），前文已详述。古代汉语全量词的整体性研究成果目前虽然未见，但有的研究涉及某一时间段内或某些专著中全量副词的用法及演变，有的涉及某一类全量副词的演变。前一类如，李明（2013、2014）分别对唐五代时期以及整个近代汉语的副词研究思路作了深入的探讨，他指出应当重视这一时期副词的语义发展变化，例如总括副词与语气副词、限止副词与语气副词、总括副词与程度副词之间的演变关系值得深入考察。邓慧爱（2013）考察了明清白话小说中的范围副词，将范围副词分为总括、限定、类同、统计四类，讨论这四类范围副词的历时层次，并考察它们与其他副词的共现情况。栗学英（2017）对中古汉语副词演变进行了专题研究，其中涉及限定、总括、统计范围副词的总体情况、来源及发展趋势等内容。高婕（2008）考察了鸠摩罗什译经中全量副词和程度副词，从共时、历时和同经异译的角度比较了鸠摩罗什译经中全量副词和程度副词的特征。后一类如，邓慧爱（2007）考察了不同时期汉语限止范围副词的来源问题。唐小薇、李小军（2016）综合考察了汉语史上限定副词的来源，将其归纳为六类：（1）单一义；（2）正好义；（3）强调/确定义；（4）否定义；（5）直接义；（6）短语。限定副词可以分为排他限定和量小限定两种，不同来源发展出的限定用法并不完全一致，如果该限定副词具有排他限定和量小限定的话，往往是"量小限定>排他限定"的演变。李小军（2018）认为汉语中存在"总括>高程度"的语义演变。他将总括副词分为强调整体性的"全"类总括副词和强调个体的"皆"类总括副词，并认为"全"类总括副词发展出高程度副词的用法，而"皆"类总括副词没有。"总括>高程度"的演变是转喻在其中起作用。除了与程度相关，李小军（2019）在李小军（2018）的基础上观察到全量与频率、语气之间也具有演变关系。

再来看比较性研究，现代汉语全量词之间比较研究成果颇为丰富，大多数为同类全量词之间的比较。比较研究的着眼点如下。（1）语义的差异，例如：关键（2002）比较了"一直""总"与"老"的语义差异。蒋静忠、魏红华（2017）比较了"一直"和"总是"的语义差异。陈立民（2005）、徐以中和杨亦鸣（2010）比较了"就"与"才"的语义差异。郭锐（2010）指出"只"字句和"都"字句语义等值。李强、袁毓林（2018）比较了"都"与"只"在意义上的差异。李强（2021）比较了"净"和"光"的语义性质和用法特点。彭小川、严丽明（2007）考察了"全部、所有、一切"的语义差异。崔显军（2007）比较了"所有"和"一切"的语义差异。杨雪梅（2002）比较了"每个""个个"与"一个（一）个"的句法语义差异。（2）量化功能的差异，例如：金立鑫（2015）比较了"就"与"才"限定功能的差异。黄瓒辉（2013）、熊仲儒（2016）分别比较了"都"与"总"量化方式的差异。（3）句法方面的差异，例如：陈忠（2019）分别考察了"每"与"各"跟名量成分的匹配。王灿龙（2017）从句法和语篇分布上比较了"总是"与"老是"。（4）主观性方面的差异，例如：邓川林（2010）将"总"与"老"的主观性进行比较。武钦青、李铁范（2019）将"就"与"偏""硬"的主观性进行比较。（5）认知方面的差异，例如：李文浩（2009）分析了"满 NP"和"全 NP"认知凸显的差异。刘玮、宗守云（2020）从意象图式角度分析了"满""全"的异同。李文浩（2016a）比较了"每"和"各"在认知语义方面的差异。（6）多角度比较，例如：罗天华（2016）比较了"满、全、一"和"整、浑"在语义、认知、句位等方面的多重差异。另外，有一些学者对汉英同类量化词也作了详细的比较。伍雅清（2000）比较了汉英量词辖域的歧义问题。邵菁（2003）分析了"都"与"all"性质、指向和搭配的差异。蒋勇（2015）比较了"任何"与"any"允准差异。

方言全量词之间的比较较为鲜见，目前只能见到方言和普通话之间全量词的比较。徐烈炯（2007）比较了上海方言中的"侪"和普通话中的"都"，认为两者虽然都是量化副词，但存在一些差异，"侪"可以表示离散个案集合中个案数目累积需达到一定的高程度，而不能表示在一个连续统中达到某一关键程度，而"都"这两个功能都具备。张耕、陈振宇（2021）考察了四川方言中的"只有"以及普通话的"光、净"，认为限止义（按，笔者称为"排除义"）副词通过语用迁移会发生从主观小量到主观大量的演变。

古汉语全量词之间的比较在黄芳（2010）、何莫邪［1981（2023）］中已有论述。有的学者从语义功能、量化辖域、量化对象方面进行比较，例如，李杰群（2001）以《孟子》一书为考察范围，对该书中表示范围的总括副词"皆、举、尽、咸"等进行语义和功能上的辨析。黄芳（2016）认为先秦汉语"群、众、凡"具有全称量化词的功能，并指出它们都有［+类聚性］［+总括性］的特征，但在量化辖域方面三者存在差异。刘梁剑（2022）主要以逻辑哲学的方式，从位置与辖域、量化主体与量化客体、整体与个体方面对古汉语常用的全称量化词的差异性作了概述。有的学者从演变路径上进行比较，例如，魏兆惠（2014）讨论了早期北京话中的三个范围副词"净、尽、竟",认为它们都具有总括和限止的用法,但认为它们的演变路径并不一致,"净"是由限止到总括,"尽、竟"是从总括到限止,这三者互相竞争后在现代汉语普通话中留下了"净"。

（B）共现研究

现代汉语普通话全量词共现时涉及诸多问题,包括语义分工、语序问题、制约条件、构式语义等。董秀芳（2003）指出"都"与其指向对象之间不能出现焦点信息成分。李宝伦、张蕾、潘海华（2009）探讨了"都、各、全"共现时的语义分工。刘富华、祝东平（2009）探讨了时间词与"都"共现时的语序问题。李文山、唐浩（2021）讨论了动词后作补语的全量成分"齐、光"与"都"共现时的表现。李文山（2020）考察了"只"类（"只、才、就"）与界限词"最多、最少、超过、不到"等词共现时的制约条件、语义组合方式。邓川林（2015）探讨了"总是"与完整体"了"匹配与互动研究。金立鑫、于秀金（2013）讨论了"就/才"与"了"共现时的语义兼容问题。刘林（2019）考察了"每P"与"都"共现或者不共现时句子全量表达的类型。牛长伟、潘海华（2015）讨论了"每+Num+CL+NP+都/各"结构中数词的分布情况。黄师哲（2022）从二元双标的角度探讨了"每、都"出现的句式"每A都B"和汉语复句的共性与特性。

古代汉语全量词共现的研究成果尚不多见。杨荣祥（2004）考察了汉语史上副词并用的情况。所谓"副词并用"就是指两个（少数为三个）功能特征和语义特征相同、相近的副词并列使用,属于语用现象。其中副词并用的一种重要类型是总括副词之间的并用。这些并列形式大多是临时性的组合,在后世很少成词。

（C）其余

还有一些与全量词相关的研究,虽然未能归入上述分类,但也值得关注。吴庚堂（2013）讨论了量词"浮游"的现象（按,该文所说的量词即本文的量化词）,并认为汉语量词"浮游"的产生原因是实现内/外主题,属于主题化,与罗曼语系和日耳曼语系的量词"浮游"都以格为动因性质不同。刘慧清、王小妹（2013）考察了全量义名词和部分义名词在句法位置和语义特征上的差异，认为前者倾向于位于主语位置，具有高可别度，后者倾向于位于宾语位置，具有低可别度。黄瓒辉（2016a）指出了"了₂"具有存在量化事件以及标记事件焦点的功能，并将之与"了₁"进行比较，认为"了₁"只是完成体标记，是给事件变量提供限制。

3.2 存在量限词语研究

存在量限词语主要分为肯定存在的"有"类词和否定存在的"无/没有"类词。

（A）现代汉语普通话。在现代汉语普通话中，肯定存在词的研究主要是在语义、量化功能方面。朴起贤（2004）研究了现代汉语"有"的语义功能及认知解释。樊长荣（2008）研究了现代汉语"有"能引介数量名短语的条件及多种因素。满海霞（2020）讨论了现代汉语中"有"既可以表示个体量化，也可以表示事件量化，并考察其语义生成机制。否定存在方面，李宝伦（2016）讨论了存在否定词"没（有）"与否定词"不"对焦点敏感度的差异分析，"不"是一个对焦点敏感的否定算子，与焦点直接关联，而"没"必须依附于"有"，"没"对焦点间接敏感。沈阳、史红改（2018）认为现代汉语中的"没的"性质上接近于否定性的无定代词，承担了古汉语"莫"的部分功能。

（B）古代汉语。董秀芳（2014）考察了一批含有语素"有"的双音节词"有X"，认为语素"有"在其中表达两类语义，一类是不定指代义，一类是多量义，这两类语义均从存在义发展而来。古汉语中否定存在词的讨论主要围绕"莫"的性质问题。韩学重（2000）分析了古汉语"莫"的组配成分及所在句式，认为"莫"为动词。杨萌萌（2023）通过充分的句法测试证明"莫"并非代词作主语，而是副词作状语。另外，董秀芳、郝琦（2019）从整个汉语量化表达演变的角度，观察到上古汉语有一批具有存在量化的代词在后代消失了，它们的功能被"有"字动词短语或限定词短语替代，呈现出词汇型量化策略到句法型量化策略的转变。

（C）方言。学者主要关注方言中具有多功能性的肯定存在词。例如丁健（2020）、吴越（2020）分别考察了浙江台州路桥话和浙江温州瑞安话中"有"的多功能性，其中与"量"有关的有"足量、部分量、多量"等，其多功能性与其核心语义"存在"密切相关。多功能词"有"在东南方言中具有高显赫度。目前关于否定存在词的研究关注不多，如林素娥（2016）观察到湘语邵东话中存在否定词"冇"向基本否定词"唔"的功能扩散过程。

4. 量限结构研究

本节从"全称量限结构研究"和"存在量限结构研究"两方面来述评。

4.1　全称量限结构研究

汉语全称量限结构的研究主要分为"任指、极指、统指、逐指、整指"五个部分，其余不能放入这五类中的研究暂且放入"其他"部分述评。

4.1.1　任指

（A）现代汉语普通话。有关任指类全称量限结构的研究主要集中在疑问代词参与的全称量限结构和无条件连词参与的全称量限结构，特别是前者的研究成果颇丰。吕叔湘［1942（1982）］早在《中国文法要略》的"指称"部分就讨论过"谁、什么、怎么、哪儿"等疑问代词有表示任指的非疑问用法，在这类任指句中，除疑问代词外还经常出现"也/都"。近年来有的学者关注任指句中的疑问代词，如王小穹、何洪峰（2013）考察了疑问代词"怎么"如何从与客观世界相联系的指代关系扩展出否定、感叹等主观语义。戴耀晶（2015）对汉语中疑问代词"怎么、什么"出现于任指否定句中是表示质的否定还是量的否定进行了深入的考察。刘明明（2023b）探讨了疑问代词的任指用法，认为其任指义来源于语用增强，其本质上说是表存在的不定代词。有的学者关注任指句中"都"的功能，如钟华（2021b）分析了"都"字句中疑问代词的分配索引功能。刘明明

（2023b）探讨了"都"在任指句中有"强制性解释"功能。有的学者关注整个含有疑问代词的任指格式，如袁毓林、王明华（2011）探讨了两类全称否定格式"Neg+Wh+VP"和"Wh+Neg+VP"在词类序列、句法构造和论元结构等方面的差异，分析了这两类格式的形成机制，并解释格式中疑问代词语义的差别。鲁承发（2019）考察了"全称否定小句+只"构式（按，该文所谓的"全称否定小句"指的是"全称否定式疑问代词+否定谓语"）前景、后景信息的设定，认为这一构式具有三种信息组配方式，不同信息组配方式的转化使该构式的语法表现更为丰富。另外，吴为善、顾鸣镝（2014）涉及了"否定词+什么"表示全量的用法，该文将之称为"有限小量"，讨论了无条件连词参与的任指句的研究主要集中在差异比较上。黄晓冬（2001）讨论了无条件句"无论 A，也/都 B"的句式语义，并比较其中"也、都"的差异。赵彧（2016）比较了无条件连词"不论"和递进后项连词"遑论"的差异。

（B）古代汉语。古汉语任指类全量结构的研究除现代汉语中列举的有疑问代词参与和有无条件连词参与的，还有反义成分对举形成的任指句。疑问代词任指用法的来源问题目前仅见张定（2013）的讨论，该文指出汉语疑问词"无论、不论、不管、不拣"等词的任指用法最初可以追溯到表示"不关心、不相关"义的上位成分内嵌参数问句的复杂结构，在唐五代之后，该结构语法化为"参数让步条件句"或"全称让步条件句"，再进一步与结果小句糅合。有无条件连词参与的任指句主要涉及句子内部构成项的演变以及整体任指句的形成。傅惠钧（2010）历时地考察了无条件句前项中 P 能否用"和"类连词的问题，该文列出证据说明，在现代汉语和古代汉语中都能将"和"类连词用在 P 中表示选择义，这种用法是因系统类推、语义框架限定等需求产生的。董正存（2013）以"无论如何"为例，考察了这类无条件构式经历了"复句＞紧缩句＞简单句"的过程，在此过程中无条件连词后成分的项目数量减少以及"都/也"的消失是其重要表现。在"无论如何"所在无条件构式省缩后，其句法−语用也与原构式有明显的不同。刘红妮（2022）考察了无条件构式"不管 X，都 Y"的形成以及

"不管"的连词化。由反义成分构成的全量结构主要见于董正存的系列研究。董正存（2010b；2011a）探讨了近代汉语时期并不常见的全量格式"是X是Y"的语义、语法功能及来源，并指出其中"是"经历了"确指肯定>凡指肯定>纯表指称"的演变。董正存（2011c）考察了中古晚期表示全量的格式"若X若Y"的语义及句法功能，其中X、Y为反义互配关系，构成了一个集合，为整个格式表示全量奠定了基础。

4.1.2　极指

（A）现代汉语普通话。所谓"极指"是指全称意义通过选取集合内一个极性的成员，对其进行肯定或否定，从而实现对极性成员所属整个集合的肯定或否定（曹秀玲，2005a）。极指采取的典型格式有"连……都/也……"（简称"连字句"）和"一量名"参与的否定/疑问格式。有关"连"字句的研究主要集中在"连"字句组成部分的组配、功能与性质、"连"字句的焦点问题以及句法语义语用功能方面。李泰洙（2004）考察了"X+也/都+VP"强调紧缩句各部分的功能，认为X、"也（都）"和VP三者互相配合使句式构成全称否定或肯定义。李文浩（2016b）对"连"字句中"连"后NP的性质进行了讨论。邓川林（2017）讨论了"也"能使量级较低的命题成立，通过参与"连"字句或与小量成分"一"、任指性疑问代词搭配，表达全称量化义。温宝莹、东鞒妍（2019）从音高、音长等韵律角度探索"连NP都VP"的焦点问题。巴丹（2012）分析了"连……都……"和"连……也……"在句法、语义、语用上的差异。有关"一量名"参与的否定/疑问结构的研究主要集中在这类任指句中成分的选择与比较、句子的整体功能及句法语义语用特征上。胡清国（2006）对"一量名"全量否定格式中量词的选择和限制作了深入考察，并区分出该格式有量的否定和质的否定两种。倪建文（2001）认为"一量名"格式是通过对最小量的否定来表达对质的否定，具有全称否定的性质，并对句子的信息结构作出分析。刘承峰（2007）通过考察句法格式、语用数值及否定词等，认为并非所有"一+量+名"结构都可以表达全量否定，并提出了12种"全量否定"的推理模式及强度连续统。巴丹（2017）描写了"极小量+也/都+

VP"构式的句法结构、语义特征和语用倾向，并比较了"都"和"也"分别进入该构式时的差异。胡德明、马洪海、李婉莹（2019）认为"哪（一）量（名）+X"的构式义为全量否定，并对该构式义的产生进行了认知方面的考察。

（B）古代汉语。古汉语中有关这两类极指结构的考察相对要少许多，蔡永强（2006）从"连"字的本义出发考察了"连"字句的历时发展过程。胡亚（2021、2023）从构式化的角度考察了"连 XP 都/也 VP"的形成及历时扩展，探讨了实体性"连"的语法化与图式性构式"连 XP 都/也VP"的关系。

4.1.3 统指

统指类全量结构的研究主要涉及并立复合构式、"从 X 到 Y"和统指类全量词出现的结构。李艳华（2018）讨论了一系列与量范畴相关的并立复合构式，其中"AA+BB""一 A 一 B"都与周边量相关。朱军（2010）、邢相文（2015）对全量构式"从 X 到 Y"进行了全面考察，其中前者对其句法语义特点进行了研究，论证了构件"从、到"的词性，并分析构式的主要语义类型。白鸽、刘丹青（2016）认为汉语否定句中带有全量词的宾语（简称"全量宾语"）的语义解读和印欧语不完全一致，后者基本只能解读出部分否定义，而汉语中除了可以解读出部分否定义还可以解读出全量否定义。全量否定义的解读最主要受到搭配动词的语义类型的影响。

4.1.4 逐指

（A）现代汉语普通话。现代汉语中有一类名为"供用句"的句式，通常表示"每"的意义，例如"一锅饭吃十个人"表示"每一锅饭可供十个人吃"。殷志平（2002）讨论了这类供用句（该文称为"数量对应句"）中不表"每"语法意义的一类句子，认为表示"每"义供用句出现于恒常句（又称"事态句"），不表"每"义的供用句出现于事件句。

（B）古代汉语。古汉语中表示逐指类全量结构的研究成果非常少见。佐藤进（2011）以编码"到处"这一空间逐指范畴的形式为立足点，探讨了从先秦至唐代不同语言层面表达"到处"的编码形式变化。例如在先秦、汉代时期以"……所……，皆""……所……，无不"等句子结构来编码"到处"，汉代到六朝时期以"所到之处、所到处、所行处"等短语表达"到处"，六朝至唐又增加词汇层面的"到处、遍地、所在、在在"等来表达"到处"。

4.1.5 整指

讨论整指类全量结构的研究成果不太多见，学者主要关注的是有整指类全量词参与的结构式。潘文（2005）研究"满 N_1 的 N_2"的句法功能及其地位。王洁（2001）讨论了现代汉语中一类学者不太注意到的体词性谓语句"N 满（一、浑）N_1 的 N_2"，并考察了其内部制约关系。

4.1.6 其他

除了以上五类单独讨论某一类全量结构，有的学者将其中某两类或某几类置于一处讨论，例如巴丹（2013）、张怡春（2011）、王艳（2020）。巴丹（2013）比较注重"都、也"在任指句、"连"字句、最小量值句（这两个均为极指句）、谓词拷贝句中的差异。张怡春（2011）分析了三类全量构式"什么+（NP）+都/也+VP""重叠量词+（NP）+都+VP""一+量+名+（都/也）+不/没有+VP"中"都、也"分布不平衡的原因。王艳（2020）考察了汉语 OV 语序的句子，指出：（1）"一量（名）""疑问代词（+名）""名/量词重叠"不能直接在其中表示全量义，必须有表示总括义的"都"或"也"出现才行；（2）通过比较"把"字、"被"字、"连"字进而受事主语句，作者发现 OV 语序倾向于表达全量义，可以视作一种弱标记。

另外，徐江胜（2009）在讨论先秦汉语"（NP+无）/（无+NP）+VP"结构时，涉及几类双重否定意义上表全量肯定的格式：（1）NP+无+不+VP；（2）NP+无+不+VP+者；（3）无+NP+不+VP；（4）无+NP+不+VP+者。

4.2 存在量限结构研究

（A）现代汉语普通话。现代汉语存在量限结构主要分为肯定存在量限结构和否定存在量限结构。其中肯定存在量限结构的研究主要集中在"有"

字参与和"一量名"参与的存在量限结构式。前者的研究成果主要有温锁林和刘元虹（2014）、谢氏花和肖奚强（2014）、李旭平（2020）。温锁林、刘元虹（2014）对"有+NP"的语义偏移现象作了研究，认为该短语既有正向偏移也有负向偏移，正向偏移是表示"领有、具有"义动词"有"所具有的"好、多"语义倾向所致，而负向偏移是名词语义倾向或"出现、存在"义动词"有"所致。谢氏花、肖奚强（2014）比较了现代汉语"有"字句与越南语"có"字句在句法和语义上的同与异。李旭平（2020）界定了"有"字句的语义，认为其与英语的 THERE-BE 策略没有直接对应关系，而是采用"领属策略"表达存在。"有"字存在句并非单纯表示个体存在，也引介一种关系的存在。后者的研究主要有曹秀玲（2005b）和白鸽（2014）。曹秀玲（2005b）考察了无定"一（量）名"主语句的类型、语义及语用价值。白鸽（2014）探讨了"一量名"兼表定指与类指的现象。作者认为所谓的"兼指"现象实际上是两类"一量名"在句法表层的一种耦合现象。表示"兼指"的"一量名"是由"人称代词/专名+一量名"式同位短语省略前件成分而来的。有关否定存在量限结构的探讨比较少，如尚国文（2010）考察了"没/没有+NP"的量性特征，分析不同量性特征表达背后的认知理据。

（B）古代汉语。考察古代汉语中存在量限结构的研究成果目前还不多见，但已有的研究值得关注和重视。肯定存在量限结构方面，董秀芳（2010）从历时角度考察了汉语不定指范畴的编码形式变化。定指和类指从古至今都可以采用光杆名词的形式进行无标记的表达，但不定指范畴逐渐从无标记的表达变为有时要强制性地加上标记。这体现在两个方面，主语位置上不定指表达从可以用光杆名词或"有+光杆名词+VP"来表达变为一般采用"有+一+量+NP"来表达，宾语位置的不定指表达也从较常用光杆名词变为较常使用"VP+一+量+NP"。徐丹（2022）从历史文化与语言接触的视角考察了动词"有"在北方汉语中的三类特殊用法：（1）句子+有；（2）有=在；（3）主语（+与格标记）+宾语+有。后两种用法目前西北地区还在使用。否定存在量限结构方面，徐江胜（2009）讨论了先秦汉语的否定存在结构：（1）NP+无+VP；（2）NP+无+VP+者；（3）无+NP+VP；（4）无+NP+VP+者。

（C）方言。方言中的存在量限结构目前还没有专门研究，只有在探讨其他方言现象时捎带提及。如刘丹青（2011）从跨方言的角度探讨汉语史上的语法类型在当下的留存或消亡，他指出否定存在代词"莫、靡"已不见于各方言中。

5. 现有研究成果的总体性评价

前两节对20余年来汉语量限表达的各类研究成果作了较为详细的回顾和简述。仅从研究数量可以看出，近年来有关汉语量限表达的研究成果频出，已然成为汉语语法学界的"显学"之一。本节则对这些成果进行总体性评述，总结已有研究中的优点及不足之处。

第一，对于汉语量限范畴的内涵与外延有了较为充分的认识，基本廓清了汉语量限范畴表达手段的类型。汉语量限表达手段主要分为量限词语和量限结构。汉语为 SVO 型语言，其量限词语主要出现在 Ⅰ、Ⅱ、Ⅲ 这三个句法位置上[①]：Ⅰ S Ⅱ V Ⅲ O Ⅳ。其中位置 Ⅰ 上主要为主语的全量限定词"所有、一切、整、每"等，位置 Ⅱ 上为全量副词如"都、总、只"等，或表达存在量限的动词如"有、没"等，位置 Ⅲ 上为宾语的全量限定词或修饰主要谓词的全量补语成分"光、尽、遍、干"等[②]。学者对不同类别量限表达的关注和兴趣呈现出不平衡的态势，具体而言：（1）量限词语的研究成果较多，量限结构的研究成果相比较来说少许多；（2）全称量限现象更为繁复，关注更多，而存在量限相比之下没有全称量限现象复杂，关注度远不如全称量限高；（3）全量词语中，考察统指类的研究成果相比

[①] 现代汉语中Ⅳ位置上能表达量限的词语非常少，如"而已"是对 O 位置上表达数量的成分进行限制。

[②] 这个位置上还可能出现动词后缀，但较为少见，例如上文李宝伦（2012）、黄阳（2016）提到的广东话中表示全称量化义的动词后缀"晒"。

其他四类要多，而在全量结构中，任指和极指是五类中关注度较高的两类。

第二，立足于现代汉语层面、古代汉语层面以及语言类型学的角度初步探讨并构建出了一些较为可靠的汉语量限表达体系，为今后学者把握量限范畴奠定了重要的基础。但更多的问题亟待研究与解决：（1）不同学者建立量限系统所依据的标准不同，曹秀玲（2005a）主要依靠量化方式的差异进行分类，董正存（2010a）主要从量限表达手段的突出形式特征来进行分类，这些标准都是从某一个方面出发对量限范畴进行分类，那么能否综合这些标准为汉语量限系统建立一个更为完善的量限范畴体系呢？（2）有的成员是否属于量限系统仍有待商榷，例如仅指类全量词语在张蕾（2022）系统之内，但不在曹秀玲（2005a）之中；（3）汉语究竟属于何种量限体系，抑或是说哪一种量限体系对于汉语的解释力更强还缺乏比较充分的论证。刘丹青（2013）提出汉语除"全/有/无"三分量化体系之外，还存在"多/少"的二分量化体系，对于后者的研究目前还比较少，到底哪一种量限体系更适用于汉语目前还缺乏考察。

第三，疑难问题稳步推进，研究对象不断增加。汉语量限表达中譬如"都、每"等相关词语一直是学者重点关注的对象，目前学者对其性质、语义指向、辖域、使用环境、共现情况、来源、形成过程等诸多方面都进行了详细的考察，让我们对这些"老大难"问题有了新的认识。此外，在现代汉语内部，除了"都、每"等重要研究对象，其他全量词语"满、光、一概、一律"等也逐渐进入学者的研究视野。有关古代汉语、方言中量限表达的研究成果也日益增多。但从总量上看，有关现代汉语的量限表达依旧是研究主流，古代汉语和方言中量限表达的研究成果尚不能与之抗衡。

第四，研究方法、维度的多元化。在研究方法方面，不同学者依据自身知识背景，分别从逻辑学、结构主义、功能主义、形式主义、互动语言学、实验语音学等角度描写和解释与量限有关的语言现象，呈现出精彩纷呈的局面。在研究维度方面，除了以往共时角度的研究模式，从历时角度考察量限表达演变问题的研究成果逐渐增多，学者不仅将现代汉语中热议的"都、总"当作历时考察的焦点，同时将目光延伸到古代汉语和方言中一些多功能的语言形式，探讨其语义演变的过程及其背后的机制与动因。

6. 未来汉语量限表达研究的展望

前人丰厚的研究成果是进一步深入研究汉语量限表达的重要基石。从以上述评中可以看出，尽管 20 余年来研究成果数量众多，但有待深入探索的问题仍然不少。最后简要谈一谈我们对汉语量限表达研究的展望。

第一，在过去的 20 多年间，学者在讨论量限表达过程中借鉴了西方语言学界的一些量化理论，这些理论在观察、发现现代汉语语言现象方面无疑是有积极作用的。但同时需要思考的是，这些量化理论是否就真的完全适合汉语，例如上文所提及的一些研究就已经注意到"都"和"每"未必是典型的全量词语。另外，现代汉语和其他语言之间的量限系统的比较需要深入，它们之间的共性与差异需要进一步明晰，也就是说，需要回答"现代汉语量限表达系统的特色为何"这一问题。

第二，重视新材料中的量限表达。一方面，近年来整理、发现的新方言文献、传教士文献等可以辅助我们勾勒出方言中一些量限表达早期产生和发展的面貌，构建起完整的演变路径（刘亚男、邵敬敏，2020）；另一方面，汉译佛经以及梵汉对勘资料也是考察中古汉语向近代汉语量限表达体系转变的重要材料，从已有研究可以看出，近、现代汉语中高频使用的全称限定词"所有、一切"就与梵语的语言接触关系密切（王继红，2015、2016；于方圆，2019；孟奕辰，2022），可以猜想出这种接触对量限表达系统的影响可能远不止一两例。

第三，对量限表达的研究最终需要考虑量限范畴与其他范畴/概念域的关联问题。从目前研究成果来看，量限范畴至少与语气/情态、程度、否定、类同等范畴存在较强的关联性，董正存（2024）指出在全称量限范畴和语气/情态范畴之间还存在质范畴。那么，量限范畴还与哪些范畴密切相关、不同类型的量限范畴与其他范畴之间的对应与联系有何区别等问题也是今后汉语量限表达研究的重点。

参考文献

巴丹：《"都"与"也"在相关构式中的微殊与中和》，《汉语学报》2013 年第 3 期。

巴丹：《"极小量+也/都+VP"否定构式辨析》，《励耘语言学刊》2017 年第 2 期。

巴丹：《"连……都……"和"连……也……"的句法、语义及语用差异》，《汉语学习》2012 年第 3 期。

白鸽、刘丹青：《汉语否定句全量宾语的语义解读》，《世界汉语教学》2016 年第 1 期。

白鸽：《入库范畴表达与非入库范畴表达的跨语言比较——以指称、量化范畴为例》，《当代语言学》2020 年第 4 期。

白鸽：《"一量名"兼表定指与类指现象初探》，《语言教学与研究》2014 年第 4 期。

蔡永强：《"连"字句探源》，《汉语学习》2006 年第 3 期。

曹秀玲：《现代汉语量限研究》，延边大学出版社，2005a。

曹秀玲：《"一（量）名"主语句的语义和语用分析》，《汉语学报》2005b 年第 2 期。

车淑娅：《"全都"类单音总括范围副词历时发展研究》，《山西师大学报》（社会科学版）2009 年第 1 期。

陈立民：《也说"就"和"才"》，《当代语言学》2005 年第 1 期。

陈平：《英语数量词的否定》，《现代外语》1982 年第 1 期。

陈霞、雷冬平：《安徽枞阳方言"一伙"的功能及其副词化研究》，《淮南师范学院学报》2022 年第 3 期。

陈雪莲：《东汉译经全称量限表达研究》，北京外国语大学硕士学位论文，2016。

陈禹：《从"无非"看范围副词的认知理据及其语用系统》，《世界汉语教学》2023 年第 2 期。

陈振宁：《现代汉语量范畴语义模型初探》，四川师范大学硕士学位论文，2006。

陈忠：《指别等级制约下名量成分跟"每""各"的匹配》，《语言教学与研究》2019 年第 3 期。

程亚恒：《副词"哺哩"的蒙古语来源及相关问题》，《民族语文》2023 年第 2 期。

崔显军：《试论"所有"与"一切"的异同》，《世界汉语教学》2007 年第 4 期。

戴耀晶：《质的否定还是量的否定——"什么、怎么"在汉语否定句中的功能》，《语言研究集刊》（第十四辑），上海辞书出版社，2015。

邓川林：《副词"也"的量级含义研究》，《中国语文》2017 年第 6 期。

邓川林：《量化副词与完整体的互动研究》，《汉语学习》2015 年第 4 期。

邓川林：《"总"和"老"的主观性研究》，《汉语学习》2010 年第 2 期。

邓川林：《"总"字句的量级让步用法》，《世界汉语教学》2012 年第 1 期。

邓盾、黄瑞玲：《揭阳闽语口语里的虚词"所"：事实描写与理论蕴涵》，《当代语言学》2022 年第 5 期。

邓慧爱：《限定范围副词演变研究》，湖南师范大学硕士学位论文，2010。

邓慧爱：《明清白话小说范围副词研究》，湖南师范大学博士学位论文，2013。

邓云华、石毓智：《从限止到转折的历程》，《语言教学与研究》2006 年第 3 期。

丁健：《浙江台州路桥方言多功能的"有"》，《方言》2020 年第 3 期。

董为光：《副词"都"的"逐一看待"特性》，《语言研究》2003 年第 1 期。

董秀芳：《从存在义到不定指代义和多量义："有 X"类词语的词汇化》，《历史语言学研究》（第八辑），商务印书馆，2014。

董秀芳：《"都"的指向目标及相关问题》，《中国语文》2002 年第 2 期。

董秀芳：《"都"与其他成分的语序及相关问题》，《世界汉语教学》2003 年第 1 期。

董秀芳：《汉语光杆名词指称特性的历时演变》，《语言研究》2010 年第 1 期。

董秀芳：《汉语书面语中的话语标记"只见"》，《南开语言学刊》2007 年第 2 期。

董秀芳、郝琦：《从上古汉语一批代词形式的消失看汉语量化表达的变化》，《当代语言学》2019 年第 4 期。

董正存：《表达全量的"若 X 若 Y"格式》，《汉语史研究集刊》2011c 年第 14 辑。

董正存：《表达周遍的"是 X 是 Y"格式》，《殷都学刊》2010b 年第 4 期。

董正存：《"不折不扣"与"十足"的用法及其语义演变路径》，《中国语文》2024 年第 2 期。

董正存：《汉语全称量限表达研究》，南开大学博士学位论文，2010a。

董正存：《汉语中序列到量化的语义演变模式》，《中国语文》2015 年第 3 期。

董正存：《"见"的全称量化用法及其产生》，《中国语文》2021 年第 2 期。

董正存：《"是长是短"到底为何义》，《辞书研究》2011a 年第 1 期。

董正存：《"完结"义动词表周遍义的演变过程》，《语文研究》2011b 年第 2 期。

董正存：《无条件构式的省缩及其句法-语用后果》，《中国语文》2013 年第 4 期。

樊长荣：《"有"字引介数量名主语的理据》，《语言研究》2008 年第 3 期。

傅惠钧：《"无论句"的选择性与关联问题》，《汉语史学报》（第九辑），上海教育出版社，2010。

高娣：《鸠摩罗什译经范围副词和程度副词研究》，浙江大学硕士学位论文，2008。

高福生：《古代汉语"俱＼具+V"语义指向的区别》，《江西师大学报》（哲学社会科学版）1987 年第 4 期。

高明乐：《试谈汉语"都"的定义问题》，《语言教学与研究》2002 年第 3 期。

谷峰：《从〈汇编宋〉看宋代含"都""皆"的判断句的类型及其历时兴替》，《中国语文研究》2003 年第 2 期。

谷峰：《"都"在东汉有没有语气副词的用法?》，《中国语文》2015b 年第 3 期。

谷峰：《"聚集"义动词"都"的形成及其语法表现》，《南开语言学刊》2015a 年第 1 期。

关键：《"一直""总""老"的比较研究》，《汉语学习》2002 年第 3 期。

郭锐：《"只"义句和"都"义句的语义等值》，《语法研究和探索》（十五），商务印书馆，2010。

韩学重：《对"莫"的词性问题的几点思考》，《古汉语研究》2000 年第 1 期。

郝鹏飞：《河南林州方言"寡"的多功能用法及其语义演变》，《方言》2019 年第 3 期。

何宏华：《汉语量词辖域与逻辑式》，语文出版社，2007。

〔德〕何莫邪：《古汉语语法四论》，万群、邵琛欣、王先云、高笑可译，北京大学出版社，1981（2023）。

何潇：《试论限定性范围副词兼转折连词的历时演变——以"但是"、"不过"、"只是"为例》，《汉语学习》2016 年第 6 期。

洪妍、林华勇：《潮州方言"做"的多功能性及其语法化》，《当代语言学》2022 年第 5 期。

胡德明、马洪海、李婉莹：《"哪（一）量（名）+X?"构式的认知语义分析》，《语文研究》2019 年第 1 期。

胡清国：《"一量（名）"否定格式对量词的选择与限制》，《汉语学报》2006 年第 3 期。

胡建锋：《基于语用量级的"总"字句》，《语言研究集刊》（第十九辑），上海辞书出版社，2017。

胡亚：《"连 XP 都/也 VP"构式的历时扩展与省略》，《古汉语研究》2021 年第 2 期。

胡亚：《语法化与图式性构式化的共生模式：以"连"和"连 XP 都 VP"的演变为例》，《语言教学与研究》2023 年第 6 期。

黄彩玉：《"都"字歧义结构语音实验角度的再分析》，《语言研究》2013a 年第 3 期。

黄彩玉：《"都"字语义歧义句的实验语音学分析》，《语言教学与研究》2013b 年第 5 期。

黄芳：《先秦汉语量范畴研究》，华中科技大学博士学位论文，2010。

黄芳：《先秦汉语全称量化词"群、众、凡"的语义特征及量化功能》，《湖北民族学院学报》（哲学社会科学版）2016 年第 4 期。

黄师哲：《"每 A 都 B"及汉语复句的二元双标化》，《中国语文》2022 年第 1 期。

黄文枫：《"都"量化时间副词现象研究》，《世界汉语教学》2010 年第 3 期。

黄晓冬：《"无论 A，也/都 B"句的语义分析》，《汉语学习》2001 年第 5 期。

黄晓雪：《宿松方言的总括副词"一下"》，《语言研究》2013 年第 4 期。

黄阳：《南宁粤语的助词"晒"》，《方言》2016 年第 4 期。

黄瓒辉：《从集合到分配——"都"的语义演变探析》，《当代语言学》2021 年第 1 期。

黄瓒辉：《"都"和"总"事件量化功能的异同》，《中国语文》2013 年第 3 期。

黄瓒辉：《"了₂"对事件的存在量化及标记事件焦点的功能》，《世界汉语教学》2016a 年第 1 期。

黄瓒辉、石定栩：《"都"字关系结构中中心语的宽域解读及相关问题》，《当代语言学》2011 年第 4 期。

黄瓒辉、石定栩：《量化事件的"每"结构》，《世界汉语教学》2013 年第 3 期。

黄瓒辉：《"总"从量化个体到量化事件的历时演变——兼论汉语中个体量化与事件量化的关系》，《中国语文》2016b 年第 3 期。

姜礼立、唐贤清：《益阳方言的总括副词"一回"》，《汉语学报》2019 年第 3 期。

姜南：《从情态动词到饰句副词——"敢"之"凡"义探源》，《汉语学报》2023 年第 1 期。

蒋静：《"都"总括全量手段的演变及其分类》，《汉语学习》2003 年第 4 期。

蒋静忠：《"都"指向单数"一量名"的制约规则及相关解释》，《语言研究》2008 年第 3 期。

蒋静忠、潘海华：《"都"的语义分合及解释规则》，《中国语文》2013 年第 1 期。

蒋静忠、魏红华：《"一直"与"总是"辨析》，《中国语文》2017 年第 4 期。

蒋勇：《"Any"与"任何"允准差异的优选论解释》，《语言研究集刊》（第十四辑），上海辞书出版社，2015。

蒋勇：《"任何"的隐现极性特征的信息论分析》，《语言研究集刊》（第九辑），上海辞书出版社，2012。

蒋勇：《任指词的量化义的推导》，《语言研究集刊》（第十九辑），上海辞书出版社，2017。

金晶：《并不唯一的"唯一"——"唯一"的语义-句法界面考察》，《世界汉语教学》2021 年第 2 期。

金立鑫：《关于"就"和"才"若干问题的解释》，《语言教学与研究》2015 年第 6 期。

金立鑫、于秀金：《"就/才"句法结构与"了"的兼容性问题》，《汉语学习》2013 年第 3 期。

雷冬平：《"不外（乎）"的演化及其功能研究》，《语言研究》2021 年第 2 期。

雷冬平：《论构式"只+V[感知]+S"的构成及其功能发展》，《世界汉语教学》2020 年第 4 期。

李宝伦：《汉语否定词"没（有）"和"不"对焦点敏感度的差异性》，《当代语言学》2016 年第 3 期。

李宝伦:《修饰语量化词都对焦点敏感吗?》,《当代语言学》2012 年第 2 期。

李宝伦、张蕾、潘海华:《汉语全称量化副词/分配算子的共现与语义分工——"都""各""全"的共现为例》,《汉语学报》2009 年第 3 期。

李桂兰:《汉语方言多功能副词的语义演变专题研究》,中国社会科学院大学博士学位论文,2019。

李桂兰:《江西吉水(醪桥)方言的"一下"和"儘"》,《方言》2020 年第 3 期。

李杰群:《〈孟子〉总括副词辨析》,《语文研究》2001 年第 3 期。

李可胜:《"都":基于量级隐涵和焦点结构的统一解释》,《当代语言学》2023 年第 4 期。

李强:《副词"净""光"的语义性质和用法特点比较分析》,《语言研究集刊》(第二十七辑),上海辞书出版社,2021。

李强、袁毓林:《"都"和"只"的意义和用法同异之辨》,《中国语文》2018 年第 1 期。

李明:《说"即心即佛"——唐宋时期的一类特殊焦点格式》,《历史语言学研究》(第一辑),商务印书馆,2008。

李思旭:《全称量化和部分量化的类型学研究》,《外国语》2010 年第 4 期。

李思旭:《三种特殊全称量化结构的类型学研究》,《国际汉语学报》2016 年第 6 卷第 2 辑。

李泰洙:《"也/都"强调紧缩句研究》,《语言研究》2004 年第 2 期。

李明:《唐五代的副词》,载《历史语言学研究》(第六辑),商务印书馆,2013。

李文浩:《"都"的指向识别及相关"都"字句的表达策略》,《汉语学报》2013 年第 1 期。

李文浩:《"连"字句"连"后 NP 定性的困惑》,《励耘语言学刊》2016b 年第 1 期。

李文浩:《"满+NP"与"全+NP"的突显差异及其隐喻模式》,《语言科学》2009 年第 4 期。

李文浩:《凸显观参照下"每"和"各"的语义差别及其句法验证》,《汉语学习》2016a 年第 2 期。

李文山、唐浩:《三种全称量化成分及全称量化表达共现》,《世界汉语教学》2021 年第 1 期。

李文山:《现代汉语界限词、"只"类词共现句的语义和句法》,《当代语言学》2020 年第 4 期。

李文山:《也论"都"的语义复杂性及其统一刻画》,《世界汉语教学》2013 年第 3 期。

李小军:《范围、程度、频率、语气——副词之间的语义关联》,《汉语史学报》第

21 辑，上海教育出版社，2019。

李小军：《试论总括向高程度的演变》，《语言科学》2018 年第 5 期。

李小军、徐静：《"总"的语义演变及相关问题》，《语文研究》2017 年第 1 期。

李明：《小议近代汉语副词的研究》，《历史语言学研究》（第八辑），商务印书馆，2014。

李旭平：《汉语"有"字句和存在命题》，《当代语言学》2020 年第 2 期。

李艳华：《汉语并立复合构式与量范畴》，《语言教学与研究》2018 年第 5 期。

李宇明：《汉语量范畴研究》，华中师范大学出版社，2000。

李宗江：《"整天"类时间副词的负面评价表达》，《汉语学报》2022 年第 4 期。

栗学英：《中古汉语副词演变研究》，南京大学出版社，2017。

林素娥：《湘语邵东话存在否定词"冇"的功能扩散初探》，《语言研究集刊》（第十六辑），上海辞书出版社，2016。

林晓恒：《"都+V+的+N"的构式分析》，《语言研究》2006 年第 1 期。

刘承峰、陈振宇：《再说"任何"》，《语言研究集刊》（第二十四辑），上海辞书出版社，2019。

刘承峰：《现代汉语"全量否定"研究》，《语言科学》2007 年第 1 期。

刘明明：《从"wh-都"看疑问代词的任指用法》，《世界汉语教学》2023b 年第 2 期。

刘明明：《从"都"的语境适用条件看什么是总括》，《当代语言学》2023a 年第 1 期。

刘丹青：《汉语史语法类型特点在现代方言中的存废》，《语言教学与研究》2011 年第 4 期。

刘丹青：《汉语特色的量化词库：多/少二分与全/有/无三分》，《木村英树教授还历纪念：中国语文法论丛》，白帝社，2013。

刘富华、祝东平：《时间词的语用特点及其与范围副词"都"的语序》，《世界汉语教学》2009 年第 3 期。

刘红妮：《"不管 X，都 Y"构式的来源与演变——兼谈词汇化与构式化的互动》，《语言研究集刊》（第二十九辑），上海辞书出版社，2022。

刘红妮：《"一概"的词汇化、语法化以及认知阐释》，《忻州师范学院学报》2008 年第 3 期。

刘慧清、王小妹：《名词性成分的全量义与可别度》，《汉语学习》2013 年第 4 期。

刘君敬：《语言接触与"任何""任什么"的形成》，《汉语史学报》（第十七辑），上海教育出版社，2017。

刘君：《逐指范畴形式"逐 X"的语法化》，《汉语学报》2018 年第 2 期。

刘梁剑：《古汉语全称量化用法析义》，《南京师大学报》（社会科学版）2022 年第 6 期。

刘林：《"全对全"还是"一对一"？——"每P"和"都"的共现问题探讨》，《世界汉语教学》2019 年第 4 期。

刘玮、宗守云：《"满"和"全"的意义——基于意象图式的认知分析》，《上海师范大学》（哲学社会科学版）2020 年第 2 期。

刘亚男、邵敬敏：《从戴遂良〈汉语入门〉看副词"净"的语法化与主观化》，《语言研究集刊》（第二十五辑），上海辞书出版社，2020。

刘兆熙、赵春利：《副词"完全"的语义提取和分布验证》，《语言研究》2023 年第 2 期。

龙国富、范晓露：《异质语言特殊用法与语言接触——以汉译佛经中全称量化词"敢"之来源为例》，《语言科学》2022 年第 2 期。

卢烈红：《"莫非"源流考》，《南开语言学刊》2012 年第 2 期。

卢勇军：《论范围副词"都"的产生——虚拟性视角下的重新阐释》，《语言研究集刊》（第二十七辑），上海辞书出版社，2021。

鲁承发：《"全称否定+只"构式的定景机制及其语法效应》，《语言教学与研究》2019 年第 2 期。

吕叔湘：《中国文法要略》，商务印书馆，1942（1982）。

吕嵩崧：《壮语"完毕"义语素的语法化及对广西汉语方言的影响》，《方言》2019 年第 4 期。

罗天华：《现代汉语中的两类全量表达成分》，《汉语学习》2016 年第 2 期。

罗昕如：《新化方言的"下"与"哒"》，《方言》2000 年第 2 期。

马国彦：《句首时间词语的加"每"量化与允准：从句子到语篇》，《当代修辞学》2017 年第 4 期。

马国彦：《篇章管界中"每"的量化运作及相关问题》，《语言研究集》（第十四辑），上海辞书出版社，2015。

马明艳：《"每隔+数量+VP"的语用歧义认知研究》，《汉语学习》2008 年第 2 期。

马一方：《也谈"仅"的"将近"义的来源》，《古汉语研究》2023 年第 2 期。

满海霞：《"有"的个体/事件量化分野及其语义生成机制》，《当代语言学》2020 年第 3 期。

孟奕辰：《基于梵汉对勘的东汉译经"一切"的语义探析——兼论佛经原典语对汉译佛经语义的深层渗透》，《第十五届"汉文佛典语言学国际学术研讨会"论文集》，2022。

倪建文：《"一……也不（没）"句式的分析》，《汉语学习》2001 年第 4 期。

牛长伟、程邦雄：《多项疑问句中"都"的关联制约》，《语言教学与研究》2020 年第 1 期。

牛长伟、程邦雄：《疑问词与"都"的相对位置分析——"都"的关联次序及约束规则》，《语言研究》2015 年第 4 期。

牛长伟：《"都"的关联对象及其等级制约》，《语言研究》2021 年第 4 期。

牛长伟、潘海华：《关于"每+Num+CL+NP+都/各"中数词受限的解释》，《汉语学习》2015 年第 6 期。

潘文：《试论"满 N₁ 的 N₂"的结构和功能》，《语文研究》2005 年第 2 期。

彭小川、严丽明：《"全部""所有"和"一切"的语义考察》，《世界汉语教学》2007 年第 4 期。

朴起贤：《现代汉语动词"有"的语义功能》，《南开语言学刊》2004 年第 1 期。

溥林译笺《〈范畴篇〉笺释：以晚期希腊评注为线索》，华东师范大学出版社，2014。

阮秀娟、赵春利：《极值消竭义"V 尽"的组配规律和语义验证》，《南开语言学刊》2022 年第 1 期。

阮秀娟、赵春利：《客观积量足界义"V 满"的组配规律及语义提取》，《语言研究集刊》（第三十一辑），上海辞书出版社，2023。

尚国文：《"没+NP"结构的量度特征分析》，《汉语学报》2010 年第 1 期。

邵菁：《再比"都"和"all"》，《语言科学》2003 年第 3 期。

沈家煊：《走出"都"的量化迷途：向右不向左》，《中国语文》2015 年第 1 期。

沈阳、史红改：《现代汉语否定性无定代词"没的"》，《当代语言学》2018 年第 2 期。

沈煜、龙国富：《试论限定副词"光"的语法化机制与动因》，《汉语史研究集刊》（第十四辑），巴蜀书社，2011。

盛益民：《绍兴柯桥吴语表任指的不定性标记"随便"》，《方言》2017 年第 2 期。

孙嘉铭：《河南舞阳方言副词"光"的多功能性》，《汉语学报》2021 年第 3 期。

孙嘉铭、石定栩：《概率的估测比较——副词"总"的系统性多义》，《语言研究》2022 年第 2 期。

孙竞、袁毓林：《"都"约束单数名词的语义允准条件及相关因素研究》，《汉语学习》2019 年第 4 期。

孙玲：《上古汉语的范围副词》，《湖北广播电视大学学报》2007 年第 12 期。

孙玉卿：《大同方言的"寡"》，《语文研究》2001 年第 4 期。

孙玉文：《李商隐〈乐游原〉"只是近黄昏"的"只是"》，《语言研究》2021 年第 1 期。

谭景春：《〈现代汉语词典〉对"满+名"等条目的修订——兼谈词典收词、释义的系统性》，《语文研究》2022 年第 3 期。

唐小薇、李小军：《限定副词来源探析》，《历史语言学研究》（第 10 辑），商务印书馆，2016。

唐小薇、刘松来：《"刚"的语义演变及相关问题》，《历史语言学研究》（第 12 辑），商务印书馆，2018。

田旭红、徐彩华：《语气副词"并"的语法化及动因》，《语言研究》2022 年第 3 期。

王灿龙：《"总是"与"老是"比较研究补说》，《世界汉语教学》2017 年第 2 期。

王芳：《光山方言的全称量化——兼论汉语方言中个体全量的表达》，《中国语文》2018 年第 1 期。

王继红：《从梵汉对勘看全称量化限定词"所有"的形成》，《古汉语研究》2015 年第 4 期。

王继红：《从梵汉对勘看"所有"全称统指与任指用法的差别》，《中国语言学报》2016 年第 17 期。

王洁：《说"N 满（一、浑）N₁ 的 N₂"句式》，《汉语学习》2001 年第 4 期。

王丽香：《"一概"的语义功能及句法制约》，《语言研究》2010 年第 2 期。

王璐菲、史金生：《场景聚焦与视角融合：叙事语篇中"只见"和"就见"的戏剧性表现》，《当代语言学》2023 年第 5 期。

王勤：《副词"总"主观义的获得及演变》，《汉语应用语言学研究》（第九辑），商务印书馆，2020。

王泉：《"整整"考察》，《汉语学报》2018 年第 1 期。

王绍峰：《中古新兴总括副词"絓是"》，《古汉语研究》2006 年第 1 期。

王小穹、何洪峰：《疑问代词"怎么"的语义扩展过程》，《汉语学习》2013 年第 6 期。

王艳：《从周遍句看汉语 OV 语序的全量倾向》，《世界汉语教学》2020 年第 1 期。

王艳红：《副词"总"的语义及语用研究》，东北师范大学硕士学位论文，2021。

王银雪：《"每"的事件量化功能研究》，华东师范大学硕士学位论文，2016。

王莹：《从语气副词到限定副词的演变——以"祇""适""唯"为例》，《古汉语研究》2022 年第 4 期。

魏兆惠：《北京话副词"满"的来源及演变机制》，《语文研究》2016 年第 1 期。

魏兆惠：《早期北京话范围副词"净""尽"和"竟"》，《廊坊师范学院学报》（社会科学版）2014 年第 1 期。

温宝莹、东鞰妍：《"连 NP 都 VP"句式的韵律焦点分析》，《汉语学习》2019 年第 5 期。

温锁林、刘元虹：《从"含蓄原则"看"有+NP"的语义偏移现象》，《汉语学报》2014 年第 1 期。

吴庚堂：《量词浮游的动因》，《当代语言学》2013 年第 1 期。

吴平、莫愁：《"都"的语义与语用解释》，《世界汉语教学》2016 年第 1 期。

吴为善、顾鸣镝：《"能性否定+疑问代词"组配的主观小量评述及其理据解析》，《语言科学》2014 年第 1 期。

吴义诚、周永：《"都"的显域和隐域》，《当代语言学》2019 年第 2 期。

吴越：《吴语瑞安话"有"的功能及其反映的方言类型特点》，《语言研究集刊》（第二十六辑），上海辞书出版社，2020。

伍巍：《"是"的任指义探讨》，《语文研究》2001 年第 3 期。

伍雅清：《英汉语量词辖域的歧义研究综述》，《当代语言学》2000 年第 3 期。

武钦青、李铁范：《副词"就"的小量义、排他性与话语否定——兼谈拂逆句中"就"与"偏""硬"的用法差异》，《励耘语言学刊》2019 年第 1 期。

武振玉：《试论金文中"咸"的特殊用法》，《古汉语研究》2008 年第 1 期。

夏军：《论副词"只"的场景聚焦用法》，《中国语文》2018 年第 2 期。

肖兴：《〈韩非子〉的"皆"考察》，《古汉语研究》2000 年第 4 期。

谢氏花、肖奚强：《现代汉语"有"字句与越南语"có"字句对比研究》，《语言研究》2014 年第 4 期。

邢福义：《词典的词类标注："各"字词性辨》，《语言研究》2013 年第 1 期。

邢相文：《现代汉语"从……到……"格式考察》，《汉语学习》2015 年第 2 期。

熊仲儒：《"总"与"都"量化对象的差异》，《中国语文》2016 年第 3 期。

徐丹：《动词"有"的某些用法在北方汉语里的历时演变》，《当代语言学》2022 年第 6 期。

徐江胜：《先秦汉语"（NP+无）/（无+NP）+VP"结构初探——谈〈论语〉"无友不如己者"》，《汉语史研究集刊》（第十一辑），巴蜀书社，2009。

徐江胜：《语义感染在词汇化中的作用——以"所事"、"所有"的词汇化为例》，《汉语史学报》（第十三辑），上海教育出版社，2013。

徐烈炯：《"都"是全称量词吗?》，《中国语文》2014 年第 6 期。

徐烈炯：《上海话"侪"与普通话"都"的异同》，《方言》2007 年第 2 期。

徐晓娴、庄初升：《泉州话副词"［tsiaʔ］"的来源及相关问题》，《语言研究集刊》（第二十七辑），上海辞书出版社，2021。

徐晓羽：《"一+名"式双音节词的词汇化和语法化及相关问题研究》，复旦大学出版社，2014。

徐以中：《副词"只"的语义指向及语用歧义探讨》，《语文研究》2003 年第 2 期。

徐以中、杨亦鸣：《副词"都"的主观性、客观性及语用歧义》，《语言研究》2005 年第 3 期。

徐以中、杨亦鸣：《"就"与"才"的歧义及相关语音问题研究》，《语言研究》2010 年第 1 期。

薛博、潘海华：《为什么汉语"都"是关联方向敏感的全称量化词?》，《当代语言学》2023 年第 4 期。

亚里士多德：《范畴篇 解释篇》，聂敏里译，商务印书馆，2017。

亚里士多德：《工具论》，余纪元等译，中国人民大学出版社，2003。

杨萌萌：《"莫"是代词还是副词》，《古汉语研究》2023 年第 1 期。

杨荣祥：《论汉语史上的"副词并用"》，《中国语文》2004 年第 4 期。

杨雪梅：《"个个"、"每个"和"一个（一）个"的语法语义分析》，《汉语学习》

2002 年第 4 期。

杨永龙：《副词"才"主观量用法的历史考察》，《历史语言学研究》（第十四辑），商务印书馆，2020。

姚玉敏：《粤语"得"只有义的产生》，《方言》2019 年第 2 期。

殷何辉：《焦点解释理论对"只"字句语义歧指的解释》，《汉语学习》2017 年第 3 期。

殷何辉：《焦点敏感算子"只"的量级用法和非量级用法》，《语言教学与研究》2009 年第 1 期。

殷志平：《关于数量对应句》，《语文研究》2002 年第 3 期。

于方圆：《也谈全称量化词"所有"的形成》，《古汉语研究》2019 年第 1 期。

余志凯：《说"唯"与"惟"——兼议异形词"唯一"与"惟一"的取舍》，《语言研究》2024 年第 1 期。

袁毓林：《"都"的加合性语义功能及其分配性效应》，《当代语言学》2005b 年第 4 期。

袁毓林：《"都"的语义功能和关联方向新解》，《中国语文》2005a 年第 2 期。

袁毓林：《"都、也"在"Wh+都/也+VP"中的语义贡献》，《语言科学》2004 年第 5 期。

袁毓林：《论"都"的隐性否定和极项允准功能》，《中国语文》2007 年第 4 期。

袁毓林、王明华：《"Neg+Wh+VP"和"Wh+Neg+VP"意义同异之辨——兼谈全称否定的排他性保留和特称容忍的逻辑机制》，《中国语文》2011 年第 3 期。

詹卫东：《范围副词"都"的语义指向分析》，《汉语学报》2004 年第 1 期。

张成进：《时间副词"一向"的词汇化与语法化探析》，《语言研究》2013 年第 2 期。

张定：《汉语疑问词任指用法的来源——兼谈"任何"的形成》，《中国语文》2013 年第 2 期。

张耕、陈振宇：《论排除义范围副词主观量表达的语用迁移——以"光、净"和四川方言的"只有"为例》，《当代语言学》2021 年第 1 期。

张健军：《"都"语义的统一刻画：事态的极量》，《语言教学与研究》2021 年第 1 期。

张蕾、李宝伦、潘海华：《"都"的语义要求和特征——从它的右向关联谈起》，《语言研究》2012 年第 2 期。

张蕾、潘海华：《"每"的语义的再认识——兼论汉语是否存在限定性全称量化词》，《当代语言学》2019 年第 4 期。

张蕾：《全称量化副词"净"的语义及使用限制》，《世界汉语教学》2015 年第 3 期。

张蕾：《现代汉语全称量化词研究》，上海教育出版社，2022。

张新华：《副词"就"的话题焦点功能研究》，《语言研究集刊》（第二十七辑），上海辞书出版社，2021。

　　张秀松：《现代汉语方言中"归齐"的意义和用法溯源》，《语文研究》2018 年第 1 期。

　　张怡春：《也说周遍性构式中的"都"和"也"》，《汉语学习》2011 年第 4 期。

　　张谊生：《范围副词"都"的选择限制》，《中国语文》2003 年第 5 期。

　　张振亚：《"总"的"确信"义及其语义刻画》，《语言研究》2013 年第 3 期。

　　赵国军：《量的概念与汉语量范畴系统》，《华东师范大学学报》（哲学社会科学版）2015 年第 3 期。

　　赵国军：《现代汉语变量表达研究》，中国社会科学出版社，2014。

　　赵彧：《降格否定"遑论"的分布特征、表义功能及连词化历程——兼论"遑论"与"不论"的异同》，《励耘语言学刊》2016 年第 2 期。

　　郑雯、刘向培：《"率"在敦煌汉简中的分指代词用法新探》，《现代语文》2022 年第 8 期。

　　钟华：《"都"字句中疑问代词的分配索引功能》，《语言教学与研究》2021b 年第 4 期。

　　钟华：《全面求异，深入求同——基于副词"都"个案研究的方法论思考》，《语言科学》2021a 年第 4 期。

　　周国炎、王封霞：《布依语否定副词 mi^{11} 与范围副词共现的位序及语义量特征分析》，《民族语文》2020 年第 6 期。

　　周敏莉、李小军：《湖南方言的总括副词"下"》，《语言科学》2022 年第 6 期。

　　周韧：《"都"字的句法、语义和语用研究》，学林出版社，2019。

　　周韧：《"全"的整体性语义特征及其句法后果》，《中国语文》2011 年第 2 期。

　　周韧：《向右无量化："都"的性质再认识》，《中国语文》2021 年第 3 期。

　　周韧：《"只见"与"但见"的功能辨异》，《当代语言学》2023 年第 5 期。

　　周小兵、王宇：《与范围副词"都"有关的偏误分析》，《汉语学习》2007 年第 1 期。

　　朱斌：《"整整"入句》，《汉语学报》2005 年第 1 期。

　　朱怀：《"但"的语法功能演变及产生机制》，《中国语文》2015 年第 2 期。

　　朱军：《汉语范围构式"从 X 到 Y"研究》，《语言研究》2010 年第 2 期。

　　佐藤进：《"到处"及其有关语言形式》，《汉语史学报》（第十一辑），上海教育出版社，2011。

　　Partee, Barbara H., 1987. Noun Phrase Interpretation and Type-shifting Principles. In: *Studies in Discourse Representation Theory and the Theory of Generalized Quantifiers*, GRASS 8, edited by J. Groenendijc et al., Dordrecht: Foris.

　　Partee, Barbara H., 1991. Topcis, Focus and Quantification. In: *Proceedings of SALT*, I, edited by Moore, S. and A. Wyner. Cornell, New York: Cornell University.

Partee, Barbara H. , 1995. Quantification Structures and Compositionality. In: *Quantification in Natural Languages*, edited by Bach, Emmon, Eloise Jelinek, Angelika Kratzer, and Barbara H. Partee. Dordrecht: Kluwer.

A Review of 21st Century Research on Chinese Quantity Limitation Expression

DONG Zhengcun   YUAN Ye

Abstract: In recent years, the research on Chinese quantity limitation has been fruitful and has gradually become a prominent discipline in the field of Chinese linguistics. This article mainly reviews the important research achievements in the expression of Chinese quantity limitation since the 21st century, focusing on (1) monographs related to Chinese quantity limitation, and (2) research papers related to Chinese quantity limitation in nearly twenty core journals/collections. By meticulously sorting and reviewing the research results of the two major categories in Chinese quantity limitation expression-quantity limitation words and quantity limitation structures-we ultimately summarize the strengths and weaknesses of existing research results and propose prospects for future research on Chinese quantity limitation.

Keywords: Chinese quantity limitation expression; quantity limitation words; quantity limitation structures; review; prospect

再谈"静-动"结合的共时描写比较框架[*]

林华勇　　颜铌婷

（中山大学中国语言文学系）

提　要　国内的汉语方言语法研究经历了近百年的发展，取得了令人瞩目的成就，但离"普方古"密切结合的理想状态仍有较大差距，方言语法仍需做大量细致的描写工作。静态和动态相结合的共时描写比较框架（以下简称"动静框架"），立足于国内语法学研究传统，主张在充分、科学的描写之上，推进"自下而上"的跨方言/跨语言比较分析，坚持静态和动态、形式和意义、共时和历时、描写和解释相结合的方法，从而进一步提升方言语法研究的价值。这可满足方言语法研究新阶段的需要，为生发、创建立足汉语的语言学理论打下坚实的方言基础。

关键词　方言语法　静态和动态相结合　共时描写比较框架　泛时研究

1. 引言

1926 年，赵元任发表论文《北京、苏州、常州语助词的研究》，拉开了

---

[*]　基金项目：国家社科基金重大项目"清末民国汉语五大方言比较研究及数据库建设"（22&ZD297）；国家社科基金后期资助项目"动静结合的共时描写比较框架——以廉江、永春方言为例"（23FYYB023）。主要观点先后在首届中国语言学岭南书院（2020 年 12 月）、西安外国语大学（2021 年 11 月）及西南大学（2022 年 10 月）的讲座中汇报过，成文后盛益民教授、黄燕旋副教授提出了宝贵的修改意见。在此一并致谢！

国人研究汉语方言语法的序幕。该文从北京话的语助词出发,对苏州、常州话中的对应形式进行了考察,一开始便将重视描写和比较的观念植入方言语法研究之中。但此后在半个多世纪的历史长河中,方言语法研究艰难前行,20 世纪 80 年代后才得以重新振作,并进入快速发展期。这一时期的旗手朱德熙先生身体力行,曾鲜明指出:

> 汉语诸多的方言是搞研究最大的宝库。如此丰富的母语材料库才是搞研究、出成绩的最好条件。汉语语法的研究不能光搞普通话,只有结合方言语法的研究才能抓住汉语语法的本质。(吕叔湘等著,马庆株编,1999:59)

20 世纪末及 21 世纪以来,方言语法研究取得了一系列突破性的进展,然而,也面临着不少的困难和问题,其中,包括对方言语法语料的获得和处理。邓思颖(2013a)认为,方言语法研究实际上就是语法学的研究,很难通过一份简单的调查表格,在短时间内穷尽搜集语法的语料。也就是说,方言语法的描写研究跟其他语言一样,都不是一件容易的事情。

那么,如何才能准确掌握某一方言的语法面貌?如何有效分析方言语法现象,梳理汉语的经典议题、难题及相关形式的演变脉络,揭示标准语和方言之间相对独立而又相互作用的发展历程?要回答以上问题,方言语法研究的首要任务仍是描写。尽管方言语法的调查研究难求一张固定不变的表格,但探求一个合理的描写比较框架,将静态描写和动态解释相结合,打破时间与空间的隔阂(包括共时与历时、田野调查和文献相结合),却是迫切和必要的。林华勇等(2021)从考察粤方言句末"佢"的主观性出发,初步总结并提出"静-动"结合的共时描写比较框架,但由于篇幅有限,没来得及把想法和盘托出。本文可视为对该文的进一步补充。

我们在赵元任(1926)文发表一百周年之际再谈方言语法描写,并非要回到过去的传统,而是为了把描写与解释结合得更紧密,践行并发扬朱德熙、邢福义等先生将历史、标准语和方言(也称"普方古")密切结合的观念，让方言语法充分发挥作用。我们深信，充分、科学的描写，是汉语语法研究健康发展的重要基础。

2. 方言语法描写的简要历程

语言是不断变化的，对语言事实的挖掘与描写始终是语言研究的永恒课题（陆俭明、郭锐，1998）。回顾汉语方言语法的描写成果，可进一步梳理方言语法描写观念上的发展变化，汉语研究学者近百年来在描写和解释上所作的努力和思考可见一斑。

李小凡（2015）把方言语法研究分成四个阶段：起步和停滞（1926—1956 年）——零散描写（1956—1966 年）——单点方言的系统研究（1980 年以来）——比较研究（20 世纪末以来）。本文赞同李文意见，并把 20 世纪 80 年代看成 20 世纪方言语法研究的分水岭，21 世纪以后为方言语法描写的新阶段。

20 世纪 80 年代以前，方言语法的调查和研究基础较为薄弱，语法现象的分析多以标准语普通话为参照。如詹伯慧、黄家教（1965）谈及汉语方言语法材料的收集和整理，提出通过方言和标准语的比较来认识方言中存在的语法特点。20 世纪 80 年代以后，方言材料的大量发掘使方言语法研究得以蓬勃发展，逐渐突破"用普通话语法框架去认同方言的局限性，尝试根据方言语法事实自主构建语法体系"（李小凡，2015：84）。21 世纪以后，随着认识的不断深化，方言语法描写的范式和框架逐渐形成以结构主义为主，逐步向功能-类型的描写与解释过渡的发展趋势。

需要说明的是，方言语法描写并未止步于纯粹的分布意义上的描写，还包括面向解释的描写，后者与理论密切相关，是理论解释的基础。

2.1 以结构主义为基础的描写

结构主义的主要贡献是加强了共时层面的描写。自赵元任先生（1926）始，国内汉语方言语法研究保持着描写的传统，并自觉把描写作为方言语法研究的首要任务。朱德熙先生也曾呼吁："要扎扎实实搞点儿方言语法的调查和研究，从中可以发现不少现代汉语语法的问题。希望不要因现代汉语课和汉语方言课截然分开了而把研究工作也截然分开了。现代汉语研究不跟方言研究结合起来，就是一条腿走路。一条腿是走不远、登不高的。"（见吕叔湘等著，马庆株编，2010：58）

以下主要从"形式和意义相结合""重视方言语法系统的描写""重视特定范畴的描写与比较"三个方面，简要回顾以结构主义为基础的方言语法描写所走过的历程。本文所提及的文献仅为举例性质，难免挂一漏万，敬请海涵。

2.1.1　形式和意义相结合：从描写走向解释

结构主义理论是结合汉语方言（北京话）事实的描写引进到国内的。无论是赵元任还是朱德熙，他们都不排斥意义。例如赵元任在《汉语口语语法》（1979：8）的第一章"序论"的1.1.2"语法和形式"中，谈到"（6）类意义，即语法意义"，他说："可是在实际工作上，我们抄近路，求助于意义，看哪些意义相似的形式在活动方式上也相似。"朱德熙在《变换分析中的平行性原则》（1990：129）中说道："变换式矩阵里的句子无论在形式上还是在语义上都表现出一系列平行性。"朱先生在《语法答问》（1985：80）中明确将"把形式和意义结合起来"视为语法研究的原则，形式和语义/意义之间要相互"验证"。

坚持形式和意义相结合，寻求形式和意义/功能之间的对应关系，可以说是自结构主义以来，汉语语法研究的"主旋律"。这一主旋律始终贯穿方言语法描写的发展过程：从一开始的层次、变换分析，到如今面向不同理论和不同角度解释的更为充分、科学的描写。

朱德熙先生运用了层次、分布、变换及语义特征等分析方法探讨了北京话中形式和意义的对应关系。朱先生在《说"的"》（1961）中运用了分布分析——比较不带"的"的语法单位和带"的"的单位在语法功能上的差异，从中"分离"出"的"的性质。① 在谈到变换分析时，他提出了"变换式矩阵"的方法，认为："在变换式矩阵里，竖行句子之间是同构关系，横行句子之间是变换关系。竖行的句子高层次上的语义关系相同，低层次上的语义关系不一定相同。横行的句子低层次的语义关系相同，高层次上的语义关系不同。总之，变换式矩阵里的句子无论在形式上还是在语义上都表现出一系列平行性。"（朱德熙，1990：129）其在谈变换分析时用到了语义特征分析。层次分析无须赘述。朱德熙《语法分析讲稿》（2010，袁毓林整理）明确使用了动词的［±给予］［+附着］语义特征和名词的［±指人］［±普通］语义特征，并专门谈了"变换和语义特征"的运用，读者可以参考。《语法分析讲稿》的注（2010：150）中提到，朱先生在讲课中提到吕叔湘先生和黎锦熙先生更早使用了变换的分析手段。

胡明扬（1987）在对北京话语气助词的研究中根据共现顺序这一外在形式，提出将语气分为表情、表态和表意三种。他在《语气助词的语气意义》（1988）中指出，语气助词的有无、句子语调的差异可构成"测试格式"，用来确定语气助词的功能；胡明扬在《语义语法范畴》（1994）中总结了马庆株先生的自主、非自主动词等系列研究，提出"语义语法范畴"的概念。此外，胡明扬（2000）提出了针对虚词语义的"单项对比分析法"，及若干分析步骤。单项对比分析法与通过最小对比组进行测试的做法是一致的。胡先生对形式和意义相结合方法的坚持和发扬，拓宽了方言语法描写的广度。

邢福义（1990、2000）等提出两个"三角"理论，语法研究要进行大、小两个"三角"验证。邢福义（2002、2003）在《方言》杂志连续发文，以"起去"为例，分别从大三角"普方古"和小三角"表里值"的不同角度验证"起去"是一个客观存在的通语词，其从独用到充当补语的过程中发生了语法化。邢福义先生"普方古"相互验证的说法，与朱德熙先生提出的处理好汉语史、标准语和方言三者之间密切关系的要求有异曲同工之

---

① 分布分析、变换分析是利用最小对比组进行"测试式描写"的雏形，属于广义的"测试"。

妙，在 20 世纪末、21 世纪初的方言学界掀起了一股"普方古"潮流。邢福义先生利用大、小两个"三角"，讨论了词汇化和语法化的问题，向面向功能解释的方言语法描写迈进了一步。

20 世纪八九十年代，出现了面向类型学的方言语法描写。这与朱德熙（1985）发表的方言中的反复问句研究成果有关，如袁毓林（1993）对苏州话正反问句"阿 VP"的类型学参项进行讨论，尝试建立泛时（兼具共时和历时）性的疑问句系统。该文对"静-动"结合的共时描写框架有重要启发。

21 世纪以来，在上述结构主义描写的基础之上，学界不断深化对方言语法描写方法的讨论和实践，方言语法描写由简要的结构分布描写为主（以提供语料为主要目的）逐渐过渡到面向理论解释的描写（以解释为目的）。后者的标志在于强调"测试"，要求体现描写的充分性和科学性。金立鑫（2002：34）提倡"从最简形式开始，逐一加入不同变量"，以最简语境或最小语境"测试"语法形式的功能。邓思颖（2003、2006、2013b）的系列论著重视"测试"或描写的作用。邓思颖《粤语语法讲义》（2015）从意义和功能角度，对句末助词进行了细致的分类；通过对句内组配、使用语境等的考察，讨论了句法层次问题。胡建华（2018：475）提倡"新描写主义"，指出其精神"一是重视语言学理论工具的建设，二是强调跨语言比较，三是注重微观语言事实以及显性或隐性结构的细颗粒度描写，四是力求通过微观描写、刻画和分析来揭示语言的共性与个性"。陶寰、盛益民（2018）将新描写主义的理念与方法运用到了吴语的调查实践中。

"测试式描写"（林华勇、黄新骏蓉，2020）的本质仍是利用组合关系和聚合关系，从最小对比组中测试成分的性质、语义或功能，是结构主义句法变换分析方法的进一步升级。和变换分析法相比，测试式描写借助最小对比（／"最小比对"）组，从正反两个方面进行验证，把语法分析的过程和操作程序呈现出来，具有可证伪性，更为严谨、客观，是充分、科学的语法描写方法。这里想强调的是，不管从功能的角度还是从形式的角度研究语法，测试式描写都是必不可少的。

2.1.2　重视方言语法系统的描写

随着专题式研究的推进，对某个方言语法系统概貌的描写也得到了蓬勃发展。李如龙（2006：63）在探讨汉语方言分区时指出："只有兼顾纵向演变和横向作用，才能对方言差异和方言特征作全面系统的考察。任何方言都是一个完整、自足的系统，只有从系统出发，才能提取到真正的方言差异和特征。"

20 世纪 80 年代以前最经典的方言语法系统描写，自然要数北京话口语语法描写的两部经典著作——*A Grammar of Spoken Chinese*（1968）以及朱德熙的《语法讲义》（1982）。前者被译成不同版本：《汉语口语语法》（赵元任著，吕叔湘节译，1979）、《中国话的文法》（赵元任著，丁邦新全译，1982）。这两部著作先后对北京话口语语法进行了系统性的描写和介绍，影响力可谓巨大。张洪年的《香港粤语语法的研究》（1972），以及项梦冰的《连城客家话语法研究》（1997）和邓思颖的《粤语语法讲义》（2015）等著作明确表示分别以两部经典的北京口语语法的框架为参考。

80 年代以后，较具代表性的方言语法系统描写的成果还有《台湾闽南语语法稿》（杨秀芳，1991）、《大冶方言语法研究》（汪国胜，1994）、《广州方言研究》（李新魁等，1995）、《内蒙古西部方言语法研究》（邢向东、张永胜，1997）、《上海话语法》（钱乃荣，1997）、《苏州方言语法研究》（李小凡，1998）等。

这些专著多从词法和句法两个部分着手，对构词、词类、短语、句类、特殊句式等语法现象进行系统性的介绍。除了涉及普通话与方言的差异研究，也开始立足于方言自身系统，辨析近义成分的异同。如项梦冰（1997）就对连城方言的两个转指标记"个［kuəɬ］"和"界［kaiɬ］"进行了区分，认为"个"指具体事物，"界"指时间。

进入 21 世纪，关于方言语法系统描写的专著层出不穷。其中，孙立新的《关中方言语法研究》（2013）是此类方言语法系统描写的代表，它从构词和动词、代词、副词、介词等词类及相关句式、语法化问题等着手，对51 处方言点的材料进行对比与分析，兼顾了语法描写的系统性和专题描写的深入性。

以结构主义为基础的单点方言语法系统描写，对某些特定的方言语法现象虽难以逐一展开深入描写与解释，但对理解某地或某地区方言语法系统的基本特点具有重要的参考作用。与以结构主义描写的两部经典《汉语口语语法》《语法讲义》相比，后来的方言语法系统描写虽以结构主义为基础，但普遍增加了"普方古"汉语内部比较的视角，增强了面向功能的描写和解释的力度（如语法化、认知等理论）。

21世纪以来，方言参考语法（reference grammar）仍如雨后春笋，方兴未艾。戴庆厦和蒋颖（2007）指出，参考语法属于描写语法的一种，以单一语言的共时特征为描写对象，希望系统地、尽可能详尽地提供知识和语料，满足语法理论研究和比较的需要。从类型学的角度出发对方言语法系统进行全面描述，开启了方言语法系统描写的新篇章（可称为"新参考语法"，具体见2.2）。

不管是传统的结构主义，还是结合语义功能的新结构主义，再到面向功能-类型的新参考语法，方言语法的系统描写仍离不开结构主义，离不开结构、语义和表达。

2.1.3　重视特定范畴的描写与比较

范畴实际上就是类，有语法范畴、语义范畴、语用范畴，还有上文所说的语义语法范畴，范畴还有大小之分。特定范畴的描写就是按特定的类进行描写。赵元任（1926）就是对北京、苏州和常州方言的"语助词"这一范畴进行描写。吕叔湘《中国文法要略》（1956）的"下卷之上"为"表达论：范畴"，对"数量、指称（有定）、指称（无定）、方所、时间、正反·虚实、传信、传疑、行动·感情"等多个特定的表达范畴进行了白话和文言的比较，开表达范畴描写、比较风气之先。

余霭芹（Hashimoto Anne Yue）《汉语方言语法比较研究》（*Comparative Chinese Dialectal Grammar：Handbook for Investigator*）（1993）对"系词、存在和方位、疑问、动态、否定"等范畴在方言之间、方言和普通话之间的异同进行了描写与比较，发掘出许多不曾关注到的特点。例如余先生认为通过系词，可把粤客方言与其他方言区分开来。

马庆株（1998：175）倡导的语义功能语法理论特别重视范畴的研究，该理论主张"以语义为基础，以分布、变换等形式特征为标准，以语义语法范畴为中心，以词和词组为基本单位，以分类为重点，形式与意义相结合，共时与历时相联系，共性与个性并重，归纳与演绎并举，多角度、全方位地描写和解释语法聚合和语法组合"。无独有偶，邵敬敏（2004）提出语义语法理论，主张把语义作为语法研究的出发点和重点，重视语义范畴的研究。现代汉语语法研究对语义语法范畴或语义范畴的重视，促进了学界对方言语法范畴的挖掘和描写，如邵敬敏等（2010）对方言疑问范畴进行比较研究。

邢向东（2006）受语义功能语法理论启发，描述并比较了陕北晋语沿河七县方言代词、体貌、时制、虚拟、反复问等范畴在表达形式和语义功能上的异同，代表了 21 世纪初方言语法比较研究的水平。

张双庆、李如龙主编的"东南方言语法比较计划"系列丛书，先后对东南方言的代词、介词、体貌等范畴进行了专题式的描写与比较。其中张双庆主编的《动词的体》（1996）成为东南方言语法描写与比较研究的经典。受该研究计划启发，香港中文大学和中山大学在 2015 年发起"方言语法博学论坛"。自 2017 年开始复旦大学加入该论坛，并由这三所学府中文系轮流主办，以促进方言语法比较研究；目前已集中比较研究了方言中的"言说"范畴，以及相当于普通话的"了₂""吗""呢""附加问""的"等句末范畴。① 有关研究集中发表在《中国语文通讯》《汉语语言学》刊物上。

复旦大学主编的"汉语方言范畴研究丛书"（2017、2019、2020、2021）以疑问、领属、否定、定指、位移等范畴为主题，促进了方言之间范畴的描写与比较，加深了对汉语相关范畴的认识。

以范畴为纲，不断展开汉语方言有关现象的描写与比较，是行之有效的办法。其他特定形式、功能的描写也可以归结成不同的范畴，进而加以

---

① 参考方言语法博学论坛网页（https://cuhk.edu.hk/）。

梳理，然篇幅有限，暂时不表。

2.2 面向功能-类型的语法描写

进入 21 世纪，面向功能-类型的方言语法描写逐渐增多。方言语法描写逐渐与语法化、语言类型学相结合，有意识地把汉语方言置于汉语历史演变的进程中，把汉语及其方言纳入世界语言类型考量的范围之内。这不得不说是方言语法研究的重大进步。

功能导向的描写，主要指的是面向语法化、语义地图模型及语言接触导向的描写，跟认知、语言演变有关。语法化理论在汉语学界得到重视，跟汉语历史材料和方言材料丰富有关，语法化研究容易发挥汉语材料丰富的优势。语法化理论对方言语法描写产生了深远的影响。前文列举的邢福义先生对"起去"语法化的考察，就是例证。面向语法化理论解释的方言语法描写还有吴福祥（2001、2002）、黄晓雪（2014）、林华勇（2023）等。

汉语的多功能语法形式较多，在方言中随处可见。这"一种形式多种功能"的现象既可以从语法化等动态演变的角度对其进行解释，也可以从人类语义认知的共性和个性上进行类型学的观照。后者主要体现在语义地图模型这一类型学工具的运用上，相关介绍可参看李小凡、张敏、郭锐等（2015）和吴福祥（2011）。其中，较为经典的如张敏（2008a、2008b）基于一百多个汉语方言点的资料，构建出"汉语方言主要间接题元的语义地图"；再如张定（2015）将汉语方言中"工具-伴随"介词的功能概括为"并列、伴随、工具、来源"等 11 项，重新勾画了"工具-伴随"标记的概念空间。

语义地图模型这一类型学工具，可展现不同语言/方言在功能和形式上的差异，揭示出不同语言/方言在认知概念上的普遍共性和个体差异。语法化与语义地图存在联系（吴福祥，2014），同时，语法形式在语法化路径上的差异同样可反映出不同的演变类型。

除了语义地图跟语法化之间存在关联，语言接触也与语法化有关。接触引发的语法化逐渐成为学界关注的热点。吴福祥（2009）运用语义地图模型，并从接触和语法化的角度论证了东南亚语言多功能"得"义语素的平行性是对汉语"得"语法化的复制。其他还有郭必之和林华勇（2012）、张安生和舍秀存（2016）、覃东生和覃凤余（2021）等对汉语方言之间、汉语方言与境内民族语之间接触现象的描写与研究。

林华勇（2023：29）总结了将语义地图模型与接触引发的语法化相结合的做法，从中反映出语法化、语义地图模型及语言接触的相关性，可"三结合"进行实践研究。这里要强调的是，充分、科学的方言语法描写，可为语法化、语言接触等功能导向的理论解释打下坚实基础，防止在重要概念节点上出现定性、归纳上的问题。

汉语方言语法的类型学探讨，较早见于朱德熙先生对反复问句的描写和分析。刘丹青（2011、2012、2013、2014）明确提出"库藏类型学"的构想，认为提供方言的基本语法库藏及显赫范畴，是方言语法调查研究的"两大任务"。库藏类型学重视方言的独立性和系统性，提倡从形式着眼，观察语法形式、结构等的使用。夏俐萍和周晨磊（2022）就以益阳方言的两类处所标记为例，探讨了处所标记与时间、语气、情态、体等范畴间的关系。从类型学的角度出发对方言语法系统进行全面描述的"参考语法"，是新时期方言语法描写的一大趋势和热点。已出版的专著有《湘语益阳（泥江口）方言参考语法》（夏俐萍，2020）、《吴语绍兴（柯桥）方言参考语法》（盛益民，2021）等。

总之，无论是以结构主义为基础的描写，还是面向功能-类型的语法描写，都离不开结构主义，都重视形式和意义的对应关系；方言语法描写的成果不可谓不丰硕，由于篇幅有限，许多优秀成果未能在此列出，难免挂一漏万。相信通过以上的简单梳理，读者已对汉语方言语法描写的过去和现状有了一定了解。新时期的方言语法研究不满足于纯粹的描写，同时应实现解释上的理论自觉，至少要做出解释上的努力，因此探求一个面向解释（主要是功能-类型导向）的方言语法描写框架，是当下较为迫切的任务。

3. "静-动"结合的共时描写比较框架（"动静框架"）

既然新时期的方言语法研究要求做到描写与解释相结合，那么，面向理论解释的方言语法描写框架是什么样子的？林华勇等（2021）以广州、廉江方言的"处置"范畴为例，探讨了跨语言/方言范畴比较中存在的"不对等"问题，尝试总结并提出"静-动"结合的共时描写比较框架，以下简称"动静框架"，或描写的动静框架。[①]

什么是动静框架？林华勇等（2021：191、192）认为：

> 以充分、科学的描写（对关键问题提倡进行测试式描写）为基础，在比较的过程中，善于抓住句法语义相关参项进行考察，并注意与动态演变的角度相结合，这一描写、比较的方法，我们归纳为**"静-动"结合的共时描写比较框架**。它主要用于对共时方言系统或现象进行描写，具有传统形式主义和功能主义（如[②]语法化）相结合的分析基础，同时也反映了共时与历时相结合的研究发展趋势。基于这一框架的共时语法描写，可以为进一步有效开展方言语法比较和分析、进行基于汉语的理论探讨等打下坚实的基础。

动静框架提倡采用循序渐进的做法：从某个方言现象出发，充分、科学地描写其句法语义表现；通过比较，找出该现象的句法语义参项（类型参项）；以点带面，逐渐推进该现象的描写与比较，并进一步总结该现象的类型参项。

下文我们运用"动静框架"，通过举例说明该描写框架的合理性和可行性。

---

① 遵从习惯，也可称为"动静结合的共时描写比较框架"。由于描写是共时的，也离不开比较，可进一步简化，称为"动静结合的描写框架"，或称"描写的动静框架"。

② 此处引用，增加了一个"如"字。

3.1　提倡充分、科学的描写

将形式与意义相结合，从最小比对中归纳出描写对象（即语法成分）的功能、分布和组配限制等，有助于理解其性质、地位以及演变过程。

以句末助词的"将来"用法为例，有的研究称此用法为"将来时"（邢向东，2020），有的则称之为"将然"、"即将实现"或"将实现"（如李小凡，1998；林华勇，2006；陈山青，2012；温美姬和温昌衍，2014）。尽管叫法不同，但都具有"将要，马上"类语义。先把是否为"将来时"标记放在一边，这里仅考察其"将来用法"（用于将来的语境）。

粤语廉江方言的句末助词"紧嘞"和"嘞"都具有表"将来时"用法，但二者存在句法语义差异。以下"紧嘞"的例子来自林华勇、刘燕婷（2022）：

　　（1）a.＊钟意（佢）**紧嘞**。（快喜欢了）。

　　　　　b. 钟意佢两年**紧嘞**。（喜欢他快两年了。）

　　（2）a.＊高**紧嘞**。｜长高**紧嘞**。（快长高了。）

　　　　　b. 熟**紧嘞**。（快熟了。）

　　（3）食几多碗嘞？——两碗**紧嘞**。（吃几碗了？——快两碗了。）

"紧嘞"不与状态动词"钟意"（喜欢）组合，如例（1a），但如果给状态动词加上一个年限，便可以成立，如例（1b）；也不与静态的性质形容词"高"组合，但如果是带了结果义的"长高"，则可以与之组合，如例（2a）。"紧嘞"可与形容词"熟"组合，原因是一开始是生的，由生到熟具有一个时间的终结点，如例（2b）。"紧嘞"也可以跟数量词组合，由一碗到两碗，有一个终结点。也就是说，可以把"X 紧嘞"视为一个构式，构式中的 X 要求具有［+过程］［+有界］的语义特征。如果谓语具有［-过程］［-有界］义特征，则不可以搭配。例如：

（4）a.（爱）晕**紧嘚**。（快要晕了。）

b. *（爱）晕陀陀**紧嘚**。

以上对构式"X 紧嘚"中 X 的语义特征进行描写。例（1）、例（2）、例（4）采用了最小对比组进行比较，得出了 X 应具备［+过程］［+有界］的语义特征。

廉江方言的"嘚"（了$_2$）是可表实现，表"新言态"的出现（肖治野、沈家煊，2009），也有表"将来"的用法：

（5）来**嘚**，来**嘚**，好快就到**嘚**!（来了，来了，很快就到了!）

（6）我回去**嘚**，你大家坐。（我回去了，你们坐。）

"紧嘚"和"嘚"在现场性、预测性等用法上有所区分。可进行以下语义测试：

（7）a. 三班排队行过来**嘚**，（*你等等来睇）。（三班排队走过来了。）

b. 三班排队行过来**紧嘚**，你等等来睇。（三班快要排队走过来了，你等会儿来看。）

例（7a）为现场报道，"行过来嘚"（走过来了）有即视的现场感，其后不能加"你等会儿来看"的表述（该表述的语义与现场感相矛盾）；而（7b）句的"行过来紧嘚"没有现场报道的紧张感，是预测三班快要排队走过来了，后边可以加"你等等来睇"（你等会儿来看）。就是说，"嘚"的表将来用法与参照时间点（说话时间）更贴近，为"最近将来时"用法；而"紧嘚"离时间参照点（说话时间）略远，为"近将来"用法。

这里使用了语义测试的办法，判断出两者"将来"用法的差异。联系广州、肇庆等地的粤方言，可进一步发现"紧嘚"代表了汉语"近将来"

表达的一种特殊类型：

（8）普通话：五点半了，快天亮**了**。

     a. 广州：五点半**喇**，快天光 [**喇/噜**]。

     b. 肇庆：五点半 [**喇/了呢**]，就嚟天光**喇**。

     c. 新会：就来天皓**啦**。

     d. 阳江：五点半 [**嘚咯/嘚/咯**]，快天光 [**嘚咯/嘚/咯**]。

     e. 高州：五点半**嘚**，[**天就光/就天光**] **紧嘚**。

     f. 吴川：五点半了，快天光**了**。

     g. 怀集：五点半**喇**，差唔多天光**喇**（嘞）。

可见，大多粤方言采用类似普通话"快……了"的形式表达"近将来"，例（8）只有高州（e）与廉江一致，由"急迫"义形容词演变而来。

"紧嘚"这一演变路径跟苏州话的"快哉"、上海话的"快勒"（石定栩，2010；邵敬敏和石定栩，2011）类似，是同一种演变类型。而与琼·拜比等（2017：416）所说三种语法化途径均有所不同，廉江方言"紧嘚"等表"近将来"用法的事实，补充了世界语言有关"近将来"的演变类型。

以上从单点方言（廉江）入手，通过最小对比组的正反验证，考察谓语的情状类型及语义特征（句法语义表现），并通过语义测试得出近义形式在语义或功能上的差异，进而联系其他方言或世界语言的情况，总结演变的共性或个性。所用最小对比组的正反验证及语义测试，都是测试性描写。

3.2 面向解释的描写

面向解释的描写，倡导做好描写和解释相结合的工作。本小节以林华勇、刘玲（2021）为例，说明描写对其语法化解释的重要性。不少学者发现，广西的壮语和其他汉语方言句末助词"去"具有不同的功能（陈垂民，1993；林亦和覃凤余，2008；覃东生和覃凤余，2015；等等）。郭必之（2014）发现，南宁粤方言、宾阳平话、武鸣壮语等普遍存在一种歧义结构，如：

> （9）今物有乜野重要嘅事，穿西装**去**？［两解：今天有什么重要的
>   事情，要穿西装去（参加）？｜今天有什么重要的事情，居
>   然①要穿这样隆重？］（郭必之，2014：677）

"去"可理解为趋向动词，也可理解为"反预期事态助词"。但此例不属于语法化的重新分析，趋向动词用法和反预期事态助词用法在语义上相差甚远，不宜视为"桥梁语境"。反预期的事态助词用法"去"通常放在补语之后，例（9）表示事情重要，重要到超出想象（"穿西装"），歧解仅是巧合。例（10）的"去"也用于补语之后，却只能按反预期的事态助词理解。

> （10）南宁粤方言
>   a. 臭多，苍蝇都飞来**去**。（太臭，苍蝇都飞来了。）（林亦、
>   覃凤余，2008：339）
>   b. 落雨落到心烦**去**。（下雨下得使人心烦。）（郭必之，2014：
>   671）

例（10）的"去"都表反预期，但不兼作趋向动词。例（9）的歧义用法不能类推。语法化的解释需要明确具体的"桥梁语境"。再看贵港客家方言的一组例子：

> （11）贵港客家
>   a. 佢食齐咁饭**去**₁/**去**₂。（他要把饭吃完。/他居然把饭吃
>   完了。）
>   b. 条索着老鼠咬断**去**₂！（这条绳子居然被老鼠咬断了！）

---

① 此处增加一个"居然"与之对应。

　　　c. 累死**去**₂/**去**₃！（居然累死了！｜累死了！）

　　　d. 分刀割倒，痛死偓**去**₃！（被刀割到，疼死我了！）

　　例（11）中 a 句的"去"有两解，可作"去除"义作事态助词（去₁），或有反预期事态助词用法（去₂）；c 句也有两解，可表反预期（去₂）或加强消极语气（去₃）。a 和 c 才是真正的"桥梁语境"，结构和语义上都说得通。从 a 到 b、从 c 到 d，表明它们存在"去₁>去₂>去₃"的演变路径。"去₁"跟"去除"义动词关系密切，"去₁"和"去₂"都可表"事态实现"，"去₂,₃"跟言者的主观性有关。这是一个渐进的语法化过程，同时经历了主观化。

　　贵港客家话句末助词"去"具有三种不同的功能，如果不通过充分、科学的描写，就难以判定。没有充分、科学的描写，解释就会成为空中楼阁，因此应提倡进行面向解释的描写。

3.3　跨方言/语言的描写

　　跨方言或跨语言的描写一定涉及比较。充分、科学的描写有助于找出不同方言/语言的句法语义差异（类型参项），有利于开展"自下而上"的比较，加深对汉语乃至世界上其他语言的理解。

　　蔡黎雯、林华勇（2020）在岳池（西南官话）和其他汉语南方方言的调查中，发现汉语重行体范畴的下位概念存在区别，可划分为"修正重行"和"非修正重行"。例（12）的用例来自蔡黎雯、林华勇（2020：219）。

　　（12）a. 画得不好，**格外**/ˊ**再**/ˊ**又**画一个。（画得不好，重新画一幅。）

　　　　　b. 画得不好，**格外**/ˊ**再**/ˊ**又**画咾一个。（画得不好，重新画了一幅。）

　　　　　c. 按倒呢ᵘ个画，**再**/ˊ**又**/ˊ**格外**画一个。（照着这幅画的样子，再画一幅。）

　　　　　d. 按倒呢ᵘ个画，**又**/ˊ**再**/ˊ**格外**画咾一个。（按着这幅画的样子,又画了一幅。)

例（12）表达因画得不好而再画一遍,可用于非现实句（a）和现实句（b）,"格外"表修正重行;c、d句不用"格外"表修正重行,非现实句中表动作重复可用"再",现实句则用"又"。

循着修正重行、非修正重行、使用副词还是助词（如广州话的"过"）等参项,可发现西南官话中表达"重行"义,有副词型、助词型和兼用型三种手段。其他汉语南方方言情况大抵相类,但闽东、闽南方言和台湾地区海陆客方言多采用前置副词;粤、赣、湘等方言偏好采用后置助词,而"修正/非修正"的区分具有一定的普遍性。

修正和非修正重行体的划分,体现了汉语主观性强的特点。贵港的壮语通过接触,在重行体范畴上也出现了二分的特点（见刘玲、林华勇,2021）。此外,值得注意的是,重行体标记语法化程度的高低,与共现数量成分的有无、表单个或单次、多个或多次有关,即"重行"范畴存在典型和非典型之分,呈现出以下序列:

重行>再次重行>添加重行（左边的比右边的典型/成熟）

由此可见,着眼于细节描写,逐步推进跨方言/语言的比较,可进一步加深对某范畴及汉语类型特点的认识。

4. "动静框架"的理论背景

"动静框架"的总结及提出是有一定的理论背景的。总体来说,动静框架体现了形式和意义相结合、共时和历时相结合、个性与共性相结合、描写与解释相结合的语言学观念,重视对方言语法形式（包括虚成分和结构）的句法语义表现进行描写。

具体来说,以层次、变换为分析基础,强调利用最小对比组进行观察和测试，包括句法、语义及语用方面的测试；注意通过组合和聚合关系，观察组合范围的大小、句法结构分布的异同、语义表达关系的远近，来重构其不同功能的联系及演变的可能途径，判断语法化或语义泛化的程度，据此总结出若干类型参项，为不同方言或语言之间更大范围的比较做好准备。

总体来说，是要用动态演变的眼光（"动"）来看待共时平面的句法语义表现（"静"），并注意结合田野调查和方言历史文献，力图把共时与历时结合起来，实现方言、历史和标准语以及不同语言之间的互联互证。

一方面，动静框架遵循形式和意义相结合的大原则，接受国内结构主义及在此基础上发展出的语义功能语法等理论观念；另一方面，重视功能-类型导向的理论解释，强调动态演变的眼光，重视方言、历史和标准语之间的关系，寻求汉语（方言）与其他语言的共性规律和个性特征。第 2 节所回顾的方言语法描写历程中所坚持的观念方法，是动静框架的基础。

在一个方言内部，既可以从单个形式出发，也可以从某类范畴出发进行描写；若进行跨方言或语言的比较，则强调从某功能范畴（包括语义范畴或语法范畴等，难以区分，可用功能范畴简述）出发加以描写和比较。

此外，中山大学的语言学研究有融会贯通式的传统，表现为重视传统语言学（以容、商二老为代表）和现代语言学（以赵元任先生为代表）的融通，历史和现代及语音、词汇和语法（以王力先生为代表）的融通，汉语和民族语（以罗常培先生、高华年先生为代表）的融通。

在细分的研究领域内，同样体现出融通式研究的特点，比如唐钰明先生对被动句从古到今贯通式的研究，既重视事实也重视理论方法，他对变换分析在古汉语研究中的运用有独特见解（唐钰明，1995）；施其生先生的方言语法研究也重视两条腿走路，如闽语和粤语、语音和语法、本体和应用兼顾，他特别重视系统性，善于从事实出发联系理论，提出了"同质兼并""词组的形态""虚成分系统""持续体三分系统"等系列重要理念，并通过方言间的内外比较厘清惯常现象和特异事实，从而建立"使然-非使然"等新概念和新范畴（施其生，2023）。

动静框架是对已有研究成果的进一步继承和发展。我们认为，一方面可以借鉴形式主义的做法，利用最小对比组，对关键问题进行测试式描写，使方言语法描写更加充分、科学，这是"静"（包括变换分析）的一面；另一方面，按泛时研究的要求，关注共时层面所反映出的"动"（动态演变）的一面，并积极结合普通话、汉语史以及其他语言的相关现象进行比较，以加深对人类语言的认识和理解。

5. "动静框架" 带来的启示

描写无止境。任何理论的实践和完善，都要建立在充分、科学的描写基础之上，探索合理、有效的语法描写比较框架是方言语法研究的必然要求。

"动静框架"可以较好地将形式和意义、共时和历时、描写和解释相结合，同时兼顾方言系统内外比较，从而提升方言描写研究的理论价值。基于动静框架可提出以下研究事项及问题。

（一）对重要的方言语法现象进行再描写。对汉语语法中的重点问题，尤其是对相关方言语法现象进行"再描写"，例如把小称、重叠、语法变音、时体、情态与语气、疑问、否定、处置式等问题放在动静框架下重新进行描述。

（二）坚持互联互证，对汉语语法中有争议的经典问题进行重新审视，如"了""的""给""差点儿（没）""王冕死了父亲"，以及反复问句等经典问题，从方言的视角（结合汉语史）重新进行审视。

（三）重视方言发展史的研究，重视通语对方言的影响及两者的互动关系。充分利用方言历史文献，把田野调查与方言历史文献紧密结合起来，讨论汉语方言语法的演变问题。方言的发展演变，要注意通语的影响，探讨其影响的过程、涉及要素等问题，需要建立在充分、科学的描写之上。

（四）开展区域语言接触及汉藏语语法的描写比较研究。区域语言接触和汉藏语语法比较通常是汉语方言与民族语的比较。讨论某语法形式、功能的来源（包括自源和他源）及跨语言语法比较等问题，同样需要建立在充分、科学的描写之上。

参考文献

蔡黎雯、林华勇：《汉语南方方言重行体的分与合》，《语言研究集刊》（第二十五），上海辞书出版社，2020。

陈垂民：《闽南话的"去"字句》，《暨南学报》1993年第3期。

陈山青：《湖南汨罗方言的将实现体助词"去"》，《中国语文》2012年第2期。

陈泽平：《试论完成貌助词"去"》，《中国语文》1992年第2期。

陈振宇、盛益民主编《汉语方言否定范畴研究》，中西书局，2020。

戴庆厦、蒋颖：《"参考语法"编写的几个问题》，《云南师范大学学报》（哲学社会科学版）2007年第1期。

邓思颖：《方言语法研究问题的思考》，《汉语学报》2013年第2期。

邓思颖：《汉语方言语法的参数理论》，北京大学出版社，2003。

邓思颖：《粤语框式虚词结构的句法分析》，《汉语学报》2006年第2期。

邓思颖：《粤语语法讲义》，商务印书馆，2015。

邓思颖：《再谈"了$_2$"的行、知、言三域——以粤语为例》，《中国语文》2013年第3期。

郭必之、林华勇：《廉江粤语动词后置成分"倒"的来源和发展——从语言接触的角度为切入点》，《语言暨语言学》2012年第2期。

郭必之：《南宁地区语言"去"义语素的语法化与接触引发的"复制"》，《语言暨语言学》2014年第5期。

胡建华：《什么是新描写主义》，《当代语言学》2018年第4期。

胡明扬：《北京话初探》，商务印书馆，1987。

胡明扬：《单项对比分析法——制订一种虚词语义分析法的尝试》，《中国语文》2000年第6期。

胡明扬：《语气助词的语气意义》，《汉语学习》1988年第6期。

胡明扬：《语义语法范畴》，《汉语学习》1994年第1期。

黄晓雪：《宿松方言语法研究》，中国社会科学出版社，2014。

金立鑫：《词尾"了"的时体意义及其句法条件》，《世界汉语教学》2002年第1期。

李如龙：《关于汉语方言的分区》，载何大安、张洪年、潘悟云、吴福祥编《山高水长：丁邦新先生七秩寿庆论文集》（上册），台湾："中央研究院"语言学研究所，2006。

李小凡：《苏州方言语法研究》，北京大学出版社，1998。

李小凡：《语义地图和虚词比较的"偏侧关系"》，载李小凡、张敏、郭锐等著《汉语多功能语法形式的语义地图研究》，商务印书馆，2015。

李新魁、黄家教、施其生、麦耘、陈定方：《广州方言研究》，广东人民出版社，1995。

林华勇：《方言语法研究的语法化视角》，科学出版社，2023。

林华勇：《广东廉江方言的"将现"体》，《语言学论丛》（第三十三辑），商务印书馆，2006。

林华勇、黄新骏蓉：《邓思颖〈语法分析〉读后》，《方言》2020年第2期。

林华勇、李敏盈：《从廉江方言看粤语"佢"字处置句》，《中国语文》2019年第1期。

林华勇、李雅伦：《廉江粤语"头先"和"正"多功能性的来源》，《中国语文》2014年第4期。

林华勇、刘玲：《贵港客家话"去"的功能及语言接触问题》，《民族语文》2021年第3期。

林华勇、刘燕婷：《从"急迫"完成到"近将来"——再谈廉江方言的"紧嘚"》，《汉语语言学》（第三辑），社会科学文献出版社，2022。

林华勇、吴雪钰、刘祉灵：《粤西方言的一组区域性语法特征——从"接触引发的语法化"与语义地图相结合的框架看》，*Bulletin of Chinese Linguistics* 10，中华书局，2019。

林华勇、颜铌婷、李敏盈：《粤语句末助词"佢"的非现实性——兼谈方言语法范畴比较中存在的问题》，《语言研究集刊》（第二十八辑），上海辞书出版社，2021。

林亦、覃凤余：《广西南宁白话研究》，广西师范大学出版社，2008。

刘丹青：《方言语法调查研究的两大任务：语法库藏与显赫范畴》，《方言》2013年第3期。

刘丹青：《汉语的若干显赫范畴：语言库藏类型学视角》，《世界汉语教学》2012年第3期。

刘丹青：《论语言库藏的物尽其用原则》，《中国语文》2014年第5期。

刘丹青：《语言库藏类型学构想》，《当代语言学》2011年第4期。

刘玲、林华勇：《贵港客方言的修正重行与非修正重行》，《中国语文》2021年第5期。

陆俭明、郭锐：《汉语语法研究所面临的挑战》，《世界汉语教学》1998年第4期。

吕叔湘等著、马庆株编《语法研究入门》，商务印书馆，1999。

吕叔湘：《中国文法要略》，商务印书馆，1956。

马庆株：《变换、语义特征和语义指向》，载吕叔湘等著、马庆株编《语法研究入门》，商务印书馆，1999。

马庆株：《结构、语义、表达研究琐议——从相对义、绝对义谈起》，《中国语文》

1998 年第 3 期。

马庆株：《朱德熙先生论语法研究》，载吕叔湘等著、马庆株编《语法研究入门》，商务印书馆，1999。

钱乃荣：《上海话语法》，上海人民出版社，1997。

琼·拜比等：《语法的演化——世界语言的时、体和情态》，陈前瑞等译，商务印书馆，2017。

邵敬敏、彭小川、黎运汉：《汉语方言疑问范畴比较研究》，暨南大学出版社，2010。

邵敬敏、石定栩：《上海话句末助词"快勒"新说》，《南方语言学》（第三辑），暨南大学出版社，2011。

邵敬敏：《"语义语法"说略》，《暨南学报》2004 年第 1 期。

盛益民、柳俊主编《汉语方言位移表达研究》，中西书局，2023。

盛益民：《吴语绍兴（柯桥）方言参考语法》，商务印书馆，2021。

盛益民主编《汉语方言定指范畴研究》，中西书局，2021。

施其生：《闽南方言语法比较研究》，中山大学出版社，2023。

石定栩：《上海话的句末"快"》，载林华东主编《汉语方言语法新探索：第四届汉语方言语法国际研讨会论文集》，厦门大学出版社，2010。

孙立新：《关中方言语法研究》，中国社会科学出版社，2013。

覃东生、覃凤余：《广西汉语"去"和壮语方言 pai¹ 的两种特殊用法——区域语言学视角下的考察》，《民族语文》2015 年第 2 期。

覃东生、覃凤余：《源于"知道"的选择连词——一项广西汉语方言与境内外侗台语共享的区域特征》，《广西大学学报》2021 年第 6 期。

唐钰明：《古汉语语法研究中的"变换"问题》，《中国语文》1995 年第 3 期。

陶寰、陈振宇、盛益民主编《汉语方言疑问范畴研究》，中西书局，2017。

陶寰、盛益民：《新描写主义与吴语的调查研究——"吴语重点方言研究丛书"序》，《常熟理工学院学报》2018 年第 1 期。

陶寰、盛益民主编《汉语方言领属范畴研究》，中西书局，2019。

汪国胜：《大冶方言语法研究》，湖北教育出版社，1994 。

温美姬、温昌衍：《江西吉安永阳方言将然体标记［tiau⁵³］》，《方言》2014 年第 3 期。

吴福祥：《从"得"义动词到补语标记——东南亚语言的一种语法化区域》，《中国语文》2009 年第 3 期。

吴福祥：《多功能语素与语义图模型》，《语言研究》2011 年第 1 期。

吴福祥：《南方方言几个状态补语标记的来源（二）》，《方言》2002 年第 1 期。

吴福祥：《南方方言几个状态补语标记的来源（一）》，《方言》2001 年第 4 期。

吴福祥：《语义图与语法化》，《世界汉语教学》2014 年第 1 期。

夏俐萍：《湘语益阳（泥江口）方言参考语法》，商务印书馆，2020。

夏俐萍、周晨磊:《汉语方言(非)现实情态的寄生与去寄生——以处所标记为例》,《当代语言学》2022年第5期。

项梦冰:《连城客家话语法研究》,语文出版社,1997。

肖治野、沈家煊:《"了₂"的行、知、言三域》,《中国语文》2009年第6期。

邢福义:《"起去"的普方古检视》,《方言》2002年第2期。

邢福义:《"起去"的语法化与相关问题》,《方言》2003年第3期。

邢福义:《现代汉语语法研究的两个"三角"》,《云梦学刊》1990年第1期。

邢福义:《语法研究中"两个三角"的验证》,《华中师范大学学报》(人文社会科学版)2000年第5期。

邢向东:《晋语的时制标记及其功能与特点——晋语时制范畴研究之三》,《方言》2020年第1期。

邢向东:《陕北晋语语法比较研究》,商务印书馆,2006。

邢向东、张永胜:《内蒙古西部方言语法研究》,内蒙古人民出版社,1997。

杨秀芳:《台湾闽南语语法稿》,台北:大安出版社,1991。

袁毓林:《正反问句及相关的类型学参项》,《中国语文》1993年第2期。

詹伯慧、黄家教:《谈汉语方言语法材料的收集和整理》,《中国语文》1965年第3期。

张安生、舍秀存:《西宁回民话的强调助词"也"及其来源》,《语文研究》2016年第3期。

张定:《汉语方言"工具—伴随"标记多功能性的MDU视角》,载李小凡、张敏、郭锐等《汉语多功能语法形式的语义地图研究》,商务印书馆,2015。

张洪年:《香港粤语语法的研究》,香港中文大学出版社,1972。

张敏:《汉语方言处置式标记的类型学地位及其他》,北京大学中国语言学研究中心演讲稿,2008(b)。

张敏:《空间地图和语义地图上的"常"与"变":以汉语被动、使役、处置、工具、受益者等关系标记为例》,中国社会科学院语言研究所演讲稿,2008(a)。

张双庆主编《动词的体》,香港中文大学吴多泰中国语文研究中心,1996。

赵元任:《北京、苏州、常州语助词的研究》,《清华大学学报》(自然科学版)1926年第2期。

赵元任:《汉语口语语法》,吕叔湘节译,商务印书馆,1979。

赵元任:《中国话的文法》,丁邦新译,香港中文大学出版社,1982。

朱德熙:《变换分析中的平行性原则》,《语法丛稿》,上海教育出版社,1990。

朱德熙:《汉语方言里的两种反复问句》,《中国语文》1985年第1期。

朱德熙:《说"的"》,《中国语文》1961年第12月号。

朱德熙:《语法答问》,商务印书馆,1985。

朱德熙:《语法分析讲稿》,商务印书馆,2010。

朱德熙:《语法讲义》,商务印书馆,1982。

Chao, Y. -R. , 1968. *A Grammar of Spoken Chinese*. University of California Press.

Hashimoto Anne Yue. , 1993. *Comparative Chinese Dialectal Grammar*: *Handbook for Investigator*, Centre de Recherches Linguistipues sur l'Asie Orientale Press.

Revisiting the Comparative Framework of "Static-Dynamic" Synchronic Description

LIN Huayong   YAN Niting

Abstract: After nearly one hundred years of development, the study on Chinese dialect grammar in China has made remarkable achievements, but there is still a long distance from the ideal state where "*Pu-Fang-Gu*" (Mandarin-Dialects-Classical Chinese) are closely integrated. More fine-grained depictions are needed for the grammar of dialects. The comparative framework of synchronic description with static and dynamic perspectives ("Dynamic-Static Framework" for short) grounds on the tradition of the domestic research on grammar. It advocates a "bottom-up" cross-dialectal／cross-linguistic methodology in comparing and analyzing, basing on the adequate and scientific description, insisting on the combination of static and dynamic, form and meaning, synchronic and diachronic, description and interpretation, so as to further enhance the value of research on the grammar of dialects. This will fulfill the requirements of the new stage of dialect grammar research and establish a solid dialectal basis for the creation and development of linguistic theories for Chinese.

Keywords: dialectal grammar; static and dynamic combination; comparative framework for synchronic description; panchronic research

上古汉语"VP+以 O"句式再议[*]

孙洪伟

（中山大学中国语言文学系）

提　要　上古汉语"VP+以 O"和"以 O+VP"两种格式的差异迄今仍无定说。本文穷尽考察七部上古文献中的"VP+以 O"句式，从句法、语用和语义三个层面比较两种句式的不同，由此归纳出"VP+以 O"的句式特点是：句法上，"VP+以 O"的内部构造和句法分布受到众多限制；语用上，"VP+以 O"所在小句的信息结构只有一种，即动词宾语是预设信息，有话题性，其余部分是句子的信息焦点；语义上，"VP+以 O"强调所表达的行为对动词宾语有所影响。这三方面独立考察所得的特点，能以逻辑自洽的方式互相验证。

关键词　VP+以 O　以 O+VP　上古汉语

1. 引言

上古汉语中，介词"以"构成的介宾结构有时在谓语中心语之前作状语，有时在谓语中心语之后作补语，构成"以 O+VP"和"VP+以 O"两种格式（以下分别简称前置式和后置式）。二者在内部构造和语法分布上的差别，很多学者都曾有所讨论（李佐丰，1986；何乐士，1987；赵大明，2005；

---

[*]　基金项目：教育部人文社会科学重点研究基地重大项目"基于上古汉语语义知识库的历史语法与词汇研究"（18JJD74002）；"基于上古汉语语义知识库的出土文献词汇语法研究"（22JJD74003）。

等等），其中鲁国尧（1982）的描写最为详尽，但因其考察范围仅限《孟子》一书，难免会有疏漏。二者在语义和语用上的不同，前人多有归纳。《马氏文通》就说到后置式大多"语意未绝"，但未展开探讨。刘景农（1958）认为前置式句子的侧重点是 V，后置式侧重点则是 O。鲁国尧（1982）反对刘说，认为无论是前置式还是后置式，"以 O"都是侧重之点。他提出"协调论"，认为两种格式的选用"受着句内、句外成分的制约和影响"，但并未交代清楚制约规则的具体内容。李佐丰（1986）则从语篇角度提出两条趋向：动词宾语所表示的人或物在前文刚刚出现时，常用后置式；后置式后面的文字所陈述的事实往往与 O 有关，前置式则往往与动词宾语有关。帅志嵩（2009）认为后置式表"完成"语义。李、帅二位先生的观点都有合理之处，但也都有不能解释的现象。总之，两种格式的差异，无论是从句法，还是语义、语用方面都有进一步探索的空间。

本文对《论语》《左传》《国语》《孟子》《吕氏春秋》《韩非子》和《史记》（秦汉部分）等七部上古文献的后置式进行了穷尽性的考察分析①，从句法结构特点、语用特点和语义特点三个角度比较后置式与前置式的不同，并归纳后置式的句式特点。

2. "VP+以 O"式的句法结构特点

本文对《论语》等七部先秦典籍的后置式进行了穷尽性的考察，共搜集 679 例后置式作为考察对象。各文献中后置式的出现情况如表 1 所示。

表 1　"VP+以 O"式在七部上古文献中出现的情况

单位：例

	《论语》	《左传》	《国语》	《孟子》	《吕氏春秋》	《韩非子》	《史记》（秦汉部分）	合计
后置式用例	20	176	110	41	95	118	119	679

---

① 针对《史记》一书，我们只考察了其记载秦汉时期史实的部分，包括卷七至十二、卷四十八至六十、卷八十九至一二六。

全面分析这些例句，我们发现前置式与后置式在句法结构上的区别如下。

2.1 后置式中"以"的功能限于引进工具

后置式介词宾语的语义角色只限于引进工具，包括典型的工具和与之相近的材料、方式、手段、依据、给予和言告的内容①，这些都是"广义的工具"。前置式对介词宾语无限制，其语义角色可以是率领或携带对象、工具、身份职位、原因和时间等。

很多学者（如鲁国尧，1982；李佐丰，1986；何乐士，1987；赵大明，2005）都曾指出引进原因和时间的"以"构成的介宾词组可出现在谓词性结构之后。我们认为这几类介宾词组后置是充当句子谓语，不是本文讨论的后置式，如：

（1）夏，楚子伐宋，以其救萧也。（《左传·宣 13》）

（2）国之兴也以福，其亡也以祸。（《左传·哀 14》）

（3）入郢必以庚辰，日月在辰尾。（《左传·昭 31》）

（4）古之治民者，劝赏而畏刑，恤民不倦。赏以春夏，刑以秋冬。
（《左传·襄 26》）

这几例"以 O"都充当判断句的谓语。前两例"以"的宾语表原因：例（1）是先讲述一件事情，后面"以 O"是对事情原因的判断，是判断句谓语；例（2）主语是个"主·'之'·谓"词组，"以福""以祸"充当谓语。后两例"以"的宾语表时间：例（3）"以 O"前有副词"必"，则"以 O"只能视为谓语；例（4）"赏以春夏，刑以秋冬"是对前文赏和刑的说明，也是主谓结构。

除引进原因、时间的"以 O"外，引进工具的"以 O"也可充当谓

---

① "给予和言告的内容"，有学者认为"以"引进的是受事，刘子瑜（2002）曾列举许多证据指出这类"以"引进的语义角色仍当视为工具，笔者同意刘说。

语，如：

> （5）公伐莒，取向，非礼也。平国以礼，不以乱。伐而不治，乱
> 也。（《左传·宣4》）
>
> （6）尝试观于上志，有得天下者众矣，其得之以公，其失之必以
> 偏。（《吕氏春秋·贵公》）
>
> （7）定公问："君使臣，臣事君，如之何？"孔子对曰："君使臣以
> 礼，臣事君以忠。"（《论语·八佾》）
>
> （8）富国以农，距敌恃卒，而贵文学之士。（《韩非子·五蠹》）

例（5）"以O"前有副词"不"，"以O"只能视为谓语。例（6）"其得
之""其失之"相当于"主·'之'·谓"结构，只能视为主语，"以公"
"以偏"为谓语。例（7）根据上文，"以礼"和"以忠"是用来说明"君
使臣"和"臣事君"的，也当视为谓语。例（8）前两个小句对举，"距敌
恃卒"的"恃卒"是谓语，那么"以农"也当视为谓语。

"以O"充当谓语的句子有两个特点：一是主语往往指一类行为，谓语
是对这类行为所用工具的说明；二是往往用于对比。根据这两个特点可确
定以下"VP+以O"式也非后置式：

> （9）臣闻之：招携以礼，怀远以德。德、礼不易，无人不怀。
> （《左传·僖7》）
>
> （10）臣闻：乱在外为奸，在内为轨。御奸以德，御轨以刑。（《左
> 传·成17》）
>
> （11）报生以死，报赐以力，人之道也。（《国语·晋语一》）
>
> （12）人伤尧以不慈之名，舜以卑父之号，禹以贪位之意，汤、武
> 以放弑之谋，五伯以侵夺之事。（《吕氏春秋·举难》）

例（12）后四个小句都省略了动词"伤"。这几例都有上述两个特点，"以

294

O"都是谓语。这类例句不在本文讨论范围之内。

2.2 后置式的介词宾语不可省略也不可用代词充当

后置式中，"以"的宾语从不省略［这点鲁国尧（1982）已指出］，也不能由指示代词、"指示代词+名词"词组或疑问代词充当，前置式均无此限制。下面是指代词构成的词组和疑问代词充当前置式 O 的例子，相同的情况均未见于后置式：

> （13）吾修令宽刑，施民所欲，去民所恶，称其善，掩其恶，求以报吴。愿以此战。（《国语·吴语下》）
>
> （14）今大行未发，丧礼未终，岂宜以此事干丞相哉！（《史记·李斯列传》）
>
> （15）居上不宽，为礼不敬，临丧不哀，吾何以观之哉？（《论语·八佾》）

2.3 后置式的 V 都是及物动词

后置式的 VP 只能是述宾结构①，V 都是及物动词，前置式无此限制。宾语最常见的是代词"之"，以《左传》为例，在 176 例后置式中，宾语是"之"的就有 94 例，超过一半。有时宾语可承前省略，如：

> （16）孺悲欲见孔子，孔子辞以疾。（《论语·阳货》）
>
> （17）六月，郑子展、子产帅车七百乘伐陈，……陈侯使司马桓子

---

① 《左传·昭 16》有一个例子似是例外："宣子私觐于子产以玉与马，曰：……"（此处按杨伯峻《春秋左传注》断句）但此例有另外一种断句是在"以"前断开（如黄侃标点《白文十三经》）。《襄 15》有一个例子："郑人以子西、伯有、子产之故，纳赂于宋，以马四十乘，与师茷、师慧。"如果"以"不断开，似乎也是例外，但现在一般的断句都是断开的。

略以宗器。（《左传·襄25》）

（18）为木兰之椟，薰以桂椒，缀以珠玉，饰以玫瑰，辑以翡翠。
（《韩非子·外储说左上》）

例（16）"辞"后省略宾语"孺悲"，例（17）"略"后省略宾语"子展、子产"，例（18）"薰""缀""饰""辑"后省略宾语"木兰之椟"，还有动词前有副词"相"的情况，"相V"相当于一个述宾结构，如：

（19）郑人相惊以伯有，曰："伯有至矣！"（《左传·昭7》）

（20）君子相送以言，小人相送以财。（《史记·滑稽列传》）

前置式VP的结构相当自由，可以是光杆不及物动词、述补词组、状中词组、双宾式、连谓式、兼语式等，如：

（21）胜以直闻，不告女，庸为直乎？（《左传·哀16》）（光杆不及物动词）

（22）宋公以币请于卫，请先相见。（《左传·隐8》）（述补词组）

（23）齐人无以仁义与王言者。（《孟子·公孙丑下》）（状中词组）

（24）今听言观行，不以功用为之的彀，言虽至察，行虽至坚，则妄发之说也。（《韩非子·问辩》）（双宾式）

（25）庚子，子皙以驷氏之甲伐而焚之。（《左传·襄30》）（连谓式）

（26）齐文王元年，汉以齐之城阳郡立朱虚侯为城阳王，以齐济北郡立东牟侯为济北王。（《史记·齐悼惠王世家》）（兼语式）

2.4　后置式对动词语义有更多限制

后置式的动词都是自主动词，且语义上都能对其宾语造成一定的影响。

前置式的动词则没有这样严格的限制，因此有的前置式不能有相应的后置式，比如以下几种情况：

（27）有道之士，贵*以近知远*，*以今知古*，*以所见知所不见*。（《吕氏春秋·察今》）

（28）*未闻以千里畏人者也*。（《孟子·梁惠王下》）

（29）*以此为君*，悖；*以此为臣*，乱；*以此为子*，狂。（《吕氏春秋·本生》）

（30）今*以君命奔齐之急*，而受室以归，是以师昏也。（《左传·桓6》）

例（27）-（30）中动词的宾语，"知道""害怕"的对象、担任的职务、引发"奔"这一行为的原因，都不会受到动词的影响。又如：

（31）故明主之国，无书简之文，*以法为教*。（《韩非子·五蠹》）

（32）愿*以子之辞行赂焉*，其可赂乎？（《国语·鲁语上》）

"为""行"是虚化动词①，其宾语是动名词。这些动词都未见于后置式。

2.5　后置式所在句子的主语可以是施事、受事，不可以是工具

鲁国尧（1982）注意到两种格式所在句子主语的差异。他指出，前置式如作句子谓语，其主语都是施事②；后置式则不然，有的是受事，比如例（33）、（34），"五亩之宅"是"树"的受事，"贫者""富者"分别为"益""损"的受事：

---

① "虚化动词"的定义见朱德熙（1985）。

② 鲁先生所说的主语，有一部分是话题。本文暂不区分这两个概念。

（33）五亩之宅，树之以桑，五十者可以衣帛矣！（《孟子·梁惠王上》）

（34）故贫者益之以刑，则富；富者损之以赏，则贫。（《商君书·说民》）

我们认同鲁先生对后置式的这点观察，对前置式，我们认为更准确的观察是，前置式如作句子谓语，其主语可以是施事、工具，还有极少数是受事〔这点将在 3.2 谈到，见例（93）-（95）〕。工具充当前置式的主语很常见，皆与介词宾语同指，如：

（35）且夫《易》不可以占险，将何事也？（《左传·昭 12》）

（36）国虽小，其食足以食天下之贤者，其车足以乘天下之贤者，其财足以礼天下之贤者。（《吕氏春秋·报更》）

（37）皇太后所赐金帛，尽以赐军吏。（《史记·淮南衡山列传》）

其中的主语"《易》""其食""其车""其财""皇太后所赐金帛"都与介词"以"省略的宾语同指，是动词的工具。这类例句多数有助动词"可""足"（如前两例）。后置式的主语不能是工具。

2.6　其他

鲁国尧（1982）还提到后置式的几个语法特点：不能与转指标记"所"结合，不能与转指标记"者"结合①，不能加否定词和助动词。我们认同第一点，但第二点和第三点都有反例：后置式与转指标记"者"结合的有 3 例，与助动词结合的有 10 例，与否定词结合的有 14 例。下面各举一例：

---

① 对"所""者"的性质，鲁先生用的是特殊的指示代词这一说法，我们用的是朱德熙（1983）的说法。

（38）辅我以义、导我以礼者，吾以为上赏。（《吕氏春秋·当赏》）

（39）今大王慢而少礼，士廉节者不来；然大王能饶人以爵邑，士之顽钝嗜利无耻者亦多归汉。（《史记·陈丞相世家》）

（40）今人主听说，不应之以度而说其辩；不度以功，誉其行而不入关。（《韩非子·外储说左上》）

综上，后置式的句法限制较多，前置式则更自由。二者句法特点的差别见表 2。

表 2　"VP+以 O"和"以 O+VP"的句法特点比较

	"以"的功能	介词宾语	VP 结构	V 类型	句子主语	与"所"结合
"VP+以 O"后置式	限于引进工具	-省略；-指示代词/指代名；-疑问代词	述宾，宾语常是"之"	自主 V，对宾语有影响	+施事，+受事，-工具	-
"以 O+VP"前置式	不限	以上皆可	不限	不限	+施事，+（受事），+工具	+

"句法形式的不同总是意味着意义的不同"①，以上两种格式内部构造和语法分布差异的原因，也应是意义的不同。意义的不同包含语义和语用两方面，因此我们将分析两种格式在语用、语义两方面的差异。

3. "VP+以 O"式的语用特点

在语用方面，我们发现，前置式和后置式的差异主要体现在二者充当主句谓语时句子信息结构（information structure）的不同。后置式的信息结构可统一归纳为一种，即动词宾语是预设（presupposition）信息，且与句子

---

① 这是 Bolinger（1968）的话，引自 Goldberg（1995/2007：3）。

的话题（topic）有密切关系，其余的部分是信息焦点（informational focus）[①]；前置式的信息结构可有多种，下面分别阐述。

3.1　后置式的信息结构特点

后置式"VO_1+以 O_2"的信息结构，用 Lambrecht（1994）的表示法表示如下：

> 句子：VO_1+以 O_2
>
> 预设："有人对 O_1 做了 X"
>
> 断言："$X=V（O_1）$ 以 O_2"（括号内的内容属预设，不在断言内，下同）
>
> 焦点："$V（O_1）$ 以 O_2"

上述信息结构可从下面两个问答的例句看得很清楚：

（41）子张问政。子曰："居之无倦，<u>行之以忠</u>。"（《论语·颜渊》）

（42）王曰："与人奈何？"对曰："卑辞尊礼，玩好女乐，<u>尊之以名</u>。……"（《国语·越语下》）

例（41）的问题是如何对待政事，例（42）是怎样对待人（韦昭注："与人，取人之心也。"），回答的内容是对政和人的做法，答句的话题就是"政"和"与人"，其中后置式的动词宾语"之"与话题（"政"）或话题中的某一成分（"人"）同指。答句相对于问句疑问词的部分就是句子的焦点，因此怎么做的部分，也即后置式除去动词宾语的部分就是句子的焦点

---

①　焦点的分类现在仍有争议，本文依照徐烈炯（2005）的意见分为信息焦点（informational focus）和对比焦点（contrastive focus）。信息焦点是在没有对比的情况下自然成为句子信息重点突出的部分，常常是句子中传达新信息的部分。对比焦点是针对上下文或共享知识中存在的特定对象或所有其他同类对象而特意突出的部分。

信息。后置式所在小句的信息结构都可统一归纳为类似的情况，下面详细论证。

首先，后置式的动词宾语都是已知信息。如前所述，后置式中动词宾语多为代词"之"，作为回指（anaphoric）代词，回指上文提到的人、物或事，显然是已知信息；动词宾语不是代词"之"的，有几种情况，但也都是已知信息。如：

（43）臧孙达其有后于鲁乎！君违，不忘谏*之以德*。（《左传·桓2》）

（44）文公之出也，竖头须，守藏者也，不从。公入，乃求见，公*辞焉以沐*。谓仆人曰："沐则心覆，心覆则图反，宜吾不得见也。……"（《国语·晋语四》）

（45）天子亲往，后妃率九嫔御，乃礼天子所御，*带以弓韣，授以弓矢*，于高禖之前。（《吕氏春秋·仲春》）

（46）夫子循循然善诱人，*博我以文，约我以礼*，欲罢不能。（《论语·子罕》）

（47）且吾闻成公之生也，其母梦神*规其臀以墨*，曰：……。故名之曰"黑臀"。（《国语·周语下》）

例（43）"之"回指上文的"君"。例（44）"焉"相当于"之"，回指上文"竖头须"[1]。例（45）动词宾语是零形式，回指前面的"天子所御"，这些回指代词或零形式的编码毋庸置疑都是上文已激活（active）的信息。例（46）第一人称代词"我"是交谈现场双方的共享信息。另外还有 Chafe（1987）所说的"可及"（accessible）或"半激活"（semi-active）的所指（reference），也都是已知信息，比如例（47）"其臀"指的是上文提到的成公的臀，是通过整体可确定的部分的所指。在所考察的 679 个后置式结构中，动词宾语均不出已激活和半激活的范围，都是已知信息。

---

① "焉"有相当于代词"之"的用法，参见杨树达（1954：389）。

其次，后置式的动词宾语不仅是已知信息，还有话题性（topicality）。这里所说的"话题性"，是指其与句子的话题有密切的关系，大致可分为如下几种情况。

（1）后置式的话题是动词的受事，后置式的动词宾语与话题同指。这类句式即蒋绍愚（2004）所说的"话题-评论"式受事主语句的一种，如：

（48）五亩之宅，树之以桑，五十者可以衣帛矣！（《孟子·梁惠王上》）

（49）故古之能致功名者，众人助之以力，近者结之以成，远者誉之以名，尊者载之以势。（《韩非子·功名》）

（50）千乘之国，摄乎大国之间，加之以师旅，因之以饥馑，由也为之，比及三年，可使有勇，且知方也。（《论语·先进》）

（51）人主者，固壅其言谈，希于听论议，易移以辩说。（《韩非子·八奸》）

"五亩之宅""古之能致功名者""千乘之国""人主者"是句子的话题，后面是对它们的说明，其中后置式的动词宾语都与话题同指，后置式除动词宾语之外的部分（也即用某种工具所做的行为）是焦点。

有时句首的受事是对比话题①，后置式的动词宾语与对比话题同指，比如：

（52）三日之内，与谋之士封为诸侯，诸大夫赏以书社，庶士施政去赋。（《吕氏春秋·慎大》）

（53）以里听者，禄之以里；以乡听者，禄之以乡；以邑听者，禄之以邑；以国听者，禄之以国。（《吕氏春秋·怀宠》）

---

① "对比话题"的概念见徐烈炯、刘丹青（2007）。

例（53）中"禄"活用作动词，是"给……俸禄"的意思。这两例是对几个对比话题的说明，后置式都在述题中，动词宾语与话题同指，其余部分是焦点。

（2）后置式的动词宾语与话题中的某一成分同指。这类的话题往往是主之谓结构①，后置式的动词宾语与主之谓结构的主语或宾语同指，比如：

> （54）百里奚之未遇时也，亡虢而虏晋，饭牛于秦，传鬻以五羊之皮。（《吕氏春秋·慎人》）
>
> （55）今家人之治产也，相忍以饥寒，相强以劳苦，虽犯军旅之难，饥馑之患，温衣美食者，必是家也；相怜以衣食，相惠以佚乐，天饥岁荒，嫁妻卖子者，必是家也。（《韩非子·六反》）
>
> （56）是故明君之蓄其臣也，尽之以法，质之以备。（《韩非子·爱臣》）

句首的主之谓结构是话题，都带有话题标记"也"。其中例（54）"传鬻（转卖）"的宾语即话题中的"百里奚"，例（55）"忍""强""怜""惠"的宾语即话题中的"家人"，例（56）"尽""质"的宾语即话题中的"其臣"，后置式的其他部分是信息焦点。

（3）句首的施事是话题，后置式的动词宾语与话题同指。这类情况中的话题往往具有超句性，其后的一系列小句都叙述与话题有关的事件，构成话题链（topic chain）。后置式处于话题链的一个小句中。

曹逢甫（1995）指出话题可以覆盖若干句子，话题相同的句子构成一个话题链，这些小句中与话题同指的名词性成分往往要删去或用代词充当，比如：

---

① 主之谓结构作话题的功能，可参见邵永海（2002）、孙洪伟（2008）。

（57）小王ᵢ昨天一个人在家，他ᵢ肚子饿，＿ᵢ又找不到东西吃，所以＿ᵢ躺在床上睡觉。

（58）这个英文句子ᵢ真难，我不懂＿ᵢ，他也不懂＿ᵢ。

"小王"和"这个英文句子"是话题，串联起后面的小句，这些小句都是说明话题的。句中画线的地方原本都是与话题同指的名词要出现的位置。

后置式处于话题链的例子如：

（59）郤至ᵢ三遇楚子之卒，＿ᵢ见楚子，＿ᵢ必下，＿ᵢ免胄而趋风。楚子使工尹襄问之ᵢ以弓，曰："……"郤至ᵢ见客，＿ᵢ免胄承命，＿ᵢ曰："……"＿ᵢ三肃使者而退。（《左传·成公十六年》）

（60）晋文公ᵢ既定襄王于郏，王劳之ᵢ以地，＿ᵢ辞，＿ᵢ请隧焉。（《国语·周语中》）

（61）邴成子ᵢ为鲁聘于晋，＿ᵢ过卫，右宰谷臣止而觞之ᵢ，陈乐而＿ᵢ不乐，酒酣而送之ᵢ以璧，＿ᵢ顾反，＿ᵢ过而弗辞。（《吕氏春秋·观表》）

（62）至者ᵢ，参辄饮＿ᵢ以醇酒，间之，＿ᵢ欲有所言，复饮之ᵢ，＿ᵢ醉而后去，＿ᵢ终莫得开说，以为常。（《史记·曹相国世家》）

话题后的小句都是叙述与话题有关的事件，其中与话题同指的名词性成分都已删略或用代词"之"充当。如上所标识，后置式的动词宾语都与话题同指，其他部分则为信息焦点。

（4）全量成分充当话题，后置式动词宾语与全量成分同指。徐烈炯、刘丹青（2007）指出汉语中全量成分可充当话题。上古汉语的全量成分作话题时往往隐而不现，但仍可构成话题链，如：

（63）道之$_i$以政，齐之$_i$以刑，民$_i$免而无耻；道之$_i$以德，齐之$_i$以礼，__$_i$有耻且格。（《论语·为政》）

（64）__$_i$生，事之$_i$以礼；__$_i$死，葬之$_i$以礼，祭之$_i$以礼。（《论语·为政》）

（65）__$_i$诵《诗》三百，授之$_i$以政，__$_i$不达；__$_i$使于四方，__$_i$不能专对；虽多，亦奚以为？（《论语·子路》）

例（63）的话题是第三个小句里的"民"，指所有的百姓；例（64）-（65）的话题隐含，应指所有的父母和所有可出仕的贵族，后置式的动词宾语与话题成分同指。

（5）话题未在句首出现，由前面小句引出，后置式动词宾语与话题同指。如：

（66）古有伯夷叔齐$_i$者，武王让____$_i$以天下而__$_i$弗受，二人$_i$饿死首阳之陵。（《韩非子·奸劫弑臣》）

（67）郑人击简子$_i$中肩，__$_i$毙于车中，获其$_i$蜂旗。太子救之$_i$以戈。（《左传·哀2》）

（68）帝令燕$_i$往视之，__$_i$鸣若谥隘。二女爱__$_i$而争搏之$_i$，覆__$_i$以玉筐。少选，发而视之$_i$，燕$_i$遗二卵，__$_i$北飞，__$_i$遂不反。（《吕氏春秋·音初》）

例（66）-（68）都是前一小句的宾语或兼语引出一个名词性成分（伯夷叔齐、简子、燕），这个名词性成分成为后面小句的话题：后面小句所叙述的事件皆与之有关。

（6）后置式的动词宾语与次话题同指。如：

（69）（石乞$_j$）乃从白公而见之$_i$（熊宜僚）。__$_j$与之$_i$言，__$_j$说；__$_j$告之$_i$故，__$_i$辞；__$_j$承之$_i$以剑，__$_i$不动。（《左传·哀

305

16》)

(70) 尧ᵢ 传天下于舜ᵢ，__ⱼ 礼之ᵢ 诸侯，__ⱼ 妻 ___ᵢ 以二女，__ⱼ 臣 ___ᵢ 以十子，__ⱼ 身请北面朝之ᵢ，至卑也。(《吕氏春秋·求人》)

(71) 楚庄王ⱼ之时，__ⱼ 有所爱马ᵢ，__ⱼ 衣 ___ᵢ 以文绣，__ⱼ 置之ᵢ 华屋之下，__ⱼ 席 ___ᵢ 以露床，__ⱼ 啖 ___ᵢ 以枣脯。马ᵢ病肥死，使群臣丧之ᵢ，欲以棺椁大夫礼葬之ᵢ。(《史记·滑稽列传》)

(72) (桓公ⱼ) 为游士八十人ᵢ，__ⱼ 奉之ᵢ 以车马、衣裘，__ⱼ 多其ᵢ 资币，__ⱼ 使__ᵢ 周游于四方，以号召天下之贤士。(《国语·齐语》)

这组例句中有两个话题性的成分（"石乞"和"熊宜僚"，"尧"和"舜"，"楚庄王"和"所爱马"，"桓公"和"游士"），都有超句特征，都能将其语义管辖范围扩展到多个子句。关于汉语中的多重话题现象，很多学者都讨论过（如曹逢甫，1990；徐烈炯、刘丹青，2007）。这类句子中，与后置式的动词宾语同指的似乎可视为次话题。

（7）后置式动词宾语与话题是领属关系。徐烈炯、刘丹青（2007）提到一种"领格语域式话题"。

(73) 王德刚，没人敢动他的一根毫毛。

(74) 新教学楼，我只见过图纸。

两句的话题是谓语中宾语的领格："王德刚"领有"一根毫毛"，"新教学楼"领有"图纸"。上古汉语也有类似例子：

(75) 冬十月甲午，败狄于咸，获长狄侨如。富父终甥舂其喉以戈，杀之。(《左传·文11》)

(76) 子婴与妻子自系其颈以组，降轵道旁。(《史记·李斯列传》)

（77）我欲中国而授孟子室，**养弟子以万钟**，使诸大夫国人皆有所
矜式。（《孟子·公孙丑下》）

"长孙侨如"是"喉"的领格，"子婴与妻子"是"颈"的领格，"孟子"是
"弟子"的领格。"富父终甥撂其喉以戈"当视为对长孙侨如的说明，"自系其
颈以组"是对子婴和他妻子的说明，"养弟子以万钟"是对孟子的说明。"其
喉""其颈""弟子"仍属预设部分，句子的焦点仍是"V（O₁）以 O₂"。

综上，后置式充当句子谓语时，其动词宾语属于句子的预设部分，往
往与句子的话题或话题的某部分同指，或与句子的话题有领属关系，我们
用"有话题性"来概括动词宾语的这一特点①。句子的焦点是后置式除去动
词宾语，也即表示用某种工具所行之事的部分。

3.2 前置式的信息结构特点

前置式充当主句谓语时，其信息结构主要有以下三种情况。

第一，前置式用来说明一个话题，传达新信息，整个前置式是句子的
信息焦点。如：

（78）子产听郑国之政，**以其乘舆济人于溱、洧**。（《孟子·离
娄下》）

（79）于是众从其言，**以兵属项梁**。项梁渡淮，黥布、蒲将军亦以
兵属焉。（《史记·淮阴侯列传》）

（80）子尾抽桷，击扉三，卢蒲癸自后刺子之，王何**以戈击之**，解
其左肩。（《左传·襄28》）

（81）楚使归，**具以报项王**。（《史记·陈丞相世家》）

---

① 该说法参考了现代汉语语法学界对"把"字句中"把"的宾语的分析，如薛凤生（1987）、
Tsao（1987）等。

这些句子都是一般的叙事句，其焦点结构是最无标记的一种——谓语即焦点，所以其中的前置式都是句子的信息焦点。

第二，前置式"以"的宾语是对比焦点。比如：

（82）失忠与敬，<u>何以</u>事君？（《左传·僖5》）

（83）臣闻<u>以德</u>和民，不闻以乱。（《左传·隐4》）

（84）君<u>以礼与信</u>属诸侯，而<u>以奸</u>终之，无乃不可乎？（《左传·僖7》）

（85）若季氏则吾不能，<u>以季孟之间</u>待之。（《论语·微子》）

疑问代词都是对比焦点［例（82）］，例（83）、例（84）"以"的宾语"德"和"乱"，"礼与信"和"奸"都因对比而得以强调，都是句子的对比焦点。例（85）中对比项不是前置式的格式，但"季氏"和"季孟之间"对比的意思很明显，"季孟之间"仍是对比焦点。

还有一些例句虽无对比项，但都含有对比义，介词宾语也是对比焦点：

（86）两君合好，而裔夷之俘<u>以兵乱之</u>，非齐君所以命诸侯也。（《左传·定10》）

（87）其君之危犹累卵也，而<u>以无礼莅之</u>，此所以绝世也。（（《韩非子·十过》））

（88）司城荡意诸来奔，效节于府人而出。公<u>以其官逆之</u>，皆复之。（《左传·文8》）

两君合好当以礼乐，却用武力对待［例（86）］；君主危险当循礼，却用无礼处理［例（87）］；例（88）杜预注："卿违，从大夫。公贤其效节，故以本官逆之。"这是说对待来奔之臣，一般要降级迎接，但文公对荡意诸用了同级的待遇。这些句子都用对比来凸显动作行为的方式或工具，介词宾语正是对比焦点。

前文已经提到,"以 O"在动词之后也可用于对比,见例（5）-（12）,但应分清其中的"以 O"是谓语,非本文所说的后置式。

第 2 节提到前置式作谓语时,其主语也可以是动词的受事。这样的例子很少见,在我们考察的文献范围内仅有 10 例,比如:

（89）兼爱天下,不可以虚名为也,必有其实。（《吕氏春秋·审应》）

（90）至于封侯,真命也夫!御史大夫郑君守之数年不得,匡君居之未满岁,而韦丞相死,即代之矣,岂可以智巧得哉!（《吕氏春秋·审应》）

（91）子之服亲丧者,为爱之也,而尚可以赏劝也,况君上之于民乎!（《韩非子·内储说上七术》）

（92）沛公不好儒,诸客冠儒冠来者,沛公辄解其冠,溲溺其中。与人言,常大骂。未可以儒生说也。（《史记·郦生陆贾列传》）

例（89）-（92）中"以"前多有助动词"可"。这些句子的话题与前置式的动词宾语同指,乍一看跟后置式的动词宾语话题性很像,但其实二者的信息结构不同,这些前置式的介词宾语仍是对比焦点:例（89）介词宾语"虚名"是和"其实"对比而言的;例（90）是强调封侯之难,不是智巧所能得到的;例（91）强调子为亲服丧,这种处于爱的行为尚可用赏赐的手段鼓励;例（92）是说沛公不尊重儒生,所以用儒生来劝说是无用的。

第三,"以"的宾语是前置话题,其余成分是信息焦点。第 2 节提到,前置式的主语可以是工具,与介词宾语同指。下面补充一些例子:

（93）钟声不可以知和,制度不可以出节,无益于乐,而鲜民财,将焉用之?（《国语·周语下》）

（94）圣王之立法也,其赏足以劝善,其威足以胜暴,其备足以必完法。（《韩非子·守道》）

（95）王以反为名,此兵难以借人,人亦且反王,奈何?（《史记·

　　　吴王濞列传》）

这些工具主语都是介词宾语话题化所产生的，前置式的其余部分"以+VP"是对话题的说明，是信息焦点。

　　综上，前置式与后置式的信息结构是不同的。

4. "VP+以 O"式的语义特点

　　帅志嵩（2009）比较了《孟子·梁惠王上》的"以羊易之"和"易之以羊"，认为前者强调动作或方式，后者表动作已完成。该观点有道理，前置式确实常表示未完成的动作：

> （96）以此众战，谁能御之？以此攻城，何城不克？（《左传·僖4》）
>
> （97）晋人不得志于郑，以诸侯复伐之。十二月癸亥，门其三门。
>
> 　　　（《左传·襄9》）
>
> （98）吴侵楚，养由基奔命，子庚以师继之。养叔曰：……（《左传·襄13》）

后置式也确实常表示完成的动作，如：

> （99）博学于文，约之以礼，亦可以弗畔矣夫！（《论语·雍也》）
>
> （100）初，鬻拳强谏楚子。楚子弗从。临之以兵，惧而从之。
>
> 　　　（《左传·庄19》）
>
> （101）晋之克也，天有恶于楚也，故儆之以晋。（《国语·周语中》）

不过这一趋势并不是绝对的，前置式也有很多表示已完成的动作，如：

> （102）三郤将谋于榭，矫以戈杀驹伯、苦成叔于其位。（《左传·

成 17》）

（103）宋华弱与乐辔少相狎，长相优，又相谤也。子荡怒，*以弓梏华弱于朝*。（《左传·襄 6》）

（104）功多，秦不能尽封，因*以法诛之*。（《史记·项羽本纪》）

后置式也有很多表示未完成的动作：

（105）是故明君之蓄其臣也，*尽之以法*，*质之以备*。（《韩非子·爱臣》）

（106）嘉见耳目非是，即起而出。太后怒，欲*钑嘉以矛*，王止太后。（《史记·南越列传》）

（107）故虽不疑，虽已知，必*察之以法*，*揆之以量*，*验之以数*。（《吕氏春秋·谨听》）

（108）君何不*迎之以重禄高位*，遗哀公女乐以骄荣其意。（《韩非子·内储说下六微》）

例（105）说的是惯常的情况，不是已完成的动作。想要做的事情［例（106）］、应该去做的事情［例（107）］、建议去做的事情［例（108）］，也都未完成。因此，前置式和后置式根本的语义区别并不在于动作完成与否。

我们全面考察了 679 例后置式的话语环境，发现其出现的话语环境有如下几种。

4.1 后接表结果的小句，表达后置式动词宾语受动作行为影响而产生的结果

例如：

（109）郑人相惊以伯有，曰："伯有至矣！"则皆走，不知所往。（《左传·昭 7》）

（110）昔者大王居邠，狄人侵之，<u>事之以皮币</u>，不得免焉；<u>事之以犬马</u>，不得免焉；<u>事之以珠玉</u>，不得免焉。（《孟子·梁惠王下》）

（111）太子不得立矣。分之都城，而<u>位以卿</u>，先为之极，又焉得立？（《左传·闵1》）

（112）<u>告之以文辞</u>，<u>董之以武师</u>，虽齐不许，君庸多矣。（《左传·昭13》）

（113）若<u>惮之以威</u>，<u>惧之以怒</u>，民疾而叛，为之聚也。（《左传·昭13》）

例（109）用伯有吓大家的结果是大家都逃跑。例（110）用皮币等侍奉狄人的结果是狄人都不接受，仍然侵略他们。例（111）中"焉得立"其实就是不会被立为国君。例（112）意思是只要用文辞告诫，用军队督察，结果就是齐国不与其结盟也没关系。例（113）后置式用于假设小句，其后是假设情况会导致的结果。

4.2　后置式后一小句表示目的

例如：

（114）中行桓子之谋也，曰："<u>示之以整</u>，使谋而来。"（《左传·宣14》）

（115）秦昭王闻之，而欲<u>丑之以辞</u>，以观公孙弘。（《吕氏春秋·不侵》）

（116）禄田宅，爵或至关内侯，<u>奉以二千石</u>，所不当得，欲以有为。（《史记·淮南衡山列传》）

（117）张良是时从沛公，项伯乃夜驰之沛公军，私见张良，具<u>告以事</u>，欲呼张良与俱去。（《史记·项羽本纪》）

后置式的后一小句不表示已经出现的结果，其中都含有"使""欲""以"之类表示目的的成分。目的就是希望得到的结果，这类后置式仍然强调对动词宾语的影响。

4.3 后置式若居于句末，本身即表结果

例如：

（118）白公欲子闾为王，子闾不可，遂<u>劫以兵</u>。（《左传·哀16》）

（119）郑人击简子中肩，毙于车中，获其蜂旗。太子<u>救之以戈</u>。（《左传·哀2》）

（120）文王质文，故天<u>胙之以天下</u>。（《国语·周语下》）

（121）百姓不安其生，骚动，县官所兴，未获其利，奸吏并侵渔，于是痛<u>绳以罪</u>。（《史记·酷吏列传》）

例（118）-（121）中用武器把他劫持了，用戈把他救了，把天下传给了他，用刑罚把他处罚了，这些本身就是结果。

4.4 后置式所在小句是一系列有目的性的行为中的一项

例如：

（122）九月丁卯，子同生。以太子生之礼举之：<u>接以太牢</u>，卜士负之，士妻食之，公与文姜、宗妇命之。（《左传·桓公六年》）

（123）（齐桓公）于是乎使人告鲁曰："管夷吾，寡人之雠也，愿得之而亲加手焉。"鲁君许诺，乃使吏鞹其拳，胶其目，<u>盛之以鸱夷</u>，置之车中。（《吕氏春秋·赞能》）

（124）盛黄金于壶，<u>充之以餐</u>，加璧其上，夜令人遗公子。（《韩非子·十过》）

这一系列的行为都有目的性，试图产生某种影响："接以太牢，卜士负之，士妻食之，公与文姜、宗妇命之"，都是强调对待新生儿的礼仪与太子相同；"鞥其拳，胶其目，盛之以鸱夷，置之车中"说的是鲁君听信了齐桓公的话，用对待齐君仇人的方式虐待管仲；"盛黄金于壶，充之以餐，加璧其上"这一系列对壶的用心处置，其目的是讨好公子重耳。

综上可知，后置式或接表结果或目的的小句，或本身就含结果义。这说明后置式语义上表示用某种工具对动词宾语施加了某动作行为，并强调对动词宾语的影响。这可以解释为何《马氏文通》会认为后置式大多"语义未绝"。

5. "VP+以 O" 式句法与语用、语义特点的互相验证

第 3 节我们归纳了后置式的信息结构：动词宾语是预设信息，有话题性，"V+以 O"是信息焦点，而前置式的信息结构可有多种。这可以解释第 1 节中所归纳的两种结构在句法上的许多差异：因为动词宾语是预设信息，常常是上文提到的已知信息，故往往是代词"之"；预设信息常充任话题，故动词宾语常常话题化，成为受事主语；动词宾语是已知信息，"所"字结构类似一个非限制性关系小句，是用一个行为或事件来明确所指，已知信息没有必要明确所指，因此后置式不能与"所"结合。除动词宾语外的其他部分是信息焦点，所以"以"的宾语是新信息，不能用代词指代，不会承前省略；话题与焦点是一组对立的概念，所以"以"的宾语不能话题化；因为后置式除动词宾语外都是焦点，并非 O 单独是焦点，所以不能用疑问代词"何"等来提问。前置式的信息结构多样，所以上述限制它都没有。

第 4 节通过考察后置式的话语环境，总结其语义特点是：表示用某种工具对动词宾语施加某种行为，强调对动词宾语有所影响。这也可以解释一些句法特点：后置式强调动作行为对宾语的影响，因此介词宾语的语义角色限于广义工具，以工具来进行某动作行为，能凸显动作行为的效果；由

于强调动作对宾语做了什么，且导致宾语受影响，这就要求 VP 是述宾结构，V 是自主动词且要能对宾语产生影响，否则不能进入后置式。

6. 结语

最后用两组例句来说明前置式与后置式的差异，以及后置式的特点，第一组是：

（125）a. 何可废也？<u>以羊易之</u>。（《孟子·梁惠王上》）
b. 我非爱其财而<u>易之以羊</u>也。（同上）

这一组是鲁国尧（1982）讨论过的例子。a 是祈使句，"以羊易之"表示一个单纯的行为，"羊"是与牛对比的对比焦点；b 说明对牛的态度和处理，其中的"之"，即牛，具有话题性，句子的焦点是对它所做的事情——用羊来换，且强调对牛的影响——把它换掉。第二组是：

（126）a. 昔者弥子瑕有宠于卫君。……与君游于果园，食桃而甘，不尽，<u>以其半啖君</u>。（《韩非子·说难》）
b. 及弥子色衰爱弛，得罪于君，君曰："是固尝矫驾吾车，又尝<u>啖我以余桃</u>。"（同上）

这是在比较弥子瑕得宠和失宠后的情况。a 是得宠时，"以其半啖君"是对弥子瑕行为的叙述，是句子的常规焦点；b 中"啖我以余桃"则是失宠后卫君数说弥子瑕对自己有什么不当的举动，"我"有话题性，弥子瑕对"我"的行为是信息焦点，且强调弥子瑕这一行为给"我"造成了伤害。

总之，后置式的特点就是，在信息结构上，动词宾语是预设成分，且与句子话题关系密切，有话题性，其余部分是信息焦点；在语义上，强调对动词宾语有所影响。这两个特点决定了这种格式在内部构造和语法分布上的各种表现。前置式不具备以上特点，也就没有同类的句法限制。

参考文献

曹逢甫：《汉语的句子与子句结构》，王静译，北京语言大学出版社，2005。

曹逢甫：《主题在汉语中的功能研究》，谢天蔚译，语文出版社，1995。

耿振生：《古代汉语的动补结构和"以"字短语的语法功能》，《古汉语研究》1996年第2期。

何乐士：《〈左传〉的介词"以"》，《左传虚词研究》，商务印书馆，1987。

蒋绍愚：《受事主语句的发展与使役句到被动句的演变》，载高岛谦一、蒋绍愚编《意义与形式——古代汉语语法论文集》，Lincom Europa，2004。

李佐丰：《〈左传〉以宾短语作状语和补语的用法》，《内蒙古大学学报》（哲学社会科学版）1986年第3期。

刘景农：《汉语文言语法》，中华书局，1958。

刘子瑜：《再谈唐宋处置式的来源》，载宋绍年、张猛、邵永海、刘子瑜编《汉语史论文集》，武汉出版社，2002。

鲁国尧：《〈孟子〉"以羊易之"、"易之以羊"两种结构类型的对比研究》，载程湘清主编《先秦汉语研究》，山东教育出版社，1982。

邵永海：《〈韩非子〉主谓结构研究》，北京大学博士学位论文，2002。

帅志嵩：《"以"字介词结构的前置动因和机制》，《四川大学学报》（哲学社会科学版）2009年第3期。

孙洪伟：《上古至中古主之谓结构研究》，北京大学博士学位论文，2008。

徐烈炯：《几个不同的焦点概念》，载徐烈炯、潘海华主编《焦点结构和意义的研究》，外语教学与研究出版社，2005。

徐烈炯、刘丹青：《话题的结构与功能》（增订本），上海教育出版社，2007。

薛凤生：《试论"把"字句的语义特征》，《语言教学与研究》1987年第1期。

杨树达：《词诠》，中华书局，1954。

张赪：《汉语介词词组词序的历史演变》，北京语言文化大学出版社，2002。

赵大明：《〈左传〉介词研究》，首都师范大学出版社，2005。

朱德熙：《现代书面汉语里的虚化动词和名动词》，《北京大学学报》（哲学社会科学版）1985年第5期。

朱德熙：《自指与转指》，《方言》1983年第1期。

Bolinger, Dwight L, 1968. Entailment and the Meaning of Structure. *Closs* 2：119-127.

Chafe, Wallace, 1987. Cognitive Construction on Information Flow, Russell S. Tomlin

(Ed.) *Coherence and Grounding in Discourse*, 21-51, John Benjamins Publishing Company.

Goldberg, Adele E. , 1995. *Construction: A Construction Grammar Approach to Argument Structure*. University of Chicago Press.

Lambrecht, Knud, 1994. *Information Structure and Sentence Form*, Cambridge University Press.

Tsao, Feng-fu, 1987. *A Topic-comment Approach to the Ba Construction*. JCL. 15 (1): 1-55.

On the "VP+yi(以)O" Construction in Archaic Chinese

SUN Hongwei

Abstract: There is still no consensus on the differences between "VP+yi(以) O" and "yi(以)O+VP" in Archaic Chinese. This paper re-examines the existing opinions on the differences between the two constructions based on an exhaustive study on the construction in seven Ancient Chinese Classics. We compare their differences in syntactic, pragmatic, as well as semantic level. In terms of syntax, "VP+yi(以)O" has more restraints on internal structure and syntactic distribution. From the pragmatic perspective, "VP+yi(以)O" contains only one information structure in which the NP is presuppositional with the rest of the construction being the focus. On the contrary, "yi(以)O+VP" has more than one information structure. As for semantics, the former emphasizes the affectedness of the action verb to its object while the latter does not. The characteristics obtained from the independent investigations in the three levels can be mutually explained in a logical and self-consistent manner.

Keywords: yi(以)O+VP; VP+yi(以)O; Archaic Chinese

异类组合型将来时间指称形式的形成与特点

——以粤西阳春粤、客方言为例[*]

邱德君

（海南师范大学文学院）

提　要　汉语方言中存在一类由不同成分连用构成的组合型时体标记，根据组合成分性质与意义的异同，可分为"同类组合型时体标记"与"异类组合型时体标记"。结合已有报道及本文论证，粤西地区廉江粤语的"紧嗽"与阳春粤、客方言的"紧迺""紧欻""稳欻"都属于异类组合型时体标记，其中前者由不同词类的成分组合而成，后者由不同意义类型的时体标记组合而成。异类组合型时体标记要求进入组合的成分必须具有独立演变为组合整体意义的潜力，且成分的组合顺序遵循"年龄次序排列规律"。

关键词　将来时间指称形式　粤西地区　粤语　客家话　异类组合

1. 引言

汉语方言具有多样的时体表达形式。陈前瑞、邱德君（2021）根据语

---

* 　基金项目：国家社会科学基金青年项目"语言接触视角下粤西方言助词研究"（24CYY049）。本文在写作过程中得到了中国人民大学陈前瑞教授的细致指导；曾于第二十六届国际粤方言研讨会（暨南大学，2022 年 11 月）及历史语言学高端论坛（海南师范大学，2023 年 12 月）报告，得到陶寰教授等与会学者的指正；《汉语语言学》匿名审稿专家亦提出了专业精准的意见。此外，多位发音合作人为本文语料的调查与核实提供了极大的帮助。谨此一并致谢！

法化程度的差异区分可单用将来时与兼用将来时，这一区分视角对于大规模比较不同区域方言的将来时发展水平具有一定的可操作性。但是，为了更加全面深入地认识汉语方言将来时间指称（future time reference）表达的多样性以及更为深层的一致性，还需要从构成方式等更多维度考察将来时间指称形式的类型和特点。

在部分汉语方言中，除特定标记单独使用表示时体意义，不同时体标记还可以通过连用的方式协同表达特定的时体意义，甚至进一步逐渐凝固为专门的组合型时体标记。理论上，参与连用的标记一般具有相同或相似的时体功能，即属于同一性质的时体标记。例如，福建连城客家话中，"已""了""来""得""撒"五个完成义助词能够遵循一定的次序规则组合使用表达完成义，如"灯关撒了正睡着"，"稳""定"也可以连用表示持续体，如"佢侪手拖稳定手，一边行一边唱"（项梦冰，1997：190；项梦冰，2002）；福建宁化客家话持续体标记"麽"和"等/且"连用表示持续义（陈秀华，2022）；广东吴化粤语中，进行义助词"定""紧"可以连用表达进行义，如"做定紧作业"（李健，2014：173）。由于标记自身功能的磨蚀、方言内部不同历史层次的叠置或者语用上强调表达的需要，此类意义相同或相似的时体标记连用的组合形式成为汉语方言中相对常见的构成模式，本文概括为"同类组合型时体标记"。此外，不同性质的标记也可连用表达时体意义并逐渐凝固。例如在北部吴语中，时间副词"快"可以与句末完成体标记"哉"或"勒"组合表示最近将来（immediate future）的语义（张家茂，1985；李小凡，1998；冯力，2007；邵敬敏、石定栩，2011）。"快"与"哉""勒"的词类与意义均存在差异，但能连用构成最近将来时间的指称形式，属于不同句法范畴组合的产物，本文概括为"异类组合型时体标记"。

在以往的研究中，同类组合型时体标记及其构成规则得到了较多讨论（项梦冰，2002；陈秀华，2022；申文雅、陈前瑞，2023），异类组合型时体标记则散见于描写实践，其形成过程与构成规律缺乏专门的梳理与考察。

粤西地区的粤、客方言中较为普遍地存在一类具有将来时间指称功能的连用形式，如"紧嘚""紧欸""紧嗵"等（林华勇，2014；陈前瑞、邱德君，2021），其中"嘚""欸""嗵"单用时属于较为典型的完成体标记（林华勇，2014；甘于恩、许洁红，2013；胡伟等，2022），"紧""稳"则明显与完成义无关，可以初步将此类组合形式归为异类组合型时体标记。关于此类标记的演变已有就局部区域的讨论，但实际语言现象仍需进一步梳理与辨析。因此，本文拟借助已有报道与田野调查，以粤西阳春粤、客方言为个案来考察粤西地区将来时间指称功能的语义来源及其形成过程，并在此基础上讨论异类组合型时体标记的特点和规律。

2. 阳春粤、客方言中异类组合型将来时间指称的表达形式及其用法

　　林华勇（2014）和林华勇、刘燕婷（2022）将廉江粤语的"紧嘚"界定为"将现体"助词，并认为"紧嘚"由表达紧迫义的实词"紧"与完成体助词"嘚"先跨层词汇化再进一步语法化而成，其形成过程与吴语苏州方言的"快哉"类似，也是受当地吉水客家话"紧欸"影响的结果，在将来时间指称功能的产生上属于完成体向最近将来时的演变（陈前瑞、王继红，2012）。对于"紧嘚"形成过程的推测主要基于这一前提：虽然"紧"在多数粤方言中除实词义外还有进行体等用法，但廉江粤语的"紧"单独使用时并不具有持续义或进行义（林华勇，2014；林华勇、刘燕婷，2022），因此"紧嘚"中的"紧"为"紧迫"义的实词。廉江粤语与以广州粤语为代表的其他多数粤方言在诸多方面存在差异，可能与原始粤语内部的分化演变有关（郭必之、林华勇，2012）。本文将上述"紧嘚"的形成模式称为"廉江模式"。

　　而在同属粤西地区的其他一些粤、客方言中，"紧""稳"等成分被报道有较为成熟的进行体用法（罗康宁，1987：220；黄伯荣，1990；詹伯慧主编，2002：211；陈郁芬，2011；秦绿叶，2015；丁崇明、荣晶，2022）［如例（1）-（4）］，显示出与"廉江模式"明显不同的前提。

（1）□［man⁵³］紧墙跟行路。（扶着墙走路。）（信宜粤语；罗康宁，1987：181）

（2）墙上高挂紧一个篮。（墙上挂着一个篮子。）（阳江粤语；黄伯荣，1990）

（3）佢吃稳饭。（他正在吃饭。）（化州₍江粤语；陈郁芬，2011）

（4）我睇紧书。（我正在看书。）（化州河西粤语；秦绿叶，2015）

因此，当"紧""稳"进入连用形式"紧/稳＋完成体标记"时，其意义既有可能是实词义"紧迫""稳定"，也有可能为相对虚化的进行义，"紧""稳"成分的确切意义与组合形式的形成过程及其将来时间指称功能的来源都有直接关联。阳春粤语和客家话在分布上交杂错落，整体呈现出客家话包围粤语的格局，两者存在明显的接触关系；同时，阳春粤、客方言中与"紧嘚"类似的"紧逋""紧欸""稳欸"本质上属于动词后的"紧""稳"与"逋""欸"的组合，但整体凝固程度不高，有利于通过比较观察此类连用形式的形成及语义演变过程。因此，下文将以阳春粤、客方言作为主要考察对象。如无特殊说明，例句均来源于本文调查。

2.1　阳春粤方言"紧＋完成体标记①"的用法

在阳春粤方言中，"紧"可以用作实词充当核心谓语或补语，表示密切合拢［例（5）］、经济不宽裕［例（6）］、紧急迫切［例（7）］等词汇意义。

（5）绑紧啲鞋带。（绑紧一点鞋带。）

（6）个排手头有啲紧。（最近手头有点紧。）

---

① 本文在讨论阳春粤语"紧"与完成体标记组合时，完成体标记特指"逋"，暂不包括与"啰"的组合。"紧逋"连用后加上句末助词"啰［lɔ²¹］"并不影响句子的合法性。在一些句子中，有无句末"啰"在语用义上有细微的差别，但其语义大致与句末不添加"啰"的语义一致。因此，这里不具体讨论"紧逋啰"这一组合形式的使用情况。

(7) 佢催得好<u>紧</u>，你快啲俾回佢喇。（他催得很紧，你快还给他吧。）

与廉江粤语不同，"紧"的语义虚化为助词之后可以单独用于动词后，表示动作带来的结果状态［例（8）］、动作正在进行［例（9）］以及抽象状态持续的未完整体（imperfective）［例（10）］等语法意义。

(8) 那处挂<u>紧</u>幅画。（那里挂着一幅画。）

(9) 外面落<u>紧</u>水。（外面下着雨。）

(10) 现在咪谁做<u>紧</u>局长？（现在谁是局长？）

当"紧"和完成体助词"逎"搭配使用时，句子的语义解读呈现出多样性。如果句中核心谓语为活动（activity）情状或结束（accomplishment）情状，一般只能解读为"已经在做某事了"，通常用于回应他人催促等应答类语境中［例（11）、（12）］。本文认为在这类用例中"紧"仍然是典型的进行体标记，其语义管辖范围为核心谓语，同时又属于完成体标记"逎"的管辖范围，两者属于不同的语法层面，句法结构大体上可以体现为［［谓语+紧］+逎］。

(11) 做<u>紧</u>作业<u>逎</u>。｜做<u>紧逎</u>作业。（已经在做作业了。）

(12) 回<u>紧逎</u>，回<u>紧逎</u>。（已经在回去的路上了。）

如果核心谓语为达成（achievement）情状或在语境中能够解读为状态变化的状态（state）情状，则存在比较复杂的情况［例（13)-(15）］。在调查过程中，不同母语者对这组例句存在不同的解读①：其中，中老年组认

---

① 文中对方言例句的解读主要依据老年男性的语感，兼顾中年男性和中年女性的语感。若例句存在两种及以上的解读，均在普通话释义中使用"/"穷尽列举。

为例（13）只能理解为"已经实现"，例（14）存在"已经实现""即将实现"两种解读，例（15）则只能理解为"即将实现"；青年组则一致认为三个例句只有"即将实现"义而无"已经实现"或两可的解读。关于不同母语者对"紧逋"存在不同解读的情况，我们认为将来时间指称为"紧"和"逋"组合后的新用法，这一用法在不同母语者之间呈现出优先激活的程度不同，由此体现出新用法在扩散过程中具体可能受语境、说话人的使用习惯等主观因素的影响呈现出渐变的状态。

（13）饭得紧<u>逋</u>。（饭已经好了。/饭快好了。）

（14）到紧<u>逋</u>广州。 ｜ 到紧广州<u>逋</u>。（已经到广州了。/快到广州了。）

（15）荔枝熟紧<u>逋</u>。（荔枝快熟了。）

此外，与例（15）不同，部分核心谓语为状态情状的例子存在进行义和即将实现义的理解［例（16）-（17）］。这类例子一方面体现出新用法在扩散过程中的非均质状态；另一方面也体现出"紧+逋"从进行义产生即将实现义的语言环境。

（16）感冒好紧<u>逋</u>。（感冒正在好转了。/感冒快好了。）

（17）那菀苗大紧<u>逋</u>。（那棵小苗正在长大。/那棵小苗快长大了。）

句法位置上，"紧+完成体标记"的凝固程度较低：一方面，"紧"基本只能处于紧邻动词之后附着词的位置；另一方面，完成体助词"逋"则既可以分布于句末位置，也可以分布于"紧"后，占据动词附着成分的位置［例（18）-（19）］。也就是说，当动词为不及物动词或未带宾语时，"紧"与完成体标记"逋"才较为稳定地连用并且位于句末位置［例（15）-（17）和例（20）］，但"紧"和"逋"共现时语法位置不能互换。

（18）到紧学校<u>逋</u>。 ｜ 到紧<u>逋</u>学校。 ｜ ＊到学校紧<u>逋</u>。（已经到学校了。/快到学校了。)

（19）下紧楼遖。｜下紧遖楼。｜＊下楼紧遖。（正在下楼了。）

（20）老师到紧遖。（老师已经到了。/老师快到了。）

语音形式上，"紧"的上述不同用法存在细微差别：在表示实词义"紧迫"时，充当核心谓语，语法重音落在"紧"上，读音为上声调［kɐn²¹²］，且与其后的完成体标记"遖"之间存在明显间隔［例（21）］；当"紧"用作补语或进行体标记或与完成体标记"遖"组合共同修饰核心谓语时，语法重音落在句中主要谓词上，"紧"的读音出现弱化，记为阳平调的［kɐn²¹］［例（22）］。

（21）（时间）好紧遖。（时间很紧张了。）

（22）（生活）好紧遖。（生活正在变好了。/生活快变好了。）

2.2　阳春客家话"紧/稳＋完成体标记①"的用法

根据李如龙等（1999：1-2），阳春地区的客家话以八甲、山坪、三甲、永宁四镇较纯，其中三甲和八甲镇的客家话被称为"大倵"。本文主要以八甲、三甲和永宁客家话为代表介绍阳春客家话中"紧""稳"以及"紧/稳＋完成体标记"的用法。其中"紧"的用法与阳春粤语相近，用作实词时表示"密切合拢"，一般充当核心谓语［例（23）］或者补语［例（24）］。此外，"稳"本义表示稳定、固定等，在阳春客家话中可以单独用作核心谓语［例（25）］，或用作补语［例（26）］。

（23）底条裤好紧。（这条裤子很紧。）

---

① 阳春不同地点的客家话中，"欻""唎"使用的频率有差别，常常可以相互替换。本文重在讨论"紧""稳"的性质，因此不详细区分"欻"和"唎"的异同，两者的关系拟另文讨论。在例句中一并使用"欻"代表阳春客家话的完成体标记。

（24）绑太紧就痛。（绑太紧会痛。）

（25）佢开车好稳。（他开车很稳。）

（26）坐稳啲。（坐稳一点。）

在表示动作正在进行或动作带来的结果状态时，三甲、八甲和永宁_{上山}客家话中一般使用"紧"，并且用法基本一致，永宁_{下山}客家话一般使用"稳"［例（27）-（28）］。在表示抽象状态持续的未完整体时，三甲等地的客家话可以使用"紧"［例（29）］，但永宁_{上山}客家话则一般使用光杆动词的形式而不使用"稳"等显性标记。

（27）佢转紧/稳学校。（他正在回学校的路上。）

（28）台面放紧/稳一堆书。（桌上放着一堆书。）

（29）而家阿三做紧村长。（现在阿三是村长。）

当"紧"或"稳"与完成体标记"欸"组合时，可以表示进行义［例（30）］或存在进行义和将来时间两可的情况［例（31）-（32）］以及指称将来时间［例（33）］。在句法位置上，完成体标记"欸"可以灵活地位于动词后或句末位置，相比之下"紧""稳"更常位于动词后、宾语前的位置［例（33）］，"紧/稳"与完成体标记同样不能互换位置。

（30）落紧/稳水欸。｜落紧/稳欸水。｜＊落水紧/稳欸。（正在下雨。）

（31）天乌紧/稳欸。（天正在变黑。/天快黑了。）

（32）感冒好紧/稳欸。（感冒正在变好。/感冒快好了。）

（33）到紧/稳车站欸。｜到紧/稳欸车站。｜＊到车站紧/稳欸。（快到车站了。）

与阳春粤语类似，阳春客家话中"紧/稳"与完成体标记之间的凝固程度较低。但阳春客家话"紧/稳+完成体标记"组合形式指称将来时间的语义稳定性要高于阳春粤语，阳春粤语中理解为"已经实现"或存在"已经实现"和"即将实现"两种解读的用例在阳春客家话中除少数情况［如例（31）-（32）］，基本都能理解为"即将实现"，如"饭得<u>紧</u>/<u>稳欵</u>"（饭快好了）、"到<u>紧欵</u>"（快到了）等；客家话"紧/稳"与核心谓语搭配的范围也比阳春粤语更广一些，能够与少数内含时间顺序义的名词搭配指称最近将来时间［例（34）-（35）］。

  （34）毕业<u>紧</u>/<u>稳欵</u>。（快毕业了。）
  （35）两岁<u>紧</u>/<u>稳欵</u>。（快满两岁了。）

  在语音形式上，"稳"的读音在表达实义和虚义时没有明显变化，都记作［un³¹］，但"紧"的读音则存在相对更为明显的虚实差异。其中，三甲镇的情况具有一定的过渡性，"紧"作形容词时读音记为［kaŋ⁴⁵］，表达进行义等较为虚化的意义时有［kaŋ⁴⁵］和［kin²¹］两种读音，前者的使用频率高于后者，但在"紧遢""紧欵"中的读音只能为［kin²¹］；八甲和永宁_{上山}两地的读音分化则更为清晰，"紧"作形容词时读音为［kaŋ⁴⁵］，意义虚化后以及在"紧遢""紧欵"中的读音都是［kin²¹］。

3. 阳春粤、客方言"紧/稳+完成体标记"将来时间指称的来源及形成过程

3.1　阳春粤、客方言"紧/稳+完成体标记"将来时间指称的来源

  根据上述语言事实，阳春粤、客方言中"紧""稳"具有多功能性，单独使用时其主要为形容词、结果补语、持续体标记和进行体标记等。语法标记共时功能的多样性往往是历时演变过程连续统投射的结果。根据杨永龙（2005），在汉语方言中稳紧义形容词经由动相补语演变为持续体助词，

或进而演变为进行体标记。

对比廉江粤语等周边方言中"紧/稳+完成体助词"组合形式高度凝固且带宾语时也处于句末的现象，阳春粤、客方言显然处于组合形式形成的早期阶段。综合廉江与阳春两地情况，能够大致推测出粤西地区"紧/稳+完成体标记"的形成过程：（a）动词$_{及物}$+紧/稳+宾语+完成体标记→（b）动词$_{及物}$+紧/稳+完成体标记（+宾语）→（c）动词$_{不及物}$+紧/稳+完成体标记→（d）动词$_{及物}$+宾语+紧/稳+完成体标记[①]。其中（a）→（b）主要是由于宾语的省略或完成体标记位于宾语前，"紧/稳"与完成体标记实现了语法位置上的连用，当核心谓语为活动情状动词时，两者处于不同的语法层面，当核心谓语为达成情状动词时，存在"已经实现"和"即将实现"两解的可能性；（b）→（c）核心谓语从达成情状进一步扩展到状态情状，同时指称将来时间功能的使用频率提高。其中，阳春粤、客方言目前仅经历了（a）（b）（c）三个阶段，但不排除粤西地区其他某些方言已演变至（d）阶段。完成体标记句法位置的变化及其与"紧""稳"的凝固过程，一方面体现出该异类组合型标记形成的微观阶段，另一方面也能证明在阳春粤、客方言中，"紧""稳"很有可能是作为动词的附着成分随着完成体标记句法位置的变化逐步组合而成的，只是作为动词的附着成分兼有补语和体标记两种可能的性质。在阳春粤、客方言中，当"紧、稳"与完成体标记共现时，多数情况解读为"某一动作已经完成并带来'紧'或'稳'的结果状态"或"已经正在做某事"，如例（36）-（38）均无"即将实现"的解读。其中例（36）中具有活动情状和状态情状两种可能的核心谓语"关"因受"紧"显赫的进行义影响只能理解为活动情状。

---

① 匿名审稿专家指出粤西地区"紧/稳+完成体标记"形成过程中（b）与（c）两个阶段的先后顺序亦有可能是"动词$_{及物}$+紧/稳+宾语+完成体标记"省略了宾语后由"动词$_{及物}$+紧/稳+完成体标记"类推到不及物动词。本文认为廉江方言和阳春方言进入"紧/稳+完成体标记"这一组合的"紧"可能具有不同的性质，因此不排除在廉江粤语中存在演变顺序的差异，这也是进入构式的语义来源对后续具体演变路径重要影响的体现。

（36）关紧门遘。| 关紧遘门。（门关紧了。/正在关门了。）

（37）戴紧帽遘。| 戴紧遘帽。（帽子戴紧了。/正在戴帽子了。）

（38）捉稳鸡脚欵。| 捉稳欵鸡脚。（捉住鸡脚了。/捉着鸡脚了。）

此外，廉江粤语"紧嘚"中"紧"来源于实词义的另一个重要原因，在"紧"无进行或持续义的前提下，是由"紧迫"（急迫）义与最近将来义之间建立起关联（林华勇、刘燕婷，2022），但是，阳春永宁_{下山}客家话连用形式"稳欵"中，"稳"并不具有"紧迫"义，而是和其他客家话一样具有"稳定、不松动"的形容词意义和进行义（杨永龙，2005），至少排除了阳春客家话"稳欵"中的"稳"以实词身份直接进入连用形式的可能。

结合语音、句法、语义等方面的差异，阳春粤、客方言中"紧遘""紧欵"中的"紧"的确呈现出了与廉江粤语"紧嘚"中的"紧"不同的情况，相对于实词义，进入"紧/稳+完成体标记"形式时"紧""稳"更有可能已经并非实义而是进行体标记。

进行体标记通常与活动情状谓词搭配是典型的，指称情状处于某一动作过程中；当进行体标记与完成体标记共现时一般理解为"已经在做某事了"，较少直接理解为"即将实现"义，如"回紧遘"目前只能理解为"正在回去的路上"。而达成情状的非过程性和状态情状的非动态性使其在与原本并不适配的进行体标记组合时为"进行体标记+完成体标记"提供了语义两解的语境，如阳春粤方言中"感冒好紧遘"存在"正在变好"和"快好了"两可的解读，一方面体现了进入"紧/稳+完成体标记"这一组合语义演变的关键语境，另一方面体现了组合中的"紧"应为进行体标记而非实词。阳春粤、客方言"紧/稳+完成体标记"的组合形式中，完成体标记比进行体标记先发展出了指称最近将来时间的用法，当核心谓语为达成或状态情状，并且用于"报告"类语境中时，那么该组合形式便以完成体为先导引导进行体的模式逐渐向将来时间指称扩展。此外，达成情状或状态变化包含明显的动态意义，属于产生将来时间解读的典型环境，且这一环境对于由完成体或进行体意义演变出将来时间指称都能提供合适的条件：

完成体的现时相关性（current relevance）倾向于将达成情状所指称的事件定位于邻近说话时间的位置，达成情状自身的点状特征使其易于被映射至将来时间，从而指称最近将来时间；汉语的"我（要）死了"和英语的 *I'm dying* 即可分别作为完成义与进行义向将来时扩展的例证。

从其他粤方言来看，"紧"自身也能产生最近将来时间的解读。根据片冈新（2010），香港粤语的"紧"典型地与活动动词搭配表达进行体意义，与达成、完结、静态动词共现时则能解读出其他体貌意义，其中的所谓"实现体"意义在一定语境下能够表达预期动作。虽然本文的语义标签和路径构拟与之不同，但片冈新文中所举的例子能较为清晰地显示进行体标记"紧"的将来时间指称用法：例（39）、例（40）、例（41）中，结合语境，"到火车站""去日本""落机"的事件都尚未发生，只是根据目前事态的发展能推测其即将发生。此外，"紧"在表达将来事件时不能与"下个礼拜"等明确的时间状语搭配（片冈新，2010：247）［例（42）］，说明"紧"仍停留在最近将来时间指称的阶段（参陈前瑞、邱德君，2021）。片冈新（2015）进一步将这种"即将实现"的意义概括为"将近体"。"紧"在香港粤语中单独使用时已经存在一定的最近将来时间指称的用法，同属粤语的阳春粤语及其周边的客家话不排除有类似的演变。

(39) （在小巴打电话）我到紧火车站喋喇，一阵见！（我就要到火车站，待会儿见。）（片冈新，2010：236）

(40) 而家我个妹又去紧日本，所以谂住叫佢喺日本帮我买嘢。（现在我的妹妹又要去日本，所以打算叫她在日本帮我买东西。）（片冈新，2010：238）

(41) 老公：（在飞机里打电话给老婆）到咗喇，而家落紧机。（到了，现在下飞机。）老婆：（回答）噢，我喺 A 出口等你吖。（那，我在 A 出口等你吧。）（片冈新，2010：238）

(42) 我买紧楼。／*我哋下个礼拜买紧楼。（我们要买楼。／我们下星期要买楼。）（片冈新，2010：246-247）

从其他语言或方言来看，进行体向将来时间指称用法的扩展并非罕见现象。最广为人知的例子当数现代英语 *be doing* 构式，*be doing* 作为典型的进行体形式，在一些语境中已经扩展出（计划）将来用法，如 *She's getting married this spring*（今年春天她将要结婚）（Leech，2013：98-101）。这一路径还在非洲语言中得到了较多报道，如纳塔语（Nata）、扎蒂语（Nzadi）、图尔卡纳语（Turkana）、奥罗莫语（Oromo）、伦迪尔语（Rendille）等（分别参见 Osa-Gómez del Campo，2014；Crane et al.，2011：130；Heine，1980：64-65；Heine，1980：155；Heine，1980：231）。以坦桑尼亚境内的纳塔语为例，该语言本身没有专门的将来时范畴，通常使用进行体标记 *-ko* 及其语音变体指称将来时间，当 *-ko* 与活动或非起始动词共现时，有现在和将来两种解读；与表示状态改变或达成的起始义动词共现时，则只有将来一种解读。① 汉语方言中同样可能存在进行体向将来时的演变路径，如西北地区的"呢""哩"等成分兼具进行体和将来时间指称用法，现有证据表明后者很可能由前者演变而来（陈前瑞、邱德君，2021）。

3.2　阳春粤、客方言"紧/稳+完成体标记"的形成过程

综合上述证据，在阳春粤、客方言中"紧""稳"具有典型进行体功能的前提下，两者更可能是以进行体标记的性质进入相关组合型时体标记的，即"紧遘""紧欸""稳欸"本质上属于进行体标记与完成体标记的连用形式；在向将来时（经最近将来时）扩展的过程中，由于完成体演变出最近将来时属于汉语方言中的常见现象（陈前瑞、王继红，2012），将来时间指称用法的产生很可能以完成体标记为主、进行体标记为辅。此外，"遘""欸"的完成义和"紧""稳"的进行义自身都能发展出最近将来时间指称的用法，可能不需要像廉江粤语一样由"紧"先与完成体标记词汇化为双音节助词后进一步语法化，完成体标记"嗰"遵循着完成体演变出最近将来时间指称的用法，由实义"紧迫"贡献"最近"的语义。

---

①　世界语言中从进行体到将来时间指称演变路径的相关文献，转引自陈若雨（2022：79-81）。

　　根据调查，在阳春粤、客方言中，多种将来时间指称手段的可接受度与使用频率依次为（">"表示"高于"，"≈"表示"大致相等"）：

（43）就+动词+完成体标记>就+动词+进行体标记+完成体标记 ≈ 动词+进行体标记+完成体标记>就+动词+进行体标记

　　虽然不同用法在表达时自然程度的不同并不影响某一表达形式在语法方面是等值的（刘勋宁，1998：132），但在阳春粤、客方言中，通过对不同搭配或组合形式使用频率的考量，至少可以认为在将来时间指称的语法化进程中完成体要先于或快于进行体。也正是基于这一差别，我们初步判断在阳春粤、客方言中"紧/稳+完成体标记"这一异类组合形式在指称将来时间时，以完成体标记为主、进行体标记为辅，并且仍处于语法化早期阶段，一般指称最近将来时间。本文将"紧遘""紧欻""稳欻"的形成过程称为"阳春模式"。

（44）紧/稳：进行体→最近将来时
　　　　遘/欻：完成体→最近将来时
　　　　紧/稳+遘/欻：进行体$_{(辅)}$ +完成体$_{(主)}$→最近将来时

　　相近方言相似表层结构具有不同深层结构的现象并不罕见。据李桂兰、吴福祥（2022），江西南部赣方言和湖南西部西南官话中都存在即行体标记"来X""去X"，但这一组合形式在不同方言点可能具有不同的语义来源或组合过程。作者认为，宜春等地方言中"来X""去X"有可能是完成体标记的叠置，主要经完成体用法发展出将来时用法；吉水等地方言中"来X""去X"可能是述补结构"来/去+X"整体语法化为核心谓语的补语后进一步虚化的结果，完成体不一定是其演变的必经节点。基于作者的讨论，完成体标记叠置的组合形式可以看作本文所讨论的同类组合型时体标记，位移动词"来/去"与完成体标记的组合则属于异类组合型时体标记。

4. 异类组合型将来时间指称形式的组合特点

无论是"实词+完成体标记"的"廉江模式",还是"进行体标记+完成体标记"的"阳春模式",前后两个成分在性质或者意义方面都存在显著差异,同时两个成分连用的产物能够表达特定的时体功能,属于本文界定的典型的异类组合型时体标记。

由于长期的历史积淀,加上不同时期国家通用语对方言的持续影响以及方言之间的不断接触,许多汉语方言中都存在由两个或多个时体标记连用构成的组合型时体标记。同类组合与异类组合的视角有利于在以往报道的基础上进一步梳理组合型时体标记的构成模式与演变来源。

4.1 异类组合型将来时间指称形式的构成模式

就组合成分的性质而言,异类组合型时体标记的构成模式可进一步分为两类:(a)实词+时体标记,可概括为"异类句法范畴组合";(b)语义不同的时体标记组合而成的"异义时体标记组合"。本文讨论的"廉江模式"与"阳春模式"分别属于两类不同的构成模式,后者为本文重点讨论的对象。

异类句法范畴组合,即意义相近或相关而词类不同的成分连用构成组合型时体标记。除廉江粤语的"紧嚇",北部吴语的"快哉"(李小凡,1998)、"快了"(钱乃荣,2009)、"快特"(王洪钟,2011:191-192)、"快勒"(邵敬敏、石定栩,2011)也属于此类模式。上述双音节形式能够表示"将然态"(李小凡,1998)、"现在即行时态"(钱乃荣,2009)、"将行体"(王洪钟,2011:191-192)、"某命题很快成为现实"(邵敬敏、石定栩,2011),分别由"接近、即将"义的"快"与完成体标记"哉""了""特""勒"连用共同指称最近将来[分别见例(45)-(48)]。虽然现有研究结论对于"快"的性质仍有分歧,如张家茂(1985)、李小凡(1998)、王洪钟(2011:191)认为"快"是时间副词,冯力(2007)与邵敬敏、石定栩（2011）认为"快"属于由谓词语法化而来的词内成分，但显然"快"的词类与作为体标记的"哉""了""特""勒"不同，"快哉""快了""快特""快勒"属于意义相对实在的成分与时体标记连用的异类组合型时体标记。

(45) 天亮<u>快哉</u>。（天快要亮了。）（李小凡，1998）

(46) 我个作业好<u>快了</u>。（我的作业快要做完了。）（钱乃荣，2009）

(47) 夷下班<u>快特</u>。（他快下班了。）（王洪钟，2011：191）

(48) 阿拉吃饭<u>快勒</u>。（我们就要吃饭了。）（邵敬敏、石定栩，2011）

异义时体标记组合，即意义不同的时体标记连用构成的组合型时体标记。除阳春粤、客方言的"紧逼""紧欻""稳欻"外，部分晋语的"嘞也""哩也"可能也属于此类模式。陕北府谷、神木、绥德、佳县、吴堡等地方言中存在"V也不"和"V嘞不"两种反复问形式，其中吴堡方言还有一种叠加形式"V嘞也不"［例（49）］（邢向东，2006：132-133）；清涧方言反复问句中的□［lɛ］是"哩也"的合音［例（50）］（刘勋宁，1998：121），本质上与"嘞也"相同，只不过凝固程度更高。邢向东（2020）将晋语的"嘞"（"哩"）归为现在时正然标记，表示"事情正在发生，状态正在持续"；将"也"归为将来时标记。由于反复问句的语境往往指向将来，"嘞也""哩也"都具有一定的将来时间指称功能，其中"嘞""哩"主要表达进行义，"也"主要表达将来时间，"嘞也""哩也"属于两个时体标记连用的异类组合型时体标记。另外，英语中的现在完成时进行体构式 *have been doing* 也可以看作完成体与进行体的组合形式，只是该表达形式仍处于早期阶段，强调动作从过去开始后到目前仍在进行［例（51）］，并且该结构不能与状态类动词搭配使用［例（52）］。

(49) 你五一去北京去嘞也不？（邢向东，2006：133）

(50) 你吃面□［lɛ］是吃馍馍哩？——我吃面哩。/我吃馍馍哩。

（刘勋宁，1998：121）

（51）I've been studying English since 2003.

（52）＊I've been knowing her for years.

4.2　异类组合型时体标记组合的条件与规律

不同成分的组合需要遵循一定的条件。无论是对于异类句法范畴组合型标记还是异义时体标记组合型标记而言，组合中的成分虽然在词类或意义方面存在差异，但进入组合的成分应当具有向组合整体目标意义独立演变的潜力，亦即具有一定的语义相关性。

以上文提及的苏州"快哉"、廉江"紧嘚"、陕北"嘞也"以及阳春"紧遖"为例，首先，"紧$_{紧迫}$"表示的"紧迫"义属于时间维度，可以追溯到空间层面的"接近"义，而"接近"（near, close to）义属于世界语言中最近将来时（"即行体"，proximative）的常见来源（Heine and Kuteva，2002：214-215）；"快"本身作为一个与时间密切相关的形容词或副词，与最近将来时高度相关，在特定语境中可以视为一种宽泛的最近将来时间指称手段。其次，"哉""嘚""遖"属于各自方言中典型的完成体标记，其完成体意义受自身现时相关性的促动，可能发展出最近将来时间指称的用法，且这一路径在汉语方言中十分普遍（Bybee et al.，1994；陈前瑞、王继红，2012）；"也"在共时层面虽然被界定为将来时标记，但有证据表明其将来时用法亦可追溯至早期的完成体用法（参陈前瑞、邱德君，2021；等等）。再次，进入组合的"嘞""紧$_{进行}$"可以归为进行体标记，虽然进行体意义独立发展出将来时间指称用法的现象在汉语方言中相对少见，主要分布在西北和北部区域（陈前瑞、邱德君，2021；陈若雨，2022），但上文列举的跨语言证据也说明了进行体与将来时间之间存在超越偶然的联系。"快哉""紧嘚""嘞也""紧遖"组合的整体语义都是指称（最近）将来时间，而进入这些组合的成分"紧$_{紧迫}$""快""哉""嘚""遖""嘞""紧$_{进行}$"分别具有独立发展成将来时这一目标意义的潜力。如果从语义相关性这一角度反观进入"紧/稳+完成体标记"这一组合中"稳"的性质,"紧/稳"作为进行体标记与将来时间指称的相关性无疑要强于其实词"稳定"义与将来时间指称的相关性,也进一步论证了进入该组合的"紧/稳"更可能为进行体标记而非实词。

不同成分的组合也需要遵循一定的规律。项梦冰(2002:158)分析连城客家话完成义助词的连用现象时指出,不同标记发生组合时"年龄"越大,位置越靠后;"年龄"越小,位置越靠前。这一规律对于同类与异类组合型时体标记同样适用。在阳春粤、客方言中具体体现为进行体标记"紧、稳"与完成体标记"诵、欻"组合使用时,两者的位置不能自由互换,以及进行体标记一般占据动词后的句法位置,而完成体标记的位置则更为灵活。

此外,对绝大多数汉语方言而言,由完成体标记演变而来的将来时间指称形式都是其方言内部相对显著甚至最为显著的指称将来时间的手段,语法化程度高于其他将来时间指称形式。相比之下,由实词直接演变而来或由进行体等其他时体意义发展而成的将来时间指称形式,在语法化程度上不及完成体演变而来的将来时间指称形式,尚需后者的引导与辅助。比如在陕北晋语中,"嘞"由于自身进行体或现在时意义的显著以及时制对立的固化效应,其将来时间指称的用法十分受限,仅在部分方言中存在有限的使用,在所能表达的将来时下位意义数量以及适配的谓词类型等参项上都显示出较低的语法化程度,不得不在更为专用的将来时标记"也"的辅助下表达将来时意义,因此在特定环境中共现时,"嘞"的句法位置比"也"更为靠近里层(陈若雨,2022:129)。

5. 结语

本文根据组合成分性质与意义的异同,将由多个成分连用构成的时体表达形式分为"同类组合型时体标记"和"异类组合型时体标记",并进一步将"异类组合型时体标记"分为"异类句法范畴组合"和"异义时体标记组合"两种下位组合模式。粤西地区的连用将来时间指称形式整体上属于"异类组合型时体标记",但在不同方言点中可能遵循不同的下位模式。其中,廉江粤语的"紧嘚"由紧迫义实词"紧"和完成体标记"嘚"组合而成;阳春粤、客方言的"紧遘""紧欦""稳欦"由进行体标记"紧""稳"与完成体标记"遘""欦"组合而成。

同类组合与异类组合的视角作为陈前瑞、邱德君(2021)语法化程度视角的补充,有利于进一步认识汉语方言中组合型时体标记的性质及其内部结构的多样性。北部吴语的"快哉""快了""快特""快勒"与陕北晋语的"嘞也""嘞也"都可以归为"异类组合型时体标记",前者采取异类句法范畴组合模式("廉江模式"),后者采取异义时体标记组合模式("阳春模式")。异义时体标记组合模式的成分之间虽然存在性质或意义方面的差异,但都具有向整体组合目标意义独立演变的潜力,且在句法位置排序上与"同类组合型时体标记"共同遵循"年龄次序排列规律"。

汉语方言在时体表达方面具有突出的多样性。在粤西这一相对微观的区域内,仅就将来时间指称形式"紧/稳+完成体标记"而言,即存在分别以廉江和阳春为代表的两类不同的构成模式,体现出粤西粤、客方言深度接触融合背景下复杂丰富的语言景观。同时,廉江与阳春的两类构成模式又可见于吴语、晋语等其他非相邻的汉语方言,体现出汉语方言在共时特征与历时演变方面的深层趋同。从类型学视角观察汉语方言时体表达的形成模式与演变路径,无疑能在充分发掘多样性的基础上加深对于背后同一性的辩证认识。

参考文献

陈前瑞、邱德君:《汉语方言将来时表达的区域性探析》,《中国语文》2021 年第5 期。

陈前瑞、王继红:《从完成体到最近将来时——类型学的罕见现象与汉语的常见现象》,《世界汉语教学》2012 年第 2 期。

陈若雨:《西北方言"呢"类将来时研究》,中国人民大学硕士学位论文,2022。

陈秀华：《宁化客家话持续类体标记及其共现研究》，中国人民大学学士学位论文，2022。

陈郁芬：《粤方言进行体标记类型的概貌》，《韩山师范学院学报》2011 年第 2 期。

丁崇明、荣晶：《汉语方言进行体形式类型考察及跨语言比较》，《中国方言学报》2022 年第 9 期。

冯力：《从北部吴语的"V 快"看中心谓语成分虚化为助词的现象》，《中国语文》2007 年第 3 期。

甘于恩、许洁红：《一种新发现的完成体标记——广东粤方言的"通"》，《学术研究》2013 年第 3 期。

郭必之、林华勇：《廉江粤语动词后置成分"倒"的来源和发展——从语言接触的角度为切入点》，《语言暨语言学》2012 年第 2 期。

胡伟、甘于恩、梁桦圳：《广东阳春粤方言中的完成体标记"通"》，《中国方言学报》2022 年第 9 期。

黄伯荣：《阳江话动词的动态》，载詹伯慧主编《第二届国际粤方言研讨会论文集》，暨南大学出版社，1990。

李桂兰、吴福祥：《再谈汉语方言即行体助词"来 X、去（X）"》，《汉语语言学》（第 3 辑），社会科学文献出版社，2022。

李健：《吴化粤语研究》，中国社会科学出版社，2014。

李如龙等：《粤西客家方言调查报告》，暨南大学出版社，1999。

李小凡：《苏州方言的体貌系统》，《方言》1998 年第 3 期。

林华勇：《廉江粤语语法研究》，北京大学出版社，2014。

林华勇、刘燕婷：《从"急迫"完成到"近将来"——再谈廉江方言的"紧嗰"》，《汉语语言学》（第 3 辑），社会科学文献出版社，2022。

刘勋宁：《现代汉语研究》，北京语言文化大学出版社，1998。

罗康宁：《信宜方言志》，中山大学出版社，1987。

片冈新：《从粤客语语料看进行体标记的特性与语法化》，《中国语言学报》2015 年第 25 期。

片冈新：《粤语体貌词尾"紧"的演变和发展》，香港中文大学博士学位论文，2010。

钱乃荣：《上海方言的时态及其流变》，《东方语言学》（第 5 辑），上海教育出版社，2009。

秦绿叶：《粤客接触引发的语法化——粤语持续体和进行体标记"稳"》，《广东技术师范学院学报》（社会科学版）2015 年第 6 期。

邵敬敏、石定栩：《上海话句末助词"快勒"新说》，《南方语言学》（第 3 辑），暨南大学出版社，2011。

申文雅、陈前瑞：《江西瑞金客家话的"来""哩"共现》，《方言》2023 年第 2 期。

王洪钟：《海门方言语法专题研究》，安徽师范大学出版社，2011。

项梦冰:《连城客家话完成貌句式的历史层次》,《语言学论丛》(第 26 辑),商务印书馆,2002。

项梦冰:《连城客家话语法研究》,语文出版社,1997。

邢向东:《晋语的时制标记及其功能与特点——晋语时制范畴研究之三》,《方言》2020 年第 1 期。

邢向东:《陕北晋语语法比较研究》,商务印书馆,2006。

杨永龙:《从稳紧义形容词到持续体助词——试说 "定"、"稳定"、"实"、"牢"、"稳"、"紧" 的语法化》,《中国语文》2005 年第 5 期。

詹伯慧主编《广东粤方言概要》,暨南大学出版社,2002。

张家茂:《苏州方言中的 "V 快哉"》,《语言研究》1985 年第 2 期。

Bybee, Joan, Revere Perkins and WilliamPagliuca, 1994. *The Evolution of Grammar: Tense, Aspect, and Modality in the Languages of the World.* Chicago: The University of Chicago Press. 中文版《语法的演化:世界语言的时、体和情态》,陈前瑞等译,商务印书馆,2017。

Crane, Thera M., Larry M. Hyman and SimonNsielanga Tukumu, 2011. *A Grammar of Nzadi: A Bantu Language of the Democratic Republic of the Congo.* Berkeley: University of California Press.

Heine, Bernd and Tania Kuteva, 2002. *World Lexicon of Grammaticalization.* Cambridge: Cambridge University Press.

Heine, Bernd, 1980. *The Non-Bantu Languages of Kenya.* Berlin: Dietrich Reimer Verlag.

Leech, Geoffrey, 2013. *Meaning and the English Verb (3rd Edition).* New York: Routledge.

Osa-Gómez del Campo, Adriana, 2014. Future expressions in Nata, a Bantu language. In Zoe Lam and Natalie Weber (eds.), Northwest Linguistics Conference 29, *University of British Columbia Working Papers in Linguistics* 38: 141–152.

The Formation and Characteristics of the Heterogeneous Composite Future Time Reference Form: Taking Cantonese and Hakka Dialects in Yangchun as an Example

QIU Dejun

Abstract: In Chinese dialects, some tense-aspect markers consist of different components. According to the similarities and dissimilarities in the nature and meaning of the composite components, they can be divided into homogenous and heterogeneous composite tense-aspect markers. Based on the existing researches and this paper, 紧嘚 $kɐn^{-55} tɛ^{21}$ in Lianjiang Cantonese and 紧逋 $kɐn^{21} pou^{45}$ 紧欤 $kin^{21} ɛ^{45}$ 稳欤 $un^{31} ɛ^{45}$ in Yangchun Cantonese and Hakka dialects in western Guangdong belong to heterogeneous composite tense-aspect markers. The former is composed of different syntactic categories, while the latter is composed of different tense-aspect markers which takes different semantics. It's necessary that the components in the heterogeneous combination are potential to independently evolve into the semantics of the combination and the sequence between the constituents follows the rules of historical layers.

Keywords: future time reference; western Guangdong; Cantonese; Hakka; heterogeneous combination

山东荣成方言的"（是）-Neg-VP"型反复问句[*]

武大真[1]　张　凌[2]

（1. 中山大学中国语言文学系

2. 香港教育大学中国语言学系）

提　要　本文对山东荣成方言的"（是）-Neg-VP"型反复问句进行了较为细致的描写和分析。文章认为，该类反复问句由选择问句发展而来，它在来源上与"VP-Neg-VP"类反复问句关系密切，可以归为后者的一个子类。同时，文章亦通过将"（是）-Neg-VP"型反复问句与南方方言中的同类问句作比较，对"X-Neg-VP"问句的类型学特点进行了讨论。

关键词　荣成方言　反复问句　（是）-Neg-VP　X-Neg-VP

1. 引言

荣成市位于山东省胶东半岛的最东端，是胶辽官话的代表地区之一。当地方言的反复问句较为特殊，请看下面的例句：

---

* 本文初稿曾在"第八届韵律语法研究国际研讨会"（2022 年）上宣读。文章先后得到郭必之、黄年丰、庄会彬、陈章、毕原浩等学者同仁以及匿名评审专家的指正，在此深致谢忱。文中谬误概由笔者负责。

（1）你（是）不吃驴肉？你吃不吃驴肉？

（2）你（是）不会打球儿？你会不会打球？

（3）你（是）没刷牙？你刷没刷牙？

（4）你（是）没有杯子？你有没有杯子？

正如例（1）-（4）所示，荣成方言通过在谓词前头加上"是不/是没"来构成反复问句，其中的"是"［ʂʅ⁰］和否定词"不/没"［pə⁰/mə⁰］均读轻声；同时，"是"字通常可以省略，从而造成一种跟否定句、是非问句同形的句式。为方便下文的讨论，我们把这类反复问句的基本格式记作"（是）-Neg-VP"。根据罗福腾（1996）的研究，这种"（是）-Neg-VP"型反复问句亦存在于胶东半岛的文登、威海、乳山、牟平、海阳、烟台（芝罘老派）、福山、平度等地方言中。而在山东省其他地区方言乃至全国其他的北方方言中，都未见有关这类反复问句的报道。

胶东方言的"（是）-Neg-VP"型反复问句很早就引起了学者的注意。较早对这一句式做出描写的是罗福腾（1981；1992），随后罗福腾（1996）又对整个山东地区方言的反复问句进行了全面讨论，并第一次勾画出"（是）-Neg-VP"问句的分布范围。20世纪90年代至今，对胶东各地的"（是）-Neg-VP"问句进行描写和分析的研究陆续涌现，这包括戚晓杰（1990）、于克仁（1992）、王淑霞（1995）、王素平（2004）、姜岚（2006）、徐美红和王镇（2012）、房小倩（2015）、张甜甜（2018）等。同时，由于这种反复问句在形式上的特殊性，一些针对反复问句的跨方言比较研究也多会谈及这类句式，如张敏（1990）、Yue（2006）、邵敬敏和周娟（2007）、付欣晴（2022）等。尽管前辈学者已经对"（是）-Neg-VP"问句作过不少探讨，但对于该句式的描写仍然存在缺漏（例如，前人的研究鲜有涉及这种句式在语调上的表现）；另外，学界对于这类问句的归属（即归入"VP-Neg-VP"反复问句还是"FVP"反复问句）和来源问题仍然存在争议，在进行反复问句的跨方言比较时也常常将其当作例外处理。由此可见，胶东方言的"（是）-Neg-VP"问句依然具有进一步讨论的必要。

本文将以荣成方言的"（是）-Neg-VP"问句作为主要的考察对象,[①] 以下各节的内容安排如下：第 2 节从多个方面对荣成方言"（是）-Neg-VP"问句的语法、韵律特点进行详细的描写，以尽力展现这种句式的基本面貌；第 3 节依据荣成方言的语言事实，对胶东方言"（是）-Neg-VP"问句的归属和来源这两个颇具争议的问题做出分析和论证；第 4 节结合南方方言中的同类句式来说明汉语方言中"X-Neg-VP"型反复问句所具有的类型学特点；第 5 节是对全文的回顾和总结。

2. "（是）-Neg-VP"型反复问句的基本特点

2.1 "（是）-Neg-VP"是一种反复问句

一般来说，汉语方言的疑问句可以分为反复问句（A-not-A question，或称中性问句，neutral question）、是非问句（yes-no question）、选择问句（alternative question）和特指问句（wh-question）四种，那么荣成方言的"（是）-Neg-VP"应该属于哪种问句？首先，特指问句中需要出现特指疑问词（如"谁""什么""哪里"等），而荣成方言的"（是）-Neg-VP"问句并不包含这些疑问词，因此可以排除它是特指问句的可能。其次，选择问句需要包含至少两个备选项，而荣成方言的"（是）-Neg-VP"问句显然也不具备这一特征，因此也可以排除它是选择问句的可能（或者说至少不是典型的选择问句）。接下来，所剩的可能就只有反复问句和是非问句了。Huang 等（2009）曾提到两个判别这两种问句的方法，下面依此来对荣成方言"（是）-Neg-VP"问句的性质进行说明。

第一，反复问句在语用上并不带有说话人的主观倾向，而只是要求听话人对问句中的选项做出选择；一个相关的测试是，普通话的反复问句中

---

① 本文所用到的荣成方言的语料来自第一作者的自省以及对其他母语者的调查。另外，本文作者也对威海、文登、乳山三地方言的"（是）-Neg-VP"型反复问句做了简要调查，发现三地方言中该类问句的表现与荣成方言基本相同，但有细微差异。本文将以荣成方言作为主要的讨论对象，必要时也会谈及威海等地方言的情况。

无法出现带有怀疑意味的副词"难道"，但可以出现带有追究意味的副词"到底"；是非问句的表现则恰恰与之相反（Huang 等，2009：237）。荣成方言的"（是）-Neg-VP"问句在这一点上表现得跟普通话的反复问句一致，它与本方言中典型的是非问句形成对立，如：

（5）你﹡难道/到底（是）不去吃饭儿？ 你﹡难道/到底去不去吃饭？

（6）你难道/﹡到底不去吃饭儿吗？ 你难道/﹡到底去不去吃饭吗？

第二，普通话的反复问句不能与句末助词"吗"搭配，但是可以选择性地与"呢"搭配；是非问句的表现依旧与之相反（Huang 等，2009：237）。在荣成方言里，"（是）-Neg-VP"问句也不能与"吗"搭配，这一点与该方言中典型的是非问句形成对立，但比较特别的是，荣成方言的"（是）-Neg-VP"问句也无法与"呢"搭配，这可能是因为荣成话的"呢"的使用范围本身就比普通话狭窄，如：

（7）你（是）不去吃饭儿﹡吗/﹡呢？ 你去不去吃饭﹡吗/呢？

（8）你不去吃饭儿吗/﹡呢？ 你不去吃饭吗/﹡呢？

另外，反复问句通常被认为是选择问句的一种（朱德熙，1985），而荣成方言"（是）-Neg-VP"问句的句法表现也恰与当地的选择问句一致，这和 Huang 等（2009：237）的预测相符，如：

（9）你﹡难道/到底吃米（还）是吃包子？ 你﹡难道/到底吃米还是吃包子？

（10）你吃米（还）是吃包子﹡吗/﹡呢？ 你吃米还是吃包子﹡吗/呢？

以上测试证明荣成方言的"（是）-Neg-VP"问句与当地的选择问句表现一致，而与是非问句形成对立，因此我们认为它是一种反复问句。

2.2　荣成方言反复问句一般只用"（是）-Neg-VP"

反复问句在汉语方言里有多种表现形式，有时不同形式的反复问句会在同一方言里并存［参看朱德熙（1991）及其所引文献］。那么，荣成方言中除"（是）-Neg-VP"外是否同时存在其他形式的反复问句？

根据我们的调查，荣成方言中偶尔也会出现"VP-Neg-VP"格式的反复问句，如"你吃不吃饭儿？"，但是这种问句对于母语者来说并不地道，它通常只出现在正式场合或者与外地人沟通的情境中。显然，荣成方言的"VP-Neg-VP"问句应该是在普通话的影响下出现的。在日常生活中，人们通常只会使用"（是）-Neg-VP"这一种反复问句形式。

另外，罗福腾（1996）也曾提到荣成、文登、威海、牟平等地的反复问句一般只用"（是）-Neg-VP"，当地人在语感上较为排斥"VP-Neg-VP"。本文对荣成方言的观察与罗文一致。

2.3　"（是）-Neg-VP"与并列词组"VP-Neg-VP"形成分工

朱德熙（1985）指出，很多不使用"VP-Neg-VP"型反复问句的方言仍然可能拥有不表疑问的"VP-Neg-VP"型并列词组。荣成方言的情况便是如此。尽管前面说到荣成方言的"VP-Neg-VP"问句是后起的形式，但这并不代表荣成方言没有本土的"VP-Neg-VP"形式的结构。只不过，荣成方言本土的"VP-Neg-VP"不是用来表示疑问的，而是单纯用来表示"VP"和"Neg-VP"的并列关系的，例如"去不去随你"中的"去不去"。这种不表疑问的"VP-Neg-VP"词组不能用"（是）-Neg-VP"替换，例如：

（11）＊（是）不去随你。去不去随你。

（12）＊你（是）不信我都无所谓。你信不信我都无所谓。

（13）＊他（是）不参加该我么事儿？他参不参加关我什么事？

要想使上述句子合法，则须将句子里的"（是）-Neg-VP"改为"VP-Neg-VP"。由此可见，荣成方言的"（是）-Neg-VP"只有表疑问的用法，[①] 而"VP-Neg-VP"（本土结构）只有不表疑问的用法，二者形成分工。

2.4 "（是）-Neg-VP"中的"是"可以省略

本文开头部分曾提到荣成方言"（是）-Neg-VP"问句中的"是"通常可以省略，那么带"是"和不带"是"的问句在表达上有什么不同呢？根据调查，当问句中有"是"的时候会带有一丝不耐烦的意味，比如在多次询问对方而无回应时常会使用"是-Neg-VP"的形式。不过，这种附加色彩往往会在语境中淡化，因此在日常口语里"是-Neg-VP"和"Neg-VP"更像一对自由变体，二者都可以加副词"到底"来形成强硬的语气，[②]也都可以加句末助词"呀"来形成舒缓的语气，如：

（14）你到底（是）不走？你到底走不走？（语境：大声催问对方走不走）

（15）你（是）不喝水呀？你喝不喝水呀？（语境：轻声询问病人喝不喝水）

不过，当被提问的动词是"是"时，"（是）-Neg-VP"问句里的第一个"是"就一定要省略，如：

（16）你（＊是）不是小王儿？你是不是小王？

---

① 当"（是）-Neg-VP"被嵌套时〔如"我不知道他（是）没家去。我不知道他回没回家。"〕，虽然整句话可能不表疑问，但作为子句的"（是）-Neg-VP"仍然可以理解为疑问句。

② 张甜甜（2018）指出乳山方言的"是-Neg-VP"问句不能加副词"到底"表示追问。但根据我们对乳山话的调查，"到底"是可以合法进入这一句式的，如"你到底是不喝水？你到底喝不喝水？"。

（17）你（＊是）不是想家了？你是不是想家了？

2.5　"（是）-Neg-VP"中的否定词可以是"不"或"没"

例（1）-（4）显示，荣成方言的"（是）-Neg-VP"问句中可以出现"不"或"没"两种否定词，二者进入句中后分别会形成"（是）不VP"和"（是）没VP"的格式。其中，"（是）不VP"的用法与普通话的"V不VP"相当，它可以用于提问未发生的事件、听话人的能力和意愿，以及人或事物的性质和状态等；而"（是）没VP"的用法则与普通话的"V没VP"相当，它可以用于提问已发生的事件，以及人或事物的存在和状态等。以下再分别举一些例子：

（18）他明儿（是）不家去？他明天回不回家？

（19）你（是）不愿吃韭菜？你爱不爱吃韭菜？

（20）这场儿不是八河港？这里是不是八河港？

（21）她（是）没去过广州？她去没去过广州？

（22）他家（是）没有驱蚊水儿？他家有没有驱蚊水？

（23）你（是）没饿？你饿没饿？

2.6　同书写形式的反复问句、否定句、是非问句存在韵律区别

本文开头部分曾提到一种特殊情形，即当"（是）-Neg-VP"问句中的"是"省略时，会造成一种跟否定句、是非问句同形的句式。例如：

（24）他不去上课？他去不去上课？（反复问句）

（25）他不去上课。他不去上课。（否定句）

（26）他不去上课？他不去上课？（是非问句）

不过，在实际口语中，这三种句式并不会发生混淆，这是因为三者在韵律特征上存在明显的区别：一方面，正如前文所述，荣成话"（是）-Neg-VP"问句中的否定词总是轻读的，而同书写形式的否定句、是非问句中的否定词则不必轻读；另一方面，荣成方言"（是）-Neg-VP"问句的语调跟同书写形式的否定句、是非问句具有明显的区别。

罗福腾（1996）曾指出胶东方言的"（是）-Neg-VP"问句带有疑问语调。以牟平话为例，当地这类问句带有句末语调上扬的特点（罗福腾，1981）。然而，根据我们对荣成话的观察，"（是）-Neg-VP"问句［如例（24）］的句末语调并没有明显的升势，其整体音高走势跟否定句［如例（25）］比较类似。况且，如果"（是）-Neg-VP"问句存在句末升调的话，它又如何跟同样存在句末升调的是非问句［如例（26）］区分开？

为了更清楚地看到三种句式在语调上的区别，我们进行了一项声学实验。设计实验目标句时，我们尽量采用荣成话里读去声的音节［唯有否定词"不"读上声，它在"（是）-Neg-VP"问句中读轻声］，这是因为荣成话的去声是一个平调（调值33）①，这样可以较好地排除不同声调对音高的影响，以免干扰我们观察语调。最后，我们设计出"赵六不睡""赵六不唱""赵六不上""赵六不睡觉""赵六不唱戏""赵六不上课"这六组句子，每组句子都要求被试分别用反复问句、否定句和是非问句三种不同的句式各读三遍。②

我们邀请两位荣成方言的母语者（男，57 岁；女，53 岁）在安静的室内环境中按不同的句式读出目标句子并录音。其后用 Praat 程序（Boersma & Weenink，2018）分别提取各音节的基频数据 f_0，并按声学实验音高数据处理的一般规范，转换半音（Hart 等，1990）及转换 Z-Score（Jassem，

---

① 荣成方言的声调系统为：阴平 51，阳平 241，上声 214，去声 33。

② 为确保发音人自然产出三种不同的句式，我们设计了一套对话，并让每位发音人独自产出对话的内容。例如：

　　　甲：赵六不睡？赵六睡不睡？（反复问句）

　　　乙：赵六不睡。赵六不睡。（否定句）

　　　甲：你说么？赵六不睡？你说什么？赵六不睡？（是非问句）

1971）。最后，我们还使用 SSANOVA（smoothing spline analysis of variance）
进行数据统计检验分析和呈现，在 R 程序中画出对比的三组句式的曲线带。
在 SSANOVA 图示中，若不同的曲线带之间无重合，则说明有显著的差异；
若不同的曲线带之间有重合，则说明无显著的差异。这种统计分析和画图
的方法，可直观而清晰地揭示曲线形的数据之间是否有显著差异，近年来
也多在声学实验分析中使用（Davidson，2006）。图 1 的上图反映的是以
"赵六不睡""赵六不唱""赵六不上"为书写形式的三种句式的音高曲线
带，下图反映的是以"赵六不睡觉""赵六不唱戏""赵六不上课"为书写
形式的三种句式的音高曲线带。这两张图中纵坐标代表的是音高的 Z-score
值，横坐标代表的是归一化的时长。图中每条曲线带包含的句子数目为：3
种不同动词（短语）×每句重复 3 次×2 位发音人＝18 句。其中白色曲线带
为反复问句，浅灰色曲线带为否定句，深灰色曲线带为是非问句。

图 1　荣成方言同书写形式的反复问句、否定句、是非问句的音高曲线带

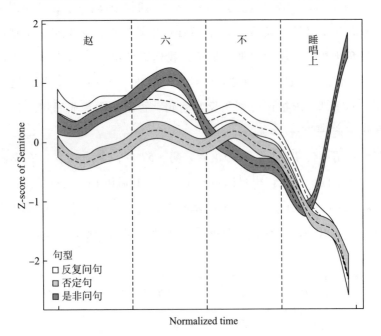

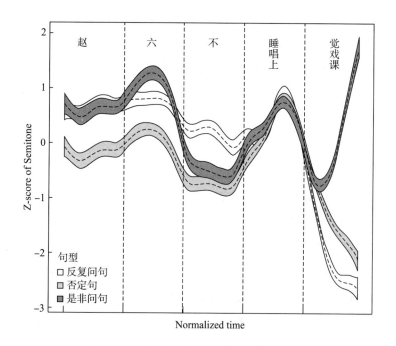

从图 1 中可以清晰地看到，荣成方言里书写形式一致的反复问句、否定句和是非问句在语调特征上存在明显的分别：一方面，反复问句跟否定句的音高走势十分相似，但前者的整体音高要高于后者；另一方面，是非问句不仅在音高走势上与另外两种句式有别，且其句末亦出现了明显的音高升势。由此可见，荣成话的这三种句式完全可以通过语调得到区分。

3. "（是）-Neg-VP"型反复问句的归属和来源

胶东方言的"（是）-Neg-VP"型反复问句在形式上十分特殊，目前学界对于它的归属和来源问题尚未达成一致的见解。本节拟结合荣成方言的语言事实，尝试对上述两个问题做出解答。

朱德熙（1985）把汉语方言的反复问句归为"VP－Neg－VP"和"FVP"两大类，但该文和随后的研究（朱德熙，1991）均未提到胶东方言的"（是）-Neg-VP"问句。张敏（1990：81）把胶东方言的这类问句纳入

"北方地区的例外类型"，他认为该句式是"V-Neg-VP"的一个变式。但之后的许多研究，包括罗福腾（1992；1996）、王素平（2004）、Yue（2006）、邵敬敏和周娟（2007）等则都把这类问句归为"FVP"类型。另外，也有研究采取比较中立的立场，如 Yue（2003：104）认为该类句式是一种混合类型。

从形式上看，胶东方言的"（是）-Neg-VP"问句确实兼有"VP-Neg-VP"和"FVP"问句的特点，但又和二者不完全相同——这正是学界对该句式的归属存在争议的原因。一方面，"（是）-Neg-VP"问句中包含一个否定词的位置，而且该位置可以根据提问者的需要填入不同的否定词。这个特点是大多数"FVP"问句所不具备的，因此单就这一点而言，胶东方言的"（是）-Neg-VP"问句更像是一种"VP-Neg-VP"句式。另一方面，"（是）-Neg-VP"问句的否定词前面还有一个来历不明的"是"，这又和一般的"VP-Neg-VP"问句明显不同，因此也有学者倾向于把"是不/是没"看作"FVP"问句的发问词。通过上述说明可以看到，单从形式上出发是很难清楚地对这类问句的归属做出判定的。

近些年，一些学者对胶东方言的"（是）-Neg-VP"问句进行了更加深入的探讨，这为认识该类问句的性质带来了新的启发。如张甜甜（2018）提到乳山方言的"是-Neg-VP"问句与典型的"FVP"问句存在诸多差异，随后指出该类问句是由"VP-Neg-VP"的变式——"VP-（还）是-Neg-VP"发展过来的。因此，从历时发展上看，把"（是）-Neg-VP"问句归入"VP-Neg-VP"类更加合适。

本文基本赞同张甜甜（2018）的上述观点，但同时指出"VP-（还）是-Neg-VP"并不是"VP-Neg-VP"的变式，而是一种选择问句。这一来是因为荣成方言一般不使用"VP-Neg-VP"型的反复问句，二来是因为把选择问句看作反复问句的来源更符合历史发展的一般规律（梅祖麟，1978）。例（9）-（10）显示，荣成方言的选择问句由两个备选项和中间的连接词

"还是"组成，其中"还"字可以省略。① 此外，前一备选项之前还可以选择性地出现"是"，"是"的存现与否不影响意思的表达。为方便说明，现重新举例如下：

（27）你（是）喝酒（还）是喝饮料儿? 你喝酒还是喝饮料?

当选择问句的两个备选项刚好是同一动词的肯定和否定形式时，就会出现张甜甜（2018）提到的"VP-（还）是-Neg-VP"问句，如：

（28）你（是）去（还）是不去? 你去还是不去?
（29）你（是）吃了（还）是没吃? 你吃了还是没吃?

由于此时句中两个备选项的信息有所重复，为了让表达更加简洁，前一个备选项便被删略，最终形成"（是）-Neg-VP"这种特殊的反复问句。值得注意的是，在例（28）-（29）中，句子的重音主要在前一个备选项中的动词，而"是"跟其后否定词"不""没"的读音则相对较轻，这一点跟"（是）-Neg-VP"问句的韵律表现是没有冲突的。

另外，我们还注意到，当例（28）-（29）这类问句中的谓词带宾语时，句子的接受度会降低［如例（30）］；此时只能通过删略后一选项（而不是前一选项）的宾语来使句子合法［比较例（31）和例（32）］，但即使像例（32）这样的表达在口语里仍然很少使用。这一点和乳山方言的情况相似（张甜甜，2018）。

（30）? 你（是）吃饭儿（还）是不吃饭儿? 你吃饭还是不吃饭?
（31）* 你（是）吃（还）是不吃饭儿? 你吃还是不吃饭?

---

① "还"字的省略是有条件的，一般说来，像（27）这种两个备选项都包含同一动词的情况，"还"字较容易省略，但具体的隐现规律尚需进一步考察。

（32）你（是）吃饭儿（还）是不吃？ 你吃饭还是不吃？

据此可以推断，荣成方言中动词带宾语的"（是）-Neg-VP"问句并不是由选择问句［如例（30）-（32）］直接产生的，而是由动词不带宾语的"（是）-Neg-VP"问句进一步发展过来的。

需要特别指出的是，付欣晴（2022）也认为胶东方言的"（是）-Neg-VP"问句是由选择问句发展而来的，但具体分析与本文不同。该文主张这类问句的前身是一种"是-VP-Neg-VP"型选择问句，而"（是）-Neg-VP"问句则是由前者删略前一备选项产生的。对此，本文提出两个疑点：一是就荣成方言而言，选择问句中的连接词一般是不会省略的，特别是当选择问句的两个备选项是同一动词的肯定和否定形式时，其中间必须出现连接词，因此，"是-VP-Neg-VP"这一格式并不存在；① 二是荣成方言选择问句的前一备选项前虽然可以选择性地出现"是"，但这个"是"通常要轻读，而且在韵律上依附于其后的备选项，很难想象在句法删略时仅删略了备选项却保留了轻读的"是"。基于上述事实，我们仍然认为荣成方言的"（是）-Neg-VP"问句是"（是）-VP-（还）是-Neg-VP"型选择问句直接删除前一备选项的结果。

荣成方言的"（是）-Neg-VP"问句在形成之后又面临着一项新的变化，即"是"的省略。这里的"是"原本是选择问句的连接词，按理说一般不会省略，但为什么到了"（是）-Neg-VP"问句中又通常可以省略了呢？首先，在选择问句中，"是"承载着连接两个备选项的语法功能，因此说话人倾向于保留"是"；而在"（是）-Neg-VP"问句中，由于前一备选项已经删除，因此"是"的连接功能便不再重要，这就为它的省略提供了前提条件。其次，正如前文所指出的，当荣成方言"（是）-Neg-VP"问句中被提问的动词是"是"时，否定词前面的"是"就一定要省略，如"你

---

① 本文的主要发音人对"*你是去不去？ 你去不去？""*你是吃饭儿不吃饭儿？ 你吃饭不吃饭？"这两个句子的接受度很低。

（＊是）不是小王儿? 你是不是小王?"。有趣的是，以往一些研究表明荣成方言里上述情况中的第一个"是"可以不省略（王淑霞，1995：237；房小倩，2015）;① 同时，与荣成邻近的牟平、文登等地的方言里也允许"是不是"这样的表达（罗福腾，1981；丛培敏，2006：57）。② 据此我们推测，荣成方言"（是）-Neg-VP"问句中"是"的省略是以"是不是"格式作为突破口的。如前所述，"（是）-Neg-VP"问句的"是"和否定词均读轻声，两个轻声连读本身就有些拗口，再加上两个"是"接连出现所带来的累赘感，便促成"是不是"格式的第一个"是"率先发生脱落，随后又引发整个"（是）-Neg-VP"问句中"是"的脱落。由于这项演变最初是在"是不是"格式中发生的，因此该格式中"是"的脱落最为彻底，甚至在部分荣成人的语感中，该格式的第一个"是"是一定要省略的。而在非"是不是"格式的"（是）-Neg-VP"问句里，荣成人往往也倾向于把"是"省掉，但同时保留了不省略"是"的说法。值得注意的是，以往有研究提到方言中包含"有""是"等动词的反复问句经常会在形式上出现例外（张敏，1990：46；朱德熙，1991），而荣成方言的情况再次印证了这一点。

前文在前辈学者的基础上说明了荣成方言"（是）-Neg-VP"问句的形成过程。从历史来源上看，这种问句并不直接来自"VP-Neg-VP"型反复问句，而是由选择问句发展而来。在过往的研究里，选择问句也通常被认为是部分"VP-Neg-VP"问句的前身，而"FVP"问句则主要是由古汉语中带有反诘义副词的是非问句发展而来的（参看梅祖麟，1978；张敏，1990）。这样看来，把荣成方言的"（是）-Neg-VP"问句归入"VP-Neg-

---

① 这可能是选点差异所致。本文的主要发音人代表的是荣成市石岛镇一带的口音，该口音不存在"你是不是小王儿?"［"（是）-Neg-VP"问句］这种说法。本文作者随后又调查了一位荣成市区的发音人，他表示"你是不是小王儿?"［"（是）-Neg-VP"问句］可以接受，但更常见的说法仍是"你不是小王儿?"。另外需注意，两地口音中都存在一种基于"VP-Neg-VP"格式的"你是不是小王儿?"的说法，它与上述基于"（是）-Neg-VP"格式的"你是不是小王儿?"的韵律特征有所不同（前者否定词"不"轻读，后者第一个"是"和否定词"不"轻读），前者应该是受普通话影响的后起形式。

② 据罗福腾（1981），牟平方言的"是不是"在结构上应划分为"是不｜是"，其中"是不"是一个表示反复问的固定单位，这与普通话的"是｜不是"的结构划分不同。

VP”问句这个大类似乎更有道理，至少两者在来源上有密切的关系。

荣成等地的“（是）-Neg-VP”问句未见于近代的历史文献，这或许说明了两个问题：一是这种问句的分布范围历来就十分有限，二是这种问句的产生年代较为晚近。以上两点都使它被记录的概率大大减小。值得注意的是，在现代胶东半岛的牟平、文登方言里，“是-Neg-VP”问句中的“是”可以替换成“可”，从而形成一种“可-Neg-VP”的形式（罗福腾，1981，1992；丛培敏，2006），我们在调查威海、文登话时也发现了这一情况。① 张敏（1990：81）由这一现象联想到明朝洪武中叶南直隶（今苏皖地区）官兵进驻胶东半岛的历史事件，由于这些官兵的来源地现今多使用“可VP”问句，因此该文实际暗示了牟平等地的“可-Neg-VP”问句与明代的苏皖方言存在一定的关联。② 如果事实如此的话，那么胶东地区这类反复问句的产生年代或可推至明初。不过凭借已有的线索，我们还无法证实这一点。

4.“X-Neg-VP”型反复问句的类型学特点

胶东方言的“（是）-Neg-VP”问句虽然罕见，但在整个汉语方言里并非没有同类。张敏（1990：45）曾提到江西南端的全南、龙南两县的客家话中，存在一种特殊的“FVP”问句。这种问句中包含一个否定词，该否定词

---

① 根据本文的调查，威海、文登方言“（可）-Neg-VP”（“可”可以省略，因此这里为其加了括号）的用法与荣成方言“（是）-Neg-VP”基本一致。目前我们仅发现一项区别：当被提问的动词是“是”时，威海、文登方言“（可）-Neg-VP”的“可”可以不省略，如“你可不是那个小张儿？你是不是那个小张？”；而荣成方言“（是）-Neg-VP”的“是”则一定要省略，如“你（＊是）不是那个小张儿？你是不是那个小张？”。另外，本文所调查的使用“（可）-Neg-VP”的威海、文登发音人也同时使用“（是）-Neg-VP”，两者的层次关系有待进一步考察。

② 关于牟平等地的“可-Neg-VP”问句具体是怎样形成的，目前还没有定论。一种可能是，牟平等地先出现“是-Neg-VP”型反复问句，其后在苏皖方言“可VP”问句的影响下发生词汇更替，这才出现了“可-Neg-VP”问句。

可以与前字合音，也可以自成音节，如：①

　　（33）全南：你□［am］食茶？你喝不喝茶？（张敏，1990：45）

　　（34）龙南：你暗不看电影？你看不看电影？（张敏，1990：45）

　　近年来，学者陆续在其他客家方言和畲话中发现了类似的句式，比如罗源畲话的"喊-Neg-VP"（黄涛、陈泽平，2016）、翁源客家话的"阿-Neg-VP"和"咸-Neg-VP"（吴碧珊等，2016）、龙川客家话的"阿-Neg-VP"（黄年丰，2017）等。付欣晴（2022）通过对近 40 个客家话方言点的调查，证实这类问句集中分布在江西、广东的交界地带，在地理上呈现连续分布的情形。

　　客、畲方言的这类问句与胶东方言的"（是）-Neg-VP"问句在格式上基本一致，都可以记作"X-Neg-VP"。其中的"X"在客、畲方言里通常用同音字（如暗、阿）来记录，其本字尚不明确；而在胶东方言里，"X"则为"是"或"可"。除格式上的一致性外，南北方言的"X-Neg-VP"问句在句法表现方面也呈现出若干共同特点，下面以荣成话和龙川客家话为例进行说明［龙川客家话的资料来自邓丽君（2006）、邬明燕（2009）、黄年丰（2017），以及本文第一作者的调查核实］。

　　第一，两种方言的"X-Neg-VP"问句在用法上都和普通话的反复问句类似，表示中性的、无预设的询问。②

　　第二，两种方言的"X-Neg-VP"问句都有相当于普通话的"VP 不

---

① 根据张敏（1990：45），全南客家话的"□［am］"应该是一个包含否定词"不［m］"的合音词。另外，原文的例句未附有普通话翻译，此处的翻译为本文作者所加。

② 根据本文的调查，龙川客家话的"X-Neg-VP"问句可以出现副词"到底"，不能出现副词"难道"，这与普通话的反复问句表现一致（Huang 等，2009：237）。另外，由于龙川客家话的语气词系统跟普通话差别较大（如该方言不存在与普通话的"吗"严格对应的疑问语气词），因此我们还无法确定"X-Neg-VP"问句跟语气词的搭配规则是否和普通话一致［普通话的反复问句可与语气词"呢"搭配，不能与语气词"吗"搭配，参看 Huang 等（2009：237）］。

VP"和"VP 没 VP"的形式,如荣成话的"是不 VP""是没 VP",龙川客
家话的"阿唔 VP""阿唔曾 VP"。①

第三,两种方言的"X-Neg-VP"问句都没有不表疑问的用法,如例
(35)和例(37)。若要使这两个句子合法,则须把其中的"X-Neg-VP"
换成"VP-Neg-VP",如例(36)和例(38)。

(35)荣成:*是不去随你。去不去随你。

(36)荣成:去不去随你。去不去随你。

(37)龙川:*阿去爱得你。去不去由你。(邓丽君,2006:58)

(38)龙川:去唔去爱得你。去不去由你。(邓丽君,2006:58)

上述几项共同点表明南北方言的"X-Neg-VP"问句具备基本相同的句
法属性,它们共同构成汉语方言反复问句中的一个特殊类型。

此外,值得特别注意的是,荣成话和龙川客家话的"X-Neg-VP"问句
中的"X"在口语中都可能发生省略,从而形成"Neg-VP"的格式。有趣
的是,两种方言分别采用了不同的手段来将其与否定句相区别。根据黄年
丰(2017)的描述,龙川客家话的"X-Neg-VP"问句在省略"X"成分以
后,句末通常要加上语气词(如"啊、哦、啦")来跟否定句区分。另外,
承蒙黄年丰博士告知,当地"X-Neg-VP"问句中的否定词总是轻读的,而
否定句中的否定词则不轻读,这一点也是母语者区分两类句式的另一线索。
相较来看,荣成话的反复问句和否定句除在否定词的轻读情况上存在区别
外,更重要的是,当地的这两种句式采用了截然不同的语调。或许正因为
如此,荣成话的"X-Neg-VP"问句在省略"X"成分以后,并没有在句末
添加语气词的特别倾向。

张敏(1990:128)曾指出,汉语方言中与删略有关的反复问句有三类,

---

① 龙川客家话"X-Neg-VP"问句中的"X"和"Neg"通常会发生合音,有时"Neg"甚至
会发生脱落,因此有些文献在记录这种句式时会将其基本格式写作"X-VP"。

即源自左次删除的"V-Neg-VP"、源自右次删除的"VP-Neg-V"、源自右全删除的"VP-Neg"（它们的基式可以理解为"VP-Neg-VP"）。三者的关系如表 1 所示。

表 1　汉语方言中与删略有关的反复问句格式

	左删除	右删除
次删除	V-Neg-VP	VP-Neg-V
全删除		VP-Neg

从表 1 中可以清楚地看到，表格左下角的"左全删除"的位置是空白的。根据其余三种句式很容易推知该位置所能出现的形式是"Neg-VP"，这种形式的缺失与它跟否定句的形式重叠不无关系，因此许多方言在产生反复问句时都会尽可能地避免使用左全删除的策略。从形式上看，胶东方言和客、畲方言里的"X-Neg-VP"问句可以说是最接近"Neg-VP"的一种句式，不过为了保持和否定句的区别，这些方言在进行删除时仍然倾向于在否定词前保留其前身的部分成分（如选择问句的连接成分）。不过，这当中也有一些方言可以完全省略否定词前的成分，比如荣成话和龙川客家话。但这样的"Neg-VP"问句仍需借助其他手段来标记与否定句的差异。对此，龙川客家话采取的手段是在问句末添加语气词，而荣成方言采取的手段则是使用跟否定句不同的特殊语调。由此可见，"Neg-VP"问句存在的基础在于相应方言中发展出了足以令其与否定句相区别的手段。

5. 结语

本文在前辈学者研究的基础上，对荣成方言的"（是）-Neg-VP"型反复问句进行了较为细致的描写和分析。从共时上看，这类问句的表现与普通话的反复问句类似，但同时有一些自己的特点。从历时上看，这类问句应当源自选择问句的删略，它在来源上与"VP-Neg-VP"问句有着密切的关系，可以归为后者的一个子类。将视野扩大来看，同类格式的问句亦见于一些南方方言，且南北方言的这种问句都具有相似的句法属性，它们可以共同被看作汉语方言反复问句的一个特殊类型。此外，汉语方言中的"X-Neg-VP"问句是目前已知的最接近源自左全删除的理想形式（"Neg-VP"）的反复问句，但为了跟同方言的否定句保持区别，它往往会采用音段或超音段的手段来标记自身的独特性。

参考文献

丛培敏：《文登方言词汇语法研究》，四川大学硕士学位论文，2006。

邓丽君：《龙川县客家话的［K-VP］问句——兼论粤赣地区该句型的分布与历史来源》，北京师范大学硕士学位论文，2006。

房小倩：《荣成方言的反复问句研究》，《科技风》2015 年第 7 期。

付欣晴：《客家话"K-neg-VP"正反问句的性质和形成机制》，《汉语学报》2022 年第 2 期。

侯雪峰：《荣成方言语音词汇语法简探》，曲阜师范大学硕士学位论文，2014。

黄年丰：《龙川客家话的"F-（neg）-VP"型正反问句》，《赣南师范大学学报》2017 年第 4 期。

黄涛、陈泽平：《罗源畲话的"喊"字问句及其形成机制》，《中国语文》2016 年第 6 期。

姜岚：《威海方言调查研究》，中国文史出版社，2006。

罗福腾：《牟平方言的比较句和反复问句》，《方言》1981 年第 4 期。

罗福腾：《牟平方言志》，语文出版社，1992。

罗福腾：《山东方言里的反复问句》，《方言》1996 年第 3 期。

梅祖麟：《现代汉语选择问句法的来源》，《"中央研究院"历史语言研究所集刊》1978 年第 49 卷第 1 期。

戚晓杰：《威海方言的正反问句式》，《烟台师范学院学报》（哲学社会科学版）1990 年第 2 期。

齐静：《福山方言语法表现及其特点研究》，鲁东大学硕士学位论文，2018。

邵敬敏、周娟：《汉语方言正反问的类型学比较》，《暨南学报》（哲学社会科学版）2007 年第 2 期。

王淑霞：《荣成方言志》，语文出版社，1995。

王素平：《山东方言的反复问句》，北京语言大学硕士学位论文，2004。

王颖：《文登方言语法研究》，山东大学硕士学位论文，2013。

邬明燕：《龙川话的反复问句》，载李如龙、邓晓华主编《客家方言研究》，福建人民出版社，2009。

吴碧珊、黄年丰、甘于恩：《广东翁源客家话正反问句研究》，《华中学术》2016 年第 4 期。

徐美红、王镇：《莱阳方言中的反复问句类型》，《美与时代（下）》2012 年第 10 期。

于克仁：《平度方言志》，语文出版社，1992。

张敏：《汉语方言反复问句的类型学研究：共时分布及其历时蕴含》，北京大学博士学位论文，1990。

张甜甜：《乳山话正反问句"是不/是没 VP"及其类型归属》，《现代语文》2018 年第 6 期。

朱德熙：《"V-Neg-VO"与"VO-Neg-V"两种反复问句在汉语方言里的分布》，《中国语文》1991 年第 5 期。

朱德熙：《汉语方言里的两种反复问句》，《中国语文》1985 年第 1 期。

Boersma, Paul. & David Weenink, 2018. *Praat*: *Doing Phonetics by Computer* [computer program], Version 6. 0. 37, retrieved from http://www. praat. org/.

Davidson, Lisa, 2006. Comparing Tongue Shapes from Ultrasound Imaging Using Smoothing Spline Analysis of Variance. *Journal of Acoustical Society of America* 120 (1), 407–415.

Hart, Johan't, Rene Collier, & Antonie Cohen, 1990. *A Perceptual Study of Intonation*: *An Experimental-Phonetic Approach to Speech Melody*. Cambridge. New York: Cambridge University Press.

Huang, C. -T. James, Y. -H. Audrey Li & Yafei Li, 2009. *The Syntax of Chinese*. New York: Cambridge University Press.

Jassem, Wiktor, 1971. Pitch and Compass of Speaking Voice. *Journal of International Phonetic Association* 1 (2): 59–68.

Yue, Anne O., 2003. Chinese Dialects: Grammar. In Thurgood, Graham & Randy J. La-Polla (eds.), *The Sino-Tibetan Languages*. London, New York: Routledge. 84–125.

Yue, Anne O., 2006. Syntactic Typology in Chinese (part 1): The Neutral Question Forms—V not V. *Bulletin of Chinese Linguistics* 1. 1.

The "(*Shi*)-Neg-VP" Question in Rongcheng Dialect of Shandong

WU Dazhen   ZHANG Ling

Abstract: This paper gives a comprehensive description on the (*Shi*)-Neg-VP question, a special type of A-not-A question, in Rongcheng dialect of Shandong. We argue that the *(Shi)*-Neg-VP question was derived from alternative question, and it is appropriate to treat (*Shi*)-Neg-VP question as a subtype of VP-Neg-VP question. By comparing (*Shi*)-Neg-VP question with the similar question forms in southern Chinese dialects, this paper also conludes the typological implications of X-Neg-VP question.

Keywords: Rongcheng dialect; A-not-A question; (*Shi*)-Neg-VP; X-Neg-VP

结合家庭引导的儿童构音障碍
高效矫正案例

李南娇[#]　区可挺[#]　黄楚芬　谢桐同　高乐妍　陆　烁[*]

（深圳大学外国语学院神经语言学实验室）

提　要　功能性构音障碍是儿童语言障碍的常见类型之一，其发病率较高，程度严重时会影响儿童的心理发育以及认知功能的发展。本案例以一名 2 岁 10 个月有语言发育迟缓障碍的儿童为对象，开展为期 3 个月的一对一专业矫正与家庭联合引导，并探索高效矫正的路线。结果显示，该儿童的构音、听理解及交际能力均得到大幅提升，构音障碍基本解除。这一案例表明，在精准评估的基础上，紧密融合日常生活的语言矫正训练对儿童构音障碍解除具有显著效果，后续可以探索更多便于家庭实施的介入方案，能大大节省社会资源，及时矫正幼儿构音发育迟缓。

关键词　构音障碍　精准评估　家庭引导　高效矫正

1. 引言

功能性构音障碍是常见的语音障碍，主要表现为听力正常，构音器官

---

*　基金项目：国家社科基金重大项目"我国失语症患者语料库建设及其语言能力评估研究"（22&ZD299）；国家社科基金后期资助项目"基于汉语的儿童语言障碍研究与矫正"（21FYYB032）；深圳大学人文社会科学高层次团队项目-领军学者创新团队项目"语言科学交叉创新团队"（24LJXZ02）。本文通讯作者，通讯邮箱 lushuo@ szu. edu. cn。#对本文有同等贡献。

无异常但存在构音错误（黄昭鸣等，2017）。功能性构音障碍通常存在辅音置换、脱落、扭曲等构音问题（王慧等，2011）。目前，功能性构音障碍的具体病因尚不明确，我国儿童功能性构音障碍的患病率为 4%～10%（冯晓伟等，2021）。如不及时治疗，不仅会降低儿童的表达能力与理解能力，还容易引发一系列情绪和行为问题，不利于儿童的生长发育。

当前，功能性构音障碍的常见治疗方法为语音训练。语音训练与传统的医学治疗相比，治疗周期较长，需要开展持续有效的训练才能达到理想的矫正效果。国内训练模式多为面对面、一对一的训练形式，并辅以家庭训练进行巩固强化（冯晓伟等，2021）。此外，我国规范且有效的语音治疗室通常位于大城市的科研或医疗机构。对于患者而言，长时间的治疗成本以及往返大城市和居住地就医的生活成本无疑是一种重担。由于经济问题被迫放弃治疗的患者不在少数。因此，高效矫正的重要性不言而喻。

临床研究表明，由家长承担康复的主要责任能在一定程度上提升康复效果（陈丽等，2020）。屈艳和孙蒙（2022）、袁光辉等（2021）的研究均显示，家长参与功能性构音障碍的矫正训练可有效提高患儿语言的清晰度。但以上研究均侧重于家长参与的康复效果，并未深入探讨临床训练与家庭训练间的关系。

本研究以一名 2 岁 10 个月的功能性构音障碍儿童为对象，探索一对一专业矫正与家庭引导训练结合的高效矫正模式。

1. 对象与方法

1.1 训练对象

小明（化名），2 岁 10 个月，男，右利手，听力正常，构音器官发育正常，无相关家族病史。他家里有一位 6 岁的姐姐，姐姐语言无迟缓，语言能力正常。家庭语言为客家话、潮汕话。据家长反映，小明日常不与其他儿童玩耍，喜欢自顾自地玩玩具，有时会有较强的表达意愿，但发不出音，没有意识地喊过爸爸妈妈，走路、跑步等运动正常，但不懂得用手指东西，半年以前有咬手指、撞头等伤害自身的行为。

据评估人员观察，该儿童的情绪起伏较大，对妈妈的依赖性强，爱哭闹；对他人言语回应的积极性较低，基本不注视他人脸；不懂得跟读，发音意识较差；语言输出少，只能发部分单元音（/a/）以及少量声母（/b/）。该儿童会用特定的几种肢体动作来表达自身需求，如：通过拍胸口来表达自己想要某样东西；将妈妈的手放在自己头上来寻求安慰；等等。

参与本研究前，小明曾在国内多家医院和机构接受诊断。医生将其诊断为患孤独症。在机构接受了近半年的矫正训练后，他的语言能力并没有得到明显提升。

2023 年 7 月，小明一家来到深圳大学外国语学院神经语言学实验室，进行儿童语言能力评估及障碍矫正训练。小明一家自愿参与本研究，并签署知情同意书。在本研究开展过程中，小明一家未接受其他机构提供的语言或认知训练。

1.2 训练前评估

训练前，实验室团队为小明做了一系列的语言能力评估，以判定小明的障碍症结。评估人员对儿童进行了孤独症量表测试（Autism Behavior Checklist，ABC），且考虑汉语自身特点及规律，采用了实验室自主开发的听理解能力评估测试（见陆烁、丘国新，2022）、构音能力评估测试（见 Xie et al.，2024），来评估儿童的语言发展情况。

1.2.1 孤独症儿童行为量表

小明的孤独症儿童行为量表总分为 41 分，稍高于疑似孤独症的阈值 37 分。具体得分见表 1。

表 1 小明的孤独症儿童行为量表得分情况

测试项目	得分（分）
感觉（S）	0

续表

测试项目	得分（分）
交往（R）	7
躯体和物体使用（B）	11
语言（L）	8
社会生活自理（S）	15
总计	41

其中，小明的社会生活自理问题与躯体和物体使用问题较为突出。在生活自理方面，小明情绪不稳定，爱发脾气，有一定程度的情绪表达肢体化的倾向；当有需求时，想立刻得到满足；没有别人帮助则无法完成穿衣；等等。在躯体和物体使用方面，小明存在经常飞奔、上下挥臂、难以用手指物品、沉迷于将物品按顺序排列等情况。以上表现提示，儿童大肌肉运动的协调性不高，用手指以及说话等精细运动发育迟缓。

此外，在社交方面，儿童经常不注意外部环境或社交信号，对他人面部表情或感觉没有反应。在语言方面，儿童说话不会用"我"，而是通过拍胸口的方式来表达；渴望得到某件东西时，常用手势来比画。以上表现提示，儿童存在一定的社交问题，可能是因为儿童语言产出能力弱，无法用语言表达情绪和想法，因此无法完成有效社交。

整体评估结果显示，小明在社会生活自理、躯体运动、社交能力、语言发育方面均弱于同龄幼儿，并表现出一定的孤独症谱系特征。但是他和他人的非言语互动意愿较好，没有明显的刻板行为和兴趣狭窄表现。考虑到小明发音能力极差，结合评估结果推测，其日常行为中表现出的孤独症表征较大可能是语言发育迟缓。

1.2.2　听理解能力评估测试

本测试从各语言层次的材料中抽选代表性题目，测试项目为听词选图、听短语选图、听句子选图和听指令操作。测试旨在考察儿童对于基本词汇、短语结构以及常用语的听理解能力，同时考察了其图片—语义理解能力。

在词汇层面，小明能理解部分具体名词，但对抽象名词、形容词、动词的理解较差。在短语和句子层面，小明出现混淆的情况较多，未能理解题意并完成指认任务。从作答情况来看，小明对数量词、颜色词较为敏感。

测试结果显示，小明的词语听理解能力较弱，在短语与句子听理解方面明显低于同龄人平均水平，表明其语义与语法能力弱。具体得分情况见表 2。

表 2　小明第一次听理解能力评估得分情况

测试项目	实际得分/满分（分）
听指令操作	2/6
听词选图	4/16
听短语选图	0/12
听句子选图	0/10
总计	6/44

1.2.3　构音能力评估测试

本测试选取了 43 个常用汉字，以 21 个辅音声母为纲，按发音部位分区。通过让儿童跟读复述，具体考察儿童发音的清晰度以及发音错误的具体表现。

测试结果表明，在声母方面，小明仅掌握个别双唇音，如/b/；在韵母方面，仅会发单韵母/a/以及介音/w/、/y/，偶尔能发/ao/，没有音调意识。在整个测试过程中，小明基本能理解测试者的问题，在认知方面未见明显异常。虽然无法按要求准确模仿发音长短、音量大小、发音开口度，但在多次强调后儿童发音有所改善。

经初步评估，小明构音能力严重迟缓，在声母、韵母、声调等方面的水平均低于同龄人平均水平。

1.2.4　其他

通过与家长沟通，评估人员了解到小明的构音迟缓与家庭环境因素密切相关。自小明被诊断为疑似孤独症后，家里人对小明的照顾越发细致，事事替他包办。这在无形中剥夺了小明发声表达的机会。如：小明觉得手臂瘙痒时，家长在他开口前就帮忙处理；小明觉得热，家长会马上帮忙脱衣服。此外，家长习惯将饭菜都切碎炖烂，使小明养成了不爱咀嚼、囫囵吞食等不良习惯，导致他口部肌肉运动不灵活，因此，需要更加精细动作的发音运动也受到影响。

　　基于以上综合评估结果，评估人员认为小明语言发育迟缓并非由于他患有孤独症，其核心问题是功能性构音障碍。具体障碍的环节为小明构音基础差、语音听理解敏感度低。当无法用语言表达自身需求时，小明就会用哭闹表达，从而变得易怒，也不关注别人的话语。

1.3　训练方法

　　针对小明的障碍症结，实验室团队成立了针对性矫正训练小组，迅速制定精准矫正的语言训练方案，于2023年9月至12月开展了两期语言训练。

1.3.1　训练内容

　　基于以上评估可知，小明构音能力发育迟缓，很大程度上与家庭环境相关。长期的细致照顾，使小明缺乏自主表达的动机、口舌肌肉灵活性差，养成了极度依赖家人、用肢体动作和哭闹表达需求的不良习惯。因此，第一期训练需要让儿童摆脱过度依赖家长的心理，通过让其做力所能及的事情来培养独立意识，建立用发声表达需求的意识。语音训练方面，则着重培养儿童的跟读意识与自主发音意识，从易到难设计训练目标音，结合儿童的兴趣爱好提高儿童对构音训练的积极性，培养儿童言语表达的自信，鼓励尽可能多的语言产出与表达。第一期具体训练大纲见表3。

表3　第一期训练大纲

训练模式及素材	训练重点	训练内容
以一对一专业矫正训练为主，家庭引导训练作为巩固强化 1. 卡片、玩具 2. 儿歌、童谣 3. 动画片	1. 减少儿童对家长的依赖 2. 建立用发声表达需求的意识 3. 改善生活习惯，提高儿童口唇肌肉的灵活度，培养良好的送气意识	1. 让儿童做力所能及的事情，给予儿童自主表达的机会 2. 满足儿童需求前，要求儿童发声表达，可从"啊啊、呜呜"等简单发音开始

续表

训练模式及素材	训练重点	训练内容
以一对一专业矫正训练为主，家庭引导训练作为巩固强化 1. 卡片、玩具 2. 儿歌、童谣 3. 动画片		3. 日常饮食增加需咀嚼的食物，通过做口舌操等提高儿童口舌肌肉的灵活度；通过吹泡泡、蜡烛等方式培养儿童的送气意识等
	4. 培养跟读意识，提高儿童对言语理解的积极性 5. 鼓励尽可能多的语言产出，培养儿童言语表达的自信	4. 通过唱儿歌、听童谣、玩游戏等方式提高儿童的模仿意识 5. 对儿童的进步及时给予鼓励和表扬
	6. 根据儿童的习得特点，制定梯度激活的构音训练 7. 按照兴趣和使用频次拓展儿童的日常词汇量，通过家庭巩固让儿童将发音与实物联系起来	6. 声母：零声母、双唇音、舌尖中音、舌根音等 7. 词汇：双音叠词、单音节词、双音节词（常见名词、动词）等

通过第一期训练，小明语言能力有明显进步。具体表现为儿童掌握的音节大幅增加，能较为清晰地产出大部分单韵母（/a/、/o/、/i/、/u/）、部分复韵母（/ao/、/ai/、/ie/、/ei/、/ou/）、介音（/y/、/w/）、双唇音（/b/、/m/、/p/）、大部分舌尖中音（/d/、/n/、/l/），以及个别舌尖后音（/zh/）。同时，建立了基本的跟读意识与自主发音意识，能有意识地用语言表达自身需求；能够根据训练人员要求模仿发音的长短、音量大小、开口度等。此外，小明对家长的依赖明显减少，能自己脱鞋、拿杯子喝水等，日常生活中与他人的互动也明显增多。

但由于小明口舌运动仍比较僵硬，其声母混淆、发音不准的情况较多，对复杂声母、韵母有着较强的畏难心理。长期的跟读训练，也容易让儿童养成机械跟读的不良习惯，无法将所学内容应用在日常生活中。

针对以上问题，第二期训练重点改善儿童口唇肌肉紧张的问题，巩固正确的发音嘴型，培养儿童良好的发音习惯。同时积极调动儿童的视觉、听觉、触觉（看口型、听录音、感受气流等），帮助其区分正确发音和错误发音，提高儿童模仿嘴型与纠正发音的意识。在此基础上，逐步减少课堂形式的一对一训练，积极创设日常生活场景来引导目标音。在PPT、儿歌、童谣、游戏中添加儿童感兴趣的元素，增加训练的趣味性，帮助儿童克服对复杂发音的畏难心理。此外，让家长积极参与到现场训练中，学习正确的发音方法和引导方式，在家庭训练中科学引导儿童发音。第二期具体训练大纲见表4。

表4　第二期训练大纲

训练模式及素材	训练重点	训练内容
以一对一专业矫正训练作为指导，提高家庭引导训练的质量 1. PPT（静态图、动图） 2. 儿歌、童谣 3. 游戏 4. 日常互动引导	1. 巩固已学的发音，针对对儿童来说当前较为困难的发音开展循序渐进的构音训练 2. 积极调动儿童的感觉系统，帮助儿童正确发音，提高儿童的听辨意识、纠音意识	1. 声母：唇齿音、舌尖中音、舌面音、舌根音等 2. 视觉、听觉、触觉反馈（看口型、听录音、感受气流）
	3. 以提问的方式（是什么、是谁、怎么办）让儿童自主产出短语 4. 学习简单的介词短语、动宾结构短语帮助儿童表达	3. 常用词汇（称谓、身体、动作、动物、蔬果等）、日常表达 4. 常用的介词短语、动宾结构短语等
	5. 减少课堂形式的一对一训练，积极创设生活化的场景进行训练，让家长充分参与到训练中	5. 结合日常生活场景进行发音引导 6. 给予家长正确的引导示范和家庭引导建议

1.3.2　具体实施方法

第一期训练以一对一专业矫正训练为主，家长在室外观摩并学习发音的正确舌位和发音方法。训练的内容由易到难，频次为4次/周，平均训练时长为90分钟/次，为期1.5个月。每次训练前训练人员要先了解儿童近况，在训练后向家长反馈训练情况，并布置相应的家庭引导作业要求家长巩固儿童发音。家长将家庭引导训练的情况反馈到微信群，与训练小组讨论交流。训练过程中根据儿童的个体差异，不断调整训练方式。

第二期训练则减少了课堂形式的一对一训练，增加了生活化场景的发音引导，并让家长积极参与训练。在训练过程中，训练人员及时指出家长在引导方面存在的问题并给予恰当的示范。家庭引导训练尽可能融入日常生活的各个细节中，不再以完成作业的形式开展。

在第一期训练期间，家庭引导训练的重心在于改善儿童的生活习惯，为儿童提供良好的语言环境，家庭内的语音引导以巩固和复习专业矫正训练中所学的发音为主。在第二期训练期间，家庭引导训练的重点在于把语言引导与实际生活紧密结合，加深儿童对语义的理解，培养儿童自主纠音、主动表达的意识。帮助儿童将所学发音运用到实际场景中，同时让儿童更自然、更轻松地掌握复杂发音。具体家庭引导大纲见表5。

表5　家庭引导大纲

	生活习惯调整	语言环境调整	引导要点
第一期	1. 日常饮食增加需咀嚼的食物 2. 避免过度保护，让儿童做力所能及的事情 3. 要适当延迟满足儿童的需求，要求儿童通过发声表达需求 4. 增加与儿童面对面形式的交流互动	1. 家里统一使用普通话，用"妈妈语"与儿童交流，尽可能地放慢语速、减少语量 2. 培养儿童用发声表达需求的习惯 3. 带领儿童反复命名日常生活事物	1. 要及时巩固和复习专业矫正训练中所学的发音 2. 对儿童的进步要及时给予表扬和鼓励
第二期	1. 增加户外运动，积极调动儿童的感觉系统（玩沙、挖土等） 2. 增加与其他小朋友互动、交流的机会 3. 让儿童听指令完成互动任务	1. 用边做动作边发音的方式引导儿童理解和学习常用动词 2. 通过带读/唱儿歌、玩具互动等方式，激发儿童学习积极性 3. 通过提问、引导儿童听辨等方式，让儿童自主思考，培养自主纠音的意识 4. 带领儿童使用简单的动宾、介词短语等，帮助儿童自主表达	1. 发音引导要结合实际生活场景进行 2. 引导的内容要与日常生活紧密相关，要让儿童在日常生活中运用

2. 结果

2.1 训练后评估

在训练结束后，团队对小明再次进行听理解能力与构音能力评估。评估结果显示，小明在听理解能力、构音能力等方面均获得明显提升。

2.1.1　听理解能力测试

经初步评估，小明在词汇层面的听理解能力良好、在短语和句子层面的听理解能力暂无明显进步。在基本词汇中，小明对高频的名词、形容词的识别和指认准确率高。在短语层面，小明能理解并列、动宾结构短语，但对偏正和介宾结构短语的理解较弱。在句子层面，小明对短句理解较好，对长句、复杂句的理解偏弱。在后两项测试中，儿童未能正确理解题意，大部分情况是在看图说话，并非听音选图。测试具体得分情况见表6。

表6　小明第二次听理解能力评估得分情况

测试项目	实际得分/满分（分）
听指令操作	6/6
听词选图	12/16
听短语选图	3/12
听句子选图	2/10
总计	23/44

与第一次听理解能力评估相比，小明在各方面都有进步迹象，表明儿童语义信息提取和整合能力得到提高。

2.1.2　构音能力测试

经初步评估，小明的构音能力基本正常，与同龄人平均水平相当。在声母方面，儿童的双唇音（/b/、/m/）、舌尖中音（/d/、/t/、/n/、/l/）、舌根音（/g/、/k/、/h/）、舌面前音（/j/、/q/）的发音均清晰稳定；唇齿音的发音嘴型不稳定；舌尖前音（/z/、/s/）与舌尖后音（/ch/、/sh/、/r/）的发音尚不准确。在韵母方面，儿童大部分掌握良好，但无法发前后鼻音。考虑到儿童年龄较小，上述发音偏误现象符合儿童的语音习得与发展规律。

与第一次构音能力测试相比，儿童唇舌灵活度有明显提升，能灵活地伸缩舌头、闭唇、圆唇等；简单声母发音混淆的情况明显减少，发音更加准确；听辨意识与纠正发音的意识得到明显提高。此外，儿童言语产出增多，能运用基本词汇表达自身意愿，可以产出简单的动宾结构短语。例如，问"拿杯杯干什么"，儿童回答"喝水"；能自主产出"给饼干、拿棒棒糖、开棒棒糖"等。

2.2 家庭生活情况

训练人员通过家庭访谈以及微信群反馈了解小明在家的表现情况。家长表示可以感觉到儿童的话语量明显增多，词汇的发音更加清晰，会用常见词汇和简单的动宾结构短句等进行表达。小明以往爱哭闹的情况有明显改善，对想要的东西会变得更加有耐心。另外，儿童能更自然地用语言表达自身需求；社交更加积极，会主动和小区内的同龄人一起玩耍；主动干一些力所能及的事情，如帮忙收拾玩具、自己穿鞋；等等。

小明妈妈对两个阶段采取的训练方案都表示高度认可，特别是生活化训练场景下的家庭引导训练的指导和建议。妈妈表示，在家里进行语音引导时心里更加踏实，不会像以前那么迷茫、不知从何下手。尽管一对一专业矫正训练已经结束，但小明仍能在家中持续性地接受科学的发音引导，实现快速进步。

综合上述评估结果，小明的构音能力有明显提升，构音障碍基本解除。

3. 讨论

本研究以一名 2 岁 10 个月有语言发育迟缓障碍的儿童为对象，开展为期 3 个月的针对性语音训练，使儿童的听理解、构音、社交能力都提升至同龄人平均水平。本研究证明，依据科学的评估制定针对性的语音训练，充分考虑汉语特征和儿童语言习得规律，科学结合一对一专业矫正训练与家庭引导训练可获得高效的言语矫正效果。

3.1　儿童语言障碍需要科学、精准评估

学龄前儿童是语言障碍高发群体，其病因与相关因素较为复杂。虽然语言障碍是衡量孤独症发病的一个重要因素，但这并不意味着具有语言障碍的儿童就患有孤独症。基于以上评估可知，小明语言发育迟缓很大程度上就是家庭照顾过于周到，造成儿童构音能力严重迟缓，疑似孤独症的表现不是原发，而是语言发育迟缓的结果。

此外，构音障碍是语言障碍的常见类型之一。其病因尚不明确，要谨防误诊。如果错过最佳干预治疗期，原有的构音错误就会发展成为固定模式，给后期矫正带来很大困难。研究表明，构音障碍的儿童年龄越大，达到良好训练效果所需的训练次数就会越多（冯晓伟等，2021）。因此，当儿童出现语言障碍时，当务之急是通过科学的评估，明确病因，以防错过语言矫正的最佳时期。只有建立在科学的语言能力评估基础上的针对性矫正，才能有效帮助儿童解决核心障碍，提升语言能力。

3.2　高效的言语矫正需要科学结合专业矫正训练与家庭引导

专业性的语音训练对构音障碍儿童的重要性不言而喻，而患儿的家庭巩固训练也至关重要（Sugden et al., 2016）。在第一期训练中，家长对训练的观摩学习不仅可以清楚了解儿童发音的问题所在，也能了解语音训练具体实施的方法和目标，进而在家中实施科学有效的巩固训练。

另外，持续的语音训练才是解决构音异常的有效和根本方法（李小平等，2020）。传统的语音训练基本都采用以语音治疗室训练为主、家庭训练巩固的一对一治疗方式。因此，当家长与儿童无法规律性地前往语音治疗室接受训练时，训练效果容易受到影响。需要指出的是，家庭才是儿童生活的第一环境。传统的语音训练模式容易脱离日常生活场景，无法确保儿童是否能将所学发音运用到实际场景中。由此看来，传统的语音训练模式未能充分利用家庭引导训练不受时间、空间限制的天然优势。因此，需要有效结合专业矫正训练与家庭引导训练来获得高效的言语矫正效果。

　　科学结合专业矫正训练与家庭引导训练，可为构音障碍儿童提供高效且持续的矫正方法。这一形式不仅从专业的角度为儿童提供了针对性的语音训练，还让儿童可以在更自然的状态下接受科学的语音训练，有效避免传统一对一训练模式导致的机械发音、难以实际运用等问题。

　　由于小明的构音障碍与家庭因素密切相关，训练前期家长对语音训练的过度参与可能会适得其反。因此，第一期训练仍采用传统的一对一专业矫正训练的方式，为儿童打下良好的构音基础。第二期训练则让家长积极参与日常化的训练，给予家长正确的引导示范和家庭引导建议，为儿童持续性地接受有效的语音训练提供保障。专业矫正训练与家庭引导训练的科学结合，不仅大大缩短了治疗周期，降低了治疗成本，还能让儿童在训练结束后也能得到科学有效的引导。

3.3　家庭教养环境和引导的意义

　　家庭教养过程是幼儿习得语言的主要途径，因此家庭语言环境对幼儿的语言发育至关重要。语言障碍的病因，往往与不良的家庭教养环境有关。例如，家长长期给儿童做细软的饮食，使儿童咀嚼能力发展迟缓，口舌的精细运动受到影响，继而影响构音动作的准确性。此外，家长容易对儿童过度保护，过度满足儿童的需求，忽视让儿童用发音表达的重要性。很多家长仅通过儿童的眼神、动作、表情就能了解儿童的需求，在儿童开口前就立刻进行满足，这就导致儿童没有发音的迫切需求，在无形中剥夺了儿童语言锻炼的机会，增加了语言障碍的风险性。有的家长则会操之过急，忽视了儿童语言习得的发展规律，将复杂发音强加于儿童，导致儿童出现畏难、机械跟读、排斥言语互动等情况。可见，科学指导对于营造良好的家庭语言环境极其重要。

　　为家长提供专业化、日常化的语音训练指导，不仅有利于儿童获得高效的矫正效果，还能明显提升他们的生活品质。家长在接受针对性的训练指导后，能更灵活地把语言学知识运用到日常生活中，将正确的发音引导融入每个生活细节中，以润物细无声的方式快速提高儿童语言的清晰度。

此外，在家庭中通过游戏互动等形式进行语言训练，不仅能激发儿童学习的积极性，还可以营造良好的家庭氛围，帮助儿童健康成长。

参考文献

陈丽、戴燕琼、唐亮、曹思绮：《家庭康复微信小程序对功能性构音障碍患儿的影响》，《中国儿童保健杂志》2020年第8期。

冯晓伟、李向军、王江澄、窦晨雷、刘晓琳、王学文、邸璐：《远程与现场教学在塞音训练中的效果比较》，《中国听力语言康复科学杂志》2021年第5期。

黄昭鸣、朱群怡、卢红云：《言语治疗学》，华东师范大学出版社，2017。

蒋黎艳、戚锋锋、高萍萍、安静：《小龄功能性构音障碍儿童韵母音位对发音状况研究》，《听力学及言语疾病杂志》2020年第4期。

李小平、魏芳娥、许琛：《功能性构音障碍者辅音异常的临床特征及训练效果》，《中国听力语言康复科学杂志》2020年第1期。

陆烁、丘国新：《汉语儿童语言障碍精准筛查》，科学出版社，2022。

屈艳、孙蒙：《家长构音矫正指导对功能性构音障碍患儿康复效果的影响》，《反射疗法与康复医学》2022年第8期。

王慧、鲍毓、徐琳、周雪娟、赵正言：《儿童功能性构音障碍的临床分析和言语治疗》，《2011年浙江省物理学与康复学学术年会暨康复新进展学习班论文汇编》。

徐丽娜、李峰、张艳云、高楠、胡明芳：《功能性构音障碍患儿舌根音异常的语音特点和康复训练》，《华西口腔医学杂志》2016年第6期。

袁光辉、陈欢、袁缘、易宇龙、罗胜男：《结合家长参与的康复训练对功能性构音障碍的疗效分析》，《中国儿童保健杂志》2021年第12期。

Krug D. A., J. Arick, P. Almond, 1980. Behavior Checklist for Identifying Severely Handicapped Individuals with High Levels of Autistic Behavior. *Journal of Child Psychology and Psychiatry* 21：221-229.

Sugden, E., E. Baker, N. Munro, A. L. Williams, 2016. Involvement of Parents in Intervention for Childhood Speech Sound Disorders：a Review of the Evidence. *International Journal of Language and Communication Disorders* 51（6）：597-625.

Xie, T., Y. Li, Y. Xiao, H. Zheng, G. Liao, S. Lu, 2024. Articulation Assessment for Tongue Cancer Patients：Using Consonant Production Performance to Capture Speech Deficits. *Journal of Speech, Language, and Hearing Research* 67（9）：2935-2950.

A Case of Efficient Intervention of Articulation
Disorders in Children With Family Guidance

LI Nanjiao   OU Keting   HUANG Chufen   XIE Tongtong

GAO Leyan   LU Shuo

Abstract: Functional articulation disorder (FAD) is one of the most common types of language disorders in children, with a high prevalence. In severe cases, it affects children's psychological development and cognitive functioning. In this case, a child aged two years and ten months with speech and language delay underwent a three-month one-on-one professional intervention and family co-guidance to study the route to high-efficiency intervention. The results showed that this child made progress in articulation, listening comprehension, and communicative skills, with FAD almost resolved. This case demonstrates that, based on accurate assessment, speech training and daily family co-guidance is effective in tackling FAD, and more family-friendly interventions can be explored to save social resources and shed light on the interventions for children with speech delay.

Keywords: articulation disorder; accurate assessment; family guidance; efficient intervention

稿　约

　　《汉语语言学》是由中山大学中国语言文学系主办的语言学研究集刊，主要发表汉语本体研究的学术成果，也发表语言学及语言学交叉学科基础性、前沿性、应用性的学术研究成果。本刊计划每年出版两期。现面向国内外专家学者征稿，谨将有关事项公告如下：

　　一、本刊欢迎汉语、民族语、汉外比较等原创性论文，接收中文、英文稿件，尤其欢迎语言描写、比较、解释、研究综述等方面的文章。以中文投稿的一般稿件篇幅控制在 15000 字以内，特别约稿和对重大问题具有深度研究的成果可控制在 20000 字以内。英文稿件以不超过 10000 词为宜。

　　二、本刊实行匿名审稿制。审读者和作者双向匿名，审读意见保密，拟用稿件的修改意见由编辑部转达作者。审稿期一般为三个月，审稿期内论文请勿投他处。三个月后如果没有接到编辑部通知，作者可以咨询编辑部或自行处理。

　　三、稿件内容包括题目、署名、提要（300 字以内）、关键词（3－6个）、正文、注释，项目、基金资助论文请在首页以注释形式标注，说明项目名称、编号。文末请注明作者信息（姓名、性别、出生年月、职称、学位、主要研究方向）和联系方式（工作单位、通讯地址、移动电话、电子邮箱等）。

　　四、行文格式和注释体例请参照本辑论文。

　　五、来稿请从网上投稿平台（www. iedol. cn）提交电子文本，分别用 word 格式和 pdf 格式两种附件。

　　六、文章刊发时可注明通讯作者。在本刊公开发表作品，即视为作者同意将作品通过本刊上传至相关索引数据库及网站使用。

　　七、本刊对所有来稿概不收取版面费等任何费用。来稿一经刊用，本刊将向每位作者赠送当期刊物一册。一般情况下，本刊不设稿酬。

本稿约长年有效。

　　通信地址：广东省广州市海珠区新港西路 135 号中山大学中文系《汉语语言学》编辑部
　　邮政编码：510275
　　电子邮箱：clsysu@ mail. sysu. edu. cn

《汉语语言学》编辑部

2020 年 8 月初稿，2024 年 9 月修改

图书在版编目（CIP）数据

汉语语言学 . 第六辑／中山大学中国语言文学系《
汉语语言学》编委会编 . --北京：社会科学文献出版社，
2025. 6. --ISBN 978-7-5228-4871-6

Ⅰ. H1-53

中国国家版本馆 CIP 数据核字第 20255AJ011 号

汉语语言学（第六辑）

编　　者／中山大学中国语言文学系《汉语语言学》编委会

出 版 人／冀祥德
责任编辑／李建廷
责任印制／岳　阳

出　　版／社会科学文献出版社
　　　　　地址：北京市北三环中路甲 29 号院华龙大厦　邮编：100029
　　　　　网址：www. ssap. com. cn
发　　行／社会科学文献出版社（010）59367028
印　　装／唐山玺诚印务有限公司

规　　格／开　本：787mm×1092mm　1/16
　　　　　印　张：24　字　数：356 千字
版　　次／2025 年 6 月第 1 版　2025 年 6 月第 1 次印刷
书　　号／ISBN 978-7-5228-4871-6
定　　价／128.00 元
